정용암 수필

흔 적, 슬 픈 이 데 아

솔개그늘

작가

내가 어렸을 때에는

말하는 것이 어린아이와 같고

깨닫는 것이 어린아이와 같고

생각하는 것이 어린아이와 같다가

장성한 사람이 되어서는 어린아이의 일을 버렸노라.

— 고린도전서 13 : 11

When I was a child, I spake as a child,

I understood as a child, I thought as a child:

but when I became a man, I put away childish things.

1Corinthians 13 : 11(KJV)

■ 작가의 말

어린 시절의 기억을 따라가 보았습니다. 정겨운 말이 마음을 이끌었습니다. 자잘한 기억이 말을 되살렸습니다. 불현듯 살아나 혀끝에 감도는 말이 어찌나 정겨운지요. 말의 그늘에 아른거리는 추억이 또 얼마나 슬픈지요. 세월이 꽤 지났군요. 그 동안 즐거웠습니다.

불 속에 물이 흐르고 물결 안에 불꽃이 일렁임을 깨닫습니다. 숨어도 햇볕 속에 숨어야겠지요. 슬픈 노래는 흥겹게 부르시기 바랍니다. 남아 있는 나날은 부디, 함께 반짝이시길…….

2019년 봄
정 용 암

정용암 수필

CONTENTS

ㅁ 일러두기

1. 이 글의 초고는 2013년 초여름부터 가을에 걸쳐 썼다. 이후 두 권으로 나누었다. 이 책은 앞엣것이다. 2019년 4월까지 보완하고 5월에 탈고했다.

2. 등장인물과 소소한 일들은 대개 실제이며 일부는 변개되었다. 어릿한 유년의 시선에 겹치는 글쓴이의 자아를 양해하시라. 세월을 거스르는 투영이래도 좋고 시간을 넘나드는 직시 투사래도 좋다.

3. 발화 부분은 사투리로 적었다. 서술 가운데 표준어로는 그 맛을 살리기 힘든 말도 정감에 따라 그대로 썼다. 대개 서부 경남 말 위주이다. 사투리의 발음을 그대로 적되 의미 혼동이 우려되는 음절만큼은 규범 표기 및 띄어쓰기를 따랐다.

4. 창랑 풍파에 옛 풍광이 혹은 사라지고 혹은 바뀌어 묘사한 모습이 오늘과는 사뭇 다를 터이니 이 점을 양지하시라.

정용암 수필

솔개그늘

프롤로그

통화

"쌀 부치이 옷더나?" "안 옷는데예." "으이? 구례서 부친다 캤는데 안주 안 옷다꼬오?" "구례예?" "옴마가 이불 해준 집 아이가. 그 아지매가 막바리 부친다 캤는데에? 아이고 이삼드라, 하매 대인 줄 알았더마는 안주꺼정 안 오다이. 그라모 머 묵고 사노?" "가을에 용암서 부치이 온 거 안 남았십니꺼." "그기이 안주꺼지 있더나. 세사 밥도 안 묵고 댕기는 갑다." "한 분썩 사묵고 합니더." "반찬도 없이낀데에?" "있십니더, 걱정 마이소. 그란데 어무이." "와?" "옛날에 외갓집 동네 거어 이름이 우찌 댑니꺼어?" "오데에?" "외갓집 골짝예." "사봉 골짜아?" "예. 거어도 이름이 있었일 꺼 아입니꺼." "동네는 모곡 부락이라쿠고 골짝은 삽비골 아이가." "예?" "삿비골 말다." "삿예?" "삽." "삽예?" "삿." "삿갓이라 쿨 때 삿예?" "삽!" "수군포 삽예?" "머시라 쿠노?" "수군포 삽, 삽비골예?" "멀쿠노? 모리겄다 고마. 동네도 말큰 다 없어지뻤는데 그거는 말라꼬 물어 쌓느노? 밥은 무웃나?" "예, 이따가 무모 댑니더." "반찬도 없이낀데 머하고 묵겄노." "전때 보낸 거 곰국 안주 남았십니더." "그기이 안주꺼정 남았더나. 아이고, 차말로 쫄쫄 굶고 댕기는갑다 고마." "챙기 묵십니더, 걱정 마이소."

"머 묵고 살래, 머 묵고 살래. 머리 아푼 거는 좀 우떻노?" "개앟십니더." "어질어질하모 퍼뜩 쪼그리 앉거라이? 숨을 크기 시이라, 우짜든 간에 숨을 크기 시야 댄다아."

"전화가 와 끊기이노?" "바테리가 다 대서예. 금방 바까았십니더." "전화비도 몬 냈는갑다 고마." "바테리 갈았다 쿤께네예." "머슨 돈이 있어가 내겄노. 달세도 밀맀이낀데 우찌 내겄노오." "다 냈십니더." "돈이 있음사 와 끊기겄노. 한 오만 원이라도 부치보까?" "냈다 쿤께네예. 마 걱정 마이소. 그란데 어무이." "와아?" "옛날에 큰외삼촌이 반성에 비눗공장 안 채맀십니꺼. 그때가 온젭니꺼어?" "비눗공장이라이?" "와, 애릴 때 어무이캉 가쌓다 아입니꺼. 시장 골목 드가모 안짝에 파란 철대문 있고……." "하이고, 그기이 온제고. 지름집 드가는 안길에……벌써 오십 년도 다 댔이낀데." "그때가 내 멫 살 무울 땝니꺼?" "모리겄다. 니 학교 드가기 전인가 드가고 나선가……. 머할라꼬?" "그 공장은 그때 우찌 댔십니꺼?" "밑천도 짜리고 짜치이서 대겄더나 오대. 한 이 년쯤이나 했는가아? 바까아가 두부공장 쪼깬 하다 말고 난주 부산 안 갔나. 그런 거는 머하로 물어쌓노 고마, 밥 무우라." "좀 이따 무우께예." "곰국 남았다 캤재?" "예." "끼리지 와?" "예." "날이 덥은께네 한 분씩 팔팔 끼리라, 신다." "걱정 마이소." "우찌 살겄노, 우찌 살겄노오."

1-1

깨밭을 따라 산자락을 돌아가면 왕할무이 홀로 누워 계신다. 민낯처럼 조촐한 그 산소 앞에 앉으면 향긋한 풀 냄새가 짙다. 생전에 바삐 꺼내주시던 강밥의 냄새도 함께 섞여 내 몸을 아늑히 감싼다. 졸리는 눈을 흠칫 뜨면 산들바람 한 줄기가 오냐, 오오냐! 하시며 내 등짝을 쓸고 지나간다. 그러니 한밤중인들 이 산이 무서울까 보냐. 다만 서늘한 바람줄기가 스친 뒤, 고요 속에 혼절한 풀잎의 떨림이 슬플 뿐이다.

ↄ3

1-1

1
둥천

할무이 뒷등 두디이서 벗어났을 때?

삽짝서 바장이다가 담부랑을 따라가면 탁 트이는 돌닥거리. 다릿목 탱자나무 울타리에 웅크린 소구루마. 빛바랜 챗대. 쩍쩍 바라진 바닥 판때이. 그 위에 서부렁섭적 올라서서 바라보면 밭 너머에 햇볕이 환한 산비탈. 높다란 나무 꼭대기서 날아내리는 까치 한 마리. 두 마리, 세 마리…….

한쪽 밭고랑에서 홀로 꺽죽거리는 또 한 마리. 더 궁싯거리다가 뾰족한 가시 틈에 달린 흰 꽃이나 동그란 열매를 따라가면 헝클어진 가시울 끝에 웃자란 찔레나무. 붕붕거리는 꿀벌들. 긴 탱자나무 울타리를 지우며 후르르 날아오르는 참새들. 아, 찔레꽃보다 맛있는 찔레 순. 내 뜀박질 소리에 또 저편 아카시아 덤불 속으로 잠기는 참새 떼. 숨을 깔딱거리며 털썩, 주저앉으면 하얀 물결처럼 쓸리는 어질머리. 눈앞에 무겁게 흘러내리는 것과 가벼이 흩어지는 것들. 하얘진 머릿속을 쪼아대는 까치, 까치소리……. 걸쭉한 까치소리에 온몸이 저릿하던 때. 그때였을까?

서촌 할매 집 앞의 방앗간터 무시밭. 흰 꽃덤불 위로 신기루처럼 떠오르는 비석집. 너누룩해진 이마에 스치는 서늘한 바람. 비석을 에두른 나직한 기와 담장. 외줄 기왓등에 마른버짐 피듯 들붙은 석이. 그 앞의 마른 또랑. 네댓 발짝 옆의 돌다리. 또랑 둑에 불쑥한 알돌. 괜스레 우쭐해져서 풀쩍 뛰다가 콧잔디이를 내리찧었던 뭉툭한 돌. 몰랑몰랑할 것만 같았던 호박돌. 그 위에 오줌 자국처럼 또렷한 내 핏자국. 외돌다리를 건너가는 머쓱한 그림자.

젖은 풀잎이 갸웃거리는 오솔길. 주우가래이를 적시며 바지런히 걷다보면 물꼬에 잡혀 떠있는 작은 섶다리. 건너편에 잦바듬한 감나무들. 덜 자란 열매와 어린잎을 떨어뜨리는 늙은 반수감나무. 썩다리가 나뒹구는 감나밑 그늘자리. 축축한 풀밭. 큰또랑 너머로 펼쳐진 안산 자락. 지불당먼당처럼 평평한 산등성이. 짙은 수풀의 으스스한 고요. 오그라드는 몸의 춥춥함. 어슬렁거리는 개 한 마리. 고개를 갸웃거리는 또 한 마리. 풀을 뜯다 말고 애처로이 우는 검은 얌새이. 수염 난 택쪼가리를 세우고 앙버티는 또 한 마리. 팽팽하게 당겨진 삼줄 고삐. 짤따랗게 쳐들린 꼬리. 똥구녕을 옴짝거릴 때마다 뚜르르 쏟아지는 얌새이똥. 땅 위로 구불텅 불거진 감나무 뿌리. 길섶에 나동그라진 어린 반수감. 배꼽자리에 핀 파란 곰팡이. 젖은 이파리에 붙어 꼬물거리는 거뭇한 버러지들. 줄지어 오솔길을 가로지르는 개미들.

길가 집터서리에 올라앉은 세모재비 남새밭. 밭때이 옆으로 바깥 헛간채를 내민 채 동그마니 물러앉은 초가집. 어느 날은 흰 꽃과 노란 꽃이 다투어 피고, 또 어느 날은 흰 박과 노란 호박이 굴러 내릴 듯 우꾼한 초가지붕. 허옇게 바랜 대쪽 사립문. 문짝을 밀고 들어서면 햇볕이 가득한 작은 앞마당. 반짝이는 장독대와 그윽한 처마 그늘. 댓조각을 엮어 깐 마루자리가 비걱거리는 집. 지게문이 달린 방 한 칸에 딸린 정짓간. 약 달이는 내가 풍기는 집. 싸한 카바이드 냄새가 코끝을 적시는 집. 밤이 되면 노르스름한 봉창 불빛이 밭이랑을 두르는 집. 우리 잔할무이 집.

몸뻬 차림으로 부지런히 감함티이를 나르시는 진주 할무이. 해마다 추석이면 파란 목베신을, 또 설이 되면 모자가 달린 다오다 잠바를 꺼내시고는……쪼맨 퐁당할란가? 하며 숫접게 웃으시던 할무이. 그 잔할무이가 두 삼촌과 함께 사는 집. 할아부지가 가끔 들르시는 집. 큰또랑가 둥천 집. 그 집을 헌 주우가래이 불알 나들드끼 들락거리던 때?

2
동네새미

감나무 가지가 낮추 드리운 동네새미. 초록 이끼와 살얼음에 잡힌 너럭돌. 둥긋한 물도오와 따바리가 가지런히 놓인 그늘자리. 하얀 입김을 풍기며 왁자지껄 떠드는 동네 아지매들. 줄바가치로 건져 올린 파르스름한 얼음 쪼가리. 엇추! 바가치서 쏟아지는 시린 물소리. 따바리 끈을 입에 물고 번쩍 들어 올리는 물도오. 한손으로 이마의 물기를 훔치며 잰걸음을 놓는 아지매들. 그 틈에 환한 분님이 아지매. 햇살처럼 부서오는 황망한 반색. 분홍색 겉저고리에 반짝이는 푸른 부로찌. 푸른색이 아니라 자주색이라는 그 동그란 부로찌. 내 눈에는 도무지 안 보이는 슬픈 자줏빛.

담부랑 길을 따라 윗동네 쪽으로 가다보면 뻥 뚫린 안골목. 왼쪽으로 곧게 트인 골목이 아닌 그 다음 골목. 늘 궁금했던 두 번째 골목. 고요한 옥천 아지매 집을 지나 더 좁게 휘어지는 안골목. 쿵덕 쿵더쿵 디딜방아 소리가 흘러나오는 깊숙한 집. 댓잎이 푸르르 날리는 안골목 끝집. 대쪽 사립문으로 빼꼼히 들여다보노라면 하얀 머리의 대산 할매가 둥그런 얼굴을 내밀며, 이비, 매다. 아이고 매라! 하시던 집. 꼬칫가리 냄새에 떠밀려 돌아 나오면 골목 어귀에 낡은 초가집.

온 동네가 빳빳한 이엉을 올린 뒤에도 묵은 지붕을 덮어쓴 채 우뚝한 집. 뒤안이 없는 집. 필동 할무이가 삯바느질을 하시는 집. 층댓돌 옆에 필동 할아부지의 새 자장구가 번쩍이는 집. 아아가 없는 집. 작은 마당에 짚동 두엇이 잦바듬하고, 깡내이 박상 같은 햇삐개이들이 짚단 속에서 바르작거리는 집. 성큼 마당에 들어서면 잔뜩 몸을 부풀리며 노려보는 어미닭. 벌건 눈알과 시퍼런 서슬에 밀려 높다란 축담으로 후다닥 뛰어오르면 활짝 열리는 큰방 외짝 문. 나를 아랫목에 앉히고 놋화로를 당기시며……어이구 이늠, 어이구 이늠, 하시던 송림 할무이. 윗목 궤짝에서 꺼내시던 왕감 홍시. 신문지에 둘둘 말린 유과. 둥글넓적한 유과에 입힌 뽀얀 고물. 노릇한 땅콩이 띄엄띄엄 박힌 강밥. 눅진한 강밥에 달붙은 신문지 글자들. 머리와 등짝을 연신 쓰다듬으며 빤히 바라보시던 그 촉촉한 눈빛. "물색이재, 딱 지 애비 물색이재."

그러나 겨우내 몸져누우셨던 할무이. 나를 알아보지도 못하고 이부자리에 웅크리신 할무이. 화창한 봄날, 대지팡이를 짚고 동네새미까지 나와 호물호물 웃으시던 할무이. 해쓱한 얼굴을 들어 감나무 가지에 어룽진 햇살을 물끄러미 바라보시던 할무이. 그게 이 세상 마지막 인사였던 할무이. 바람에 봄꽃 지는 어느 날, 빛 고운 새이꽃에 감싸여 먼 울음길을 떠나신 할무이.

나는 가네 나는 가네 나부끼는 붉은 명정. 고무신째이를 벗어 들고 머리도 풀고 쓰러질 듯 달려오던 끝님이 아지매. 어홍 어어홍 어화넘차 어어홍. 부여잡고 매달리는 누런 삼베 저고리들. 이제 가면 언제 오나 줄지어 뒤따르는 만장들. 구성진 가락에 신명이 난 종구잽이 할배. 산자락을 타고 가삐 오르는 장례행렬. 밤나무 가지에 걸려 불안스레 기우뚱거리는 꽃새이. 후르르 떨리는 새이꽃. 꺼이꺼이 울며 올라타고만 싶던 그 조그마한 애이. 서러운 울음 속에 고조할아부지의 산소 먼발치, 선산 끝자락에 홀로 누우신 왕할무이.

초상 치른 날 밤 사립문 너머로 스미는 바람. 빈 마당의 고요를 흩뜨리며 빙그르르 도는 소소리바람. 거뭇한 초가지붕에 내리는 무심한 달빛. 얼음비를 맞은 듯 반짝이는 늙은 감나무. 불빛 없는 창호를 기웃거리는 짧은 그림자. 감나무 잎가지에 어른거리는 흰 그림자. 동네새미 언저리에 홀로 맴도는 슬픈 그림자.

3
동넷집

가래이 튼 주우내복 차림으로 뒤뚱대며 이집 저집 불쑥거리던 때?

텅 빈 왕할무이 집의 이우지. 안골목 입구 맞은편의 집. 새로 지은 나무대문이 노르스름한 집. 그늘진 대문간의 푸슬푸슬한 황토 바닥. 마당 가득 흐르는 송진내. 기왓장으로 에두른 넓죽한 화단. 피고 지고 또 피는 꽃송이들. 납작 엎드린 채송화와 손바닥을 펼친 듯 웃자란 맨드라미. 빨간 주머니에 열매를 감춘 땡깔나무. 해거름이면 또르르 말리는 나팔꽃. 담부랑보다 높은 키로 우쭐거리는 해바라기. 아, 분홍빛 혓바닥을 내밀며 하늘거리는 봉숭아 꽃잎. 붕붕거리며 날아드는 왕벌. 꽃술에 잡혀 허적대는 호박벌. 앉을 듯 말 듯 나붓거리는 호랑나비 한 마리. 그 옆에 또 한 마리, 두 마리, 세 마리……. 긴 담부랑 위로 어지럽게 나부대는 짤래비. 세아리면 섞이고 또 세다보면 흩어져버려서 도시 셀 수가 없는 꼬치짤래비들.

봄이 오면 제일 먼저 살구꽃이 피는 집. 꽃빛과 햇살이 어우러져 찰랑거리는 집. 흰 꽃잎이 소보록한 마당에 또 와그르르 쏟아지는 분홍 꽃잎. 꽃그늘에 앉아 귀 기울이면 어디선가 노란 방울소리가 울리는 집. 머리가 하얀 선산 할매가, 뉘고? 하며 장지문을 미시던 집. 눈이 큰 분님이 아지매가 사는 집. 꽃밭에 퍼질러 앉아 노닥거리노라면 국실 할배가 풀짐을 내리며 껄껄 웃으시던 집. 뒤따라 국실 할매가 검은 얌새이를 몰고 들어오시던 집.

물이 불어 콸콸거리는 모장골 또랑. 대밭을 따르는 돌부릿길. 짤따란 돌다리를 내밀고 대밭 속에 웅크린 작은 새미터. 소복한 댓잎에 지워질 듯 잠긴 짧은 새밋길. 얼키설키 엮은 한데새미 대울타리. 그 너머로 주뼛주뼛한 죽순들. 엎어진 물도오에 얹힌 노란 물바가치. 대밭으로 스미는 긴 바람줄기. 잠시 수런거리다가 또 고요해지는 대숲 그늘.

허물어진 길갓집에 나뒹구는 주춧돌. 마른풀 무디이 위로 불쑥 비어진 회벽. 오롯이 버려진 장독대. 어슬렁거리는 검둥개. 무너진 담부랑과 듬성듬성 쌓인 돌담을 따라가다 보면 활짝 반기는 토담집. 키 작은 시동 할매가 타박타박 걸어 나오시던 안골목의 첫 집. 어떤 날은 산동 아재가, 니 또 오나? 하시며 두둥실 풀짐을 지고 들어가던 그 골목의 모티이 집. 초가지붕이 바람결에 바스락거리는 집. 사립짝 틈으로 그늘진 마당을 살금시 내보이는 집. 태도 아재와 하루 아재와 숙이 아지매, 또 진성 할배와 진성 할매가 함께 살던 집. 언제부턴가 태도 아재와 진성 할매 단둘만 남은 집.

사립문 안으로 들어서면 싸리비질 자국이 또렷한 작은 흙마당. 말끔한 정짓간. 뒷등에서 덜렁거리는 정지문과 눈앞에 시커먼 무쇠솥. 솥전의 온기에 감도는 구수한 누룽밥 냄새. 끄으윽, 버겁게 밀리는 소두방따까리. 얼굴에 확 끼치는 향긋한 훈김. 잔구멍이 송송 뚫린 삶은 감자 알. 노릇한 껍질 속에 뽀얗게 드러나는 감자 속살. 청마리처럼 반질반질한 정짓바닥. 볼끈 밟히는 짤따란 부작대이. 부뚜막에 걸쳐진 부석당그래.

축담에 나동그라진 검정 고무장화. 비걱거리는 마릿장. 놋수까락이 꽂힌 동그란 거멍쇠 문고리. 신문지로 도배한 할우 아재 방. 검은 띠에 파인 굵직한 글자들. 개미떼처럼 꼬물거리는 자디잔 글자들. 빛바랜 흑백 사진들. 머리맡에 널브러진 얇은 잡지들. 눈에 시끄러운 원색 사진들. 부품한 갈색 머리의 여자. 부품머리에 붙은 하얀 리본. 웃는 듯 화난 듯 뚫어져라 쏘아보는 옴팡진 눈깔. 식기 뜨붕에 놓인 삶은 감자알. 지게문 틈새로 스미는 산들바람. 사르륵사르륵 울리는 문풍지. 지그시 몸을 누르는 자불음. 부웅 날아오르는 꿈자리.

뒷동산을 후리는 흘레바람. 출렁이는 대밭에 뜬 은행나무. 높다란 가지 끝에 닿은 거먹구름. 초가지붕 위로 날아내리는 댓잎과 은행잎. 삽시간에 어둑어둑해지는 남새밭. 산발한 채 밭두둑 위로 불끈불끈 솟은 청무시. 짚끄내끼에 묶여 파르르 쓸리는 배추포기들. 감나무 잎에 듣는 빗방울. 돌담을 가린 채 자지러지는 담쟁이 잎. 빗줄기에 찢기는 호박 잎사귀. 넓적한 머구 이파리를 머리에 얹고 즈그 집으로 달아나는 아이들. 처마 밑으로 날아드는 참새 떼. 남새밭에서 날아오르는 까치들. 새미 안으로 와그르르 쏟아지는 빗줄기. 기왓골에 이는 뿌연 비보라. 돌닥거리를 지나 동네 끝자락으로 몰려가는 비바람. 후두두 쓸리다가 감나무 윗가지에서 뚝 끊기는 빗소리. 반짝 든 햇빛에 환한 풀덤불. 은방울이 송골송골 맺힌 거미집. 토끼풀에 아롱진 구슬방울들. 길쭉한 강아지풀 이파리를 타고 데구루루 구르다 툭, 떨어지는 작은 물방울.

포도나무 잎사귀에 얹힌 굵은 물방울. 어느 결에 말끔히 갠 하늘. 산먼당에서 묻어오는 푸르른 날빛. 젖은 솔가리가 자분자분 밟히는 포도밭 옆길. 산자락 안쪽에 덩실 솟은 기와집. 큰집 할아부지가 계시는 높다란 집. 널찍한 바깥마당을 지나 두리번거리며 대문간으로 들어서면 수염이 긴 하얀 염소가 메에에에 우는 집. 구두실 할무이가 대청에서 빤히 내려다보며, 달디이 온다, 달디이 온다, 하시던 집. 귀티가 나는 태임이 아지매가, 종사님 같네, 하며 활짝 웃던 집. 서울서 온 두근이가 사나흘 보이다가 또 사라지곤 하는 집. 안마당 깊은 곳에 그늘진 새미가 있는 집. 새밋가 널따란 평상에 노릇노릇한 우붕이 널린 집. 높은 축담 옆에 장독대도 우뚝한 집. 장독에 소구리를 올려놓고 부리나케 달려오는 둘이 아지매. 내 이마에 이마를 맞대고 두툼한 눈을 껌벅이던 착한 아지매. 부엌데기 둘이 아지매가 사는 그 일갓집.

그러나 가래이를 튼 주우내복이 다오다 주우로 바뀔 무렵, 바장이던 동넷길이 시들해졌다. 아, 봉숭아꽃. 햇살에 함초롬히 반짝이던 꽃잎. 손끝에 묻어나는 진분홍 꽃물. 그 봉숭아꽃을 다 따버렸다며 다그치던 분님이 아지매. 뚱해진 내 얼굴을 허옇게 노려보고는 울먹이며 돌아서던 아지매. 허공에다 대고 빨갛게 달아오른 목청으로……야이 문디 자슥아, 업어준 공하나! 하며 소리소리 지르던 아지매. 그 분님이 아지매의 목소리가 듣기에 괴란쩍었다. 툭하면 창섭이 즈그 집 마당에서 노는 옆집 외선이와도 서먹해졌다. 그때 그 환한 배추밭. 둘이 아지매가 뚝뚝 떨어뜨리던 배춧잎. 환한 배춧잎 쪼가리가 밝히는 긴 밭두렁. 흔들흔들 흥겨운 바구리를 따라 우쭐우쭐 따랐던 그 두렁길도 시시해졌다. 혼자 담부랑에 기대어 꾸벅꾸벅 조노라면 꿈결인 듯 지나가던 소구루마도, 잠든 나를 달랑 업어 나르곤 하던 태도 아재도, 그저 껄끄럽고 찌뿌드드해졌다. 젖니 몇이 빠지고 또 몇이 간당거리는 앞니 빠진 개오지가 되었을 때?

4
면소땀 마실

동네 헤이들을 따라 얼싸절싸 면소땀에 처음 가봤을 때?

뺑 뚫린 면소거리. 어쩌다 혼자 남은 농협창고 근처. 밤실모티이서 면에모티이까지 헤지다가 우두커니 섰던 그 언저리. 나를 밀치거나 집어삼킬 듯한 낯선 집들. 쌩쌩 지나가는 자장구. 집들 사이로 빠져나가는 바람줄기. 탁 트인 하늘로 달아나는 빛줄기. 헤매다 접어든 뒤쪽 논두렁길. 깎아지른 논둔덕의 밑에 층진 논바닥. 모든 소리들이 비껴가는 그 양달쪽. 햇볕이 괸 오목한 자리의 따사로움. 얼굴에 스멀거리는 늦겨울 햇살. 고요 속에 지이 지이이 흐르는 환청. 종잇장처럼 버석거리는 풀잎. 파릇파릇 웃자란 보리순. 달달한 자부럼 끝에 몰리는 한기. 텅 빈 들판 너머로 아릿거리는 철둑길. 어섯눈에 잡히는 까마득한 거리감. 방향을 잃은 당혹감. 슬몃슬몃 이는 두려움. 으스스한 추위 속의 요기. 바람결에 주우가래이를 적시는 오줌발. 엇추! 쓸리는 진저리.

혼자 울가망한 심사로 바라보는 하늘. 불안감조차 흩어버리는 아득함. 갉작거리며 묻어오는 땅거미. 흩어졌다가는 모이고 모였다가 또 사라져버리는 하늘길. 휘어졌다가 겹치고 겹쳤다가는 또 어영부영 엉뚱한 곳으로 달아나는 논두렁길. 팍팍한 그림자. 옥죄인 몸에서 새어나오는 숨소리. 어스레한 동네 어귀에서 손짓하는 정지나무. 눈앞이 탁 트이는 안도감. 그리고 훌쩍 커버린 듯한 우쭐함. 그 마실 끝의 우쭐함에 겨워 여럽게 으쓱거리던 때?

5
마실돌이

고작 돌닥거리나 맴돌거나 이우지를 들락거리다가 일삼아 온 동네로 나댕기기 된 것이 그 무렵이다. 뒷집 창섭이는 아래 또래들을 몰아 뻔질나게 모장골로 가고, 외선이는 한날 서럽게 울더니 그 안날부터는 좀체 집 밖에 나오지 않았다. 창섭이즈그 집 삽짝이 고요하고 외선이즈그 집 새끌밖이 서름했다. 늘상 어울리던 옆집 병근이 헤이도 얼굴조차 보기 어려워졌다. 학교에 들고부터 동네방네 발품을 팔더니 이제 나 따위는 시시해졌나 보다. 집에 오자마자 책보따리를 던져놓고는 꺼떡하모 튕기듯 홍골로 달아나는 것이다.

텅 빈 동네새미를 꺾어 병근이 헤이 집으로 주춤주춤 들어서노라면 반성 할매가 업힌 순이를 어루며 내 얼굴을 빤히 보신다. 마당에 닭모시를 뿌리다 말고 지붕 너머 산등 쪽을 두르며 중얼거리신다. "야아가 또 소 띠끼는 아아들 따라 홍골 갔는 갑다. 거어 꿀 발랐는가배?"

어떤 날은 사립문이 열린 채로 휑뎅그렁한 빈집이다. 나는 마냥 기다린다. 고방 앞에 쪼그려 앉아 병근이 헤이가 아끼는 곱돌을 만지작거린다. 그늘져 꼽꼽한 흙바닥에다 뜻 모를 글자를 닭 발 그리듯 끄적거린다. 바삐 기어가는 왕개미를 꼬장카리 끝사리에 태우거나 고무신에 가두고 놀린다. 그도 시들해서 땅갑치를 쥐고 중얼거리며 땅따묵기를 한다. 혼자놀이가 시뜻해지면 가시울타리에 널린 빨래를 물끄러미 본다. 안산 산등에 걸쳐진 구름을 일없이 간힘 쓰듯 밀어도 본다.

꾸벅꾸벅 졸다가 흠칫 잠 깨면 딴 세상이다. 초가지붕 위로 펼쳐진 하늘이 커다란 더깨 같다. 몸에 감기는 산들바람이 비닐종이 같다. 자다 깨다 하다 보면 지나가는 구루마 소리가 밤중에 담부랑 무너지는 소리 같다. 넓적한 누렁소 울음소리가 젖은 담요 같다. 사립문이 흔들리고 마당에 풀짐이 넘실거리는 해거름이 되어도 병근이 헤이는 돌아오지 않았다. 반성 할매는 순이를 내려놓고 삽짝 동네새미로 또 새끌밖으로 오가며 구시렁거리신다. "야아가 또 홍골 갔는가? 살구도 안주 새그랍고 감도 떫을 낀데 만다 갔이꼬?"

내처 정짓간 앞이 번잡해지고 헛간이 들썩거린다. 봉동 아재가 축담에 서서 먼지투성이의 주우저고리를 수건으로 툴툴 터신다. 그때서야 나는 몸을 떼었다. 밥때가 되어 청솔개비 때는 연기가 깔리는 골목길. 이집 저집에서 굴러 나오는 싱둥한 목소리들. 장독대 담부랑 위로 목을 쑥 내민 반성 할매의 목청도 울려 퍼진다. 어디서 노는지도 모르는 병근이 헤이를 부르는 그 목청은 느리게 굽이지는 산등 같고 다급히 휘도는 여울 같다. 저녁밥 짓는 연기가 자욱이 드리운 안산 자락을 타고 어디랄 것도 없이 퍼져나간다. "병그나아아. 병그나아아이!"

다음 날도 또 그 다음 날도 그랬다. 한번은 헛간 앞에 내려앉은 까치를 쫓고 있는데 새끌밖이 왁자지껄했다. 나는 화들짝 달려 나갔다. 병근이 헤이 집 앞 새밋가에 동네 헤이들이 엉거주춤 섰다. 병근이 헤이는 나를 힐끗 보더니 책보따리부터 벌컥 앵긴다. 얼결에 받아 든 책보를 청마리이다 올려놓고 부리나케 뛰었건만, 숨을 깔딱이며 허겁지겁 달렸건만, 골목을 벗어나 치송골 할매 집 앞에 이르자 벌써 간데온데없다. 큰또랑을 끼고 오르는 홍골 길이 휑하다. 길가에 늘어선 지붕 위로 감나무들이 불끈불끈 솟았다. 멀리 산빛에 가려진 길 끝이 아리아리하다. 다들 우르르 몰려서 어디로 갔나?

몇 발짝도 못 엥겨서 머릿속이 어찔하다. 숨찬 목에서 쇳소리가 난다. 나는 콜록거리며 털썩, 주저앉았다. 무거운 것은 땅에 쏠리고 가벼운 것은 공중으로 흩어진다. 그 틈새로 사운거리며 몰려오는 사금파리들. 서늘한 이마. 그늘진 안산 자락. 큰또랑 너머 키 큰 은행나무가 노랗게 흔들린다. 은행나무 아래 오두막집이 엎어질 듯 기울더니 붕 날아오른다. 그때였을까?

낮게 날던 까치들이 곤두질하듯 내려앉는다. 두어 번 튀더니 논두렁을 쪼며 깍죽거린다. 우리 집 헛간 앞에 앉아 땅을 쪼던 그 까치다. 아니다. 까치는 까치끼리 닮았다. 그 까치인지는 알 수가 없다. 그런데, 까치는 서로를 어찌 알아볼까? 병근이 헤이는 알 텐데……지금은 옆에 없다. 창섭이를 찾아 모장골이나 더터 볼 걸 그랬나? 창섭이는 또 성도 헤이를 따라 통잣골로 갔나? 아니다. 창섭이는 요새 헤이들과는 안 논다.

나는 큰또랑을 등지고 골목으로 돌아섰다. 높다란 담부랑 사이로 난 골목길이 뿌옇다. 창섭이는 아래 또래들하고 놀 때 내가 끼는 것을 싫어한다. 음력으로 쳐서 기껏 한 살, 그것도 설안에 나서 한 살 위랍시고 어쭙잖은 헤이 노릇에 그 위세가 사뭇 당차다. 나는 또 나대로 동갑인지라 시키는 투로 꿰는 말이 앵꼽고 같잖아서 두어 번 뻗댄 것인데, 그에 틀어졌나 보다. 반기지도 않을 동무를 씨사이만사이맨키로 허위허위 찾아가는 꼴은 우습다. 어디 있는지도 모르는 동무를 찾아 헤매는 일은 서글프다. 그저 딴생각으로 길을 가다가, 어? 하고 맞닥뜨리면 좋으련만. 그런데 이미 생각을 해버린 터라 그것도 맥없고 찝찝하다. 긴 담부랑에 씌운 이엉이 버석거린다. 길바닥에 흩어진 지푸라기들이 흙바람에 쓸린다. 나는 다시 큰또랑 쪽으로 되돌아섰다. 게으르게 깍죽거리던 까치들이 홍골 안쪽으로 바삐 날아간다.

6
빨래터

두어 길 남짓한 길둑 아래로 빨래터가 보인다. 물줄기가 가늘어져서 또랑바닥이 반쯤은 드러났다. 건너편 또랑둑 밑 옹당새미는 감나무 그늘 속에 잠겼다. 갓 뜀박질을 시작한 상일이가 옹당새미 앞 너럭돌에 쪼그렸다. 그 옆에는 다근이와 형근이가 무릎에 두 팔을 짚고 허리를 잔뜩 굽혔다. 키 큰 웅근이가 다근이와 형근이의 등에 두 팔을 대고 길쭉하게 목을 뽑았다. 물개기도 없는 옹당새미서 무얼 찾는 걸까? 낯선 아아들 몇이 아슬아슬 징검다리를 오가며 깐죽거린다. 얼굴이 통통한 녀석은 돌삐이로 또랑물을 튀기며 깔깔거린다. 가수나처럼 팔을 밑으로 내두르는 품이 어설프다. 그 앞쪽의 홀쭉한 녀석은 몸놀림이 꽤 익은 폴매질인데, 꼭 집어서 말할 수는 없지만 역시 어딘가 어색하다. 다들 얼굴이 뽀얗고 차려입은 옷맵시가 화사하다. 어디 도시에서 온 친척들인가 보다.

나는 길둑에 달아 내린 돌층계를 살피다가 우두커니 섰다. 홍골 아이들은 주로 홍골 아이들하고 논다. 병근이 헤이와 함께라면 껴묻어서 어울리겠지만, 나 혼자라면 서로가 서먹서먹하다. 은근한 텃세도 텃세려니와 숫제 지들끼리 웃고 떠드는 통에 난감해지기 일쑤다. 어떤 때는 어제 일 그제 일이 뚜르르 잇따라서, 불쑥 끼어든 나로서는 무슨 일인지 통 알 수가 없다. 머? 와? 하고 묻다보면 괜스레 얕잡히고, 또 뚱하니 듣고만 있으면 덜거덕거리는 자잘한 말들이 잔뜩 불쾌한 것이다. 욱하는 마음에 기중 만만한 것을 짚어서 되물어보면 금세 말이 바뀐다.

건너편 또랑둑의 위쪽은 기름한 논둑이다. 허리께에 비뚜름히 솟은 밤나무와 작은 감나무가 그늘을 드리워서 옹당새미는 한낮에만 잠시 햇살을 받는다. 또랑물이 불면 물 아래 잠기고 또랑물이 얕아지면 물줄기를 보태는 옹당새미다. 또랑물이 꽁꽁 얼면 시린 낯짝을 붉히며 함께 얼어붙고, 또랑물이 얼락녹을락 풀리는 봄날이면 덧물 괸 얼음장을 두드리며 수정 같은 물줄기를 흘려보낸다. 그때쯤이면 동네 아지매들과 누야들이 시끌벅적거린다. 온종일 방망이질 소리가 안산에 부딪쳐 쩌렁쩌렁 울린다.

빨래를 헹구는 사람. 헹군 빨래를 양손에 잡고 쥐어짜는 사람. 마주서서 긴 홑청을 감아 돌리는 사람. 쥐어짠 빨래를 똬리처럼 쌓아 두고 머리를 감는 사람. 도란거리는 사람. 수군거리는 사람. 짤따란 빨래방망이를 허공에 내두르며 소리 지르는 사람. 방망이질을 하다 말고 구시렁거리는 사람. 손바닥을 치며 깔깔대는 사람. 빨랫감을 내려놓고 멀찍이 나앉아 빨랫돌이 비기를 기다리는 사람. 치마를 말아 붙이고 연신 이쪽저쪽으로 오가는 사람. 다소곳이 옷고름을 만지작거리며 미소 짓는 사람. 빨래가 수북이 쌓인 다라이를 이고 돌층계를 오르는 사람. 길을 가다 쪼그려 앉아 마냥 내려다보는 사람……. 따라온 얼라아 몇은 물속에 텀벙거리고 또 몇은 둑 밑에서 징징거린다. 업혀온 젖미이들은 칭얼대며 바동거리거나, 도리질하며 배시시 웃거나, 고사리 같은 손을 오그린 채 세상모르고 잔다.

동네 빨래터가 홍골과 모장골 합쳐서 예닐곱 군데는 되지만 이곳이 가장 큰 빨래터이다. 흐르는 물살에 햇빛이 부서지는 곳. 초록그늘 속에 물빛이 어른거리는 곳. 눈자라기 때부터 어섯눈을 뜨고 처음으로 또래들의 뭉텅한 얼굴을 보게 되는 곳이 여기다. 한날 태어난 동무 태고의 까무잡잡한 얼굴을 처음 본 곳도 여기다. 낯가림에 무뎌지는 자리도 여기고 낯가림에 예민해지는 자리도 여기다. 온갖 목소리를 따라 고개를 갸웃거리는 자리도 이곳이다. 등에 업힌 채 갖가지의 표정에 끌려 달뜬 몸을 바르작거리는 짓 또한 이 빨래터에서의 일이다.

7
홍골길

아이들이 또랑물 속을 뒤적거린다. 또 몇은 옹당새미서 건져 올린 밤송이를 앞에 두고 신기한 듯 내려다보고 있다. 웅근이가 구불텅 튀어나온 감나무 뿌리를 잡고 비탈진 논둑으로 기어오른다. 형근이가 바짝 따라붙었다. 다근이가 또랑을 따라 내려간다. 이제 즈그 집에들 가나 보다. 그런데 형근이는 집이 홍골 안쪽인데 왜 저리 가나? 길도 없는 산자락을 타고 가려나? 웅그이즈그 집에 놀러가나? 그럼 다근이는 왜 빠지나?

빨랫돌에 올라앉은 얼굴이 통통한 녀석이 힐끗거린다. 상일이가 넓적한 얼굴을 들고 나를 빤히 치어다본다. 다들 탐탁찮은 표정인 것이, 내가 길둑에 너무 오래 눌러앉았나 보다. 나는 팍팍해진 무릎을 세우고 두리번거린다. 병근이 헤이는 어디로 갔나?

낙동 할배 집 사립문을 지나면 학동 아재 집 솟을대문이 우뚝하다. 큰또랑을 가로지른 다리에 구멍이 뻥뻥 뚫렸다. 기름한 흙다리 너머로 만근이 아재 집이 보인다. "훠이, 훠어이!" 청수 할매가 담부랑에 앉은 까치들을 쫓는 걸 보니 마당에 깻단을 널었나 보다. 사립문에서 비탈져 내린 마당 바닥이 썩 낮아서 여기서는 안 보인다. 앞뒷집의 초가지붕이 송낙을 엎어 놓은 듯 봉긋봉긋 겹쳤다. 더 안쪽으로 들앉은 오두막집은 산자락에 홀로 도드라졌다. 까치들이 오두막집 쪽으로 날아간다. 그런데 저 까치들은 어디서 나타났나? 왜 홍골로 안 가고 저쪽으로 간담? 동네 까치가 다 합쳐서 도대체 몇 마리람? 산자락 위로 높이 날던 까치들이 안쪽 지붕에 내려앉는다.

나는 흙다리 쪽을 보며 우두커니 섰다. 떨떠름하다. 흙다리의 양 길섶에는 풀대가 쭈뼛쭈뼛 자랐다. 여기서부터는 큰또랑이 부쩍 깊어진다. 저 어찔한 흙다리도 뻔질나게 오갔지만 지금은 홍골로 들어간다. 인상이 헤이 집 대문을 지나서 약국 할배 집 돌담을 따라간다. 길은 그대로 밋밋한 오르막이건만 굳게 닫힌 옵실 할매 집 대문 앞을 지나자마자 깊어가던 또랑 바닥이 불쑥 높아진다.

또랑 턱에 걸린 길쭉한 물줄기가 요란한 소리를 퍼뜨린다. 물줄기를 밀어내는 물넘잇돌이 햇살에 반짝인다. 양쪽 어깨에 닿을 듯 점점 좁아지던 골짜기는 이쯤에서 휘어지며 되레 탁 트인다. 길가에 늘어선 집들이 도래함지처럼 우긋해진 왼쪽 산자락을 따라 썩 물러서고, 두어 마지의 문전옥답이 손바닥처럼 펼쳤다. 오른쪽으로 휘어진 논두렁을 따라 삼거리에 이르면 또랑물은 손에 잡힐 듯 가찹고 통나무다리와 흙다리는 커다란 찹쌀떡 같은 징검돌로 바뀐다. 길 또한 돌부릿길로 바뀌어서 함부로 디디면 발바닥이 화끈거린다. 툭 차일라치면 발끝이 얼얼하다. 길가에는 키 낮은 감나무들이 늘어섰고 다문다문 모과나무도 솟았다. 징검다리 너머의 집들은 산자락 수풀에 바투 잡혀 지붕과 돌담을 숨겼다. 산등 숲에서 걸쭉한 꽁 울음소리가 간간이 터져 나온다.

돌부릿길은 오를수록 폭을 좁히며 팍팍해진다. 지붕과 또랑과 늘어선 감나무가 바짝 붙어서 숲길처럼 그늘졌다. 동넷길이 끝나는 어름에서 길은 또 가느다란 산길로 가팔라지거나 더 깊은 골짜기로 굽이칠 것이다. 산허리를 감고 산등을 넘어 어디까지든지 구불구불 벋을 것이다. 그러다가 멀리 또 다른 동넷길에 잇닿거나 호젓한 골짝 밭머리에 슬쩍 달붙을 것이다. 제 모습을 지우며 울울한 숲속으로 스미거나 숲우듬지 위로 트인 푸르른 하늘길에 잠길 것이다.

나는 삼거리를 지나 또랑가에 섰다. 야트막한 물막이 턱이 또랑을 가로질렀다. 넘치는 물살 속으로 스민 햇살이 환한 또랑바닥에 어른거린다. 맑은 물소리가 초록그늘 밖으로 시원하게 퍼져나간다. 오리 떼가 물속으로 머리를 꽂았다 빼며 잇따라 퍼덕거린다. 길섶에서 뒤뚱거리던 덩치 큰 거위들이 길쭉한 목을 뽑은 채 가끔씩 허공을 향해 꽥꽥거린다. 삽짝 담부랑 밑에는 아이들이 반주깨미를 하는지 찌리찌리 이마를 맞대고 둘레둘레 쪼그렸다.

8
반주깨미

멀찍이 태고가 보인다. 안쪽으로 젖혀 붙인 문짝 옆에 국희와 마주하고 쪼그렸다. 어물쩍 다가서자 태고가 허리를 곧치며 벙긋 웃는다. 국희즈그 집 대문간 그늘이다. 단둘이 노는 것이 좀 쑥스러웠나 보다. 태고는 큰 소리를 내며 활짝 웃는 편이지만 객쩍거나 무안할 때는 소리 없이 입만 벙긋거린다. 그런데, 그 웃음은 이러나저러나 고개를 들고 얼굴을 활짝 내보이는 것이어서 늘 시원하고 당당하다. 그래서 나도 덩달아 기분이 좋아진다.

국희의 갈래머리 위에 얹힌 나비 머리핀이 새첩다. 무릎을 높이고 치맛자락을 팽팽하게 당겨 내린 채 땅갑치에 토끼풀 꽃을 담고 있다. 태고가 엉거주춤 다리를 풀며 일어설 기세다. 국희는……오돌토돌한 쇠비름 이파리를 떼다 말고 나와 태고를 번갈아 보는 국희의 눈망울이 흔들린다. 울가망한 눈빛이 꽃빛처럼 곱다. 태고는 자세를 도로 굳히며 흙바닥에 놓인 풀꽃을 쥔다.

국희는 태고의 소꿉동무다. 국희는 달맞이꽃을 닮았다. 태고가 씬내이 꽃송이를 떼어내어 국희에게 건네며 한 발짝쯤 당겨 옆쪽을 튼다. 나는 앉을까 말까 망설였다. 튼 자리에 쪼그리면 국희와 마주앉게 될 터이다. 그게 미리서 머쓱해진 탓에 나는 한참을 그대로 서 있었지만, 미적미적하는 사이에 내려다보이는 국희의 옆모습에 깜박 취하기도 했다.

국희의 눈은 큼직한데다가 속눈썹이 길어서 멀리서나 가까이에서나 그 눈만이 보인다. 얼핏 나를 보는 그 눈빛은 그러나 늘 허공 같다. 어쩌다 눈길이 마주치노라면 그저 하릴없이 나만 뜨끔해질 뿐인 텅 빈……슬픈 허공. 눈길을 피하려고 애써보지만, 그럴수록 나도 모르게 자꾸만 훔쳐보게 되어 난감해지고야 만다. 국희가 달맞이꽃처럼 보이기 시작한 것이 언제부터일까? 노란 나비 머리핀이 반짝인다. 사뿐사뿐 걸을 때면 날개를 접은 채 사운거리는 머리핀이다. 쪼르르 내달릴 때면 양 날개를 파닥이는 머리핀이다. 주춤거리며 한 발짝씩 내딛는 사뿐한 뜀박질에 위아래로 가벼이 나풀거리는 갈래머리. 또 어느 날은 좌우로 춤을 추는 꽁지머리. 그 머리 위로 날아오를 듯 말듯 맴도는 노랑나비 한 마리…….

"머하노?" 태고가 팔을 벋어 내 다리를 툭 친다. 나는 태고 옆에 나란히 쪼그렸다. 태고가 나에게도 씬내이 꽃송이를 준다. 국희는 멀뚱멀뚱 쳐다볼 뿐이다. 국희는 태고하고만 논다. 국희는 태고만 보고 웃는다. 노랑나비는 태고 어깨 위에만 살짝 내려앉을 것이다. 태고는 그 나비를 집게손가락으로 접어 나에게 건넬지도 모른다. 그러나 그때, 달맞이꽃 같은 국희는 아마 울음을 터뜨릴 것이다.

내 소꿉동무 외선이도 그랬다. 창섭이하고 셋이서 놀다가 서럽게 훌쩍이며 가더니 그 다음부터는 내캉 안 논다. 즈그 집에서 나오다가도 나를 보면 도로 들어가 버린다. 길에서 만나도 멀뚱하게 지나친다. 나는 그때마다 이끌리듯 얼마쯤 따랐으나 뒷모습이 슬퍼져서 엉거주춤 서버리곤 했다. 그래서 또 마음이 울적해지는가 보다. 그래서 천지사방 풀꽃들이 동글동글한가 보다. 땅갑치에 담긴 풀꽃이 그래서 지금 내 눈에 눈물방울처럼 보이나 보다. 내 동무 태고는 그러나 국희를 울리지 않을 것이다.

그런데, 병근이 헤이는 어디로 갔나? 나는 태고가 건네준 노란 풀꽃을 내려놓고 일어섰다. 저수지로 갔나? 또랑을 건너 상잣골로 갔나? 아니면 소를 따라 더 멀리 산 너머로 가버렸나? 두리번거리며 내려오는 발길에 돌부리가 멋대로 밟힌다. 발끝에 툭툭 걸리는 돌부리가 맵다.

멀리서 학동 아재가 탄 오토바이가 달려온다. 투명한 바람막이가 날빛에 번쩍인다. 오토바이는 뚱뚱하다. 오토바이는 힘이 세다. 힘이 센 오토바이는 투다다다 소리를 낸다. 뭉텅뭉텅 공중으로 던져지는 소리가 솟을대문 앞에서 뚝 끊긴다. 학동 아재가 오토바이를 끌고 솟을대문 안으로 들어가신다. 상천이 헤이 손에 이끌린 상일이가 뒤뚱거리며 들어간다. 묵직한 소리를 끌며 널따란 대문짝이 닫힌다. 고요하다. 햇빛이 숙진하고 안산 자락이 그윽하다.

큰또랑을 등지고 골목으로 들어서자 희미한 연기가 눈앞을 가린다. 병근이 헤이 집 앞의 우물터가 부픗하다. 혹은 일어서고 혹은 쪼그려 앉은 동네 누야들이 우물질은 않고 왁자지껄 떠들어댄다. 붙어 선 숙희의 커다란 눈이 껌벅인다. 끼여 앉은 남숙이의 까만 눈이 반짝인다. 물도오는 없고 깔깔한 바께쓰 하나만 달랑하다. 작은 앵두나무는 가려져서 보이지도 않는다. 봉동 아지매가 가시울타리에 널린 빨래를 걷으신다. 순이가 양손에 하얀 베갯잇 하나씩을 쥐고 뒤뚱뒤뚱 사립문 안으로 들어간다. 무리 틈에서 또선이 누야가 나를 힐긋 쳐다본다. 창섭이 어디 갔냐고 물으려는데, 내 입이 채 떨어지기도 전에 먼저 묻는다. "우리 창섭이 오데 있더노?"

맥이 탁 풀린다. 순옥이 누야가 눈을 동그랗게 뜨고 나를 보더니 깔깔거린다. 얌전히 섰던 기점이 누야도 뭐가 즐거운지 호호거린다. 귀엣말하던 점옥이 누야와 현숙이 누야까지 고개를 내 쪽으로 돌리더니 덩달아 까르륵거린다. 눈에들 장난기가 자글자글하다. 쪼그렸던 순옥이 누야가 귀밑머리를 쓸며 허리를 편다. 내 앞으로 바짝 다가설 기세다. 나는 급히 발걸음을 놓았다. 첫, 가수나들이 와 이이 쌓노, 씨사이맨키로!

9
까치싸움

서울 갔던 큰집 두근이가 또 왔다. 동네 어귀의 산자락 안쪽에 있는 큰집의 이우지는 현우즈그 집이다. 포도밭 옆 기슭에 나란히 얹힌 두 집은 모두 바깥마당을 내밀었다. 큰집 바깥마당에는 헛간이 얹혔고 현우즈그 집 바깥마당에는 새미가 딸렸다. 두 동무는 무슨 금을 그어놓았는지 좀체 동네 안쪽으로 나오지 않고 그 바깥마당을 맴돈다. 안동네와 동떨어져 두 집만이 이우지라 뭉칠 법도 하건만 둘이는 서로 데면데면한 편이다.

담부랑을 낀 이우지의 동무라면 서로 친하기도 하고 또 으르렁대기도 하지만 그저 무덤덤한 경우가 더 많다. 종일토록 눈앞에 어른거리는 모습이 거울면 같고 밤낮 담부랑을 넘나드는 목소리가 바람소리 같아서, 알음알이가 별로 없는데도 무턱대고 다 알아버린다. 서로 궁금한 게 없다. 이쯤 되면 그저 가면 가나 보다 오면 오나 보다 하며 따로 뭉그적거리게 되는 것이다. 하지만 이건 나와 뒷집 창섭이와의 일이고, 두 동무의 사정은 여차저차 다를 수도 있겠다. 어쨌든 그 틈에 나는 쉬 섞였다. 두 동무가 똘똘 뭉쳐서 텃세를 부리거나 거꾸로 볼썽사납게 투닥거리기라도 했다면 나로서는 성가셔서 끼어들 생각조차 하지 않았을 터이다.

그 날은 그 헛간으로 또 한데새미로 오가며 꼬박 한나절을 궁싯거렸다. 바깥마당을 따르는 또랑 길둑에 함께 웅숭그린 채 돌집을 짓느라 또 한참을 더 보냈나 보다. 늘 그랬듯이 그날도 분위기를 끌고 챈 것은 두근이다. 기분 따위 채치거나 말거나 현우는 부지런히 몸을 놀렸고, 거니를 못 채고 시들해져서 혼자 어긋나간 것이 나였다.

돌메이를 포개던 두근이가 투덜거린다. 굼뜨게 오가며 나뭇개비를 주워 나르는 현우의 표정이 시무룩하다. 힛힛이 눈알을 굴리는 품이 뭔가 별난 것을 찾는 듯하다. 나뭇개비를 걸쳐 올린 돌집 지붕이 자꾸만 미끄러진다. 두근이는 눈살을 찌푸린 채 연신, 뭐야 이거? 뭐가 이래? 하고 중얼거린다. 손끝이 맥없고 쪼그린 다리만 저릿하다. 나는 물이 졸아든 또랑에 성큼 내려섰다.

눅눅한 바닥에 고무신이 쩍쩍 달라붙는다. 그대로 또랑을 타고 바깥마당께를 벗어나자 풀덤불이 주우가래이를 휘감는다. 그런대로 앞쪽으로 쏠리는 맛에 신이 났지만, 포도밭 울타리에 이르자 새빗대가 쩌려서 한 발짝을 내딛기도 버겁다. 그래도 몸은 물줄기처럼 앞으로만 쏠린다. 발길은 이미 멈췄건만 내 몸에서 새어나온 바람소리가 캄캄한 덤부레이 속으로 퍼져나간다. 나는 느닷없는 두려움에 사로잡혀 또랑바닥에 주저앉았다.

가막덤불 속의 고요가 묵직하다. 키 큰 대쑥에 쓸리는 하늘이 커다란 더깨 같다. 파란 더깨에 덮인 몸이 출렁거린다. 허리높이의 또랑둑을 기어올라 다시 마당자리로 돌아왔을 때에는 현우도 두근이도 보이지 않았다. 기껏 쌓았던 돌집은 허물어졌고 어렵사리 엮어 올린 지붕은 납작 짜부라졌다. 두 집 바깥마당이 다 휑하다. 헛간채 지붕에 앉은 까치들이 허공을 쪼며 깍죽거린다.

요란한 소리와 함께 까치 두 마리가 뒤엉킨다. 그대로 흙마당에 떨어지더니 튕기듯 두어 번 파닥거린다. 한 마리가 잽싸게 날아오르고, 또 한 마리는 둔한 날갯짓으로 몸을 가누며 포도밭 쪽으로 뒤따라 난다. 지붕 위에 홀로 앉았던 까치도 부리나케 날아간다. 까치소리가 흩어진 공중에 잔 깃털 두엇이 나붓거린다. 나비 날개 같은 깃털이 내릴 듯 말 듯 멀어진다. 나는 잰걸음을 놓았다.

꽃잎 같은 깃털이 갈지자를 그리며 떨어진다. 손바닥을 급히 내밀자 잡힐 듯 하늘거리더니 또 나붓이 떠오른다. 나는 팔을 벋친 채 따랐다. 깃털이 빨라지면 걸음을 서두르고 깃털이 느려지면 걸음을 늦추었다. 걸음이 빨라지면 깃털이 빨라지고 걸음이 느려지면 깃털 또한 느려졌다. 어쨌거나 잡아채려고 발걸음을 재는 사이에 흰 깃털은 바람결에 미끄러지더니 그예 보이지도 않는다. 헛간 앞의 짚가리가 바람에 버석거린다.

반쯤 오그린 손이 비었다. 긴 바람줄기가 손가락 틈새로 빠져나간다. 까치소리도, 깃털도, 또한 바람줄기도 사라지고 빈손만 남았다. 모두 헛거시처럼 꺼지고 빈손만이 떠 있다. 텅 빈 손에 허공이 가득하다. 빈손은 무겁다. 빈손은 서럽다. 묵직해진 손이 말간 손바닥을 지우며 툭, 떨어진다.

까치들은 부랴부랴 포도밭을 지나 어디로 갔을까? 뒤따라간 까치는 동무들을 찾았을까? 터벅터벅 포도밭 옆길을 지나서 회관 뒷길을 잡으려는데 멀찍한 길 끝 그늘나밑에 할아부지와 큰집 할아부지가 서 계신다. 초록빛에 뜬 흰 두루매이가 눈부시다. 옷자락이 바람결에 펄럭인다. 할아부지의 얼굴은 이쪽을 향했건만, 나를 보시는지 아니면 산과 하늘을 보시는지 알 수가 없다. 나는 가재걸음을 치다가 뒷길을 버리고 곧장 동네 어귀의 정지나밑으로 향했다. 그늘진 뚬붕을 지나 축대에 이르자 정지나무 뒤쪽에서 불쑥 태정이가 나타난다. “오데 가노?” 나는 귀를 닫은 채 타작마당 쪽으로 터덜터덜 걷는다. 밥땐데 오데 가기는 오데 가. 말하기 싫다. 배고프다.

10
돌집

다음 날도 돌닥거리를 벗어나자마자 그곳에 갔다. 아무 생각 없이 걷다보니 동네 어귀 산자락 안쪽의 그 바깥마당이었다. 두근이가 즈그 대문간에 홀로 쪼그렸고, 현우는 바깥마당의 우물가에 엉거주춤 섰다. 반기지도 않는 동무들이건만 나는 나대로 꼭 동무가 궁해서 닥친 것은 아닌 터라, 그저 궁금한 대로 또랑 옆 돌집 자리에 다가갔다. 두 동무가 이쪽저쪽에서 소 닭 보듯 쳐다본다. 이곳에 다시 온 것이 문득 객쩍다. 뭔가 덤테이를 쓴 듯 마음이 무지근하다.

나는 하릴없이 쪼그려 앉아 망가진 돌집을 만지작거렸다. 마당자리는 넓고 동무들은 멀찍하다. 한참이 지나도 두근이는 두근이대로, 또 현우는 현우대로 할금할금 곁눈질만 할 뿐이다. 동무들은 지금 두 집 바깥마당을 가로지른 헛간채에 가려 서로를 볼 수 없으니, 그것은 나를 향한 곁눈질이다. 아니면 나를 반기지는 않더라도 내게 굳이 그렇게 시린 곁눈질을 할 까닭은 없으니, 나를 통해 서로를 살피는지도 모른다. 널브러진 돌메이가 손에 시들하고 헝클어진 나뭇가지가 눈에 맥없다. 나는 홀로 앉은 내 모양에 벌컥 짜증이 났다. "와 다 뽀사뺐노!"

두근이가 굳은 표정으로 터덜터덜 다가오더니 납작 짜부라진 지붕을 쥔다. "지붕은 내 책임이니깐 내가 고친다!" 두근이의 눈길은 제 손끝을 향했지만 그 목청은 현우에게로 향했다. 책임? 그 말이 채 떨어지기도 전에 내 눈길도 현우에게 닿았으나 곧 가슴 한구석이 뜨끔했다. 그리고 올찬 말투 탓에 눈앞의 동무가 아뜩해지면서 작은 덩치가 불현듯 묵직해 보였다. 현우가 큰 눈을 껌벅거리며 슬금슬금 다가서더니 말없이 돌메이를 포갠다. 두근이의 흰 손과 현우의 터실터실한 손이 바삐 움직인다. 매끈한 손과 튼 손이 용케 서로 닿지 않고 잘도 움직인다. 어제, 그 까치도 책임 때문에 두 동무 까치를 뒤따랐을까? 그런데, 까치는……두 동무는 어제 왜 싸웠을까? 혹 내가 낀 탓일까? 아니면 내가 거니를 못 채고 자리를 뜬 때문인가?

눈을 내리깔고 바지런히 손을 움직이는 두근이의 갸름한 얼굴과 현우의 둥그런 얼굴이 꽤나 진지해 보인다. 책임……. 뜬금없이 튀어나온 그 말이 머릿속에 맴돈다. 말의 토막이 유리알처럼 번쩍이며 절걱거린다. 더럭 겁이 난다. 나는 대쑥과 새빗대 잎을 뜯어서 돌집에 뿌리다 말고 불쑥 물었다. "느그 어지 와 쌈했노?" 두근이가 빙긋 웃는다. "싸우기는 머로?" 현우조차 벙싯 웃는다. "쌈 안 했다 고마."

돌집 지붕이 햇살에 반짝인다. 어젯것보다 튼실하고 푼푼해졌다. 내가 마당 삼아 돌집 주위에 풀잎을 다 흩자마자 현우가 벌떡 일어섰다. "다 댔다아. 언자 뽀사삐자!" 두근이가 대뜸 말을 받는다. "하나 둘 셋에 같이 뭉개자." 현우가 우렁차게 외친다. "하나. 두울. 서이!" 소리가 떨어지기 무섭게 돌집이 마구잡이로 밟힌다. 와그르르 나동그라진 돌메이들이 뿌연 먼지에 뒤덮인다. "에래기!" 현우가 짜부라진 지붕을 힘껏 걷어찼다. 지붕과 고무신째이가 함께 솟구친다. 짜부라진 지붕은 훌쩍 날아서 또랑 풀덤불에 떨어지고, 검은 고무신째이는 높이 솟았다가 멀찍한 길바닥에 나동그라진다. 웃음소리가 터져난다. 머쓱하게 깨금발로 섰던 현우가 엎어진 신째이 쪽으로 풀쩍풀쩍 외발로 뛴다.

11
재작

포도밭이 바람결에 넘실댄다. 산자락의 키 큰 미루나무들이 잎가지를 파르르 떨며 휘청거린다. 바람은 앞서거니 뒤서거니 등성이로 몰려간다. 산허리의 울울한 솔숲이 산등 쪽으로 쓸리며 푸르게 반짝인다. 기슭의 은사시나무와 물푸레나무의 우듬지가 하늘빛에 젖었다. 흰 구름이 부풀다 못해 주르르 미끄러져 내릴 것만 같다. 먼 산등을 타고 달리던 바람이 하늘까지 치달아 저 높이 뜬 뭉게구름을 밀어가나 보다. 두둥실 떠가는 구름의 가사리가 솜꽃처럼 흐드러지며 밝게 빛난다. 뭉싯거리는 내 몸도 환한 날빛에 감싸여 덩달아 부풋하다.

시린 눈길을 거두고 포도밭 옆길을 걷는 마음이 둥실거린다. 발걸음이 구름을 밟는 듯 헛헛하다. 어디 간단 말도 함께 가잔 말도 하지 않았건만 두 동무가 줄레줄레 뒤따랐다. 새밋가로 쪼르르 달려 나온 현우 동생 왕근이도 오쫄거리며 따라붙는다. 괜스레 우쭐한 마음이 이내 우울해진다. 뱃속에서 꼬르륵 소리가 난다. 어디로 간담?

나는 타작마당을 써려 둥천 가는 흙다리를 건넜다. 잔할무이는 매일 마산으로 장사하러 가시고, 석근이 아재는 학교엘 간다. 국민학교를 졸업한 용기 아재는 논으로 산밭으로 부지런히 일하러 다닌다. 할아부지도 가끔씩만 들리시니 한낮이라면 둥천 집은 늘 빈집이다.

흙다리 건너 오솔길은 감나무가 늘어선 길둑을 잡고 큰또랑을 거슬러 오른다. 오솔길이 썩 바라진 삽짝은 고요하기만 하다. 대쪽 사립문 앞에 다가서자 마음이 옴츠러든다. 현우와 두근이가 뒤쪽에 우두커니 섰다. 왕근이가 닫힌 사립문을 보며 고개를 갸웃거린다. "우리 잔할매 집이다!" 나는 사립문을 밀고 성큼 집 안으로 들어섰다. 뒤꽁무니에 붙었던 왕근이가 미끄러지듯 마당 안쪽으로 튀어 들어간다.

우리는 보오쌀 소구리 쥐눈 뜨드끼 눈알을 반짝이며 먹을거리를 찾아 뒤적거렸다. 장독대 앞의 노구솥을 기웃거리고 축담에 놓인 버들광주리들을 살폈다. 널어놓은 호박 우그리를 잘근거리고 바싹 마른 뺏대기를 부러뜨렸다. 정지 솥에서 삶은 감자도 꺼내 먹었다. 살강 녹그륵에 담긴 깐 양파나 물외도 냠냠거렸다. 그쯤에서 나와야 하건만, 정짓바닥에 놓인 풍로를 만지작거리고 불매 손잡이를 쌩쌩 돌려댔다. 오락가락 복작거리는 틈에 목소리는 멋대로 커진다. 마당은 먼지를 풍기며 들썩거린다. 축담에는 고무신째이가 나뒹굴고 봉당자리에 깔린 평상은 마구 비거덕댄다. 대쪽 바닥에 흙 발자국이 쿡쿡 찍힌다. 외짝 문의 고리에 꽂힌 수까락이 달그락거린다. 끝내 문고리를 풀고 방으로 우르르 몰려 들어갔다.

창호문이 닫혔다. 왕근이가 수까락을 입에 문 채 고양이 기름 종지 노리듯 방 안을 살핀다. 봉창으로 스미는 날빛에 세간들의 윤곽이 뚜렷해지자 방이 금세 널찍해졌다. 앉은뱅이책상 서랍을 뒤지고, 책꽂이에 배슥이 꽂힌 책을 흩뜨리고, 공책을 좍 펼쳐서 항칠을 하다 보니 방이 운동장처럼 부풀었다. 베개를 몽땅 꺼내 기차놀이도 하고, 차곡차곡 포개어 탑 쌓기도 했다. 높직한 이불더미에 올라 덜썩꿍 뛰어내리기도 하고, 이불과 요를 좍 펼쳐놓고 옆으로 데굴데굴 궁굴기도 하였다. 현우의 등을 타고 씩씩거리며 말타기를 하거나 또 버꾸야를 외치며 곤두질을 하는 통에 아랫목의 먹다 남은 찐쌀 종지가 엎어지고, 윗목의 놋재떨이가 뒤집히고, 성냥통에서 낱개비들이 와그르르 쏟아진다. 기우뚱거리던 등유댓병이 나자빠져 데굴데굴 구른다. 꿀렁꿀렁 지름이 쏟아지고……그때, 방문이 왈카닥 열렸다.

“와 바아서 난리고 말다!” 할아부지의 목청이 날아든다. 활짝 열린 문 앞에는 용기 아재가 버티고 섰다. 할아부지는 축담에서 혀를 차신다. 나는 부랴부랴 등유댓벵부터 세우고는 고개를 푹 숙이었다. 지름내가 코를 찌른다. 두근이는 베개를 든 채 엉거주춤 서서 멀뚱거리고, 현우는 기마자세로 엎드린 채 고개를 치어들고서 두근이와 나를 번갈아 본다. 이불을 덮어쓰고 번드친 채 오그라진 수까락으로 호작질을 하던 왕근이가 커다래진 눈알을 굴린다. 용기 아재가 방으로 들어서더니 성냥개비를 쓸어 담는다. 흐트러진 이부자리를 걷고 등유가 흥건한 비닐장판을 훔친다. 나에게 눈짓을 하고는 또 말없이 평상마리의 흙 자국을 지운다.

내가 가끔 이렇게 재작을 지이도 용기 아재는 화를 내는 법이 없다. 고작해야 숱이 많은 눈썹을 옴찍거리거나 내 머리를 한번 툭 치며 빙긋 웃을 뿐이다. "날 좋은데 또라아 가서 놀지……."

12
또랑보

나는 얼떨결에 축담으로 내려섰다. 할아부지는 훌훌 삽짝을 떠나신다. 한줌만 해진 마음이 탁 트였으나 그 뒷모습이 낯설어 보인 것은 그날따라 할아부지의 꾸중이 짧고, 또 그 표정이 목청과는 달리 금세 부드럽게 바뀐 탓이다. 나는 그것이 두근이 때문일지도 모른다고 생각했다. 두근이는 큰집 할아부지의 막냇손자이다. 큰집 할아부지는 우리 할아부지의 당숙부이시다. 큰집 할아부지는 높으시다. 그래서 두근이도 덩달아 힘이 세다. 짧은 순간이었지만, 혀를 차시면서도 평소와는 달리 그윽했던 할아부지의 얼굴이 머릿속에 맴돌았다.

나는 싱숭생숭한 마음으로 어깨를 꺾고 늙은 반수감나무 아래 섰다. 할아부지는 큰또랑을 따르는 안산 오솔길을 잡으신다. 다근이 집을 지나 홍골 쪽으로 멀어져 가신다. 치실 할배 집 약방에 가시나 보다. 할아부지의 두루매이 자락이 먼빛으로 희끗거릴 때에는 찝찝한 마음이 울적해졌다.

물소리에 이끌려 또랑보를 받치는 물웅디이로 내려서자 두근이가 으스대듯 뒤따른다. 태연한 얼굴이다. 길둑에 주뼛거리며 섰던 현우가 허리를 수그리며 웅디이 속을 노려본다. "여어 개이 억수로 많재?"

"개이이? 개이가 뭔데?" "개이가 머라이?" "개이가 개이지 머시라." "그러니깐 개이가 뭣인데?" "니는 개이도 모리나?" "필째이, 송애새끼, 미꼬래이 겉은 기 다 물개기 아이가." "물고기?" "멀쿠노? 물고기가 머꼬?" "물고기가 개인 갑다." "왕그이는?" "서울서 옷다꼬 개이로갖다가 물고기라 쿠나?" "말이 다리네에?" "그런데, 이 개기는 누구 거고?" "누구 끼라이?" "개기가 누 끼 오데 있노?" "그럼?" "왕그이 오데 갔노?" "아참! 저분때 정갑이 헤이가 다 즈그 끼라 쿠더라." "다?" "와 즈그 낀데?" "지가 몇 마리로 풀어가 싹 다 새끼 친 기라꼬." "이 웅디이도 그라모 즈그 끼가?" "돌멩이도 다?" "개기로 다 세아리났다 쿠더라." "에나가?" "몽땅 다?" "한 바리라도 잡아가모 직이삔다 쿠더라." "……."

"……돌빼이 밑에 꺼는?" "물도 다 자기 건가?" "물? ……그란데 일마 이거는 오데 갔노오?" "돌빼이 밑에 꺼도 다 셌이까이?" "맞다." "아이다 고마. 센다." "혼자 집에 갔나?" "짜다라 많은 거로 우찌 다 세?" "즈그 집 감나무 감도 다 세아리났다 쿠더라." "집 찾아갈 줄 아나?" "노푸당하이 달린 감을갖다가 우찌 다 세? 그라모 새보오 떨진 홍시도 싹 다 세삐그로?" "내사 모리겄다. 에나 집에 가삤는 갑다." "무슨 귀신인가?" "돌빼이 밑에 꺼는 개안타 고마." "그라모 밑에 꺼마 잡자." "다 잡아도 된다." "……." "와? 우짤라꼬?" "도로 풀어주면 되지, 머 하러 잡아가?" "하! 그라모 대겄네에." "……현우야. 니 동생 퍼뜩 찾아바라." "같이 가보자." "나또삐라. 글마는 지 혼채도 빠삭하다 고마."

또랑보에 갇힌 물은 가로지른 물막이 통나무와 돌턱 사이로 폭포처럼 쏟아진다. 또 다른 물줄기는 빙글빙글 회오리를 이루며 오솔길에 묻힌 물길굴로 빨려든다. 꾸륵꾸륵 독광을 빠져나온 물줄기는 짤따란 또랑을 지나 주둥아리처럼 벌어진 물꼬로 흘러든다. 널찍한 못자리논 하나를 가득 채우고는 또 반대쪽 물꼬로 빠져나간다. 내처 아슬아슬한 나무 물다리와 캄캄한 물길굴과 작은 또랑을 신나게 번갈아 타며 정지나밑을 지난다. 물줄기는 숱한 물꼬를 적시고 동네 앞들 복판쯤에서 멎을 것이다. 잘랑잘랑 물소리를 그쯤에서 버리고 연초록 들빛에 스밀 것이다.

또랑보 아래로 쏟아진 물은 작은 웅디이를 이루고도 넘친다. 또랑 바닥에 듬성듬성 자란 덤부레이를 적시며 찰방찰방 흘러간다. 저 물줄기는 흐르고 흘러서 어디까지 갈까? 반성장에도 가고 진주까지도 갈까? 잔할무이가 장사하러 가시는 마산 어시장까지라도 갈까? 첨벙거리며 놀았던 외갓집 앞의 작은 또랑과도 만나는 게 아닐까? 장마 진 끝에 큰또랑이 퀄퀄거리면 거기까지 가닿을까? ……외갓집. 아, 외갓집에 가고 접다.

막내이모는 뭘 할까? 과수밭에는 노란 참외가 뒹굴고 빨간 토마토가 주렁주렁 열렸겠지. 외할무이가 치맛자락으로 싹싹 닦아 주시는 새끼 까지는 맛있다. 이모가 산자락을 더터 따주는 산딸기는 달다. 주렁주렁 열린 뽈똥도 새콤달콤하다. 외할아부지는 지게 풀짐을 마당에 부리며 활짝 웃으시겠지. 그리고 깨곰이 총총한 잔가지를 꺾어주시겠지. 그런데, 현우와 두근이더러 가자고 하면 함께 가 줄까? 두근이는 고개를 갸우뚱거리겠지. 현우는 얼마쯤 얼싸절싸 따르다가 논두렁을 타고 즈그 집 쪽으로 가버리겠지. 나는 또 논두렁에 홀로 걸터앉아 까마득한 하늘길을 바라보며……그런데, 새들은 그 머나먼 길을 어찌 오가는 걸까?

새들은 땅길이 하늘길에 스미는 그곳에서 사라지고, 하늘길이 땅길에 잇닿는 그곳에서 나타난다. 끊임없이 사라지고 나타나는 그 높은 곳에서 새들은 날개를 뽐내며 반짝거린다. 큰또랑의 물줄기는 흐르고 또 흘러 드높은 거기까지도 다다를까?

13
낮꿈

안산 큰또랑보의 물웅디이는 배꼽 높이쯤이나 깊다. 콸콸 쏟아진 물이 빙글빙글 맴돌다 소리 없이 흘러나간다. 물기를 머금은 넓적한 빨랫돌이 번질거린다. 물줄기가 닿지 않는 또랑바닥에는 총총한 빤댓돌들이 파르스름한 속살을 내보이며 꿈틀거린다. 그 언저리의 허세비 태우는 자리가 시커멓게 얼룩졌다. 타다 남은 대작대이와 짚모숨이 그을린 자갈돌 위에 널브러졌다.

나도 저번 대보름께 저녁에 하동 할매 집 푸닥거리가 끝나자마자 병근이 헤이와 허세비 하나씩을 끌고 이곳까지 신나게 달렸었다. 숨을 깔딱거리며 맛있는 흰떡을 냠냠거렸다. 아, 그때 그 대작대이에 엮어 붙인 볼록한 짚모숨에서 쎄돈이 주르륵 흘렀건만. 주섬주섬 모아 쥔 병근이 헤이가 세 개를 갖고, 나도 두 개씩이나 얻었건만. 타작마당의 태정이즈그 점빵에 가서 딩기감빵을 사 먹었건만. 오그라진 찐지리이를 빼고도 수무나문 개나 되었건만. 그런데……병근이 헤이가 챙긴 쎄돈 중에는 큼직한 게 있었다. 창섭이 말로는 그게 오 원째이라는데, 그렇다면 지는 칠 원을 갖고 나한테 이 원을 준 것이니 너무하다. 두 개를 쓱 내밀고 빙긋 웃으며, 니 두 개 내 세 개! 하고 당차게 말했으니 너무 얍삽하다. 그런데 생각해 보면, 내가 병근이 헤이를 따른 것이니 일 원째이 두 개라도 오감타. 기껏 감빵 잘 사 먹고서 뒤늦게 따지는 일도 우습고, 꼭 까자 생각이 날 때만 그 큼직한 게 내 것 짚모숨에서 떨어진 게 아닌가 하고 불쑥거리는 마음 찌꺼리 역시 꼬롬한 것이니 좀 켕긴다. 그리고 창섭이 말마따나 따져봤자 들을 말은 뻔하다. 니이, 감빵 무운 거 다 토해내라. 그라모 돈 더 주꺼마!

언뜻 대질러 보리라 후끈하던 결기가 또 숙어지자 눈앞이 허랑하다. 울가망하여 올려다보는 길둑에는 쑥부쟁이 덤불이 성성하다. 띄엄띄엄 핀 꽃송이들이 바람에 흔들리어 한 길 높이의 길둑을 더 노푸당하이 부풀린다. 이쯤에서 큰 또랑은 한편으로는 집들과의 사이에 널따란 평밭을 두고, 또 건너편은 안산 비탈에 바짝 이끌려서 멀찌가니 나앉은 듯 한갓지다. 또랑바닥에 내려서면 동넷길도 집도 보이지 않는다. 오솔길이 얹힌 부픗한 길둑 위에 구름장 없는 하늘이 걸쳐졌다. 파란 더깨 같은 하늘이다. 맑은 물소리에 닫힌 딴 세상이다. 모두들 여울 만난 수달피처럼 빠릿빠릿해졌다.

양손에 신째이를 쥐고 잽싸게 송애새끼를 뜨거나, 버들잎처럼 흩어졌다 모이고 또 흩어지는 필째이 떼를 쫓거나, 다보록한 물풀 위로 떠다니는 까만 물짤래비를 채거나, 미끈덩한 미꾸래이를 주무르거나, 물이끼 낀 돌에 총총 달붙은 소래를 떼어내거나, 물길을 트고 작은 구디이를 파서 송애새끼를 가두거나, 그 위에 나뭇개비를 엮고 풀잎을 덮어 그늘막을 만들거나, 대추나무 잎을 짓찧어 허연 거품을 풍기거나, 또 어느 결에 종아리에 달라붙은 거무리를 찰싹찰싹 쳐내기도 하는 것이다. 다들 배꼽이 드러나고 허리춤이 엉덩짝에 반쯤만 걸쳐졌다. 온통 젖은 몸이 질척질척하다.

입은 채로 옷을 말리느라 바싹 마른 자갈밭에 벌러덩 드러누웠다. 달아오른 빤댓돌에 등더리가 뜨끈뜨끈하다. 따뜻한 햇볕이 젖은 몸을 감싼다. 물기가 잦아진 얼굴이 땡기며 따끔거린다. 나른하다. 물소리에 쓸리던 굼뜬 몸이 둥긋이 부풀어 오른다.

두둥실 구름 아래로 또랑보가 보인다. 까마득하다. 나뭇가지 사이로 또랑바닥에 누운……나는, 구름 위에 있다. 자갈밭에 드러누운 또 다른 내 모습이 으스스하다. 갑자기 구름 위가 위태위태하다. 나는 지금, 흰 구름 위에 떠 있는 것인데, 등더리가 배기인다. 등더리가……나는……지금……자갈밭에 누워 있다. 으스스한 기운이 가시며 또 나른해진다. 물소리가 요란하다. 부챗살처럼 가늘어진 물소리가 햇살에 반짝이며 펴져나간다. 숭굴숭굴한 몸에 스미는 바람이 저릿저릿하다. 나는 또……흰 구름 위에……떠 있다. 까마득한 또랑바닥에 드러누운 내 모습이 손에 잡힐 듯 가깝게 느껴진다. 야릇하다. 구름이 흔들린다.

내 몸이 기우뚱거린다. 어찔하다. 등더리에 아무런 느낌이 없다. 나는 등짝을 구름에다 대고 누른다. 등더리가 배기이면 두려움이 걷힐 듯하다. 등더리가 들쑤시면 다시 자갈밭일 것이다. 나는 등짝을 들썩이며 마구 짓누른다. 등더리가 아프면 어찔함 속에 사라지는 일 따위는 없을 터이다. 그러나 애를 써 봐도 등짝에 닿는 게 없다. 헛헛한 두려움을 못 배겨 허우적거리는 사이에 몸이 지리 흩어져버렸나 보다.

뿌옇게 흐려진 눈앞에 물길을 따라가는 아이들이 보인다. 현우와 두근이는 안 보인다. 그림자처럼 줄지어 너울질 뿐 아무 소리도 들리지 않는다. 물소리조차 없다. 무표정한 저 아이들은 누굴까? 소리는 어디 갔나? 소리가 다시 들린다면 저 아이들을 알아볼 수 있을 듯하다. 소리들이 다 어디로 가버렸나? 날빛 속에 스몄나? 구름 속에 잠겼나? 하늘빛에 젖었나? 햇빛에 번쩍거리는 것이 소리일까? 햇살에 잡혀서 희번덕거리는 것이 내 몸일까?

거뭇해진 눈앞에 낯선 그림자들이 희끗거린다. 내 몸이 아래쪽으로 묵직하게 쏠린다. 또랑바닥에 드러누운 내 몸 위로 툭, 떨어져 겹쳐질까? 물웅디이 속으로 텀버덩 떨어질까? 아니면 바람에 우수수 흩어져버릴까? 길둑의 쑥부쟁이 꽃송이들이 하나둘씩 팔랑개비처럼 난다. 나는 떨어져 내리는데 꽃송이들이 날아오르다니? 일제히 솟구치는 꽃송이들 사이로 굵직한 목소리가 울린다. 두리번거리는 얼굴이 가시에 찔리듯 따끔따끔하다. 빤댓돌에 배기인 등더리가…… 아프다. 요란해진 물소리가 온몸을 갉아댄다.

14
오 원

"와 여어서 자노 말다!" 나는 번쩍 눈을 떴다. 길둑 위에 용기 아재가 우뚝하다. 나는 벌떡 일어나 두리번거렸다. 멀찍이 현우와 두근이가 또랑물을 따라가며 작대이를 탁탁 내려친다. 물줄기가 넓적해지는 굽이돌이에서 잠시 머뭇거리더니 헌 또랑둑에 비어진 정지나무 뿌리를 잡고 타작마당으로 기어오른다. 용기 아재가 엉거주춤 서 있는 나에게 손짓을 한다. "퍼뜩 올로오이라, 집에 가그로."

나는 맥없이 길둑에 올라섰다. 꿰진 데도 없는 고무신에 또 잔돌이 들어갔나 보다. 딱딱 마치는 발바닥이 쑤신다. "신째이 벗어가 털어라, 탈탈." 용기 아재가 안쓰러운 표정으로 내려다본다. 엉거주춤 선 내 앞에 쪼그리며 손을 내민다. 손끝에 동그란 것이 은빛 쎄돈이다. 불쑥 내민 내 손바닥에 얹혔다. 동전 면이 흐려서인지 지그시 눌리는 손맛이 묵직하다. 그런데 얼결에 내가 손을 너무 빨리 내밀었나 보다. 큼직한 쎄돈을 감싸 쥔 손이 억하다. 내 손이 남의 손 같다.

용기 아재는 짙은 눈썹을 옴찍거리며 빙긋이 웃는다. 그 부드러운 표정에 내 무안함이 싹 가셨다. 나는 쎄돈을 갬치에 넣고는 신째이를 벗어 턴다. 팥알만 한 잔돌이 길바닥에 톡, 떨어진다. 고무신 테두리에 씨시여 여푼데이가 허옇게 불은 발을 도로 끼울 때, 마음은 벌써 점빵으로 내달렸다. 색색의 까자들이 북새를 놀며 나 여깄다는 듯 달그락거린다.

"쪼깬썩 씨라이? 한참에 다 씨삐지 마고." 그런데 나는 그게 잘 안 된다. 찬밥 두고 잠 아니 오는 심사로 감빵이며, 피엿이며, 박하사탕이며, 이것저것 사 먹다 보면 금세 빈털터리다. 그날도 비석집 앞 돌다리를 건너자마자 신째이를 또 한 번 벗어 털며 한참을 주춤거렸다. 용기 아재가 둥천 밭둑에 서서 내 쪽을 보고 있지 않았다면, 용기 아재가 그 자리를 뜬 뒤 또 기태 아재가 집 앞 또랑가에서 멀뚱멀뚱 바라보지 않았다면 단박 타작마당으로 내려갔을 것이다. 나는 주우 갬치를 만지작거리며 집으로 향했다.

가끔씩 쎄돈을 꺼내어 거북선 그림을 살폈다. 또 굵직하게 박힌 숫자를 보며, 오십인데 왜 오 원째이인지 궁금해 하였다. 이게 그대로 오십 원째이라면 얼마나 좋을까. 그러면 비행기나 코끼리를……아, 그 새끼 코끼리! 새끼 코끼리를 산다면 꿈에 본 그대로 홍골 저수지로 데려가리라. 함께 멱을 감으며 미끈덩한 등짝을 쓸어 주리라. 놈은 길쭉한 코로 물조리개처럼 좍좍 물을 뿜어 무지개를 띄우겠지. 넓적한 귀날개로 수면을 찰싹찰싹 치며 좋아하겠지. 그 짤따란 꼬리를 돌돌 말아 주리라. 놈은 몹시 간지러워서 뿌우, 뿌우우 소리를 내며 첨벙거리겠지. 동무들은 부러워서 입을 헤벌리고 쳐다보겠지.

만약시 비행기를 산다면 외갓집으로 부웅 날아가리라. 신나겠다. 비행기에다 감빵을 가득 싣고서 마구 뿌려대면 더 신나겠다. 아아들이 소리치며 달려오겠지. 그런데 오십 원째이라도 그 돈으로 비행기와 감빵을 다 살 수는 없을 듯하다. 돈이 더 있어야겠다. 날아가다가 감빵이나 지름이 떨어지면 또 돈이 필요하겠다. 돈이 더 없다면 비행기를 팔아서 감빵과 지름을? 칫, 역시 새끼 코끼리가 낫겠다. 코끼리는 풀과 열매만 먹는다. 자라서 일도 하고 새끼도 낳을 것이다. 새끼를 낳으면 동무들에게도 한 마리씩 나눠 주리라.

고야 한 마리, 창섭이 한 마리, 현우와 두근이도 한 마리씩. 태정이도 한 마리. 병근이 헤이도……? 칫, 지는 칠 원을 갖고 나에게는 꼴랑 이 원을 주면서 니 두 개 내 세 개라니! 주지 말자. ……그래도 내가 맥쩍을 때 섞어주고 쭈뼛할 때 말기준다. 주자……. 그런데 책보따리만 앵기고 쌩 가버리다니……주지 말자……주자……. 그런데 코끼리는 새끼를 꼭 한 마리씩만 낳는다. 누굴 먼저 주나? 언제 다 준담? 사립문으로 들어서자 마당을 가로지른 빨래가 눈앞을 가린다. 이불 홑청을 털어 빨랫줄에 널던 할무이가 종종걸음으로 다가오신다. "오데 갔더노? 아이구 이삼드라, 옷이 이기 머꼬오!"

15
우리 집

마리가 텅 비었다. 어무이는 아직 안 오셨나 보다. 사랑채 축담도 비었다. 집 안이 조용하다. 할무이가 큰방에서 마른옷을 내오신다. "갈아입고 내나라, 빨그로."

어무이는 갓 백일이 지난 젖미이 동생을 업고 사나흘 전에 부산엘 가셨다. 온 들판이 들썩거리는 북새통에 보리타작이며 모심기도 마치고, 또 논두렁콩까지 다 심고 나자 시섭이를 업고 큰이모 집으로 가신 것이다. 해마다 한바탕 일철이 지나고 나면 훌훌 다니러 가시곤 한다. 어떤 때는 동생 기섭이가, 또 어느 때는 내가 따라붙었지만 올해는 막내이가 생기는 바람에 둘 다 멋쩍게 되었다. 기섭이는 눈치가 빨라서 이번엔 아예 나서지도 않았지만, 나는 어무이의 보따리를 만지작거리며 미련스레 혹시나 하고 서성거렸다. 할무이가 옹알이하는 시야를 어무이 뒷등에 붙이며 넌지시 언질이셨다. "무시라, 길이 오데라꼬? 업고 걸리고 대는가아?"

아부지도 아직 안 들어오셨나 보다. 얼마 전부터 면에 나가는 아부지는 다저녁때 오신다. 육 학년이 된 길수 아재는 학교에서 밤공부하느라 더 늦다. 사랑채 앞에서 독구와 함께 뜀박질을 하던 기섭이도 보이지 않는다. 또 지 소꿉동무 인숙이한테 갔나? 돌닥거리에도 인숙이즈그 집 삽짝에도 안 보였으니 아랫집 극이캉 노나? 뒷집 창섭이가 즈그 외사촌 동생 극이와 함께 모장골로 몰아갔는지도 모른다.

잔방마리에 놓인 파란 사쓰와 곤색 주우가 바삭바삭하다. 나는 마리에 걸터 앉은 채 윗도리를 벗는다. 뱃살에 살비듬이 보풀보풀하다. 반쯤은 시씨이서 떨어져 나갔건만 반쯤은 떨질랑 말랑 낙낙히 들러붙었다. 배에 한껏 힘을 주니 올챙이배처럼 볼록해진다. 읏! 하면 더 부풀고 으읏! 하면 더 탱글탱글해진다. “와 저라고 앉았이꼬, 퍼뜩 안 갈아입고.” 정짓간에서 할무이의 목소리가 울려 나온다. 나는 청마리에 올라 후다닥 주우를 갈아입었다. 사랑채 지붕에서 깍죽거리던 까치들이 돌아앉은 병근이 헤이 집 지붕으로 날아간다. 헛간 앞에서 짹짹거리던 참새들이 아랫집 담장 너머로 달아난다.

담부랑 너머로 종알거리는 극이 목소리가 들린다. 칭얼거림으로 바뀌더니 이내 고요하다. “옴마는 온제 오노오?” “단옷날 갔인께네 올 때 댔다. 막차 탔이모 교다아 종 칠 때쭘 대이겄재.” 할무이가 흙탕물이 말라붙은 옷가지를 챙겨서 다시 정지 앞으로 가신다. 고막이 구멍 앞에 독구는 없고 쪼그라진 개밥그릇만 엎어졌다. 또 청밑에 기어들었나 싶어 마릿장을 쿵쿵 굴러 보아도 기척이 없다. 하긴 쏘다니다 무얼 잘못 먹었는지 비칠거렸으나, 아래끼부터는 말짱해져서 보란 듯이 껑충댔으니 청밑에 기어들 까닭은 없다. 또 기섭이를 따라갔거나 어디 빈 집터나 산자락에 찌리찌리 몰려서 법석거리겠지.

널린 빨래 너머로 보이는 헛간채의 한 칸이 휑하다. 장독대 쪽의 저 바깥 칸에는 장작개비와 마른 솔캐이가 족히 쌓였었는데, 한겨울부터 헐빈해지더니 해토머리에는 바닥이 드러났다. 삼동에는 방방이 군불을 넣어야 하니 금덩이 같은 장작더미가 하루가 다르게 줄고, 금싸라기 같은 솔개비도 어느 결에 바닥만 가릴 지경으로 꾀죄해진다. 늦은 봄부터는 헛간채 안쪽 칸에 쟁여놓은 묵은 짚동을 헐고 거름으로 쓸 밀대까지 때기 시작하지만, 이게 또 워낙 헤프다. 부석에 재만 수북이 쌓이고 불길은 실속 없이 연기에 잡혀 가물거린다. 센바람이라도 불라치면 굴뚝이 바람발에 막혀서, 시커먼 부석은 불길과 연기를 토해내며 게걸들린 짐승처럼 꺽꺽거린다.

우렁우렁한 목소리로 집안일을 가누던 춘근이 아재가 부산의 공장으로 떠나고, 아침마다 말없이 지게를 메고 먼산나무를 다니던 후야 아재도 설쇠러 오신 대구 잔아부지를 따라 돈 벌러 갔다. 그래서 우리 집에는 나무해 올 사람이 없다. 모장골에 사는 지은이 아재가 가끔 날일로 깨뚱구리를 해 오거나, 장작을 패거나, 빈집에 소 들이듯 꼭두새벽부터 풀짐을 쌓기도 하지만 요즈음은 발길이 뚝 끊겼다. 그래서 어무이는 짬짬이 산에 가서 깔비를 꺾어 오시곤 한다.

할아부지가 신촌 아재나 범식이 아재 집에서 땔감 두어 짐을 꾸기도 하지만 그런 날이면 어무이의 표정이 오히려 어둡다. 할아부지가 마실 나가신 뒤에 어무이는 뛰어든 남의 집 소 내치듯 나뭇짐을 되돌려 보내곤 하셨다. 그리고 밤중에 가마이 서너 장을 접어 머리에 이고서 나를 앞장세우신다. 달포 전에도 그랬다.

16
솔바람 소리

"그믐밤에 머하그로 고마, 내일 낮에나 가지." 할무이가 큰방에서 장지문을 열고 내다보셨다. "해 가라 쿨 때 해와야지예." "하이고, 바랑골이라이. 세사 간도 크다, 이리 캄캄하그마는." "퍼뜩 댕기오께예. 까꾸리 들어라."

어무이는 똑 나를 앞세우지만 그렇다고 내치 내가 앞서가는 것은 아니다. 새끌밖을 지나 돌닥거리도 못 미쳐서 어무이는 나를 앞지르신다. 나는 걷다 뛰고 또 뛰어야 한다. 둘러멘 까꾸리가 키보다 길어서 자꾸만 거치적거렸다. 휑하니 앞서가는 어무이를 따라잡기란 버겁다. 어둑한 길이라 함부로 내딛는 통에 발바닥이 달듯이 홧홧하다. 버럭 짜증이 난다. 나는 밤빛 속에 멀어지는 어무이의 뒷모습을 보며 멈칫 섰다. 해나 어무이가 뒤돌아보며 손짓하리라 기대하는 마음이었지만……번여이 그럴 리가 없다. 작든 크든 어무이는 앞에 일이 닥치면 옆도 뒤도 돌아보지 않으신다. 어무이는 그대로 가뭇없이 사라져버렸다.

밤눈이 트여 어무이의 저고리가 먼빛에 어른거릴 때쯤에야 나는 까꾸리를 질질 끌며 허겁지겁 달려갔다. "옴마. 나무 가아온 거로 와 도로 갖다조뻤노?" "갚을 때로 생각해야재. 당장 없다꼬 넘한테 빌리모 난주 또 빌리야 댄다 아이가. 쪼깬 짜치인다꼬 가실내이 하모 난주 찡이 무울 나락도 없는 기다." 나는 다리가 팍팍한 데다가 밤길이 으슥하기도 해서 불쑥 또 물었다. "옴마. 우리 뒤안에 장작개비 항그석 있다. 알재?" "아이가아. 그거는 제사 때 씰 거 아이가." "그거는 그라모 몬 씨나?" "다달이 제사가 닥치는데 씨삐모 대는가아. 조상님 상에 올릴 음식을 알불로 끼리고 부치고 해야재. 그거 씨는 거는 배고푸다꼬 씨나락 찡이 묵는 거캉 같다. 에럽어도 씰 기 있고 안 씰 기 있니라. 퍼뜩 가자."

어무이는 정지나밑의 비석집을 지나 절골 가는 오솔길을 잡으신다. 달도 없는 그믐밤. 밤빛은 어둡고 밤길은 멀다. 번득이는 무논을 따라 휘어지는 오솔길 끝에 흙다리가 덩실 떠 있다. 시원한 물소리를 뿌리는 큰또랑을 건너면 길은 또 높다란 밭둔덕을 끼고 이어진다. 트인 바른쪽의 밭떼이가 거뭇하다. 하늘에 닿은 산빛이 칠흑 같다. 산등성이 위로 별이 뜨는지, 쌀알 같은 알갱이가 다문다문 흩어졌다. 길쭉한 바람 한 줄기가 산자락을 쓸며 불어온다. 어무이는 벌써 멀찍한 절골 어귀로 접어드셨다. 잰걸음 발소리와 몸뻬 스치는 소리는 들리지 않고 뒷모양만이 어둠 속에 희끗거린다. 나는 어깨에 멘 까꾸리를 내려 끌며 발걸음을 옮겼다. 멀리 갈림길을 놓은 작은 정자나무 아래서 어무이는 내 쪽을 향하고 서 계셨다.

갈림길에서 동근이 아재 집 쪽으로 가면 절골 안동네다. 오른쪽으로 꺾으면 널찍한 산밭이다. 눈어림으로 빤한 곳인데도 나는 그때 무서웠었다. 어둑한 밤빛 속에 가마떼이를 이고 섰는 어무이의 모습에 가슴이 더럭 내려앉았다. 어무이가 저대로 나무가 되면……내 목소리도 못 듣고 내게 말도 못하면……어쩌나, 눈물 같은 이파리만 뚝뚝 떨구면……. 두려움을 떨치듯 괴성인지 흥얼거림인지도 모를 소리를 길쭉하게 뽑아내며 나는 달렸다. "오이요이 오이요이 요이이이……."

내가 다가서자 어무이는 까꾸리를 받아 쥐며 활짝 웃으셨다. "안주꺼지는 니한테 무겁재?" 어무이는 나를 다시 앞세우신다. 산비탈을 타고 불어내리는 바람이 얼굴에 스친다. 바랑골이다. "저어짝 산 아이가. 솔이 욱어서 깔비가 또옥하이 한 자나 쌓있다. 밭둑으로 가자아." 밭머리에 올라서자 거뭇한 이파리들이 일제히 수런거린다. 어둠 속에 뿌옇게 떠오른 밭두렁길이 구불텅 휘어져 산밑까지 바짝 닿았다. "거어 밭둑에 앉았거라, 다칠라."

어무이는 가마때이를 끼고 바람에 쓸리는 비탈진 솔숲 속으로 들어가신다. 쏴아, 쏴아아 솔바람 소리가 밤빛을 흔들며 흩어지더니 어느 결에 깊은 골짝 안으로 휘몰려 들어간다. 어무이는 보이지 않는다. 다시 바람이 멎자 주위는 벌레조차 숨죽인 듯 고요하다. 눈앞의 산비탈이 커다란 먹구름 같다. 귓전에 지이지이이 소리만 맴돌 뿐 솔숲은 그대로 굳어버린 듯하다.

어무이는 혼자……캄캄한 구름 속에 잠기셨다. 고요 속에 두려움이 드리웠다. 한참 숨을 죽이며 귀를 곤두세워도 아무런 소리도 들리지 않는다. 나는 벌떡 일어섰다. "옴마아." 대답이 없다. "옴마아아." 솔바람 소리와 함께 슬픔이 몰려 왔다. "옴마아?" 내 목소리조차 바랑골 바람소리에 덮여버렸다. "옴마아아아!"

달빛조차 없는 밤. 긴 골바람이 산허리를 쓸며 지나가는 밤. 어두운 밭둑에서서 홀로 울먹이는 밤. 솔바람 소리가 섞이고 갈라지며 어둠 속에 출렁이는 밤. 한참이 지나 구름 속 아득한 곳에서 갈비 껌는 소리가 새어나왔다. 그 희미한 소리가 내 마음을 활짝 일으켰다. 갈비 껌는 소리와 솔바람 소리가 번갈아 넘나들었다. 그 밤, 멀리 가물거리는 호롱 불빛과 더 멀리 어두운 하늘의 별빛이 화답하듯 밝게 빛났다. 나는 어린 짐승처럼 귀를 쫑긋거리며 밭둑에 웅크렸다. 점점 가까워 오는 갈비 껌는 소리를 가늠하며 숨을 죽였다.

그때, 솔숲에서 불쑥 가마때이 하나가 굴러내렸다. 어무이의 숨찬 목소리도 덩달아 울려나왔다. "후유이……. 옴마 불렀더나? 심심채?" 불룩한 가마때이 두엇이 울컥울컥 내 발치에 와 닿았다. "다 대간다, 쪼깬마 더 앉았거라이? 언자 한 가마이마 더 채우모 댄다."

17
광내기

할무이가 마당으로 내려가신다. 잦바듬한 빨래작대이를 곧추세우자 하얀 홑청이 하늘을 가리며 일렁인다. 그 틈에 접혀 걸린 내 감색 세타와 까만 주우도 물방울을 뚝뚝 떨어뜨리며 덩달아 우쭐거린다. 한 구멍씩 올려 낀 사쓰 단추를 빼어 도로 끼는 사이, 갬치에서 쎄돈이 툭 떨어진다. 이 곤색 주우는 갬치가 얕아서 똑 이렇다.

이게 원래부터 얕았던 것은 아니다. 빤댓돌을 한거석 넣고 다니다가 째지는 바람에 갬치 바대를 접어 집어서 그렇다. 파란 사쓰의 단춧구멍이 헷갈리게 된 것도 얼마 전부터의 일이다. 목단추 밑의 뜯긴 앞섶을 바알로 안 집고 재봉틀로 드르륵 니비서 그렇다. 앞섶을 니빈, 그러니까 뿌욱 뜯긴 까닭은……그 때, 거시기……비밀이다. 창피해서 말 못한다. 마룻바닥을 친 쎄돈이 떼구루루 굴러 축담에 떨어진다. 요시! 광내기나 해야겠다.

부석 재를 쳐서 헛간에 낸 할무이가 짚단을 안고 정지로 들어가신다. 나는 고무신을 발에 끼고 축담에 쪼그렸다. 흙바닥의 반반한 곳에 쎄돈을 놓고 퉤퉤, 침을 뱉는다. 오른발 뒤축으로 쎄돈을 꾹 누른 채 왼발을 떼고 온몸을 왼쪽으로 뱅그르르 돌린다. 서너 바퀴를 돌자 어찔하다. 뒤꿈치만큼 동그랗게 다져진 흙바닥에 폭 파묻힌 쎄돈이 개눈깔 같다. 또 침을 뱉고 이번에는 오른쪽으로 빙글, 또 빙글 돈다. 정짓간에서 짙푸른 연기와 함께 할무이의 목소리가 흘러나온다. "야야, 헛간에 가서 짚단 몇 개 더 가오이라보자."

정짓간 한쪽에 동그맣게 쌓였던 솔개비도 이젠 바닥이 났나 보다. 나는 쎄돈을 그대로 둔 채 마당을 엇질러 헛간으로 달려간다. 재거름 더미 옆에 쌓인 짚동이 노푸당한 들보에 닿았다. 그중 하나는 앞쪽으로 이끌려 새끼줄이 풀린 채로 흐트러졌다. 나는 짚단 한빨때이를 아듬고 두어 발짝 걷다가 도로 바닥에 내렸다. 짚단은 나락낱이 털리거나 나락모가지가 달아났으니 나락단보다 훨씬 가볍다. 한껏 안을 수는 있지만 워낙 부퍼서 눈앞을 다 가린다. 게으른 놈 짐 많이 지듯 띨빵하이 굴다가는 가신하모 도구또랑이나 정지 문턱에 걸려 고꾸라지기 십상이다.

한참에 많은 짚단을 나르려면 손에 쥐고서 끌어야 한다. 졸라 묶은 짚단머리의 아래쪽 몇 가닥씩을 손아귀로 움키면 한쪽 손에 두세 개씩, 합해서 대여섯 단은 족히 나를 수 있다. 지은이 아재의 어깨너머로 배운 것이다. 모장골 지은이 아재는 손이 소두방처럼 크고, 굵은 새꾸대이조차 두어 번 비벼서 뚝 끊어버릴 정도로 손힘도 세다. 그래서 묵직한 나락단도 한 손에 예닐곱 개씩 가뿐이 쥐어 든다. 나는 짚단을 한 손에 셋씩 쥐었다.

손샅이 가렵고 손아귀가 빼근하다. 한 손에 세 단씩, 양손에 무려 여섯 단을 쥐잇시이 재바르게 갈마쥐고 어쩌고 할 것도 없이 정짓간을 바라고 냅다 달렸다. 흙바닥에 짚단 쓸리는 소리가 양쪽 팔을 타고 오른다. 양어깨가 우쭐하다. 할무이는 또, 아이가나 엄첩다, 엄첩어라! 하시며 활짝 반기실 것이다. 나는 그 말이 듣고 싶다. 할무이의 환한 표정을 보고 싶은 것이다.

자북한 연기 속에 할무이의 머리쓰개가 희끗하다. 탄내가 코끝을 친다. 굴뚝으로 또 바람이 치나 보다. 시커먼 부석이 불빛과 연기를 왈칵왈칵 밀어내며 꺽꺽거린다. 쪼그려서 불길을 다루시는 할무이의 저고리가 불빛에 또렷해지더니 다시 연기 속에 잠긴다. 할무이는 나를 보지도 않고 불꽃이 붙은 부작대이만 정짓바닥에 탁탁 내려치신다. 한쪽 팔을 뻗어서 또 밖으로 밀리는 불잉걸을 누르느라 바쁘시다. "저짝에 나놓고 나가거라."

나는 짚단을 내려놓고는 시커멓게 그을린 정지 벽의 살창을 올려다보았다. 작은 살창은 구름에 걸린 방패연처럼 연기 속에 높다랗게 떴다. 짙푸른 연기가 칸살 틈으로 스민 빛줄기를 휘감은 채 멎어버린 듯하다. 눈시울이 따끔거린다. "와 이리 우꿈하이 섰이꼬. 퍼뜩 나가거라, 내다!"

할무이는 머리쓰개로 코를 막으며 짚단을 부석에다 밀어 넣으신다. 소두방 틈새로 찔끔찔끔 흘러나온 눈물이 솥전을 적시며 지지직거린다. 이제 단불을 좀 더 지피면 눈물이 우구구 넘쳐나 황토 부뚜막까지 흠씬 적실 것이다. 내처서 소두방을 디밀고 빠져 나온 허연 단김이 높다란 천장까지 치솟을 것이다. 매캐한 연기 속에 향긋한 밥내가 눅진하다. 연기가 나를 밀치고 밥내가 나를 당긴다.

머뭇거리다가 축담으로 빠져나온 나는 쎄돈을 다른 데다 뒤집어서 놓고는 또 몸을 빙글빙글 돌렸다. 어찔해진 머리가 반대쪽으로 돌고 나면 말짱해지는 게 묘하다. 하긴, 바른쪽으로 돌린 나사도 그만큼 왼쪽으로 돌리면 도로 그대로니 신기할 게 없다. 나는 쎄돈을 흙바닥에서 떼어내 오지랖에다 대고 쓱쓱 문지른다. 깔깔하다. 동그란 면이 반짝거린다. 거북선 돋을새김이 또렷하다. 쎄돈은 더 커지고 더 가벼워졌다.

불쑥 되살아나곤 하는 꾀죄죄한 기억도 땟국처럼 말끔히 지워졌으면 좋겠다. 불쑥거리는 찌꺼리이도 또 묵직하게 켕기는 마음도 반짝반짝 빛났으면 좋겠다. 나는 오십, 아니 오 원짜이 쎄돈을 손바닥 위로 튀겨서 뒤집는다. 가슬가슬한 테두리를 만져본다. 손톱으로 돌리면서 긁어도 본다. 오다쥐있다 풀고 또 풀었다가 오다쥔다. 그러는 사이에 쎄돈은 더 작아지고 더 무거워졌다. 나는 쎄돈을 사쓰 갬치 속에 폭 찔러 넣는다.

18
처마그늘

해가 뉘엿뉘엿하다. 어무이는 오늘 꼭 오실까? 널린 빨래가 노르스름하게 빛난다. 어무이는 느닷없이 들이닥치기도 예사이니 저녁 먹기 전에 오실지도 모른다. 지금 당장 사립문에 다다라 보따리를 잔방마리에 내려놓고서 빨래를 걷고, 장독대를 살피고, 또 저고리 소매를 동동 걷어붙이며 부리나케 정짓간을 챙기실지 모르는 것이다.

역시, 막차를 타고 오실까? 엇누워 말똥말똥 눈을 뜬 기섭이. 터드럭거리는 이부자리. 창호문으로 아련히 비치는 밤빛. 이불자락을 코끝에 붙이고 몸을 오그릴 때쯤 울려오는 회관 종소리. 갑자기 수런거리는 새끌밖. 여럿 발소리에 겹쳐 들리는 귀에 익은 목소리들. 눈꺼풀이 자부럼에 눌리는 그때쯤에 오실까? 아니면 멀리 십여 리 밖의 성전암 범종 소리가 선선한 밤공기를 타고 실오리처럼 흐르는 어둑새벽에나 오실까? 사립문 흔들거리는 소리. 가만하고도 생생한 발소리. 독구가 두어 번 짖다 말고 낑낑거리는 소리. 잔방마리서 버석거리는 치맛자락 소리. 부시시 몸 일으키신 할무이가, 에미가? 하시며 문짝 미는 소리……. 그 모시베처럼 까끌까끌한 소리들이 희붐한 새벽빛을 타고 얕은 꿈자리에 스밀지도 모른다.

우리 어무이처럼 바쁜 사람이 또 있을까? 우리 집에는 돼지와 닭과 개는 있지만 소는 없다. 그리고 머슴도 없다. 그래서 어무이는 일철이 되면 여기저기 일꾼 구하랴 소 빌리랴 더욱 바쁘시다. 정지에 번쩍, 골목에 번쩍, 또 산밭이나 논에 번쩍하곤 해서 헷갈린다. 정짓간에서 바빴는데 모장골 남새밭에서 내려오시고, 산밭으로 가는 뒷모습을 봤는데 들에서 올라오신다. 또 동네새미 쪽인가 하면 금방 논둑에 서 계신다.

정작 어리둥절할 때는 어무이가 한낮에 뜨개질을 하거나 자수를 놓고 계실 때이다. 꼭두새벽부터 한밤중까지 눈코 뜰 새 없이 바쁜 어무이가 청마리에 앉을 때란 오며가며 짬을 내어 널어 말린 빨래를 다룰 때뿐이다. 그 날 대낮에 어무이가 못 다 뜬 세타와 화태보를 펼치고 앉은 것은 밭일이 꼬였거나 들일이 사달 나서 미뤄진 탓이겠지만, 나는 그저 그 모습이 꿈결인 듯 신기하였다. 그러나 잔방마리에 다소곳이 앉은 어무이의 옆얼굴을 바라보노라면 마음이 포근하다가도 이내 싱숭생숭해지고 만다. 줄곧 번쩍 나타났다가 멀어지거나 아예 종일토록 보이지 않는 어무이다. 눈앞에 한가로운 모습이 묘하다 못해 어색하기까지 하지만, 왠지 등짝이 뜨겁고 코끝이 시린 이부자리처럼 내 마음은 하잖고 또 쉬 우울해지는 것이다.

나는 불안스레 햇볕이 어룽지는 처마그늘을 살핀다. 우거지상을 한 채 축담을 오락가락하거나 마루기둥 밑동의 뭉텅한 주춧돌을 툭툭 찬다. 작대이로 처마도리에 주렁주렁 매달린 메줏디이나 길쭉하게 늘어뜨려진 씨래이두룸을 탁탁 친다. 왠지 트집이라도 잡고 싶고 괜한 생떼라도 부리고 싶다. 마리에 걸터앉아 흰 화태보를 만지작거리거나 노란 실타래를 헝큰다. 차곡차곡 개켜 놓은 조각보를 흩뜨리거나 아직 꿉꿉한 빨래를 걷어 와서는 나달나달한 바대 조각을 실없이 당긴다. 가새를 양손으로 쥐고 보란 듯 잘각거린다. 그러나 울가망한 심사로 어무이의 주위를 맴돌며 궁싯거리는 시간은 그리 길지 않다. 어무이는 또 세타를 뜨다 말고 털실 뭉치를 뭉뚱그리며 활활 일어서시는 것이다. "와 일쌓노고마, 나가 놀아라."

19
생각들

어무이는 이렇듯 집안일이며 농사일을 도맡아 하지만, 실은 부산으로 이사가서 한복집이나 포목점을 하고 싶어 하신다. 실지로 어무이가 날 데리고 부산에 살면서 몇 달 동안 일한 적도 있다고 한다. 럭키치약 공장의 식당일에다가 삯바느질도 하며 아예 자리 잡으려다가 아부지의 노염 탓에 그만두셨다는 것이다. 듣기에는, 아부지가 찾아와 나만 데리고 가버리는 바람에 덜컥 겁이 나서 돌아오셨다는데, 내 기억은 띄엄띄엄하다.

흐릿한 기억은 아슬아슬 이어지고 툭 끊기기도 한다. 또 꿈길처럼 멋대로 흐르거나 엉뚱하게 불거져 겉돌고, 잡힐 듯 가물대다가는 나달나달해진 종잇장의 글씨처럼 희미하게 사그라지기도 한다. 흐르는 장면들을 헤치며 불쑥 끼어드는 당돌한 기억은 다른 장면들을 띄우지만, 기껏 어슴푸레 살아나는 기억을 아예 지우거나 바꿔버리기도 한다. 흐린 기억은 안타깝고 당돌한 기억은 난감하다. 그러나 처음 떠오른 그 모습 그대로 변함없이 숨 쉬는 기억이 있다. 그것은 창유리에 쓴 글씨처럼 더운 입김을 받아 언제든지 되살아난다.

커다란 공장 문 앞에 돌기둥처럼 우뚝 선 럭키치약. 부르릉거리는 자동차들. 후끈 몸을 휘감는 퀴퀴한 냄새. 속이 미싱거리는 몰미. 암굴처럼 휘어지고 트이는 팍팍한 골목길. 오르고 올라도 끝이 없는 그 용호동 비탈길. 이쪽저쪽 좁다란 길을 트며 가팔라지는 다락길. 까꾸막에 어깨를 겯고 목말을 태운 듯 다닥다닥 붙은 지붕들. 밤하늘을 뒤집어 놓은 듯 내려다보이는 총총한 불빛들. 턱밑에 마당인 양 떠 있는 아랫집 지붕.

쪽마리를 내민 채 성냥통처럼 엎드린 단칸방. 헛갈리는 미닫이. 우리 집 정짓간의 살강문처럼 옆으로 밀어야 열리는 그 완자살 문짝. 홈줄을 타고 드르륵거리는 도르래 문. 좁은 방에 미어터질 듯 환한 전등 불빛. 파르르르 소리를 내는 길쭉한 형광등. 낯선 물건들의 도드라진 윤곽. 꽃무늬 벽에 주뼛주뼛한 내 그림자. 앉은뱅이책상 위에 다소곳한 스탠드. 하얀 갓 밑에 달붙은 짤따란 형광등. 빈방의 고요와 나른한 피로감. 심심한 허기.

어둑한 쪽마리에 걸터앉아 두 손을 맞잡고 속삭이는 큰이모와 어무이. 알아들을 수도 없는 긴 속삭임. 나무상자 같은 쪽정지서 재잘거리는 경남이 이모와 윤선이 이모. 그리고 또 울긋불긋 낯선 여자들. 배고프다는 말이 끼어들 틈도 없이 이어지는 끝없는 말들. 무표정한 나를 힐끗거리며 숙덕대는 얼굴들. 귀엽다는 듯이 쳐다보는 거북살스러운 눈빛들. 장난기가 자글자글한 눈꼬리들. 어수선하고 번잡한 불쾌감. 아, 그때 그 자지러지는 웃음소리……. 이모들이 밥솥에 물을 붓기에, 낙심한 나는 엉겁결에 불쑥 외쳤던 것이다. "옴마아, 가수나들이 솥에 물로 부뻤다!"

어무이는 아직도 부산에서 장사를 하시고 싶은 걸까? 아부지가 이제 면에 취직이 되었으니 다른 일로 가셨을지도 모른다. 어무이가 집을 비우면 당장 아부지의 표정이 어두우시다. 할무이는 거의 말문을 닫으신다. 휘이 한번 둘러보시고는……쩟, 하고 혀를 차며 나간 할아부지도 안 들어오시니 집안은 비에 젖은 추녀마루처럼 썰렁하기만 하다. 널린 빨래가 불그레하더니 이내 거뭇거뭇해졌다. 안산에 내린 땅거미가 마당까지 스미나 보다. 저녁 바람이 스치는 사랑채 초가지붕이 스산하다. 바람은 또 집 안의 구석구석을 헤집으며 맴돌다가 묵직하게 가라앉는다.

달달한 밥내가 코끝에 감돌건만 밥맛은 없고 생각이 꼬리를 물고 일어난다. 엿가락처럼 늘어진 생각이 아무 데나 달라붙는다. 생각은 생각을 삼키고 또 함부로 뱉어 놓는다. 생각은 눈 앞엣것과 기억과 꿈 속엣것조차 섞어서 게걸스레 먹어치운다. 생각은 짐승 같다. 생각은 내가 태어나기 전부터 도사리고 있었을까? 어디서 똬리를 틀고 또 언제부터 똬리를 풀기 시작했을까? 생각이 나를 강새이처럼 끌고 다닌다. 그런데, 내 머릿속의 뭇생각은 내가 없어지면 다 어디로 갈까? 생각은……생각은……왜 이다지 끝이 없을까? 자부럽다.

정짓간 살강이 달각거린다. 생각이 그 소리에 얼싸절싸 달라붙는다. 생각이 그 소리를 부풀린다. 생각은 나를 또 어디로 끌어가려는 걸까? 생각이 없어졌으면 좋겠다. 달각거리는 머릿속이 어찔하다. 좀 자야겠다.

20
단맛

동네 점빵의 양철 덧문이 활짝 열렸다. 시렁에 얹힌 알록달록한 유리병을 바라보며 군침만 흘릴 뿐 돈은 없다. 깔깔한 쎄돈을 만지작거리며 흡족해 했던 날이 얼마나 될까? 그래도 며칠 동안은 굳이 사지 않아도 사 먹은 듯 흐뭇하고 점빵 시렁에 끄달리지 않는 눈길이 제법 느슨하였다. 말미에는 점빵을 소 닭 보듯 지나치고 가진 돈조차 깜박 잊었다. 무심결에 잡히는 갬치 속의 돈은 그냥 돈이고 스치는 점빵은 그대로 점빵일 뿐이었다. 점빵 앞에서 다랑귀를 뛰며 조르는 아이들이 안쓰러웠다. 할금거리며 막대사탕을 핥는 꼬매이들이 그저 우스꽝스러웠다. 웬일인가 싶어 의아스럽기도 했지만, 마치 팽팽하게 감긴 고무줄이 풀어지며 붕 날아오르는 팔랑개비처럼 마음이 한결 가벼웠던 것이다.

그러던 중에 부산서 늦추 오신 어무이의 보따리에서 큼직한 알사탕 봉다리가 튀어나왔다. 또 사나흘은 비바람에 온 동네가 난리판이라 집 안에 틀어박혔었지만, 한 알씩 반짝종이에 싸인 사탕이 바닥난 뒤에도 쎄돈은 그저 쎄돈일 뿐이었다. 그렇듯 용케 여러 날 동안 쎄돈을 지킬 수 있었던 것이 험한 날씨나 실컷 맛본 단맛 때문이라고는 생각지 않는다. 되레 그 반대다. 날이 험하지 않았더라면 개자마자 막힌 봇물 터지듯 쏠리지는 않았을 것이다. 처음부터 그 알사탕이 없었더라면 한동안은 아예 단맛이 땡기이지 않았을 터이다.

단맛은 단맛을 일깨웠다. 물리지 않는 달콤한 맛이 혀끝을 부추겼다. 달달한 맛의 기억은 되살아나 점빵 시렁에 알록달록한 유리병을 다시 빛나게 하고, 묵직해진 쎄돈을 만지며 입맛을 다시게 했다. 알사탕을 다리일 지경으로 어지간히 먹었건만 단맛은 또 혀끝에 감돌며 침을 고이게 하고 꼴깍, 침을 삼키게 했던 것이다. 그리고 갬치 속의 쎄돈을 만지작거리는 마음을 괴롭히다가 결국 나를 삼켜버렸다.

감미로움은 몸을 당기고 괴로움은 마음을 밀친다. 감미로움은 마음에 속삭이고 괴로움은 몸을 짓누른다. 당겨지고 밀쳐지며 깡마른 수숫대처럼 버석거리던 몸과 마음이 도리 없이 미끄러졌다. 나는 날이 개자마자 못이 지남철에 이끌리듯이, 또 참새가 방앗간 찾듯이 쪼르르 타작마당으로 내달았다. 그러고는 문턱에서 딸막거리다가 돈을 헐고 말았다. 오 원짜이 돈은 한번 헐어버리자 금세게 눈 감추듯 없어져 버렸다. 오 원이 삼 원이 되고, 삼 원이 일 원이 되고, 또 일 원이 감빵 열두 개가 되어 혀끝에서 녹기까지 채 한나절도 걸리지 않았다.

달달함이 사라진 입안은 씁쓰름하다. 손끝의 끈적거림조차 사라지고 나면 광낸 쎄돈의 반짝임만이 아련하다. 텅 빈 갬치를 훑으며 바라보는 시렁은 돈을 진긴 채 바라보는 시렁과는 사뭇 다르다. 시렁에 얹힌 봉다리의 빛깔이 유난히 화사하고 번쩍이는 유리병이 더욱 투명하다. 심지어는 벽에 주렁주렁 달린 뭇것들이 언제 저런 게 있었나 싶게 다시 보이고, 그 중 몇은 갖가지 소리를 내며 우쭐거리기까지 한다.

갬치 속의 빈 반짝종이가 덩달아 바스락거린다. 나는 갬치를 뒤집어서 툴툴 털었다. 반짝종이와 먼지를 후르르 날리는 갬치 바대가 혓바닥 같다. 입소리가 절로 빨리고 입안이 씁다. 곤색 주우가 내민 비뚜름한 혓바닥이 달다 쓰다 말도 없이 보란 듯 날름거린다. 이제 나는 까자도, 반짝종이도, 삐까삐까 광낸 쎄돈도……없는 것이다. 태정이가 감빵 한 줌이라도 슬쩍 가져오면 좋으련만……얼런없다. 구질구질한 마음에 햇살이 성가시다. 갑자기 술떡이 먹고 싶다. 술떡은 새콤달콤하고 부드럽다. 술떡은 점빵에서 팔지 않는다. 차라리 마음이 탁 놓인다. 그래. 술떡만 생각하자.

21
지천

점빵 집채는 정지나밑으로 흐르는 작은 또랑을 끼고 길가에 바투 붙었다. 담부랑도 축담도 없는 길갓집이라 청마리 그늘에 걸쳐진 시렁이 손에 닿을 듯하다. 정지나무 축대 쪽으로 불거진 바깥방이 조용하다. 길가로 튼 외짝 지게문 앞 흙바닥에는 낙수받이 홈이 처마 끝선을 따라 길쭉하게 파였다. 그 위에 흰 고무신이 놓였고, 딸딸이 한 짝이가 또랑 턱에 반쯤 걸쳐져 간당거린다. 회벽에 포개 붙인 양철 덧문이 햇빛에 반짝인다. 그 옆에 엇비스듬히 걸쳐진 목발 두 짝이 쭈뼛하다. 방안에서 마산 아재의 헛기침 소리가 울려나온다. 오늘따라 지게문이 닫혔으니 무슨 일이 있나 보다.

철도원으로 일하다 한쪽 다리를 잃은 마산 아재는 종일 점빵만 보신다. 늘 외짝 지게문을 활짝 열어 두고서 오르내리는 동네 사람들과 입인사를 주고받는 마산 아재다. 호탕한 웃음에다 밝고 쾌활하지만 꼿꼿한 성격에 불뚝성이 불같다. 태정이는 그런 아부지를 몹시 무서워한다. 저번에는 즈그 아부지가 낮잠을 잘 때 알록달록한 눈깔사탕을 한 줌이나 쌔벼 나왔다가 혼이 난 적이 있다. 동무들과 신나게 냠냠거렸지만, 그날 태정이는 쫓겨나서 해가 다 지도록 정지나

밑에 나앉아 있었다.

하릴없이 정지나무 축대에 올라 서성거린다. 물매가 뜬 점빵 기와지붕에는 연초록 이파리들이 소보록하다. 점빵 안쪽에서 태정이즈그 새옴마의 지천 소리가 쏟아져 나온다. 무슨 일인지 또 혼찌검이 나나 보다. 둔탁하게 울리는 소리. 가벼이 나뒹구는 소리. 냄비 잘강거리는 소리. 문짝 여닫치는 소리……. 그 소리들 틈새로 끊일 듯 이어지는 날 세운 목청이 양철 긁는 소리 같다.

태정이는 또 뒤편 쪽마리에 옴츠려 어깨울음을 울겠지. 아니면 어리떨떨 고개를 수그린 채 두 눈을 슴벅거리겠지. 지천이 오래가면 아무 소리도 들리지 않는다. 몸은 마른 솔빼알처럼 오그라들고 머릿속은 실타래처럼 헝클어져서 어찔해진다. 옴츠린 등더리가 뻐근하고 오도 가도 못하는 마음이 막막하다. 그러다 윙윙거리는 지천 소리가 마치 남의 일인 양 아련해질 때쯤에야 눈물이 나는 것이다. 외롭게 디밀린 구석에서 소름처럼 비어지는 그 빨간 물방울……내가 다 울적하다. 마음이 바짝바짝 졸아서 까자 생각이 온데간데없다.

순갑이가 즈그 옴마 치맛자락을 잡고 내려온다. 타작마당 옆의 정갑이 헤이 집을 들렀었나 보다. 분답시리 징징거리며 걷다 섰다 하는 품이 뭔가를 조르는 듯한데, 말이 목울음에 뭉개져 알아들을 수가 없다. 혼잣말처럼 고시랑구시렁거리던 순갑이즈그 옴마의 목청이 점점 커진다. 순갑이의 우는소리도 따라 커진다. 그러나 애면글면 달게 굴어도 안 통하나 보다. 순갑이 옴마의 지천 소리가 뚝 끊기더니 갑자기 걸음이 빨라졌다. "무시라, 무시라."

점빵 앞에 오도카니 선 순갑이는 얼굴을 일그러뜨린 채 소리 없이 눈물만 찔끔거린다. 악지 돋친 땡깡이라도 부릴 법하건만 숙진 순갑이는 세타 소매로 눈물만 훔쳐낼 뿐이다. 나는 맥없이 홀로 쪼그린 순갑이를 부르려다가 입을 닫았다. 이런 때 동무를 부르는 것은 좀 그렇다. 아나! 하며 사탕 한 알을 불쑥 내밀지 않을라치면 못 본 척하는 게 낫다. 불러봐야 아는 척도 않거나 또 울먹이는 목소리로, 와? 하며 쏘아보는 딱한 눈빛만 받을 뿐이다.

순갑이는 옆 볼 새도 없이 즈그 옴마를 뒤쫓아 달려간다. 빤한 산자락에 즈그 집 지붕이 도드라졌건만 놓칠까봐 허둥대는 걸음새다. 정지나밑을 지나 작은 또랑을 이끄는 들길이 환한 햇빛을 받고 있다. 넓은 들길에서 벗어나 논두렁 사이로 비어진 샛길이 푸른빛에 흔들거린다. 허리를 굽힌 태실 아지매가 논두렁을 오간다. 손에 바가지를 쥔 걸 보니 늦은 콩을 심으시나 보다. 더 멀리 들복판의 뚱붕 쪽에는 물꼬를 보는지 동네 어른 두엇이 까물까물 떠 있다. 연초록 위에 뜬 흰옷은 볼수록 뚜렷한데 얼굴이야 잡힐 듯 말 듯 날빛 속에 잠겨버린다.

샛길에 닿은 동네 끄티이 산 밑에는 초가집 두어 채가 얹혔다. 산봉우리의 솔숲이 짙은 탓에 봉긋봉긋한 지붕이 앞쪽으로 쏠린 듯 도드라졌다. 젖미이를 업은 채 양철도오를 이고 내려가는 순갑이즈그 옴마의 한쪽 어깨가 기울었다. 얼라아를 치키며 팔을 바꿀 때마다 순갑이는 떨어졌다가 붙고 붙었다가는 또 떨어진다. 은빛 양철도오가 푸른빛 위로 둥실 떠간다.

저 양철도오 안에 울긋불긋한 까자가 가득하면 좋으련만. 그러면 순갑이의 가엽게 울먹이는 얼굴이 언제 그랬냐는 듯 환해지련만. 그렇다면 내가 힘차게, 순갑아! 하고 불렀으련만. 그러나……그때, 순갑이의 곤댓짓이 이만저만이 아닐지라도, 눈을 치뜨며, 와? 하고 큰소리칠지라도……그래 내가 조금은 덴덕지근하게 꿀릴지라도 차라리 그게 그저 보기에 딱하지는 않아서 좋으련만.

22
정지나밑

동네 끄티이 산 밑에 사는 태회가 뒤뚱뒤뚱 올라온다. 손에 꼬부라진 작대이 하나를 쥐었다. 정지나무 뿌리에 걸터앉은 나를 보더니 알은체를 하며 히쭉 웃는다. 태야는 갓 뜀박질을 시작한 꼬매이지만 워낙 푼푼한 성미라 낯가림 없이 잘 어우러진다. 그러나 오늘은 뚱한 내 표정에 좀 머쓱했나 보다. 얼굴을 빤히 치어다보며 고개를 갸우뚱거리더니 작대이로 길바닥을 탁탁 친다. 들판 여기저기에 흰옷자락이 흩어졌다.

아까까지도 서넛뿐이었는데 금세 어디서 나타났는지 절골 쪽으로 갈래진 삼거리 쪽에도, 멀리 산그늘이 드리운 큰또랑과 고야즈그 큰집 뚱붕 근처에도 늘비하다. 더 멀리 불당골과 면소땀 쪽에도 머리쓰개와 밀짚모자가 종이배처럼 띠금띠금 떠 있다. 한나절 햇살이 한풀 꺾였건만 초록그늘 속으로 어려 오는 날빛이 눈에 부시다.

태야가 작대이를 흔들며 산자락 안길로 들어간다. 뒤태가 굵어서 뒤뚱거리는 걸음새가 통통 튀는 듯하다. 나는 반대편의 정지나밑에 비석 쪽을 물끄러미 바라본다. 큰길과 절골 가는 오솔길을 낀 이 길가논은 우리 논이다. 비석집 뒤에 딸려 붙은 한 평 남짓한 때기논도 우리 논이다. 삿갓에 덮일 만한 이 세모재비 논의 모는 내캉 기섭이가 내었다. 지은이 아재가 쪄내 묶은 못단 하나를 풀어서 띠금띠금 눈대중으로 심었다. 워낙 꼼꼼한 동생이 맥없이 기운 모를 다시 꽂고 또다시 뽑아서 꽂느라 족히 반나절은 걸렸다. 가랑가랑 넘치는 논물 위로 어린모들이 파릇파릇하다.

어무이는 물꼬를 막아 놓고 또 바삐 면소땀 논으로 가셨나 보다. 일꾼 몇과 함께 논두렁을 돋우거나 비바람에 쓰러진 모를 일바실 것이다. 오실 때까지 기다렸다가 까자 사달라고 졸라볼까 싶지만 들을 말이 벌써 귓전을 친다. "아이가? 인이 배깄는 갑다."

태정이가 즈그 집 앞 또랑가에 나와 섰다. 나를 보자 벙싯 웃는다. 입을 함지박처럼 벌린 채 보내는 손짓이 오늘따라 어줍다. 혼만 나고 쫓겨나지는 않았나 보다. 나는 아직도 울적한데 태정이는 금세 저렇듯 밝다. 정작 지천을 들은 게 나인 것만 같아서 어리둥절하다. 태정이가 또랑에 종이배를 띄우고는 힐끗 내 쪽을 본다. 종종걸음으로 물길을 따라 내려온다. 웬 지천이었지 궁금하지만 물어봤자 소용없다. 태정이는 대답 대신 씨익 웃기만 할 게 뻔하기 때문이다.

태정이는 어지간해서는 울지 않고, 울 때도 소리 내는 법은 없다. 그저 손바닥으로 젖은 눈을 문지르며 두어 번 코를 훌쩍거릴 뿐이다. 어깨울음도 어깨만 들먹일 뿐 소리는 내지 않는다. 원래는 황소울음이었는데 언제부턴가 변한 것이다. 눈이 작아서인지 웃을 때 외에는 덤덤한 표정 그대로다. 웃을 때도 눈만 보아서는 분간이 잘 안 되지만 입을 보면 대배내 알 수 있다. 두툼한 입수구리가 찢어질듯 크게 벌어진다. 그 큼직한 입을 보고나서 다시 눈을 살피면 그제야 초롱초롱한 눈빛과 장난기가 도드라진다.

태정이의 감은 듯한 눈매는 표정을 감춘 채 가만하게 도사린 풀무치 같다. 그 외로운 풀무치는 나만 보면 활짝 반기며 튀어 오른다. 그래서 의아스럽고 또 거북하기도 하지만 내 딴에는 우쭐해지기도 한다. 그렇다고 내가 태정이를 한 손놓고 대하는 것은 아니다. 우쭐함만큼이나 늘 빚진 기분이 들지만 후련히 셈셈이 칠 방법이란 딱히 없다.

나는 엉거주춤 일어서서 두리번거린다. 멀찍이 산자락 안길 포도밭 옆에 꼬매이들이 둘레둘레 앉았다. 그 틈에 허리를 꺾은 채 엉덩이를 내밀고 이쪽저쪽으로 똠방거리는 왕근이가 보인다. 작대이를 든 태야는 기우뚱한 몸을 잔뜩 구부렸다. 몸짓들을 보아하니 또 낑낑대는 쇠똥구리를 살피거나 비바람 끝에 느릿느릿 나타난 두꺼비를 놀리겠지. 아니면 꼬재이로 기껏 꾸물거리는 거시이를 건들거나, 바지런히 기어가는 왕개미를 두고 니 편이니 내 편이니 눈알을 굴리며 투닥거리겠지.

멀찍한 바깥마당 쪽에서 현우가 왕근이를 부르며 어정어정 걸어온다. 나는 현우에게 손짓을 하려다가 말았다. 왕근이가 꺽은 허리를 펴고 힐끗 돌아다보더니 그대로 쪼그려 앉는다. 현우도 둘러앉은 꼬매이들 옆에 맥쩍게 붙어 섰다. 두근이가 며칠 전에 또 서울엘 갔으니 올 때까지는 갓 뜀박질을 시작한 저 꼬매이들과 함께 궁싯거릴 터이다. 그러나 터진 주우가래이 사이로 땟국 묻은 꼬치를 달랑거리는 쪼맨 아아들과 노는 일은 쉽지가 않다. 툭하면 뗑깡이고 빽하면 징징거리며 치댄다. 그러다가 굵기가 엇비슷한 한 아아가 일어서면 앞서거니 뒤서거니 서로의 등짝을 보며 어디랄 것도 없이 무작정 껴묻혀 가버리는 것이다. 그런데도 현우는 황소 눈을 껌벅이며 용케도 잘 어우러진다.

태정이가 정지나무 아래서 종이배를 잡아 또랑 위쪽으로 한참 걸어가더니 다시 띄운다. 태정이는 응티이도 세지만 붙박이 성미라서 종이배가 자빠지지만 않는다면 아마 해가 다 지도록 저렇게 오르내릴 것이다. 나는 집으로 갈까 망설이다가 다시 정지나무 뿌리에 주저앉았다. 북돋운 황토 위로 구불텅 불거진 뿌리줄기가 더할 나위 없이 편안하다. 태정이가 덤덤한 표정으로 또 종이배를 띄운다. 이참에는 빳빳한 종이로 제법 야물딱지기 만들었나 보다.

곤색 한복 두루마기에 중절모를 쓴 치실 할배가 타작마당으로 내려오신다. 좌우를 휘휘 둘러보며 걷는 걸음새는 얼핏 위엄이 넘치지만 그윽한 표정에 부드러운 미소가 가득하다. 또랑을 거슬러 오르던 태정이가 엉거주춤 인사를 한다. "오오냐아." 치실 할배는 고개를 두어 번 끄덕이고는 긴 팔자수염을 쓰윽 만지신다. 지팡이를 세우고서 점빵의 닫힌 길가문을 바라보더니 내처 정지나밑으로 다가오신다. 나는 벌떡 몸을 일으켰으나, 머뭇거리는 사이에 아름드리 둥치에 가려져버렸다. 치실 할배는 비석집을 지나 들길로 내려가신다. 머리가 위로 가볍게 들리고 등이 꼿꼿하여서 발길에 탁탁 던지는 지팡이가 어색할 지경이다. 오늘도 면에 일 보러 가시나 보다.

풀짐을 가득 실은 소구루마가 다가온다. 소고삐를 느슨히 쥐고 소잔등 옆에 나란히 붙어 걷는 사람은 추계 아재다. 불당골 새빗대 밭을 누볐나 보다. 고개를 높이고 눈을 지그시 내리감은 추계 아재는 가끔 생각이나 난 듯이 혼잣말처럼, 이랴! 할 뿐이다. 추계 아재의 표정은 늘 저렇듯 흐뭇하시다. 술에 취해도 걸음걸이가 흐트러지지 않고 오히려 묵직해진다. 꾸벅 인사를 하면 근엄한 표정으로 고개를 크게 한 번 끄덕이며, 어허이! 하시는 것이다. 그래서 인사하고 나면 마음이 가뿐하고 즐겁다. 나는 곧장 허리부터 폈다. 그러나 풀짐에 가려 나를 못 보실 듯하다.

산더미처럼 부풋한 풀짐이 정지나무 아래가지를 스친다. 풀짐 머리에 걸려 이끌리던 잎가지가 탁, 튕기며 후르르 이파리들을 떨어뜨린다. 새빗대가 하늘거리는 풀짐 꽁무이로 풀잎 뿌시래이가 후루루 난다. 소구루마가 지나간 흙길 복판에 누런 쇠똥이 떨어져 있다. 정지나무 그늘을 지나는 고 사이에 누렁소가 물똥을 철버덕 갈겼나 보다. 둥글넓적한 쇠똥 무디이가 잎가지 틈으로 스민 햇살에 찌짐처럼 번들거린다.

23
곰개미

탁 트인 들판에 바람이 분다. 번뜩이는 무논에 잔물결이 인다. 어린모들이 우쭐거린다. 초록빛과 하늘빛의 경계가 잠시 또렷하더니 바람결에 뒤섞이며 흐릿해진다. 따분하다. 큰길 쪽으로 비스듬히 기운 아름드리 둥치 위로 곰개미들이 긴다. 검은 등짝을 반짝이며 줄지어 기어오른다. 흩어졌다가 금세 모이고, 버글거리다가는 또 줄지어 간다. 한 놈이 더께 진 나무 껍디이 틈에서 두리번거린다. 머뭇대다가 외떨어진 것인지, 도리 없이 외떨어져서 두리번거리는지는 알 수가 없다. 놈은 표정이 없다.

개미는 한곳에서 멈칫하거나 살살거리며 머뭇댈 때에는 어디가 머리통인지 엉디이인지 분간이 안 된다. 자세히 보면 머리통 쪽이 좀 작기는 하다. 오래 쳐다보면 그 머리통은 동그란 듯 세모난 듯, 검은 듯 붉은 듯 또 검붉은 듯 때깔이 바뀐다. 흐리마리한 때깔이 놈의 표정일까? 놈은 머리를 돌려 도로 내려갈 듯 옴찍거리더니 숫제 가만하다. 생각하는 개미다.

무슨 생각을 하는 걸까? 비둘기가 띄워 준 나뭇잎에 올라탄 개미, 사냥꾼의 발등을 깨물어 비둘기를 구해준 그 개미일까? 베짱이가 노래하는 여름날에 비지땀을 뻘뻘 흘리며 일하는 개미, 한겨울에 찾아온 거지 베짱이를 쫓아낸 그 개미일까? 그런데, 비둘기나 베짱이는 몰라도 개미가 말을 하다니……이상하다. 개미는 소리를 내지 않는다. 소리도 내지 못하는 개미가 말을 하다니. 개미 소리가 너무 작아서 내 귀에 안 들리는 것일까? 꿈속의 개미일까? 꿈에서는 소리가 빛깔로 바뀐다. 꿈에서는 아무리 작은 것들도 소리를 낸다. 꿈을 꾼다면 모두가 제 빛깔로 반짝이며 외치고, 소곤거리고, 또 끊임없이 중얼거린다.

아직 한낮이다. 어무이는 어디쯤에 계실까. 우체국 다리의 논을 거쳐서 면사무소 옆의 논으로 가셨는지도 모른다. 면소땀은 동네 헤이들을 따라가거나 지은이 아재 소구루마를 타고 간 적이 있지만 나 혼자서는 에럽다. 혼자 가면 들길에 갇혀서 헛갈린다. 병근이 헤이 말로는 아무리 멀어도 사부작사부작 길만 따라가면 된다지만 길이 멀어서만은 아니다. 들판 복판쯤에 이르면 길은 앞뒤로 뎅강 잘린 채 논두렁 속에 폭 파묻혀버린다. 고요 속에 사방이 바스락거리고 높푸른 하늘조차 술렁거린다. 그러면 갑자기 갈 길이 아뜩해지고 어디선가 낮도깨비라도 툭 튀어나올 듯해 더럭 겁이 나는 것이다. 홀로 잔뜩 옴츠렸다가 멀리 어릿거리는 정지나무를 눈에 잡고 헐레벌떡 되돌아온 것이 한두 번이 아니다.

현우는 벌써 안 보인다. 포도밭 옆길이 텅 비었다. 산자락 안길이 다 휑하다. 아까 손짓을 할 걸 그랬다. 손짓 팔짓에도 멀뚱멀뚱 쳐다만 보는 현우라 미리서 멋쩍어 관두었지만……허빵삼아 내흔들어 볼 걸 그랬다. 혹시 홍두깨에 꽃이 피듯 활짝 반가운 손짓말이 오갔을지도 모르고, 또 소 닭 보듯 할지언정 나도 잡생각에 빠져 자주 그러곤 했으니 무안하기로 치면 서로 또이또이 아닌가.

그나저나 어디로 갔나? 밖으로만 도는 현우가 밥때도 아닌데 벌써 즈그 집에 갔을 리가 없다. 어디 근처 숲그늘에 잠겼나? 꾀죄죄한 꼬매이들을 몰고 회관 뒷길로 빠졌나? 그냥 집에 들어가 버렸나? 불쑥 가보고는 싶지만 발이 떨어지지 않는다. 동무 집 대문 앞을 기웃거리는 짓은 좀 그렇다. 동무는 안 나오고 애민 개만 달려 나와 컹컹 짖어대면 맥 빠진다. 무덤산에 삐삐 뽑으러 가자고 소리칠 걸 그랬나? 작은 또랑을 따라 오르내리던 태정이조차 보이지 않는다.

곰개미들이 정지나무 둥치를 타고 도로 내려온다. 아까 두리번거리던 놈이 줄에 섞였는지 모두 똑같이 생겨서 알 수가 없다. 놈은 혼자 딴 데로 갔을까? 그런데 왕개미는 몰라도 곰개미는 혼자 다니지 않는다. 홀로 궁싯거리는 곰개미 가까이에는 꼭 네댓 마리가 딴전부리듯 서성거린다. 매미 허물이라도 있을라치면 금세 여기저기서 떼거리로 모여드는 것이다. 그러나 아까 그 놈은 뚝 떨어져서 혼자였다. 더께 틈에 외롭게 웅크렸었다. 생각하는 개미였다. 틀림없이 딴 데로 가버린 것이다. 그림책 속에서 튀어나온 개미라면 다시 네모난 그림 속으로 스몄을지도 모른다.

그런데, 먼 훗날 개미는 인연을 맺었던 그 비둘기를 어찌 알아볼까? 또 도울 일이 있어도 알아보지 못해서 망설이는 게 아닐까? 하지만 망설이다가 아예 모든 비둘기를 다 도와 줄 것만 같다. 모르쇠 잡듯이 다 나 몰라라 하지 않을 바에야 사실 그밖에 달리 뾰족한 수가 없는 것이다. 놈은 그림 밖으로 비둘기를 찾아 나왔을까? 그림책 속에는 굳이 도울 비둘기가 더는 없어서 불쑥 바깥세상에 나왔다가, 웬걸 도와줄 비둘기가 너무나 많아……우짜꼬! 우짜꼬! 하다가……그래 다시 그림 속으로 도망쳤는지도 모른다. 베짱이를 쫓아낸 그 행복한 개미는 또 어찌 되었을까? 그때 베짱이는 다리를 절룩거리며 정처 없이 떠났었다. 아니, 누더기 옷에 줄 끊어진 바이올린을 질질 끌며 걷던 베짱이는 쓰러져 눈에 덮였었다. 끝없이 퍼붓는 눈발에 그 윤곽마저 사라져……뒤늦게 개미가 찾아 나섰지만 보이는 것은 펄펄 날리는 흰 눈송이뿐이었다. 개미는 괴로워하다가 그림 밖으로 뛰어 나왔다. 그러나 바깥세상에는 도와야 할 베짱이가 너무나 많아서 우짜노! 우짜노! 하다가 다시 그림 속으로 도망쳤다. 칫, 시시하다. 자꾸 도망만 치다니.

그런데, 베짱이는 불쌍하다. 개미를 도와준 게 베짱이라면? ……생각하는 개미가 또랑에 빠졌다. 잎가지에 앉아 노래하던 베짱이가 나뭇잎을 떨궈 주었다. 어느 날 비둘기가 베짱이를 겨냥했다. 열심히 일하는 무리 틈에서 혼자 두리번거리던 개미가 그것을 보았다. 개미가 소리를 질러 베짱이가 무사히 도망쳤다. 화난 비둘기가 덮치는 바람에 개미들은 뿔뿔이 흩어졌다. 생각하는 개미는 따돌리다가 무리에서 쫓겨났다. 눈이 펑펑 내리는 어느 겨울날 배고픈 그 개미는 절룩거리며 노랫소리를 따라 갔다. 베짱이들이 따뜻한 난로 옆에 모여 바이올린을 켜고 있었다. 아름다운 노랫소리가 어둠 속으로 흘러나왔다. 은은한 가락에 취한 개미는 문 밖에서 연주가 끝나기를 기다렸다. 밤이 깊도록 연주는 계속되었다. 개미는 환한 유리문 밖에서 쓰러져……아니다. 생각하는 개미가 불쌍하다. 개미의 몸이 얼어붙을 무렵, 덜컹 문이 열렸다. 그 순간, 문 안쪽의 난로도 바이올린도 또한 베짱이들조차도 모두 사라져버렸다. 개미는 번쩍 눈을 떴다.

곰개미들의 흐리마리한 때깔이 반짝거린다. 서로의 머리통을 비추며 줄지어 노랠 부른다. 생각하는 개미에게는 이 바깥세상이 오히려 꿈속일까? 곰개미들의 즐거운 노랫소리가 정지나무 뿌리줄기 밑으로 스며든다.

24
종이배

멀찍이 파란 종이배 하나가 흔들거린다. 태정이가 위쪽 또랑가에 서서 팔짓을 하고 있다. 내린 왼손과 팔짓하는 오른손에 종이배를 하나씩 쥐었다. 금세 종이배를 하나 더 만들었나 보다. 나는 달려갔다.

태정이가 활짝 웃으며 파란 종이배를 건넨다. 두껍고 깔깔하다. 보아하니 즈그 헤이의 새 공책 겉장을 뜯어낸 상시푸다. 태승이 헤이가 점잖기는 하지만 은근히 걱정스럽다. 나도 저번에 종이때기를 만들 요량으로 길수 아재의 공책을 몰래 뜯어낸 적이 있다. 어느 장을 째낼까 고민하다가 처음에는 다 쓴 장을 북 뜯었다. 딸려서 빠진 뒤쪽의 것도 글씨가 빼곡히 적힌 쪽이었지만 어무이에게 혼이 났었다. 길수 아재가 사랑방 책상에 앉아 엉엉 울었다는 것이다. 다 쓴 장은 필기를 한 것인데, 그게 있어야 시험공부를 할 수 있다는 것이다. 필기란 말을 그때 처음 알았다. 필기한 공책 장은 중요하다. 필기한 쪽을 뜯어서는 안 된다. 필기한 낱장이 있어야 길수 아재가 계속 일등을 한다.

그 다음 번에는 필기가 없는 쪽을 째내었다. 가운데 실밥이 헐렁해지면서 필기한 앞장이 삐죽하게 튀어나왔는데, 그때서야 나는 또 난감해졌다. 문득, 필기된 쪽이나 필기 안 된 쪽이나 모두 소중하다는 생각이 스친 것이다. 떼어낸 쪽을 갈피에 도로 끼워 놓고 사랑방에서 슬금슬금 빠져나왔지만, 비뚜름하게 비어져 나온 그 공책의 꼴이 마치 이물처럼 머릿속에 달라붙었다.

까치걸음을 후리는 마릿장의 삐걱거림. 망가뜨린 느낌. 망가진 느낌. 멀쩡한 걸 부수고서는 덩달아 금이 간 기분. 쩍쩍 금 간 마음의 틈새로 진득거리는 누추한 느낌……. 길수 아재의 눈치를 살피며 지낸 날이 며칠이나 되었을까? 때기도 다 꿇고, 종이도 없고, 스산한 죄밑만 남아 때기 놀이판을 기웃거리기조차 시들해졌을 때 내가 다시 활기를 찾은 것은 길수 아재의 조용한 미소 덕분이다.

한날 길수 아재가 사랑방에서 나오더니 나직한 목소리로 나를 부른 것이다. 아재의 손에 흰 공책장이 두툼하였다. "아나. 언자 공책 째지 마라이?"

나는 태정이와 함께 작은 또랑을 거슬러 원불교회 앞까지 갔다. 둥천 언저리의 큰또랑보에서 흘러내린 물줄기는 태복이즈그 집 앞의 못자리논을 거쳐 곧게 벋은 회관 기와 담장을 따르다가 정갑이 헤이 집을 끼고 살짝 휘어진다. 그리고 학근이 헤이 집으로 들어가는 펑퍼진 골목의 어귀와 태정이즈그 집 점빵 앞을 지나 정지나밑으로 곧장 흐르는 것이다.

작은 또랑은 맑은 물살 속으로 바닥을 환히 내비치며 꼴랑꼴랑 소리를 낸다. 몇 오라기의 꾀죄죄한 물풀이 물살에 쓸려 수면 아래 납작 엎드렸다. 송사리나 방개는 아예 없지만 물길굴 근처에는 소굼재이가 천지다. 날씬한 다리를 벋대며 수면 위로 날아오를 듯 번뜻거린다. 콩알만 한 앵금도 쌔고쌨다. 서로 부딪칠 듯 에돌며 온종일 맴을 돈다.

너울 같은 물살을 타고 하얀 종이배가 떠간다. 소굼재이들이 물살을 따르다가 엇차, 거슬러 튀어 오른다. 파란 종이배도 흥겹게 떠간다. 까만 앵금들이 반짝이며 분분히 모이고 또다시 흩어진다. 종이배는 또랑 안쪽 가아새로 뭉툭 튀어나온 돌머리에 걸려 멈칫대거나 또 빙그르르 돌기도 하면서 지대로 신이 났다.

회관의 나무대문 앞과, 정갑이 헤이 집 사립문 앞과, 점빵 앞에는 하나씩의 짧은 물길굴이 있다. 종이배는 이 세 개나 되는 물길굴을 아슬아슬 잘도 빠져나온다. 또랑물이 발걸음보다는 빨라서 종이배를 따를 때에는 종종걸음을 놓아야 한다. 정지나밑을 지나면 바로 산자락 쪽으로 들어가는 안길인데, 이 길목에 물길굴이 하나 더 있다. 판판한 돌을 가지런히 맞춰 잡고 흙으로 덮은 긴 물길굴이다. 또랑물은 여기를 지나서 또 큰길을 따라 들판으로 흐르지만 종이배는 절대 빠져나오지 못한다.

그 동안 이 물길굴에 캄캄히 붙잡힌 종이배가 여나문이 넘겠다. 애초부터 오늘만은 오늘만큼은 했건만 오늘이라고 다를 바 없다. 몇 번을 그 앞에서 다급히 종이배를 건졌으나 횟수가 거듭될수록 종이배는 긴 물길굴의 입새에 점점 가까워졌다. 오르내리는 다리품이 슬슬 지겨워지면서 절로 조릿조릿함에 빠지는 것이다. 태정이와 앞서거니 뒤서거니 열 번도 넘게 오르내렸을 때, 결국 종이배는 캄캄한 물길굴에 빨려들고야 말았다. 나도, 태정이도, 오히려 후련하게 웃는다. "헤에, 파이다. 고마 또 드가뻤다."

25
오후 풍경

해가 들머리 쪽으로 기울었다. 들판의 햇빛이 한결 부드럽고, 둥글넓적한 정지나무 그늘도 어느새 마을 안쪽으로 쏠려서 여름해졌다. 멀리 들길을 따라 책보를 맨 길수 아재가 걸어온다. 오늘이 반굉일인가 보다.

옆쪽에 키 큰 만근이 아재가 우뚝하고, 키 작은 태도 아재도 따라붙었다. 절골 사는 외한이 아재와 호섭이 헤이도 삼거리에서 빠지지 않고 그대로 올라온다. 그 옆의 강아 아재가 활발하고 인상이 헤이가 씩씩하다. 강덕이 헤이와 영환이 헤이도 울뚝울뚝 덩달아 기운차다. 상웅이 헤이와 태웅이 헤이가 휘청걸음이다. 태중이 아재는 갈지자걸음으로 두 팔을 유난히 휘적거린다. 혼자 뚝 떨어진 도기 아재의 뒤쪽에는 석근이 아재와 희태 아재가 손을 잡은 듯이 나란하다. 그 뒤로 책보를 머리에 인 옥자 누야와 점옥이 누야가 보인다. 미옥이 누야가 고개를 숙인 채 뒤따랐다. 잇따르는 또선이 누야와 경자 누야의 발걸음이 사뿐사뿐하다. 영식이 헤이와 태승이 헤이가 번갈아서 뒷걸음질이다. 홍골 석근이 아재와 호근이 아재가 앞서거니 뒤서거니 잰걸음이다.

홍골 사는 석근이 아재는 우리 막내 아재하고, 또 호근이 아재는 대구 잔아부지캉 이름이 같다. 우리 동네는 이렇게 이름이 같거나 비슷한 사람이 쌨다. 한 사람을 안팎에서 달리 불러서 이름이 두 개인 사람도 있다. 가운뎃자나 끝자로만 부르는 경우도 있고, 돌림자 앞에다 큰, 작은, 따위를 붙여서 큰 머시기야, 작은 머시기야, 하고 부르기도 한다. 그리고 이를 때에는 집터를 따라 홍골 머시기, 상잣골 거시기, 다리 건네 머시기, 다리 이짝에 거시기, 모장골 머시기, 절골 거시기, 못 밑에 머시기, 또랑 너매 거시기, 저 우우 머시기, 저 밑에 거시기, 저 모티이 머시기, 저 끄티이 거시기……일일이 다 말 못한다. 서넛씩 찌리찌리 엮인 누야들이 더 멀리 산그늘이 드리운 불당골 앞 들머리까지 듬성듬성 이어져 나붓거린다.

그런데 면소땀에 사는 태중이 아재까지 낀 걸 보니 오랜만에 축구차기를 하려나 보다. 뭉치거나 흩어져 노는 아이들을 비질하듯 쓸어낸 타작마당에 고함소리가 터져 오를 터이다. 탱탱한 공이 담장을 치거나 정지나무 높이까지 솟구칠 터이다. 도기 아재는 또 하매나 끼워줄까 기다리거나, 아니면 그저 흐뭇한 표정으로 정지나무 뿌리에 앉았겠지. 그러다가 큰또랑으로 또 생울타리 너머로 뛰어다니며 열심히 공 시다바리나 하겠지. 도기 아재도 명색이 육 학년이라는데 학교를 다니는지 마는지 알 수가 없다. 저렇듯 뚝 떨어져 어색한 걸음새로 등하굣길을 오갈 때도 있지만, 모두들 학교에 간 한나절에도 뭔 말인지 주섬주섬하며 골목에 혼자 섰거나 지게목다리를 메고 느릿느릿 산길을 타는 일이 잦다. 먼산나무하러 다니나 싶지만 꼭 그도 아닌 것이 풀짐을 다부지게 진 모습은 본 적이 없다. 그러나 연한 눈빛에 미소 띤 그 표정만큼은 한결같다.

외한이 아재와 호섭이 헤이가 가로걸음을 치더니 우뚝 섰다. 멀찍이 절골 가는 흙다리에서 실안 아지매가 팔짓을 하신다. 호섭이 헤이가 큰길을 버리고 우쫄우쫄 논두렁을 타고 빠진다. 작은 키에 땅땅한 몸이라 도드라진 걸음새가 걸차다. 호섭이 헤이도 아재들과 동무라 아재 맞잽이지만 헤이라고 부르는 것은 나와 항렬이 같아서다. 아재보다는 헤이가 만만할 것 같지만 그렇지 않다. 호섭이 헤이는 누구보다도 점잖기 때문이다. 장난도 잘 걸지 않고 툭하면, 어허어! 하며 어른처럼 굵은 목소리를 깐다.

외한이 아재가 호섭이 헤이의 뒷등을 보며 주춤거리더니 다시 걸어온다. 외한이 아재도 다부진 몸매가 만만찮지만 눈매가 부드럽다. 길가다가 나를 만날라치면 늘 고개를 쑥 내민다. 그러고는 부드러운 눈길을 맞추며, 니 오데 가노? 하는 것이다. 도기 아재와 마찬가지로 외한이 아재도 우리 일가는 아니지만 아재들의 동무라서 그냥 아재라고 부른다. 그렇지만 타성바지라 대놓고는 못 부른다. 야아가 시방 눌로 보고 아재라 쿠노! 하며 어른들이 나무라시기 때문이다. 깐깐한 어른들은, 아재는 머 몰라빠진 아재! 하며 몹시 타박이시다. 그래도, 딱히 부를 일은 없지만, 간혹 맞닥뜨릴 때 이름 부르기가 머해서 아재라고 불러주면 데기 좋아한다. 불그레한 낯빛을 활활 펴며 단박 업어라도 줄 듯 달뜨는 것이다.

이렇게 껴묻어 아재가 된 사람이 몇 있지만 느낌이 사뭇 다르긴 하다. 어무이도 대림이라고 하지 않고 그냥 이름을 부르며 말을 낮추신다. 그리고 아재들 중에서 태도 아재나 태중이 아재, 또 희태 아재는 어무이도 아재라 부르신다. 항렬이 할아부지와 같지만 나도 불편해서 아재라 부른다. 따져보면 동무 태고도 나한테 할아부지뻘이다. 두근이는 아재뻘이다. 그러니 이담에 크면 고야는 우리 할아부지더러 수실 형님이라 불러야 하고 두근이는 우리 아부지더러 밀양 형님이라 불러야 한단다. 동무가 에헴 털털 아재고 동무가 어험 털털 할배라니 어이가 없다. 외선이와 국희도 나한테 아지매뻘이라니……흐……찜찜하다.

만근이 아재가 멀어지는 호섭이 헤이 등짝에다 대고 뭐라 외친다. 호섭이 헤이는 공을 잘 차니 빠지면 재미가 없겠다. 그런데 오늘이 돼지 잡는 날인가? 돼지를 잡는다면 오줌통 공으로 찰지도 모르겠다. 아니면 짚세기 공을 만들겠지. 퍽퍽 차다 보면 형편없이 꿀렁거리거나 공중에서 주르르 풀리기도 하겠지.

만근이 아재의 걸음이 빨라진다. 만근이 아재는 공부도 잘하지만 운동도 잘한다. 그런데, 은근슬쩍 장난 걸기도 좋아한다. 만근이 아재가 또 그냥 지나치는 척하다가 왈칵 내 꼬치를 만질지도 모른다. 장죽을 쥔 댐이 할배가 점빵 길갓방에서 나오신다. 긴 턱수염이 성글고 얼굴빛이 파리한데 웃음 띤 눈빛이 오석처럼 빛난다. 누런 삼베 적삼은 허리선이 구겨지고 말려서 강동해졌다. 몸을 잔뜩 수그린 채 정지나무 축대로 오르시더니 큰소리로 껄껄 웃으신다. 흰 모시 적삼을 입은 서촌 할배가 허리를 꼿꼿이 세우고 뒤따르신다. 오늘따라 표정이 흐뭇한 걸 보니 낮술을 거나하게 드셨나 보다.

회관 선생님이 타작마당으로 내려오신다. 변함없이 검정 통치마와 흰 저고리 차림이다. 단아하게 쪽진 머리가 반지레하다. 까만 손가방을 든 걸 보니 어딜 다니러 가시나 보다. 멀리 종사님이 계신다는 익산엘 가시는지도 모른다. 나는 서둘러 산자락 안길로 들어섰다. 태정이즈그 강새이가 이쪽저쪽 길섶을 킁킁대며 따라온다. 태정이도 벙싯거리며 뒤따른다.

솔가리와 잔돌이 빠득빠득 밟히는 포도밭 옆길을 지나자 갑자기 눈앞이 환하다. 길가 대밭 울타리에 흰 쌀밥 같은 아카시아 꽃이 흐드러졌다. 뚱뚱한 호박벌 두엇이 꽃봉오리에 머리를 박은 채 붕붕거리고 갈색 꿀벌들이 앉을 듯 말 듯 잉잉거린다. 큰집 바깥마당도 현우즈그 집 앞 우물가도 물을 뿌린 듯 가라앉았다. 가끔씩 대문 안쪽에서 개 짖는 소리와 황소 울음소리만이 번갈아 흘러나온다. 나는 태정이를 데리고 바깥마당을 지나 담부랑을 끼고 돈다. 성성한 탱자나무 울타리를 따라 산 밑에 이르자 해바라진 산길 입새가 내 몸을 가뿐히 들어올린다.

26
무덤산

무덤산은 무덤이 많은 산이다. 물매 싼 가운뎃길을 오를라치면 길가 숲그늘에 반쯤 팬 민무덤 하나가 웅크렸다. 짧은 황톳길이 누렇게 드러난 봉분을 왼편으로 에두르는데, 이쯤에서 본디 산길이 가팔라지다보니 둘러 가는 발길이 잦아 절로 생겨났다. 본길은 물길에 파이고 턱져서 만만찮다. 오르다보면 바스러진 푸석돌에 쓸려 고무신째이가 벗겨지거나 그대로 주르륵 미끄러지곤 한다. 그러니 양팔을 앞다리 삼아 길바닥에 대고 옮힌 다람쥐처럼 엉덩이를 높여서 어기적어기적 기어올라야 한다.

둘러 오르는 왼편 길이라고 만만한 게 아니다. 덜 가파르지만 우긋이 파인 봉분이 왼쪽으로 트여서 안쪽의 네모난 구디이가 반쯤은 들여다보인다. 그래도 눈 딱 감고 허리를 수그린 채 지나치면 그만이련만 으스스한 기운에 잡혀 똑 구디이 속을 힐끗거리게 된다. 그러면 잡초가 꾀죄하게 자란 안쪽에서 뭔가 툭 튀어나올 것만 같아서 오금이 찌릿하고 등줄기가 서늘해진다.

하지만 막상 무덤이 즐비한 위쪽 비탈에 썩 올라서면 무섬증은 씻은 듯이 가신다. 산허리의 민틋한 비탈에는 메뚱들이 파릇한 담요를 펼친 양 푸근하고, 키 큰 도래솔들이 머리를 조아리며 둘러섰다. 맨 아래쪽이 증조할아부지, 그 오른쪽이 현조할아부지와 현조할무이의 자리이다. 메뚱 사이로 난 외길을 따라 오르면 맨 위쪽에 고조할아부지와 고조할무이가 함께 계시고, 그 바로 밑에 증조할무이가 홀로 계신다. 메뚱이 꽤 많기는 하지만, 증조할아부지와 증조할무이의 산소가 왜 떨어져 있는지 궁금해 하고부터는 헛갈리지 않는다.

증조할아부지께서 한창 때인 서른넷에 느닷없이 쓰러지셨다는 것. 증조할무이의 황망한 단지수혈에도 불구하고 끝내 돌아가셨다는 것. 그리고 언젠가는 새 묏자리를 잡아서 합장할 것이라는 말 이외에는 직접 들은 말이 없지만, 산소 언저리에 섰노라면 위아래로 뚝 떨어진 그 거리가 너무나 멀어보여서 안타깝다. 명절이나 제삿날에 어른들의 어깨너머로 듣게 되는 구구절절한 옛 얘기들 가운데 젊디젊은 나이로 집안의 걸걸한 기둥이셨다는 증조할아부지에 대한 말만큼은 걸쭉하나, 증조할무이에 대해서는 지극한 단지수혈 말고는 귀동냥조차

하기 어렵다. 얼굴 뵌 적이 없고 목소리도 들은 적이 없는 조상님일지언정 짤막하게나마 이야기의 맥이라도 잡히면 눈앞에 생생한 것인데, 증조할무이에 관한 말은 쉬쉬거리거나 툭툭 끊기는 통에 그저 막막할 따름이다.

우두커이. 수소문. 한골 골짝. 장난꾼 각다귀들. 모장골 집 마당. 고모할무이 처녀 적 혼례식. 섧게 우는 각시. 이우지 방 문고리와 수까락. 그리고 비명처럼 터지는 곡소리……. 얼핏 스치는 토막말들이 어째 잘 이어지지 않고, 까닭 모를 도래질이나 감잡을 수 없는 손짓말처럼 마음에 얹힐 뿐인 것이다. 어떤 때는 고조할무이나 이우지 할매 같기도 하여 불쑥, 누? 하고 물어보면 답이 없다. 넌지시 물어도 마찬가지이다. 그예 마음이 덜컥거려서 요령 없이 엉정벙정 에둘러 물어도 대답은 한결같다. "아이가! 어른 대모 비미 알까이……."

가운데 쪽에 펑퍼짐해진 메뚱들은 모르는 집안의 것이다. 고조할아부지께서 이 선산을 마련하시기 전부터 있던 것이란다. 대가 끊겼는지 찾는 이 없고 돌보는 이 없건만, 봄이 오면 푸른빛에 덮여 두툼해지고 또 가을이 가면 마른 잔디 보풀에 감싸여 아늑해진다. 오랜 세월 비바람에 뭉툭해진 한 쌍의 석인이 졸리는 툭눈으로 자빠질 듯 기울었다. 산허리께 오른편의 도래솔은 숲을 이루고 솔숲의 오른쪽에는 산밭이 펼쳤다. 널따란 비탈밭 너머가 작은 대숲인데, 댓가지를 쳐내도 자라고 뿌리를 캐내도 또 금세 번어서 잔바람에 후르르 몸을 떤다. 이 외떨어진 대숲이 무덤산의 오른쪽 경계이다.

비탈밭 아래쪽은 더럭 낮아져서 산 아랫자락까지 좁은 층밭을 이룬다. 맨 아래쪽은 두어 이랑 폭의 좁고 긴 깨밭인데, 산 뿌리를 얼마큼 두른 채 주저앉은 이 밭은 이상하게도 우리 밭이 아니란다. 원래부터 남의 밭이라는데……아무튼 결목 할매가 부치다가 요즘에는 모장골 기내 할매가 가끔 호미질이시니 그 집 밭이 됐나 보다. 그런데 결목 할매와 기내 할매는 서로 친척이니 그냥 어불랑으로 쫏는지도 모르겠다.

깨밭을 따라 산자락을 돌아가면 왕할무이 홀로 누워 계신다. 민낯처럼 조촐한 그 산소 앞에 앉으면 향긋한 풀 냄새가 짙다. 생전에 바삐 꺼내주시던 강밥의 냄새도 함께 섞여 내 몸을 아늑히 감싼다. 졸리는 눈을 흠칫 뜨면 산들바람 한 줄기가 오냐, 오오냐! 하시며 내 등짝을 쓸고 지나간다. 그러니 한밤중인들 이 산이 무서울까 보냐. 다만 서늘한 바람줄기가 스친 뒤, 고요 속에 혼절한 풀잎의 떨림이 슬플 뿐이다.

도래솔이 트인 산 위쪽은 잔솔밭이다. 술떡처럼 노릇한 황토에 키 낮은 타박솔들이 부픗부픗 솟았다. 산소를 에워싼 솔숲의 왼쪽 산허리께도 잔솔밭인데, 그 아래쪽 또한 길쭉한 층밭이다. 왼쪽 골짜기로 돌아앉은 이 층밭은 너무나 좁아서 잘 보이지도 않지만, 풀덤불 너머로 살피면 파릇파릇한 들깨 순이 두세 고랑의 두둑을 잔뜩 덮었다. 밭둑을 따라 용기 아재와 후야 아재가 심은 어린 고욤나무들이 칡넝쿨에 감긴 채 줄지어 섰다. 이 층밭 아래의 골짝바닥이 무덤산의 왼쪽 경계이다. 맞은편 산비탈의 솔숲이 손에 닿을 듯하고, 양 비탈을 이끄는 작은 골짝바닥은 웅숭깊은 풀덤불에 가려져 산바람에 엎드리고 골바람에 다시 수런거린다.

27
솔숲

나는 지금 산 밑 외길목에 서 있다. 무덤산 산길이 간들거린다. 이렇듯 오르기 전에 머릿속으로 뚜르르 꿰고 나면 산길은 파닥거리며 몸을 이끈다. 나는 씩씩해진다. 눈앞이 탁 트이면서 온몸이 가뿐하고 또 당당해지는 것이다.

아래쪽 비탈에는 굴밤나무와 밤나무들이 우뚝하고 어린 물푸레나무와 잔솔이 낮추 우거졌다. 둘렛길 옆의 늙은 밤나무 자리가 휑하다. 둥긋한 등걸 주위에 톱밥이 흩어졌다. 썩다리 찌끄래이가 너더분한 걸 보니 잔가지들을 곁낫질로 후렸나 보다. 산길은 세 갈래로 벋었고 가운뎃길이 내 눈길을 낚아챈다. 뻥 뚫린 그 민무덤 탓이다.

그예 당당함은 싹 가시고 오금부터 저리다. 무덤이 아니라는 말도 수태 들었건만 그럴싸한 내력도 없이 무턱대고 하는 말이라 역시 꺼림칙하다. 무덤이 아니라면 저렇게 산길 옆에 떠억 도사린 것을 내치 가만둘 리 없다. 또 애기담치고는 각진 구디이의 모양새나 크기가 번듯하여 나만한 아아의 것이기 십상이니 숲그늘 속의 누런 황토빛을 보자마자 등줄기부터 뻐근한 것이다.

왼편으로 반반하게 벋은 산길은 둘렛길인데, 현우즈그 집과 큰집의 뒤안 생울타리를 따르다가 포도밭을 끼고 동네 앞들 쪽 산자락으로 빠져나간다. 맨 오른편 길은 좁고 긴 층밭의 턱을 타고 오르다가 높다란 비탈밭의 둔덕으로 불쑥 치닫는다. 부풋한 생울타리에서 참새들이 재재거린다. 태정이즈그 강새이가 둘렛길을 달려간다. 내 뒤에 주춤 섰던 태정이도 벙싯거리며 강새이를 뒤따른다. 나는 눈을 부릅뜨고 깊은숨을 내쉬며 가운뎃길을 잡았다.

황토가 드러난 비탈길이 푸석거린다. 바싹 말라비틀어진 밤시이와 솔빠알이 자꾸 밟힌다. 그늘진 황토 무덤이 꿈틀거린다. 언제는 뭔가 튀어나올 듯하더니 이제는 느닷없이 내 몸을 끌어당긴다. 나는 민무덤에 못 미쳐서 도망치듯 오른쪽 층밭으로 빠졌다.

눈앞에 넓죽한 두둑에는 어린 메밀 잎이 다보록하다. 눈 아래 층밭에 나란한 꼬칫대는 연초록 이파리들을 빼곡히 내밀었다. 높다란 밭둔덕의 비탈면에 팬 홈을 디디며 엉금엉금 오르자 널찍한 비탈밭이 펼쳐진다. 아래쪽은 고매밭이고 위쪽은 감자밭이다. 가까이 보랏빛 꽃송이들이 흩어졌고 멀리 흰 꽃송이들이 흐드러졌다. 바람 한 점 없는 도래솔 그늘에서 아련한 물소리가 흘러나온다. 꿈결인 듯 사운거리는 그 소리에 귀 기울이다 보니 몸은 어느새 솔숲의 안쪽으로 썩 들어서 있다.

죽죽 벋은 소나무 둥치가 겹겹이 눈앞을 막아선다. 휘늘어진 솔가지들이 하늘을 다 가렸건만 솔숲은 신묘한 공간으로 탁 트인다. 여기저기 핀 철쭉의 꽃빛이 환하다. 꽃빛이 번지는 초록그늘 속에 푸른 윤기가 돈다. 소나무 밑동에 붙은 산신비에 다람쥐가 올라앉았다. 몸을 동그맣게 오그리며 눈알을 굴리더니 후닥닥 줄행랑이다. 소나무 둥치를 감아 올라 곁가지 끝에서 간당거리다가는 또 다른 잎가지를 타고 훌쩍 사라진다. 솔잎 찌끄래이가 후루루 떨어진다.

고요하다. 새소리가 와그르르 뿌리더니 더욱 고요하다. 사운대는 물소리가 또 들린다. 그것은 땅에서 솟아나 몸으로 흘러드는 빛깔 같고 몸에서 새어나와 땅 속으로 스미는 숨결 같다. 희미한 숨소리가 물소리에 뒤섞여 초록그늘에 잠긴다. 온몸이 투명해지며 가벼이 흩어질 듯하다. 소나무 둥치들 사이로 흰 옷자락이 희끗거린다. 숲그늘에 얼푸시 비치는 낯선 얼굴들이 까닭 없이 정겨워 몸이 쏠리건만 무언가 부스럭거리는 소리에 꽃빛 지듯 사그라졌다. 내 몸조차 그늘에 그림자 지듯 사라져버린 듯하다. 문득, 주위가 낯설고 으스스하다.

"저거, 묵는 꽃이재?" 뒷등을 치는 목소리에 흠칫했다. 함께 온 태정이를 까맣게 잊고 있었다. 나는 숨을 크게 들이켰다. 투명해지던 몸이 도로 묵직해진다. "……그거는 파이다. 진달래꽃 아이다." "똑같그마는?" "다리다. 다리다 쿠던데? 니도 똑같이 비이나?" "하모." "니도 내캉 같네에? 나도 색깔로 보모 잘 모린다." "그라모 우찌 아노?" "저거는 점이 꼭꼭 찍힜다 아이가. 점이 있이모 개꽃이라 쿠더라." "창꽃은 그라모 머꼬?" "그기이 개꽃 아이가."

태정이가 고개를 갸웃거리며 도로 솔숲 아래쪽으로 내려간다. 혀를 내민 채 할할대며 비탈길을 오르던 강새이가 꼬리를 치며 뒤따른다. 나는 솔숲 위쪽의 산길을 잡았다. 다복솔 사이로 벋은 산길은 가팔라졌다가 평평해지며, 지워졌다가는 또 가녀린 끝을 내민다. 때늦은 두루미 한 마리가 하늘길을 트며 산봉우리 너머로 날아간다. 나는 얼마쯤 따르다가 주춤 섰다. 산길은 산등에 취해 그대로 달아난다. 멀리 헝클어진 풀숲으로, 더 멀리 강파른 산비탈로, 또 하늘에 출렁이는 푸른 여울 속으로 스미어 가뭇없다.

28
할미꽃

태정이가 산자락 둘렛길에 서 있다. 삐삐 한 모습을 거엄지고 비탈에 핀 할미꽃을 물끄러미 보고 섰다. 옆모습이 잦바듬하다. 표정조차 그다지 탐탁해 보이지 않는다. 태정이는 즈그 옴마 얼굴이 기억나지 않는다고 했다. 나도 본 적이 없다. 즈그 아부지는 눈이 큰데 태정이가 눈이 작으니 즈그 옴마도 눈이 작았거니 하고 어림할 따름이다. 젖미이 태정이를 두고 왜 일찍 하늘나라로 갔는지도 잘 모른다. 어른들에게 물어도 대답은 몹시 짧다. "아파서." 아니면, "고마 속이 터져서!"

사람은 죽어서 몸은 땅에 묻히지만 마음은 넋이 된다. 말끔히 씻긴 넋이 하늘나라에 간다는 것쯤은 안다. 하늘나라가 무엇인지 잘은 모르지만, 구름이 흐르고 별이 총총하고 바람이 부는 것이니 어림으로 느낄 수는 있다. 어찔한 기운에 쓸려 털썩 주저앉을 때마다 눈앞에 선히 보인다.

아랫것들은 오르고 또 위엣것들은 내린다. 그 어름에 어우러져 반짝이고 달각거리는 것들……. 모든 것이 하늘나라에 속한다. 빛이 소리로 바뀌고 소리가 빛으로 바뀌는 나라. 고요 속에 소란하며 소란 속에 고요한 나라. 혹은 어찔한 빛깔이 투명해지는 슬픈 순간. 투명함 속에 무수한 빛깔이 어룽지는 그 황홀한 순간. 거기, 하늘나라는 있다.

지금 태정이도 빛 고운 족두리 같은 할미꽃을 보며 그 순간을 느끼는 걸까? 태정이는 할미꽃을 꺾지 않는다. 가슴츠레한 눈을 슴벅거리며 보기만 한다. 거들떠보지도 않고 지나치기도 하지만 한번 보았다 하면 저렇듯 너무 오래 바라본다. 할미꽃을 보는 태정이의 표정은 짜증난 듯, 슬픈 듯, 먹먹한 듯 도무지 갈피가 안 잡힌다. 배고픈 표정 같기도 하다. 배가 고프면 짜증부터 나고 내처 슬퍼지다가 한참 더 지나면 먹먹해지는 것이다. 그러나 할미꽃은 이미 꽃잎을 반쯤은 말아 닫았다. 잣바듬한 몸을 가누며 할미꽃을 보는 품이 아무래도 화난 것 같다. 할미꽃이 바람결에 흔들린다. 태정이가 손을 내밀어 할미꽃을 움켜쥐려다 말고 등을 돌린다.

태정이가 다시 삐삐를 뽑는다. 뽑다 말고 서둘러 벗겨서 한 웅큼 입에 넣는다. 볼록한 입을 오물거리며 다시 해죽해죽 웃는다. 따라 웃어야 할지 말아야 할지 헷갈리는 마음에 먼산을 향한 것인데, 그런 내 멍한 눈길이 좀 딱했나 보다. 태정이가 말없이 삐삐를 건넨다. 나는 한오꿈 까서 입에 넣었다. 뻿뻿한 것이 좀 셌지만 아직은 달달하다.

보고 접은 얼굴이 기억나지 않는 마음이란 어떤 것일까? 흐르는 시간에 지워진 얼굴을 그리워하는 마음은 어떤 걸까? 혹시, 태정이는 즈그 옴마의 얼굴이 생각나지 않는 게 아니라 기억 속에서 낯설어진 게 아닐까? 시간이 흐를수록 뚜렷해지던 얼굴이 문득 낯설어지는……그 곤혹한 순간 꽃이 피는 게 아닐까? 틔운 꽃잎이나 보라고, 도리 없이 피고 지는 꽃이나 보라고, 그렇게 바람은 막무가내로 불어오는 게 아닐까? 자줏빛이라는 저 꽃빛은 그 순간에 밀려드는 막막한 슬픔일까? 그러나 태정이도, 또한 나도, 자줏빛을 볼 수가 없다. 그런데도 할미꽃은 왜 피는 것일까? 왜 피어나서 보란 듯 바람결에 흔들리는 걸까? 또 날이 저문다고 할미꽃은 왜 저렇듯 꽃잎을 닫아버리는 걸까?

둘렛길에 쪼그려 내려다보니 현우가 즈그 사랑채 앞에 서 있다. 반갑게 불러도 대답이 없다. 쪽마리에 비뚜름하게 걸터앉더니 발끝으로 동바리 밑돌만 툭툭 찬다. 옷 베리고 왔다고 지천을 들었는지, 뭘 내애삐고 왔다고 혼찌검이 났는지, 그래서 혼쭐난 김에 앞뒤 뭉개고 앙버텨보는 건지 몇 번을 불러도 고개조차 들지 않는다. 청밑의 강새이만 머리통을 내민 채 쫑긋거린다. 나는 잔돌 하나를 쥐었다가 고마 놓아버렸다. 팔매가 좋이 가 닿을 빤한 거리긴 하지만 썩 반갑잖은 목소리니 맨 달갑잖을 지자구다.

날빛이 벌써 가뭇하다. 현우 아부지가 바깥마당 짚동 옆에 빈 지게를 내려놓고는 대문 안으로 들어가신다. 길쭉한 황소 울음소리가 산자락을 타고 오른다. 태정이가 강새이를 따라 뒤뚱뒤뚱 산길을 내려간다. 나는 나도 모르게 불쑥 소리쳤다. "니이, 느그 옴마 얼굴 에나 모리나?" 태정이는 대답이 없다. 나는, 오데 가노? 하려다 그만두었다. 태정이가 힐끗 돌아본다. 나는 또, 집에 가나? 하고 물으려다가 입을 닫았다. 너무 빤한 말이다. 맥없다. 빤한 말이 왜 혀끝에 맴도는 걸까? 빤한 말을 왜 하는 걸까? 도대체……새들은 왜 쉼 없이 지저귀는 것일까? 태정이가 또 한 번 힐끗 돌아보고는 탱자나무 울타리에 가려져버린다.

희뿌연 연기가 큰집 청기와 지붕을 감싸며 산자락에 넓게 퍼진다. 매캐한 겻불내와 함께 구수한 냄새가 코끝을 적신다. 둘이 아지매가 보오쌀을 안치나 보다. 멀찍이 포도밭 옆길을 걸어가는 태정이의 뒷모양이 보인다. 검붉은 꽃빛을 닫고 고개를 숙인 할미꽃이 눈앞에 어른거린다. 부드러운 꽃대가 바람에 쓸릴 때마다 할미꽃은 하얀 뒷덜미를 드러내며 흔들린다. 자부럽다. 어디선가 메에……메에에……얌새이 울음소리가 들린다. 눈앞이 꿈결인 양 아슴아슴하다.

29
메실꼬

밤나무 등걸에 걸터앉아 꾸벅꾸벅 졸았나 보다. 꿈에 태정이의 황소울음소리를 들은 듯하다. 가뭇한 날빛이 노르스름하다. 내 몸이 오그라진 솔빠알 같다. 엉디이에 붙은 톱밥을 툴툴 털며 몸을 펴자 머릿속이 어찔하다.

멀리 회관 뒷길을 따라 한 할매가 얌새이를 몰고 내려온다. 허리가 꼬부랑 꺾인 하얀 할매를 흰 얌새이가 이끈다. 어디선가 본 듯도 한 구겡인데 꿈인지 생시인지 갈피가 안 잡힌다. 처음 보는 모양치고는 정겹고 전에 본 모습이라기에는 낯설다. 아무래도 하얀 할매를 끄는 흰 얌새이가 너무 의젓한 것이다. 갈피를 차리지 못하는 사이에 얌새이는 또 울어댄다. 내가 잠에 빠지기 바로 전에 울음소리를 냈던 그 얌새일까? 얌새이도 할매도 초록빛 속에 감춰져 있던 흰빛일까? 해가 떨어지자 싱둥해져서 불거진 걸까? 흰빛은 포도밭 옆길을 따라 길쭉하게 펴져간다. 얌새이도 할매도 그저 울음소리일까? 팽팽해진 고삐에 이끌리는 할매가 앞쪽으로 넘어질 듯하다. 불안스레 기우뚱거리더니 길가에 늘어선 소나무에 겹쳐진다.

내가 꿈을 꾸는 것일까? 무성한 나뭇가지 틈새가 희끗거린다. 한 차례의 긴 바람결에 초록빛과 흰빛이 뒤섞인다. 내가 또 다른 꿈을 꾸는 걸까? 꿈에서 깨었는데 꿈속이라니? 눈살을 모으며 갈피를 잡으려고 애를 쓸수록 아슴아슴하기만 하다. 내처 희끗거림도 사라져버렸다. 도로 초록빛 속으로 스몄을까? 아니면 하얀 아카시아 꽃 덤불 속으로 찾아든 걸까? 거뭇한 산빛에 떠 있는 내 몸이 묵직하게 가라앉는다. 눈앞이 다 낯설다. 나는 두리번거렸다. 뒷등 솔숲이 부스럭거린다. 밤나무 등걸이 딱딱하다. 몸을 일으키자 머릿속이 멍하다.

비칠거리며 산에서 내려온 나는 엉뚱한 쪽으로 가고 있었다. 물길에 깎여 울퉁불퉁해진 길바닥을 느끼고서야 반대쪽으로 걷는 나를 알아차렸다. 포도밭 옆 길이라면 발밑이 이렇게 쑤시듯 마치지 않는 것이다. 나는 저문 산빛을 헤치며 허둥지둥 메실꼬로 향하고 있었다. 길섶에 헝클어진 풀잎이 발등을 스쳤다. 밭둑에 솟은 엉겅쿠와 쑥부쟁이 덤부레이가 허리께를 휘감았다. 그런데도 내 몸은 멈추지 않았다.

몸은 앞쪽으로만 쏠렸다. 골짜기 안쪽의 높다란 고갯마루가 손짓하는 것도 아니건만, 그 너머가 궁금한 것도 아니었건만, 그저 으스스한 기운이 몸을 끌었다. 나를 이끈 것이 어쩌면 그 으스스함 속에 똬리를 튼 후련함이었는지도 모른다. 키 큰 새빗대가 얼굴을 스칠 때, 모든 소리가 몸을 타고 흐를 때 가뭇없이 지워지는 느낌. 등 뒤쪽의 것들이 모조리 사라지며 앞쪽으로 내던져지는 느낌. 팽개쳐져 부서지고 흩어지는 느낌. 으스스함 속에 쓰미하게 흐르는 참으로 번드러운 그 느낌!

오솔길은 골짜기 끝에서 가팔라진다. 급한 산길은 바싹 마른 비탈 위에 펑퍼져서 흐트러졌다. 물길에 파여 옴팡진데다가 드러난 바위 끝이 불쑥거려서 어디를 디디고 오를지 한참을 살펴야 한다. 허리를 잔뜩 수그린 비틀걸음에 고무신째이가 자꾸만 미끄러졌다. 나는 그러나 기우뚱 높아가는 맛에 취했다. 띠금띠금 핀 빼뿌재이와 바랭이를 께시리 디디며 숨을 깔딱거렸다. 목에서 쇳소리가 났다. 가까스로 고갯마루에 오르자마자 몸을 이끌던 비탈길이 팽개치듯 나를 놓아버렸다. 나는 그대로 털썩, 주저앉았다.

무거운 것은 땅에 내리고 가벼운 것은 공중에 흩어진다. 묵직한 몸의 무게가 땅에 스밀 때 머릿속에서 사운거리며 흩어져나가는 사금파리들. 흰 물살의 가장자리로 튀는 물방울들. 보란 듯이 눈앞 물방울들을 스치는 어찔한 빛살들. 그 빛살이 사그라질 때까지의 시간은 얼마나 될까? 그 짧은 순간을 지나 서늘한 이마를 느낄 때 다시 묵직해지는 몸속으로 밀려드는 물소리는 무엇일까? 펑퍼짐한 산길을 얹고 움푹 팬 고갯마루가 커다란 문지방 같다.

이쪽저쪽이 서로 코밑 비탈붙이건만 반대쪽 그늘숲은 이미 어둡다. 멀리 펼쳐진 낯선 들판은 윤곽을 지운 채 무겁게 가라앉는다. 들판 너머에 다문다문 보이는 동네는 어둠 속으로 자맥질하며 아스라한 불빛을 띄워 올린다. 달도 별도 없는 밤. 하늘이 거뭇한 더깨처럼 닫힌 밤. 젖은 바람이 산등을 쓸어내리고 또 몇 줄기는 고갯마루를 넘어 산비탈 아래로 굴러떨어진다.

검은 산빛 위에 산길 한 가닥이 뿌옇게 떠오른다. 산자락을 감고 휘어지며 간들거린다. 흰 얌새이는 그 할매를 끌고 저 산길을 따랐을 것이다. 또 다른 산자락으로 우긋이 휘어지는 어름에서 나를 기다리고 있을지도 모른다. 얌새이가, 뿌연 산길의 끝에서 흰 얌새이가, 울음소리를 내며 나타날 것만 같다. 머리를 꺾고 기다리며 메에에……. 따라오라고 메에에에……. 메에, 메에에……어서 오라고, 하얀 얌새이가…… 그때, 으스스한 기운이 슬픔으로 바뀌었다. 막막한 슬픔이 헛헛한 머릿속을 휘감았다. 달도 뜨지 않은 밤. 별도 채 눈뜨지 않은 그 밤. 고갯마루에 홀로 쪼그려 오도가도 못 하고 꺼이꺼이 울었던 그때였을까?

1-2

산모티이를 돌 때마다 풀벌레 소리는 달라진다. 두어 마리가 가늘게 주고받듯 찌르륵거리기도 하고 뚝 끊겼다가 갑자기 떼거리로 울기도 한다. 저쪽에서 이쪽으로 또 가까운 데서 먼 데로 물결처럼 쓸릴 때도 있다. 어떤 곳을 지날 때에는 한 마리만이 요란하게 울어대는데 하늘을 찌르는 낭랑한 소리에 다른 벌레들은 숨죽인 듯 기척이 없다. 그러다가 그 낭랑한 소리가 안쓰러워질 때쯤이면 참았던 울음을 일제히 쏟아낸다.

1-2

30
정지나무

이십 리 길을 걸어 외갓집에 갔을 때?

그날, 어무이는 보오쌀을 안치자마자 나를 부르셨다. 석근이 아재가 기섭이를 데려간 뒤라 마당에서 혼자 궁싯거리던 나는 어슬렁 정지 앞으로 갔다. 석근이 아재는 늘 기섭이만 데려간다. 강새이도 동생을 따라 나가버렸다. "와 그리 찡글티리고 있노?"

내 표정이 우거지상이었나 보다. 어무이는 보오쌀 사구의 뜨물을 꾸중물통에 붓고 나를 세수간에 앉히셨다. 그러고는 내 앞섶에 수건을 두르고 얼굴에서 뽀독뽀독 소리가 나도록 엉때는 것이다. "칼키이 좀 씩어라, 이기 머꼬오?" 어무이의 서두르는 손길에 얼굴이 다 얼얼하다.

날이 꽤 훅훅하다. 정짓간에서 풍긴 연기가 보오쌀 삶는 냄새와 뒤섞여 얼굴에 달라붙는다. 눈앞이 흐리다. 코끝에 감기는 구수한 냄새가 잔뜩 허기를 부추긴다. 얼결에 엉거주춤 일어서려는데 어무이는 또 내 코끝을 쥐신다. "쎄기 풀어라." 나는 코를 푼다. 어무이는 내 콧물이 묻은 손을 씩고 세숫대야 물을 수채에 쏟으신다. 그리고 수건으로 내 얼굴을 닦다 말고 벌떡 일어나신다. "매에매 닦아라이? 우우 세타 끼이입어라, 밤에 춥다."

수건을 내 손에 쥐어 놓고 어무이는 부리나케 잔방으로 드신다. 나는 생각한다. 밤에 뭐가 춥담? 사쓰를 안 벗고 왜 세타를 껴입는담? 어무이가 화사한 한복으로 갈아입고 마리로 나오신다. 작은 보따리 하나가 봉긋하다. 외갓집이다. 보오쌀 안치고 느닷없이 보따리를 챙기면 외갓집에 가는 것이다. 이참에도 나 혼자만 데려가나 보다. 마리 끝에 놓인 흰 보따리가 부풀었다. 보따리 옆에는 빨아 말린 내 감색 세타가 놓였다.

세타를 목에 끼며 나는 또 생각한다. 주우라도 좀 갈아입으면 좋으련만. 어무이가 하얀 코고무신을 끼신다. 젖미이 시야를 업고 축담을 거니시던 할무이가 내 주우를 털고, 또 눌린 사쓰 에리를 세타 밖으로 끄집어내며 잔잔히 웃으신다. "퍼뜩 댕기오이래이?" 시야는 한참 옹알이를 하더니 어느 결에 세상모르고 잔다. 나는 또 생각한다. 할무이도 항꾸네 가시면 좋으련만. 밥이나 먹고 가면 좋으련만. 정짓간을 휘 한 번 둘러보고 나온 어무이는 보따리를 안고 마당 끝에 서셨다. 나는 찝찝하게 뒤가 늘어져서 어정거린다.

"퍼뜩 나서거라아." 할무이가 내 등짝을 미신다. 내가 삽짝으로 나서자 어무이가 뒤따르신다. 이렇게 삽짝을 나설 때에는 나를 앞세우지만, 막상 새끌밖을 지나면 어무이 걸음이 너무 빨라져서 따라잡기 힘들다. 어무이는 벌써 돌닥거리를 지나고 탱자나무 울타리도 지났다. 나도 빠르게 걷는다. 서촌 할매 집 앞에 비석을 막 지나자 어무이는 벌써 타작마당을 내려가신다. 나는 달린다.

둥천 초가집이 파르스름한 연기 속에 떠 있다. 짤따란 굴뚝에서 흘러나오는 짙푸른 연기는 곧게 오르다가 지붕을 감싸며 안산 자락 쪽으로 넓게 퍼진다. 나는 멈칫 뒤돌아보았다. 멀찍해진 돌닥거리에 할무이가 서 계신다. 감나무 잎가지의 연초록빛에 감싸인 치마저고리가 하얗게 빛난다. 나는 지정지정 머뭇거렸다. 뒤돌아볼 때에는 왜 이렇게 울적해지는 것일까?

나는 아예 몸을 돌려 돌닥거리 쪽으로 두어 발짝 내디뎠다. 할무이가 팔을 바깥으로 내두르신다, 어서 가라고. 나는 주춤 섰다. 이렇게 크게 한번 숨을 들이키면 왜 눈시울이 더워지는 걸까? 할무이가 재촉하며 팔을 바삐 내두르신다, 어서 따라 가라고. 내 숨소리가 내 귀에 울린다. 들숨날숨이 가쁘고 가슴이 억하다. 나는 생각한다. 뒤돌아보는 곳이 텅 비었다면 아무 데로도 떠날 수 없는 것이나 아닐까? 할무이는 내가 보이지 않을 때까지 돌닥거리에 서 계실 것이다. 길갓집과 나무에 가려 내가 안 보이면 더 걸어 내려오실 것이다.

동네 어귀까지 나와, 정지나밑에 아스라이 서 계실 것이다. 삼촌들이 도시로 떠날 때에도, 먼 친척이 동네를 떠날 때에도 할무이는 그렇게 하냥 서 계셨다. 그리고 뒷모습이 가물가물 사라지고 나면 정지나무의 초록 가지를 한번 올려다보고는 촉촉한 눈으로 발길을 돌리시는 것이다. 그래서 동네 어귀마다 정지나무가 섰나 보다.

그래서 모든 정지나무는 할무이의 모습을 닮았나 보다. 그래서 정지나무는 멀어질수록 더 푸르게 반짝이나 보다. 그래서 정지나무가 없는 곳에서도 정지나무가 눈앞인 듯 선히 보이나 보다. 그래서 정지나무를 보면 눈물이 나나 보다. 길 떠나는 사람들은 그래서 할금할금 돌아보고 또 뒤돌아보나 보다. 사람들이 막막하고 어두운 밤길조차 꿋꿋이 걷는 것은 아마 그 때문인가 보다.

31
별빛

어무이는 각중에 서두르지만 그렇다고 외갓집 가는 길을 곧장 잡으시는 것은 아니다. 면소땀에 이르면 우체국 다리 옆의 논부터 살피신다. 큰또랑의 이쪽 저쪽 그러니까 다리의 네 귀 쪽에 낮추 붙은 도가리가 다 우리 논인데, 피라도 눈에 띄면 냉큼 보따리를 넘기고 옷소매를 걷어붙이신다. 보따리를 든 나는 다리가 아프다. 어무이는 에두른 논두렁을 타고 손이 닿는 갓쪽만큼은 다 뽑으실 것이다.

나는 길가에 쪼그려 앉는다. 보따리를 옆에 두고 물빛이 부서지는 무논을 본다. 어무이는 바람결에 파르르 떨리는 연초록빛 모들 위로 불쑥불쑥 웃자란 피를 뽑아내신다. 익은 손놀림은 멀리 건넌들 쪽에서 까마득 걸어오던 사람들이 한내 깽빈을 건너 내 옆을 지날 쭈움에야 끝난다. "피도 피도 머슨 피가 일키나 질었시꼬? 차말로 염치도 없다. 세벌이 아이라 열벌매기로 해도 안 대겠네. 퍼뜩 가자."

어무이가 잰걸음을 놓으신다. 또 외가로 가는 길이 아니다. 신작로를 걸어 면소 쪽을 향하시는 것이다. 면사무소 옆의 반듯한 도가리 하나도 우리 논이다. 예전에는 면소거리 양쪽이 싹 다 우리 논이었다는데 온재년에 다 넘어가고 지금은 탱자나무 울타리 옆의 한 도가리만 남았다. 어무이는 내친걸음에 그 논도 둘러보시려는 것이다. 그냥 가자고 조르고 싶지만 쓸데없다. 작년에 굼바우 나락 벨 때도 그랬다.

다저녁때 일꾼들을 보낸 뒤에 어무이는 혼자서 나락을 베셨다. 별이 하나씩 떠올라 초롱초롱 빛나도록 계속하셨다. 집에 가자고 졸라보았지만 어무이는 두어 줄을 베며 다가오고 또 두어 줄을 눕히며 멀어질 뿐, 내 목소리는 부스럭거리는 소리에 묻혀버렸다. 나는 넋두리처럼 집에 가자고 주절거리다가 그대로 잠에 빠졌다. 언뜻 깨어났을 때 어무이는 머리쓰개를 벗어 내 목에 둘러주고 계셨다. 나는 선잠 깬 눈을 뜨고 밤기운에 저민 몸을 잔뜩 웅크렸다. 어무이의 얼굴에는 땀이 흥건하였다. "옴마아, 집에 가자아……." "낼 일꾼들 왔다 갔다 하모 시간 뺏기고 안 댄다, 이짝 논은 다 베삐야 대지."

어무이는 또 멀찍이 남은 나락포기 쪽으로 총총히 걸어가셨다. 논두렁에 앉아 낫질 소리에 쓸리다가 또 잠에 빠졌었나 보다. 시간이 얼마나 지났을까? 깨어나자마자 엉겁결에 벌떡 일어섰다. 어무이가 눈에 띄지 않았기 때문이다. 흐릿한 밤빛 속에 여전히 허리를 굽히고 있는 어무이가 내 눈에 보인 것은 한참 뒤였다. 한참이 아니라 짧은 순간이었는지도 모른다. 그 짧은 순간에 내 몸은 무너지듯 앞쪽으로 쏠리며 휘청거렸다. 몸속의 묵직한 것이 순식간에 빠져나가고 텅 비어지는 느낌. 동시에 물살에 잠겨 깊숙이 가라앉는 느낌. 어무이는 멀찍이 검붉게 출렁이는 물살에 홀로 떠 있었다. 정신이 번쩍 든 나는 냅다 뛰었다.

"옴마아아!" 나락이 눕혀진 논바닥을 써려서 허겁지겁 달렸다. 어무이가 거뭇한 물살에 휩싸여 사라져버릴 것만 같았다. 어무이는 달려오는 나를 보며 활짝 웃으셨다. "휴우우, 언자 다 댔다아. 앉아 있지 와?" 어무이의 발치에는 나락 떼포기가 기껏 두엇만 남았다. 개자리 진 곳이라 떼포기가 뜨문뜨문했다. "이거는 니가 베 바라." 어무이가 낫을 건네셨다. "물팡을 멀찍하이 떼라, 다칠라."

나는 거리를 띄워 쪼그렸다. 팔을 쭉 뻗어서 떼포기 하나를 왼손으로 잦쥔 채 낫날을 밑동에 바짝 붙였다. 낫을 당기자 삭둑, 잘리는 소리가 흐뭇이 흩어졌다. 또 하나를 잦쥐어 베어낸 다음, 나머지는 엎쥐고 베어볼 요량으로 왼팔을 틀어서 떼포기 하나를 거머쥐었다. 절로 궁디이가 쳐들렸다. 낫을 당기자 나락포기 잘리는 소리가 상쾌하게 미끄러졌다. 손아구에 거머쥔 한 모슴쭘의 나락이 코밑을 스치며 나붓거렸다. "아이구, 잘했다아."

어무이는 그제야 논두렁에 앉아 얼굴을 닦으셨다. 그리고 밤하늘을 한참 우러러 보며 나직이 중얼거리셨다. "저 벨 좀 바라. 세사아, 저 벨빛이 올매나 멀리서 오꼬오?" 그러고는 수건으로 몸빼바지를 툴툴 털며 일어서시는 것이다. "배고푸재? 퍼뜩 집에 가자."

32
한숨

면소 옆 논의 피도 그렇게 뽑고, 다시 우체국을 지나고, 흐르는 물살에 쫄랑 쫄랑 씻기는 한내 징검돌을 디딜 때에는 이미 해가 뉘엿했다. 외갓집에 가려면 들길을 지나 문디촌 어귀까지는 철둑길을 따라야 한다. 쉬지 않고 엄벙덤벙 두 식경쯤은 걸었을까? 눈앞의 길만 보며 따라붙고 뒤처지고 또 따라붙다 보니 두 다리가 다 팍팍하다. 처진 어깨 품을 죄는 세타가 거슬친다. 숨길이 빠듯하여 민틋한 길조차도 몹시 데다. "다리 아푸재? 쪼깬마 앉았다 가자."

어무이가 문디촌 앞의 그늘터로 다가가신다. 철둑과 나란한 흙길이 썩 바라진 자리에 푸라타나스가 묵은 짚동 두엇을 거느린 채 우뚝하다. 예닐곱 발 떨어진 길 갓쪽에 작은 느티나무 한 그루도 조붓한 그늘을 드리웠다. 낮게 내린 잎 가지가 손사래 치듯 하늘거린다. 푸라타나스 밑에 보따리를 내리자마자 어무이는 선 채로 내 세타를 벗겨서 탈탈 터신다. 내처 흐트러진 짚모숨을 걷어 수북이 모으신다. 나는 흰 보따리를 사이에 두고 어무이와 나란히 앉았다. 부픗한 짚자리가 폭신하다.

나는 치끌린 사쓰 옷자락을 잡아 내렸다. 손끝에 오돌토돌한 게 시씨인다. 목단추 밑의 니빈 곳에 냉큼 손이 간 것인데 어무이가 세타를 개빌 때까지도, 한쪽 매듭만 끄린 보따리에 개빈 세타를 끼우고 도로 볼끈 짜맬 때까지도 좀체 손이 떼어지지 않는다. 손끝이 오돌토돌한 데를 절로 더듬는다. 울적한 마음이 묵직해진다. 나는 니빈 데를 손톱으로 긁으며 요번에는 아예 작심하고 골몰했다.

손은 왜 절로 움직이는 것일까? 떼어내려고 해도 손끝은 왜 안 떨지는 걸까? 혹시, 내가 모르는 사이에 손끝은 그곳에 몇 번씩이나 닿았던 게 아닐까? 그러고는 실무시 떼어버려서 그곳을 만졌다는 걸 손만 알고 나는 까맣게 몰랐던 건

아닐까? 그럴지도 모른다. 작년 여름 물팡에 부시럼이 났을 때도 그랬다. 나을 만하면 손이 가고, 따까리가 굳을 만하면 나도 모르게 손끝이 가서 자꾸만 덧났었다. 어무이가 한여름인데도 긴 주우를 입혔지만 손은 여전히 바빴다. 주우 위로 문때서 더 크게 덧나고 진물진물 문드러져 붙어서 주우를 벗을라치면 부시럼 따까리가 함께 뜯겨나곤 했던 것이다.

할무이가, 심이 백히서 우짜겄노? 하시며 혀를 끌끌 차셨지만 달라지지 않았다. 니 문디 댈래? 문디 대고 접나? 하시는 어무이의 말에 겁먹고 잠시 무르춤했으나 돌아서면 마찬가지였다. 어떤 때에는 근지러워서 박박 긁고, 또 어떤 때에는 그저 나도 모르게 손톱 끄티이로 후벼댔다. 틈만 나면 잘근잘근 씹어 쌓아서 뭉툭해진 동무의 생손톱보다는 낫다고 생각했지만, 사실 덧이 나서 흉측해진 부시럼이나 뭉툭 손톱이나 그게 그거다. 동무도 제 손톱을 갉으면서 갉는 줄을 모르고 나도 손끝으로 부시럼을 긁적거리면서도 그러는 줄을 모른다. 모두가 제 몸을 다람쥐 밤톨 갉듯 하면서도 알 듯 말 듯 흐리터분해져서 결국은 까맣게 모르는 것이다. 옆에서 누가, 니 또 머하노? 하면 그제야 흠칫 놀라게 된다.

그런데 차라리 부시럼이 더 나을지도 모르겠다. 부시럼은 심이 박혀도 고약을 붙이면 낫는다. 즈그 부모가 문디가 아니라면 아무리 덧나도 문디이가 안 된다고 하니 걱정 없다. 더구나 부시럼은 창피한 기억을 곁달지 않는다. 부시럼은 울적하지도 묵직하지도 않다. 부시럼은 그냥 부시럼일 뿐이다. 그러나 오돌토돌 니빈 이 자리는 꿈틀거리는 벌게이 같다. 지금처럼 손끝을 알아차리게 되면 금세 울적해진다. 기억은 또 지난 일을 들추며 마음을 갉아댄다. 답답하다. 그날 그 일은, ……한숨만 난다.

속이 더부룩할 때 방구가 나오듯 이렇듯 마음이 답답할 때면 한숨이 절로 나는 것이다. 한숨은 마음의 방구일까? 어른들은 아이들이 한숨 쉬면 잔망궂다고들 하지만 나는 한숨 쉴 일이 쌨다. 동무들도 아슴아슴한 눈빛을 추스르며 한숨 쉬는 일이 잦다. 다만 궁디이를 옆으로 살짝 들치거나 실무시 눌러서 방구소리를 죽이듯이 소리만 내지 않을 뿐이다. 그러나 얼결에 뿌웅, 하고 방구소리가 터져나듯 불쑥 귓전을 후리는 한숨소리는 어쩔 도리가 없다. 그런데 한숨이 마음의 방구라면 하품은? 깔딱질은? 또, 재치기나 트리미는? 하지만 고양이도 하품을 치고 강새이도 깔딱질이나 재치기를 한다. 소는 심심하면 트리미질이다. 한숨은……사람만이 한숨을 쉰다.

나는 내 한숨소리에 놀라 흠칫 고개를 돌렸다. 어무이는 다행히 못 들으신 모양이다. 터져 나온 한숨을 흩뜨리며 바람 한 줄기가 지나간다. 인적 없는 흙길이 심심한 몸을 궁싯궁싯 뒤적인다. 들판 멀리서 땅거미가 몰려온다. 아득한 들판 끝의 산등성이는 이미 윤곽을 지운 채 먹물처럼 길쭉하게 풀어졌다.

땀기가 가라앉자 머릿속이 어찔하다. 탁 트인 들판이 한눈인데도 으스레한 탓인지 눈앞이 갑갑하다. 곧 어둠이 짙어지면 느티나무도 지워질 것이다. 푸라타나스도, 그 아래 앉은 어무이와 나도, 또한 흰 보따리도……. 그런데 보따리는 뜰까? 모든 것이 어둠 속에 가라앉은 뒤에 보따리만 둥둥 떠다닐까? 다시 날빛이 눈부실 때 누군가 하얀 보따리를 보며 푸라타나스 아래 앉았던 어무이와 나를 생각할까? 바람줄기에 섞였던 내 한숨을 저 느티나무는 기억이나 할까? 바람에 가벼이 흔들리던 느티나무가 이내 잠잠하다. 짧게 스친 산들바람 속에 섞여 났던 소리가 내 몸에서 울려나온 것인지 나무에서 흘러내린 소린지 알 수가 없다. 낡은 기억처럼 가늘게 맴돌다가 허공으로 사그라져버렸다.

"머슨 소리고?" 이참에는 나도 알아채지 못한 한숨소리가 어무이의 귀에 뚜렷했나 보다. 나는 얼른 사쓰 목단추 밑에서 손을 떼었다. 손끝에 남은 오돌토돌한 감촉이 짜증난다. 들판 쪽을 바라보던 어무이가 내 얼굴을 빤히 보신다. "와 또 찡글티리고 있노?" "……." "아아가 와 이러꼬? 난주 아부지맨키로 눈살에 주름 생기모 우짜겄노? 페라!"

33
대추나무

무논으로 비탈져 내리는 길둑이 깨금받다. 풀 한 피이 없이 낫질한 자국이 빡빡머리를 민 듯 말끔하다. 오줌이 마려워 허리춤을 잡고 느티나무 옆에 쌓인 거름더미까지 갔지만 나부대는 날파리들만 성가시다. 꼬치가 덜 빳빳한 것이 할무이가 요강 단지 옆에서, 쉬이이! 하고 입바람 소리를 내면 나오고 아니면 나오지 않을 폭이다. 이럴 때에는 주우춤을 내려봤자 찔끔거리기만 하니 차라리 모아두는 게 낫다. 그랬다가 나중에 꼬치가 탱탱해져서 눈앞이 다급할 때 눠버리면 속이 다 후련하다. 뿐만 아니라 두 발짝 가까이 떨어진 풀포기를 겨냥할 수 있고, 아주 나무둥치의 허리높이까지도 쏘아 올릴 수 있다. 어떤 동무는 키높이까지도 쏘며 으쓱으쓱 잰다. 그러고는 제 딴에 자신만만해져서 기껏 물총 꼭다리만 한 것을 썩 내밀고서, 누 끼 큰고 한분 대보까? 대보까? 하는 것이다. 쳇! 성가시게 오만 기 다 자랑이다.

거름더미 뒤쪽의 성성한 덤부레이 위로 대추나무 한 그루가 솟았다. 앙상한 몸이 괴롭게 비틀려서 무슨 생각에 빠진 듯하다. 올해 잎을 틔울까 말까 고민하는 것일까? 굵고 검은 가시만 잔뜩 내밀었다. 오줌이 나온다면 아랫배에 힘을 주고서 한껏 쏘아주련만. 그래 시원한 오줌발을 받아서 정신을 번쩍 차릴지도 모른다. 그러나 그에 오줌보가 말랐는지 요의조차 사그라져버렸다. 그런데 대추나무들은 앵두나무나 살구나무가 새잎을 틔울 때도 가만하다. 생각이 많은 나무라서 뒤늦게 잎을 틔우는지도 모르겠다.

이 대추나무도 잡생각에 빠져서 올해 잎 틔우는 일을 깜빡 잊었을까? 잔고민이 너무 많아서 새로 잎을 틔울 엄두가 나지 않는 걸까? 혹시, 이미 말라버린 것이나 아닐까? 거칠한 가지를 꼬며 길둑에 웅크린 대추나무가 불쌍하다. 이제 생각을 그만하고 연초록 새잎을 틔웠으면 좋겠다. 그래서 풋풋한 열매를 주렁주렁 달았으면 좋겠다. 가을 햇살에 빨간 열매를 빤짝이며 딸랑딸랑 소리를 내었으면……그랬으면 좋겠다.

"와 오좀 안 누고 우두커이 섰이꼬." 어무이는 목소리만 날린 채 들판을 보고 계신다. 들판을 쓸어온 산들바람이 또 느티나무 가지를 흔든다. 윗가지는 아래위로 건들거리고 밑가지는 좌우로 흔들린다. 자디잔 초록 이파리들이 잘강잘강 소리를 낸다. 연두색 치마저고리가 은은하게 빛난다. 그 옆에 놓인 보따리도 덩달아 밝다. 나는 도로 푸라타나스 밑에 가서 앉았다. 그리고 어무이의 갸름한 빰에 어린 볼그늘을 바라보다가 불쑥 입을 열었다. "옴마아, 보따리는 동동 뜨재?"

"머슨 소리고? 보따리가 뜨다이?" "죽으모……." 나는 급히 말을 돌렸다. 가슴에 뜨거운 것이 울컥거렸기 때문이다. "……옴마아, 저짝에 대추나무 살았재? 죽어삔 거 아이재에?" "아이가? 죽기는 와 죽어. 백 년꺼정도 산다." "그란데에, 이파리가 하나도 없다." "개안타, 좀 있이모 뽈짝하이 필 끼다." 어무이가 손수건으로 내 이마를 닦으며 근심이 가득한 얼굴로 내려다보신다. "아아도 참 벨시린 걱정도 다한다 고마." 어무이가 내 이마를 짚으신다. 눈앞에 빨간 대추 열매가 딸랑거리는 듯하다. "머리는 안 아푸나?" "하나도 안 아푼데?" "언자 가보자. 쪼깬마 업고 가자이?"

어무이가 보따리를 안고 등을 내미신다. 나는 머쓱하게 섰다가 업혔다. 뒷머리에 붙은 빨간 머리핀이 저문 빛에 젖어 함초롬하다. 어무이의 옆얼굴 너머로 벋은 까마득한 철길에 어둠이 깔렸다. 철길을 따르는 흙길이 얄따란 모시베를 드리운 듯 희부옇다.

34
할미재

어무이는 철둑을 건너 문디촌 안길로 들어가신다. 외갓집에 가려면 이 동네 뒤쪽의 할미재를 넘고 또 굽이굽이 들길을 걸어야 한다. 골짝에는 벌써 어둠이 묵직하게 내렸다. 아직 등을 켜지 않은 동네가 적막하다. 모캣불 타는 매캐한 내와 독한 달구똥내가 코끝을 친다. 덩실하게 솟은 교회당의 십자가가 어둑한 하늘에 잠겼다. 어디선가 희미한 울음소리가 들리더니 고요 속에 잠겨버린다. 좁게 휘어지는 길에는 그림자조차 보이지 않건만 비탈에 달라붙은 초가의 틈새로 두런거리는 목소리가 새어나온다. 간간이 개 짖는 소리와 섞여 낮게 뒹군다. 돌담을 낀 동넷길이 조금씩 가팔라진다. 어무이의 등이 땀에 젖었다.

나는 고갯마루 밑에서 내렸다. 높다란 산비탈이 어두운 하늘에 닿았다. 구불텅한 고갯길이 밀려드는 밤빛에 뿌옇게 떠오른다. 여기저기 나무 삐까리들이 짐승처럼 웅크렸다. 텅 빈 초막 하나가 바람결에 쓰러질 듯 버석거린다. 느슨한 경구지를 드리운 채 산길 저편으로 비스듬히 돌아앉은 서낭당 집채가 어둠 속에 괴괴하다. 나는 몸을 옴츠리며 어무이의 손을 꽉 잡았다. 가파른 오르막길인데 오금까지 저려서 발끝이 자꾸만 꼬인다. 앞으로 쏠릴 때마다 온몸이 어무이의 팔에 달려 대롱거린다.

"무섭나?" "……." "개안타. 서낭님이 고개 넘는 사람 지키주실라꼬 저어 있는 거 아이가." "지키조?" "하모. 나뿐 귀신 몬 달라들그로." "나뿐 귀신? 그라모 나뿐 귀신은 가삐나?" "하모오. 멀리 산먼다아로 도망간다." "그라모 온제 오노오?" "오기는 만다꼬 와? 안 온다."

가녀린 울음소리가 또 들린다. 이번에는 고갯마루 쪽이다. 길가 비탈의 턱진 곳에 더미더미 돌이 쌓였다. 밋밋하고 펑퍼짐한 돌무디이 언저리에 굵은 돌 몇이 널찠고 자잘한 돌들이 아무렇게나 흩어졌다. 아슬아슬 쌓인 작은 돌탑들이 뾰족한 머리로 어두운 허공을 쫀다. 밤빛에 번뜩이며 하늘을 우러러 뭐라 중얼거리는 듯도 하다. 울음소리는 아무래도 하늘 위나 땅 밑에서 새어나오는 듯하다. 고개를 숙이면 머리끝에서 울리고 하늘을 우러르면 발끝에 감긴다. 나는 오금이 굳어 고갯길에 멈칫, 섰다. 어느 결에 달구똥내는 사라지고 싱그러운 풀내가 가득한데 가냘픈 울음소리는 끊일 듯 이어지며 또 다른 울음소리와 겹쳐 들린다.

"옴마. 하늘 우우서 누가 우는 갑다." "으이?" "……땅 밑에서도 울고." "교회당서 들리는 소리 아이가. 이 동네 사람들은 십자가로 봄시로 저리 쉽기 울어쌓니라. 소리도 크기 안 내고 숨을 직이고 운께네 또옥 마음이 짠해서 못 듣겄니라. 퍼뜩 넘어가자." 산 밑 교회당 쪽으로 고개를 돌리자 울음소리는 들리지 않는다. 숨죽인 울음소리가 이제 어둠의 저편으로 스러졌나 보다. 나는 다시 허리를 수그리고 다리에 힘을 모았다.

몇 번을 넘었던 고개지만 이렇게 내 발로 오르기는 처음이다. 늘 어무이의 등에 업혀서 산등을 보거나 아예 잠에 빠지곤 했다. 눈뜨면 캄캄한 산길이거나 먼 불빛이 깜박이는 들길이었다. 자다가 게슴츠레 눈을 뜨면 거뭇한 수풀이고 또 퍼뜩 깨면 별이 총총한 하늘이었다. 불빛 몇 점은 가도 가도 아스라할 뿐이어서 하늘의 별빛과 진배없었다. 눈 감으면 드리우는 불그레한 어둠 속에 불빛과 별빛이 스몄다. 다시 깨었다가 눈 감으면 가물거리는 불빛이고 스르르 눈을 감으면 흔들거리는 별빛이었다. 겨우 어섯눈을 뜨고 바라보는 하늘과 땅은 하나였다. 몸의 안팎 또한 다를 바 없었다.

먼 불빛은 어무이의 숨소리를 따라 어두운 들판 끝에서 달각거렸다. 머리 위의 별빛은 내 몸과 함께 잘강거렸다. 나는 귀를 모으고 목을 세운 채 이쪽저쪽을 바삐 둘레거렸다. 종잡을 수 없는 소리에 취해 몽롱해질 무렵이면 외갓집이 나타났다. 시끌벅적한 소리에 흠칫 눈을 뜨면 불빛이 환한 외갓집 청마리였던 것이다.

35
가실

할미재 바로 너머는 좁은 골이다. 맞닿은 산자락 사이로 뻗은 산길은 무성한 그늘숲을 끼고 내리받이로 굽다가 오솔길로 바뀐다. 이쯤에서 싱그러운 풀내에 시원한 물 냄새가 섞인다. 오른편으로 작은 골짝이 트일 때마다 새꾸대이처럼 늘어진 오솔길이 자꾸만 달아난다. 재바르게 내닫다가 허둥지둥 합쳐지고 또 합칠 듯이 꼬이다가는 앵돌아 갈래진다. 어떤 길은 홱 틀어져 아예 산기슭 풀숲으로 뛰어든다. 멀리 지워진 갈랫길 끝에는 희미한 불빛을 품은 산등이 어둠 속에 높다랗게 떠 있다. 어무이가 잡은 오솔길은 그나마 진득하여서 왼편으로 좁다란 논때이를 이끌며 구불텅 벋어간다.

어무이는 나를 앞세우고 뒤따르신다. 끊길 듯 휘어지고 사라질 듯 떠오르는 길에 풀벌레 소리가 낭자하다. 길섶의 풀대가 다리를 스친다. 오솔길이 휘어질 때에는 어무이가 앞서고 곧게 벋을 때엔 내가 앞장선다. 앞장설 때에는 눈앞이 막막하고 뒤따를 때엔 뒷등이 오싹하여서 나는 바삭거리는 치맛자락 소리에 귀를 모았다. 어무이의 치맛자락 소리는 네댓 걸음만 떨어져도 잘 들리지 않지만 귀를 기울이면 풀벌레 소리와 어우러져 아련한 음악처럼 들린다. 그 소리는 어무이의 몸에서 내 몸을 타고 흘러 잔물결처럼 퍼져나간다. 줄곧 업혀 다닐 때에는 치맛자락 소리에 취해 흔들거리며 뜻 모를 소리를 종알거리고는 했다. 그때쯤이면 오데꺼정 옷노 노랫말을 주고받다가 스르르 잠에 빠지곤 했다.

내가 잠에 빠졌을 때에는 어무이 홀로 풀벌레 소리를 들으며 이 밤길을 걸었을 것이다. 또 내가 뜀박질을 할 만큼 컸을 때엔 외갓집에 날 남겨두고 가신 적도 있으니, 그때 어무이는 보따리를 안고 홀로 밤 고개를 넘었을 것이다. 풀벌레 소리조차 들리지 않았다면 꾸불꾸불 이십 리 길을 어찌 걸었을까? 어무이는 내가 나기 전에도 혼자서 이 길을 걸었을까? 내가 태어나기 전에도 풀벌레들은 어둠 속에서 이렇듯 찌르륵거렸을까? 풀벌레 소리는 번뜩이는 논물에 스치고 바투 붙은 풀숲에 쓸리며 모래알을 뿌린 듯 굴러다닌다. 산모퉁이를 또 돌아 내가 앞장섰다.

"옴마, 옛날에는 혼채서 댕깄나아?" "와 혼채 대이, 니 업고 대이지." "그라모, 내 없일 때는?" "니 나기 전에는 이짝으로 안 오고 반성 고개로 둘러 안 대있나." "내가 자삐모 옴마 혼채 무섭재?" "니 젖 무울 때는 길수 아재도 따라 댕기고 석그이 아재도 따라 댕기고 해쌓았니라." "아재가?" "하모. 올매나 착하다꼬, 말도 잘 듣고. 옴마가 시집온께네 또옥 지금 니마아 하디이라." "옴마. 생각난다." "으이?" "옴마가 집에 다 옷다 캐서 눈을 떴더마는 우리 집 아이데?" "우리 집이 아이라이?" "본께네 모리는 집 청마리더라. 알로 넙떡한 지붕이 내리다비이고……." "부산 큰이모 집에 갔일 땐가아?" "아이다아. 외갓집에서 우리 집에 가다가……산골짝에 집이더라." "그라모 가실인 갑다." "가실?" "저짜아 불빛 비이재?" "산비탈에?" "하아. 저 동네가 가실 아이가."

어무이는 산모티이 느티나무 숲에서 발걸음을 멈추고 어두운 산자락 안쪽을 바라보신다. "옴마 에릴 때 저 동네서 살았다 아이가." 작은 골짜기에서 긴 바람줄기가 불어나온다. 거뭇한 느티나무 숲이 화답하듯 술렁거린다. 산자락 비탈에 오롯한 불빛들이 손에 잡힐 듯하다. 불빛은 불빛끼리 층층이 타고 올라 별빛과 뒤섞였다. 어무이는 그렇게 가실 쪽을 물끄러미 보며 한참을 서 계신다. 옆얼굴 위로 펼쳐진 밤하늘에는 몇 점 별빛이 밥떠꺼리처럼 빛난다. 층진 집들이 하늘에 닿아서 어떤 것은 별빛인지 불빛인지 헛갈린다. 나는 경계가 허물어진 산등을 가리키다 말고 팔을 내렸다. 어무이의 옆얼굴이 슬펐기 때문이다.

먼 곳을 바라보는 어무이의 옆얼굴은 슬퍼 보인다. 어두운 밤빛 속에 까마득한 산등이거나, 환한 날빛 속에 눈이 시린 하늘이거나, 먼 곳을 향하는 어무이의 옆모습은 왜 이렇게 슬픈 걸까? 가벼운 하늘의 별빛과 묵직한 땅의 불빛이 서로 손짓하며 깜박거린다. 하늘과 땅과의 사이가 멀어서 불빛은 저렇듯 반짝이는 것일까? 하늘과 땅, 그 사이에 바람이 부는 것은 그저 아득한 슬픔 탓일까? 펼쳐진 하늘은 적막하고 어두운 들판은 고요한데 바람은 불어서 또 어디로 가는 걸까?

36
쌀밥

동네 불빛들을 감싼 높나직한 등마루가 굼지럭거린다. 어무이는 다시 보따리를 안고는 오솔길을 잡으신다. "시간이 쪼깬 일쯕었이모 드다보고 갈 낀데……." "누 집인데?" "옴마 일갓집 아이가. 닐로 올매나 좋다쿤다꼬. 허리 꼬부랑한 할매 생각날 낀데? 작년에 들린 거는 알겄재?"

높다란 산비탈에 소스치듯 앉은 초가집. 걸터앉으면 발바닥이 땅에 닿는 나직한 마리. 축담 삼아 댓돌만이 놓인 쪼부당한 마당. 호물호물 웃는 할매. 하얀 머리와 하얀 요강 단지가 머리에 스친다. "한분 간 거 생각난다. 동네가 다 내리다비이더라." "집이 지불당먼다아 앉은 겉이 높니라." "오고랑바가치도 생각난다, 실로 집은 거." "그기 다 생각히는가배에? 니 젖 무울 때도 자주 가쌓았니라. 하리는 외갓집서 나서자마자 올매나 치대던지 좀 재우고 갈라꼬 안 들렀더나. 진득하이 잘 자니마는 똑 한분썩 치대디이라. 만날 할무이 등에 업힌께네 옴마 등이 모똑잖아서 그란 긴지……."

산모티이를 돌 때마다 풀벌레 소리는 달라진다. 두어 마리가 가늘게 주고받듯 찌르륵거리기도 하고 뚝 끊겼다가 갑자기 떼거리로 울기도 한다. 저쪽에서 이쪽으로 또 가까운 데서 먼 데로 물결처럼 쓸릴 때도 있다. 어떤 곳을 지날 때에는 한 마리만이 요란하게 울어대는데 하늘을 찌르는 낭랑한 소리에 다른 벌레들은 숨죽인 듯 기척이 없다. 그러다가 그 낭랑한 소리가 안쓰러워질 때쯤이면 참았던 울음을 일제히 쏟아낸다.

어둠 속에 희끄무레한 오솔길은 또 휘어진다. 산자락 안쪽으로 이끌리다가는 모티이를 돌아 나오고 산모티이를 돌고나면 작은 골짝으로 다시 휘어져 들어간다. 모티이를 돌 때마다 외갓집 불빛이 나타났으면 싶지만 또다시 깜깜한 골짝기일 뿐이다. 이제는 내가 줄곧 앞서 걷는다. 발씨가 무거워 느직느직한 밤길이라 발바닥이 화끈거리고 두 다리가 저릿저릿하다. 머릿속이 띵하고 숨이 차다. 어무이의 치맛자락 소리도 풀벌레 소리도 아예 들리지 않는다.

이렇게 어무이와 함께 갔다가 나 혼자 외갓집에 남은 적이 꽤 있다. 막내이모와 함께 노느라 날 가는 줄 모르지만 어떤 때에는 장날이 몇 번씩이나 지나도 데리러 오지 않는다. 꿈에 할무이가 나타나고 또 몇 날 며칠이 지나서 감꼭따리처럼 굴러다닐 때쯤에야 데리러 온다. 한번은 삼촌들이, 집에 쌀이 딸리이서 입 하나 덜려고 나를 외가에 붙인다는 말을 하긴 했지만, 나는 꼭 그렇게는 생각지 않는다. 내가 밥을 많이 먹기는 하지만 맨날맨날 꽁보리밥일 뿐이다. 혹시, 할아부지 밥상의 하얀 쌀밥을 힐끗거렸기 때문일까? 밥그륵에 물을 부어버릴까 봐 조마조마 눈치를 살핀 탓일까? 할아부지가 남긴 쌀밥을 게걸스레 먹었기 때문일까? 한술 더 먹겠다고 동생을 울리고……그러나 이런 생각에 잡히면 마음이 울적하고 밥맛은 없다.

보리밥은 숟가락에서 굴러떨어지지만 쌀밥은 찰지기 달붙는다. 보리밥은 구수하고 쿰쿰하지만 쌀밥은 향긋하고 달달하다. 보리밥은 흐리터분하게 번들거리지만 쌀밥은 희다 못해 파르스름한 윤기가 자르르 돈다. 쌀밥은 씨인밥조차도 달다. 절로 눈이 간다. 채 다 씹기도 전에 꿀떡, 목구멍으로 넘어가버린다. 삼촌들이 그때 쫄아든 내 얼굴을 빤히 보며 낄낄거렸으니 농담 삼아 한 말임이 분명하다. 그런데, 이번에는 동생들을 두고 나만 데려가는 것이 암만캐도 수상쩍다. 헛간의 장작개비와 마른 솔캐이가 다 떨어졌으니 쌀도 고만 떨졌을까? 요새 부쩍 꽁당보리밥에 감자밥이나 무시밥이 잦았으니 제사쌀과 씨나락만 남았을까? 후야 아재와 춘근이 아재가 도회지로 돈 벌러 나가서 식구가 줄었는데 설마더러 보오쌀조차 다 떨졌을까? 그러고 보니 데배이를 본 지가 오래다. 고방 두지를 한번 드다볼 걸 그랬다.

배고프다. 제일로 맛없는 그 니글니글한 무시밥이라도 달게 먹을 듯하다. 가슴이 먹먹하다. 눈앞은 한껏 갠 하늘처럼 말갛건만 온몸이 축 처진다. 두 다리가 팍팍하고 옆구리가 땡기인다. 팔다리가 자꾸 엇나가서 짜증이 난다. 땀에 젖은 얼굴이 끈적거리고 으스스 춥다. 텅 빈 쌀두지에 엎어진 뎃박이 눈앞에 어른거린다. 나는 뒤뚱거리다 말고 우꿈 섰다. "옴마! 우리 집에 쌀 떨짔나?"

37
삽티골

"야아가 머슨 소리고, 갑짝시리." 어무이는 손수건을 꺼내어 허리를 굽히고는 내 이마를 닦으신다. "쌀은 와아?" "쌀 떨지서 외갓집에 가는 거 아이재?" 어무이가 내 코를 훔치신다. "누가 글 쿠더노?" "저분때 아재들이 쿠더라." "아이고오, 참말로. 아아 듣는 데서 와 그리 씰데없는 소리로 해쌓아꼬? 쌀이 와 떨지겄노오?" "그라모 와 내캉마 가노?" "할무이가 옴마 혼채 가는 거 안 좋아하신다. 그라고 외할무이가 니 보고 접다 안 쿠시나." "외할무이가?" "그래에, 퍼뜩 가자아."

"외할무이가 쌀밥 마이 주시재?" "주시기로." "고봉으로?" "하모오." 어무이는 내 등짝을 미신다. 나는 뒤뚱뒤뚱 걷다가 또 뒤돌아섰다. "옴마. 밥 마이 무우도 대재?" "그라모오. 밥을 마이무야 잘 크재. 배고푸다, 퍼뜩 가자이?"

다시 앞쪽으로 걸을 때에는 골짝의 들판이 탁 트이고 논개구리 울음소리가 낭랑하다. 간간이 낮고 느린 맹꽁이 울음소리도 뭉툭뭉툭 뒤섞인다. 들판 너머로 보이는 어득한 불빛들이 한결 가까워졌다. 밤하늘에 총총히 흩어진 별들이 춤을 추듯 흔들거린다. 개똥벌레가 까막까막하는 오솔길을 따라 산모티이를 돌아서자 눈이 부시다. 길 갓쪽 담장에 넓적한 보재이 같은 빛너울이 걸쳐졌다. 담장 밑에 바투 붙은 작은 또랑과 오솔길과 논두렁 언저리까지 어둠을 도려낸 듯 환하다. 얼쭉 다 왔나 보다.

산자락 숲에 얹힌 이 외딴 청기와집은 어무이가 외가에 올 때 마다 똑 드다 보는 집이다. "옴마. 여어가 거우 있는 집 맞재?" "내일 낮에 오보자이? 오올은 늦다." 어무이는 곧장 청기와집을 지나가신다. 조그마한 솟을대문 앞의 높작한 바깥마당이 밤빛에 뿌옇게 떴다. 기와 담장 너머로 처마 끝이 환하다. 불빛은 쳐들린 처마 끝에서 부챗살처럼 죽죽 퍼져 밤하늘에 잠긴다. 고요하다. 거위들이 모두 자나 보다.

오솔길은 또 산모퉁이를 끼고 왼편으로 휘어진다. 산자락이 우긋해지자 참개구리 소리가 언충 더 또랑또랑하다. 달뜬 마음에 제우븐 팔다리가 절로 깝친다. 산자락을 굽이감던 오솔길은 풀덤불에 튕겨서 오른편의 들판 속으로 한껏 꺾인다. 논길로 바뀌어 양 논두렁을 따라 꼬불거리다가 널찍한 들길로 뛰어든다. 이곳이 산동네로 드는 길머리이다. 들길은 또 외갓집 삽짝에 잇닿은 논길을 터놓고는 왼편의 컴컴한 산비탈 쪽으로 벋어간다. 희끗희끗 멀어지는 들길 위로 개똥불이 떠다닌다. 멀찍이 대숲에 안긴 지붕 몇이 정겨운 불빛을 머금었다. 길목을 지나자 뒤따르던 어무이의 발걸음도 빨라진다. 골짝을 울리는 참개구리 소리에 귀가 다 멍멍하다.

삽티골이다. 소의 혀처럼 휘어진 산기슭이 작은 골짝을 이루어 겹겹의 층밭과, 큼직한 뚬붕과, 논도가리 몇을 궁굴리듯 감싸 안았다. 덩실한 기와지붕과 봉긋봉긋한 초가지붕 몇이 대숲을 등에 두른 채 골짜기 안쪽을 향해 나앉았다. 거뭇한 논때이에 물빛이 번뜩인다. 담부랑과 감나무 잎가지에 드리운 불빛이 노르스름한 꽃너울 같다. 논길을 지나 널찍한 삽짝으로 뛰어들자 재거름내가 훅 끼친다. 개 짖는 소리가 요란하다.

38
호얏불

나무대문이 활씬 열려 있다. 대문간 오른편으로 바짝 붙은 사랑채가 어둠에 잠겼다. 담부랑에 가까운 사랑마리는 불 꺼진 창호를 썩 물린 채 밤빛 속에 휑하다. 왼편에 모로 붙은 헛간채를 지나 안마당으로 들어서자 향긋한 냄새가 콧속으로 스며든다. 안마당의 한쪽머리, 그러니까 돌아앉은 사랑채의 뒤쪽에 우뚝한 건조장이 한눈에 들어온다. 우리 집으로 치면 나락두지 자리이다. 밤빛에 소스친 건조장은 송낙지붕의 한쪽 기스락이 바람에 헝클어진 탓에 잦바듬해 보인다. 그 위로 펼쳐진 밤하늘도 비스듬히 쏠려서 깜박이는 별 몇 점이 미끄러져 내릴 것만 같다.

안채의 청마리가 환하다. 덩실한 기와지붕은 처맛기슭의 윤곽을 드러낸 채 어둠에 잠겼다. 축담을 쓸며 마당께로 쏟아지는 호야 불빛이 내 발치쯤에서 파리하게 눕는다. 호야는 청마리 끝 바깥기둥에 덩그렇게 매달렸다. 불꽃이 퍼덕일 때마다 밤빛 속으로 퍼져가던 빛줄기가 스러질 듯 자물시인다. 청마리 위로 큰방과 잔방의 창호가 노르스름하게 떠 있다. 이우지서 간간이 개 짖는 소리만 들려올 뿐 집 안이 고요하다.

문득 낯선 그림 속에 뛰어든 듯하다. 축담 쪽으로 성큼 발을 내딛던 나는 마당 가운데 멈칫, 섰다. 눈에 익은 것들조차 어둠에 감싸인 채 딴전 피듯 웅숭그린다. 불현듯 내 이름이 귀에 설고 내 얼굴이 낯설어지는 한순간처럼 모든 것들이 윤곽을 지운 채 가물거린다. 나는 아뜩한 기운을 떨어내려고 설레설레 도리머리를 했다. 하지만 불빛이 튕기는 처마 끝과 휑한 청마리, 희뿌연 담부랑 이엉과 깜깜한 마당귀, 그리고 밤하늘에 젖은 건조장……. 눈길에 닿는 모든 것이 마치 물구나무서서 바라보는 풍경처럼 어찔하고 서먹하기만 하다.

속이 미싱거린다. 나른한 몸이 공중으로 부풀어 오를 듯 맥없이 흔들리더니 이내 묵직해진다. 내 몸이 어둑한 마당으로 흩어져버릴 것만 같다. 나는 두 손을 무릎에 붙이고 허리를 수그렸다. 마당 바닥이 물결처럼 일렁인다. 덩달아 울렁이던 몸이 가라앉자 고요 속에 들리는 것은 내 숨소리뿐이다. 숨길은 왜 이렇듯 바람소리를 내며 몸의 안팎으로 드나드는 것일까? 이마가 서늘하다. 춥다. 바람소리에 가느다란 쇳소리가 섞여난다. 내 목소리로 덮어야만 하는 섬뜩한 소리다. 나는 호야 불빛이 스러지는 땅바닥을 노려보며 목구멍소리를 냈다. <u>으으으</u>……. 그때였을까?

불 꺼진 사랑채 안쪽을 기웃거렸던 어무이가 뒷등 쪽에서 다가오신다. 나는 급히 허리를 쭉 폈다. "외할무이한테 삶아라아!" 어무이는 안마당을 써려 청마리 쪽으로 향하신다. 어무이가 이렇게 목청을 앞세울 때에는 나더러 하는 말이 아니다. 목청이 떨어지자 큰방 장지문이 벌컥 열리고 잔방 지게문이 왈칵 제쳐진다. "아이구나, 섭이가!" "언자 왔나아!" 외할무이와 외숙모가 서둘러 나오시고 작은외삼촌이 성큼 축담으로 내려선다. "아이구우, 야아가 왔나!" 작은외증조할무이가 잔방모티이서 활짝 웃으며 뛰어오신다. 손에는 길쭉한 주개를 드셨다. 내처 어무이의 보따리를 받아 마리에 올리고는 성냥통을 들고 정짓간으로 종종걸음이시다.

"해딴에 오꺼 아이가, 아아 데꼬 길도 먼데. 우짜끼나." 외할무이는 연신 내 머리를 쓰다듬으신다. "그다아내 마이 컸네에. 우짜끼나, 마이 컸다." 정짓간에 불이 켜진다. 외할아부지께서 청마리에 앉으며 나를 물끄러미 바라보신다. "야 아는 클수룩 정 서방 쏙 빼닮느네." 팔찜을 찌고 내려다보던 작은외삼촌이 마리 끝에 걸터앉는다. "천상이다. 물색은 우짤 수 없는 기라. 아아 배고푸겠다." 어무이와 두 손을 마주 잡고 축담에 섰던 외숙모가 정짓간으로 들어가신다. 어무이가 큰방에 드신다. 나도 뒤따라야 한다.

39
등잔불

큰방에는 외증조할무이가 계신다. 창호로 비쳐든 호야 불빛 탓인지 방 안의 등잔 불꽃이 창백하다. 외증조할무이가 아랫목에서 몸을 일으키신다. 미영 이부자리에 허리를 오그리고 동그맣게 앉으셨다. 너무나 작아진 그 모습에 어리둥절하여 나는 주춤했다. 빤히 올려다보시는 눈빛이 아득하여 나도 모르게 머리가 숙어졌다. 어무이가 큰절을 드리고는 외증조할무이의 앞에 바짝 들시앉으신다.

"고마 누우계시지예, 할무이." "은냐, 은냐. 니가 왔나아." 낯선 느낌에 잡혀 어리하게 섰던 나는 넙죽 큰절을 올렸다. 외증조할무이는 세운 물팡에 턱을 붙이고 호물호물 웃으신다. 불빛을 받은 회색 민저고리가 검뿌옇다. 어무이의 손을, 또 수굿하게 고개를 떨어뜨리고 섰는 내 손을 함께 쓸어 담으시는 외증조할무이의 눈에 물기가 촉촉하다. 핼쑥한 얼굴에 주름살이 깊이 패었다. 손등을 쓸며 다독이고 또 다독이는 손길이 꺼끌꺼끌하고도 따뜻하다. 나는 벋친 팔에 몰리어 엉거주춤 땡기앉았다.

외증조할무이는 어무이를……아니, 어무이는 외증조할무이의 손녀이니 어무이가 외증조할무이를 닮았다. 그래서 어무이도 얼굴이 좀 갸름하신가 보다. 서글서글한 눈매도 꼭 닮으셨다. 어무이의 눈도 젖었다. 내 손이 빠진 뒤에도 가물거리는 불빛 아래 두 분은 여전히 손을 맞잡고 계시다. 가끔씩 문바람이 스미는지 등잔불이 나불거리고, 그때마다 어둑한 안벽 장롱의 윤곽이 도드라진다. 은빛 들쇠가 달각거릴 듯 반짝이더니 도로 어득하다.

우묵에 놓인 놋요강이 노르스름한 빛을 띠운다. 안쪽 구석으로 밀쳐진 백동화로가 심심한 불잿가락을 걸친 채 감감하다. 그 옆의 작은 궤가 멀뚱하고, 문설주 쪽 구석을 지키는 등잔대가 우두큰하다. 제빛을 잃은 채 헛꽃처럼 떠 있는 등잔불은 혹가다가 기름한 끄시름을 밀어 올린다. 트인 눈앞에 누렇게 바랜 벽지도, 낡은 황토빛 장판도 이전 빛깔 그대로건만 낯선 방에 앉은 듯 설기만 하다.

외증조할무이는 왜 이렇게 작아지셨을까? 작아지고 또 작아지다가 왕할무이처럼 훌쩍 떠나시려는 걸까? 방 안이 더 넓어진 듯도 하고 좁아진 듯도 하다. 의젓하게 양반다리로 앉은 내 모양이 여럽다. 삼층 옷농의 족대 밑에 낀 신문지도, 놋요강 뚜껑에 볼록한 꼭다리도, 또한 반닫이궤 앞널의 흠집조차도 변함없는 그 모습인데 불현듯 마음이 불안하고 짼하다. 이렇게 낯익은 것이 낯설어지는 것은 무엇 때문일까? 다정한 것이 어색하여질 때 도리 없이 묵직해지는 마음은 슬픔 탓일까?

그러나 추진 기운이 잦고 나면 마음은 텅 빈다. 묵직한 기운이 아슴푸레 흩어지고 투명한 물방울들만 남아 굴러다닌다. 스산한 마음자리에 유리알처럼 떼구루루 구르는 물방울들……시큰시큰 아프다. 말간 등잔 불꽃이 무슨 생각이라도 난 듯이 끄시름을 풍기며 불안스레 퍼덕인다. 온몸이 오려놓은 종잇장처럼 버석하다. 머릿속이 몽롱하다. 방 안팎에서 울리는 크고 낮은 목소리들이 자맥질한 물속에서 듣는 귀울림 같다.

"막디이는 우짜고?" "데꼬 올 꺼 아이가, 보그로." "어무이한테 업히 안 댕깁

니꺼." "사부인도 손자들한테 줄줄이 정 부칬는 갑다." "전정을 다 바치신다 아입니꺼." "안주 젖도 안 뗐이낀데에?" "언자 고개도 들고 흰죽도 묵고 하네예." "벌씨로? 하이가 얄궂다, 얼라아가 올댔는가배?" "자아는 돌 때꺼정 고개도 몬 들더마는." "둘째 꺼는? 가아도 안 본지 오래댔다이?" "다 데불고 오지 와?" "하이고오, 밤에 길이 오데라꼬 다 데꼬 댕기겄노." "글케." "그라모 꼬치마 졸졸하이 서이네에? 딱 댔다 고마." "딸로 하나 더 낳아볼 꺼 아이가." "하이고, 딸은 머하그로 고마. 분답다. 오대 인력으로 대는 것도 아이고 다아 삼신할매 뜻이재." "아아 밥 미이라."

밥상 끄는 소리. 그륵 부딪히는 소리. 마릿장 삐걱거리는 소리. 장지문 여닫는 소리……. 소리는 소리를 물고 꿈틀댄다. 소리는 눈앞에 가득 차서 웅웅거린다. 창호를 드나드는 불빛 속에 소리들은 텀벙대고 내 몸은 자꾸만 가라진다. 등잔이 지름이 다하는지 할랑거리는 불꽃이 맥없다. 너울처럼 나부끼던 소리들이 어득어득 멀어져 간다.

"야아가 자는 갑다." "으이? 자다이?" "우짜끼나, 아아가 디다." "저녁 묵고 자야 대낀데? 서두니라꼬 고마 왔더마는……." "세사 이삼드라, 길이 오데라꼬 밥도 안 미이고 오다이? 퍼뜩 깨아가 미이라."

40
저녁밥

양반다리를 한 채 윗몸이 앞쪽으로 왈칵 쏠렸나 보다. 각중에 뜨인 눈이 시리다. 머릿속이 띵하다. 외할무이에게 어깨를 잡혀 걸음바 타듯 청에 나서니 두리상이 놓여 있다. "외할아부지한테 절도 안 디리고, 잠질에 우짜겄노?" 마리에 걸터앉은 외할아부지가 마당에 선 외삼촌과 말씀을 나누시다 말고 내 쪽을 본다. "야야, 낼 아침에 증조할아부지한테 절 올리라이? 지금 주무신다. 나는 됐다, 밥이나 무우라." 어무이가 정짓간에 들어가신다.

넓적한 두리상이 헐빈하다. 그륵 몇이 올망졸망 내 코밑에 몰렸다. 뱃속이 비었는데 밥맛이 없다. 꼬르륵 소리가 날 법도 하건만 웬걸 잠잠하기만 하다. 팍팍한 다리품에 배가 푹 꺼져서 등짝에 붙어버렸나 보다. 풍기는 반찬 냄새조차 덤덤하고 자꾸만 몸이 까라진다. "어여 무우라, 배고푸재?" "아아로 지이겠다 고마." 작은외증조할무이가 서둘러 수까락을 쥐어주신다. "다른 아아들 겉으모 배고푸다꼬 난릴 낀데 가마이 앉았는 거 바라." "세사 점잖다, 양반이다."

"천상 즈그 아부지그마는." 작은 외삼촌이 팔짬을 낀 채 고개를 쑥 내밀어 밥상을 본다. "보자오내. 이 짐치는 시고 매다, 내시라." 짐치 보시를 마루에 내려놓으신 외할무이는 밥상머리에 앉아 자꾸만 찬그륵을 붙이신다. 그렁그렁한 맷국 대접이 쏟길 듯하다. "밥상이 심심타. 깔치 똥가리라도 꾸우 볼 꺼로."

훤히 드러난 두리상의 한쪽이 눈에 부시다. 불빛을 받은 자개무늬가 은빛을 번뜩이며 꼬물거린다. 눈길이야 절로 밥상을 휘두르건만 몽롱한 잠질이라 어찌 먹어야 할지 난감하다. 입을 벌리면 반찬들이 함목에 덤빌 듯하고 수까락을 내밀면 후르르 흩어질 듯하다. 그에 통통한 것들은 낱낱이 튀고 기름한 것들은 줄지어 우쭐댄다. 아뜩하다. 나는 급히 맷국 대접에 입을 대고 후루룩 빨아들였다. 눈이 번쩍 뜨인다.

외할무이는 나부죽한 보시에 담긴 까지나물과 갖은양념에 버무린 물외무침을 밥사발에다 올리신다. 혓바닥이 얼얼한 오이지가 아니라 다행이다. 하얀 쌀밥에서 피어오르는 단김이 코끝에 감긴다. 된장국 툭바리를 날라 온 작은외증조할무이가 깝아진 맷국 대접에다 국물을 가랑가랑 부으신다. 양푸이 채로 내려놓고 또 휭하이 잔방모티이로 가신다. 나는 턱을 상에 바짝 붙이고는 멀건 맷국을 후룩후룩 빨아들였다. 달달하고 시원하다.

잔방모티이서 소두방 미는 소리가 들린다. 작은외증조할무이는 키가 작고 통통하시다. 까맣게 끄실린 작은 얼굴에다 눈도 작지만 눈가에는 늘 웃음기가 잔잔하시다. 야무진 손은 굳은살이 배기이고 손등은 옻껍디이처럼 거칠지만 내 머리를 쓰다듬는 손길은 부드럽다. 작은외증조할무이는 궂은일도 마다하지 않으신다. 그 손에 쇠죽바가치든 광주리든 뎃박이든 늘 무언가를 들고 바삐 오가셔서 빈손으로 한가롭게 서 있는 모습은 상상이 안 된다. 가마솥이 쓸리는 소리는 축담을 타고 어둑한 마당에 걸쭉하게 깔린다. 뿌연 단김이 청마리까지 몰려나와 잠시 호얏불을 가리더니 이내 처마 위로 사그라진다. 고우는 쌀엿이 버꿈을 터뜨리며 끓나 보다. 정짓간에서 외숙모님과 어무이의 목소리가 나직한 웃음소리와 함께 흘러나온다.

띄엄띄엄 들리는 말이 빨랫비누 이야기이다. 큰외삼촌은 농사가 쎈찮아서 반성에다 비누공장을 차리셨단다. 담배 농사도 논농사 밭농사도 초 판 쌀이고, 박수건에 붙은 밥띠끼 같아서 스으슬 떠날 궁리신가 보다. 그래서 집에 안 계시나 보다. 큰외삼촌은 이제 돈을 많이 버시려나 보다. 많이많이 벌어서 살림이 활짝 피려나 보다. 밭도 사고 논도 더 사고 또 오토바이도 사서……부릉부릉 달리시려나 보다. 경남이 이모도, 윤선이 이모도, 또 용주 외삼촌도 돈 벌러 부산엘 갔다. 모두들 오토바이를 타고서 부르릉 달려온다면? 그런데, 외갓집 동네는 산길이 많으니 비행기가 낫겠다. 타타타타 잠자리비행기를 타고 반성장에도 가고 부산도 가보고 또 우리 동네로 날아갔으면 좋겠다. 달이 뜨려는지 건조장 위쪽의 거뭇한 하늘에 은빛이 드리웠다.

"야야, 니도 한술 뜨지 와?" 외할무이가 어무이를 부르며 정짓간에 들어가신다. 나는 구수한 된장국을 쩝쩝거리고 시원한 맷국을 후룩거린다. 부드러운 쌀밥 덩거리가 채 다 씹기도 전에 꿀떡꿀떡 잘도 넘어간다. 쪼맨한 간장종지에 지렁장이 낙낙하다. 그 위에 툭진 방울들이 동동 떴다. 참지름이다. 나는 수까락으로 꼭딱꼭딱 찍어 입에 넣는다. 짭짤하고 달착지근한 왜간장이 입안에 사르르 퍼진다. 나는 툭한 참지름 방울을 걷어서 사발밥 복판에 넣고 비빈다. 버무려진 쌀밥이 꼬신내를 풍기며 수까락 위에서 노릇하게 빛난다. 까지나물이 입안에서 미끈덩거린다. 땐땐한 물외무침이 파삭파삭 씹힌다.

밥사발이 빌 무렵에 어무이가 쪽바가치를 들고 청마리에 걸터앉으셨다. 밥상머리에 감도는 참지름내와 덴장국내가 눅눅하다. 바가치에 눌러 붙인 밥에는 쪽수까락 하나가 달랑 꽂혔다. 바가치 안의 터실터실한 갓쪽이 대부분 드러나서 휑뎅그렁하다. "까지 무친 거 더 묵지 와?" 어무이는 쪽수까락으로 찬그릇들을 다독거리신다. 바가치 속의 꽁보리밥이 호야 불빛을 받아 번들거린다. 외할무이가 밥사발 하나를 상에 올리며 쪽바가치를 거두신다. "친정꺼정 오가 무신 쪽박고. 편키 앉아가 대글시리 무우라." 외숙모님이 깔치 동가리가 담긴 접시를 밥상에 올려놓고 잔방모티이로 달려가신다.

동녘 하늘에는 어느새 반달이 떴다. 사운거리는 건조장 송낙지붕이 가볍게 부풀었다. 여문 달빛이 쏟아져 안마당을 가득 채우고는 해읍스름한 물살처럼 출렁인다. 달빛에 밀린 호야 빛줄기가 희푸르스름한 물비늘을 튀기며 내처 사그라진다. 유리 등피 속에 갇힌 불꽃이 오려붙인 색종이 같다. 파리한 불꽃이 지물에 나부죽해지더니 가끔씩 굴러떨어질 듯 불끈거린다. 구석구석을 환히 드러낸 마당은 기름직한 건조장 그림자를 새겼다. 부풋한 송낙지붕 위로 빛깔과 소리가 몸을 바꾸며 빠르게 스쳐간다. 총총한 별들이 화답하듯 깜박이며 잘강잘강 소리를 낸다. 청마리를 울리는 굵은 목소리와 나직한 목소리가 주저리주저리 그릇 달각거리는 소리에 뒤섞인다. 잔방모티이서 들려오는 목소리와 큰방에서 새어나오는 숨소리도 노곤하게 어우러진다.

달빛 받은 마당이 횅하다. 멀찍한 사랑채 기와지붕에도 달빛이 쏟아진다. 지붕당먼당 위로 희미하게 흩어진 별을 헤아리는 사이, 사랑채 바깥방에 불이 켜졌다. 안마당 쪽으로 난 지게문 앞 쪽마리에 막내이모가 환한 달빛을 받고 섰다. 나는 뜨거운 숭냥을 훅훅 마시다 말고 벌떡 일어섰다. "이모야아!" 나는 냉큼 마당을 써려 달려간다. 이모가 방긋 웃는다. "왔나아."

41
빈집

사랑채 처마에서 담부랑 위로 지짓대가 걸쳐졌다. 넓적넓적한 잎이 하늘을 가려 초록그늘이 어룽졌다. 이파리들 사이로 덩굴손이 오긋하고 흰 꽃봉오리마다 어린박이 달랑하다. 솜털이 보송한 저 박이 자라서 바가치 크기가 될 무렵이면 노란 수세미꽃도 필 것이다. 주렁주렁 늘어진 수세미 열매는 굵게 자라 내 정수리까지 닿을 것이다.

축담 댓돌이 다 비었다. 외증조할아부지는 아침상을 물리자마자 마실가셨다. 나는 늦잠을 자는 바람에 뵙지도 못하였다. 모시 두루마기 차림에 장죽을 쥔 외증조할아부지는 들길을 타시거나, 뒷짐을 지고 푸른 들 가운데 학처럼 서계실 것이다. 댓돌 옆에는 허옇게 바랜 통나무 오줌통이 가로누웠다. 길쭉한 자루를 단 박바가치가 엎어졌다. 나는 오줌을 담뿍이 퍼서 박과 수세미외의 밑줄기 언저리에 붓는다. 그늘막처럼 좁다란 사랑마당에 찌렁내가 퍼진다.

벌써 해가 중천이다. 나는 안마당을 서성거린다. 외증조할무이가 계시는 큰방이 조용하다. 청마리 기둥 옆에 질금 광주리가 얹혔다. 잔방 문 앞에 흰 보따리가 우두큰하다. 어무이는 보따리를 나뚜고 반성엘 가셨다. 외숙모님과 함께 엿 다라이를 하나씩 이고 가셨다. 외사촌 동생 기원이와 아직 걸음바도 못 떼는 젖미이 대원이도 데려갔다. 막내이모는 학교엘 갔다. 사라락 다라락 탁. 탁탁 사락다락……. 담부랑 너머서 쫏고 긁는 호미질 소리가 들린다.

잔방모티이와 건조장을 에두른 담부랑에는 트인 데가 있다. 울이 없는 이 틈새이는 마당에서 남새밭으로 드나드는 통로이다. 외갓집과 이우지와의 사이에 곁든 남새밭은 원래 초가집 한 채가 오롯하던 집터자리이다. 삽짝길과 접한 밭두렁 쪽과는 달리, 한 발 폭의 이 통로는 말끔히 터져 있다. 막 씨를 뿌렸거나 어린 순이 자랄 때라면 장대를 걸치고 댓가지로 막기도 한다. 허수로운 방비지만 제값을 하는 것이, 철딱서니 없는 강새이나 갓 뗀 삐개이가 아니라면 용케 알아서들 들썩이지 않는다. 우리 모장골 밭도 담부랑에 둘린 집터자리라 입구만큼은 마른 가시나무 가지로 대강 걸쳐 두지만 풀어 놓은 닭이나 개가 들지 않는다. 할무이 말씀따나 사람이 치는 짐승은 다 눈치코치가 있는 것이다.

틈서리에 불거진 담돌이 밋밋하다. 나는 거기에 한쪽 어깨를 기대고 남새밭을 내다본다. 남새밭은 수런거린다. 머리를 갓 내민 물외가 주렁주렁하고 까지줄기에 달린 보랏빛 잔꽃이 띄엄띄엄하다. 외할무이가 호미로 지심을 매고 북을 돋우신다. 작은외증조할무이는 채소구리를 낀 채 이쪽 밭머리에서 저쪽 밭두렁으로 종종걸음이시다.

밭때이 너머로 보이는 담장 이엉이 두어 발쯤 벗겨져 축 처졌다. 담부랑에 붙여 쌓은 나무 삐까리에 걸쳐져 바람에 버석거린다. 드러난 담머리 위로 호랑나비들이 하늘거린다. 뒤집어져 호졸근한 이엉 위로 짤래비 몇이 맴돈다. 다가가서 잡아볼까 어쩔까 망설이며 손부터 오그렸지만 바람이 불어쌓아서 텄다. 꼬치짤래비는 비틀린 이엉 끄티이에 잠깐 붙었다 떨어지더니 또 바람결에 앉을 듯 말 듯 나부댄다. 담부랑에 걸쳐 지은 가데이의 양철 지붕이 빠닥거린다.

이 동네는 집이래야 대밭에 감싸인 외가와 저 이우지가 전부다. 몇 집 더 있었는데 한 집씩 떠나고 빈집은 헐려서 밭이 되었다. 헐린 집이라고 막바로 밭이 되는 것은 아니다. 한두 해 동안은 흉물스러운 집터로 남는다. 우리 동네 모장골이나 상잣골도 그렇지만, 헌 집터에는 시커먼 구들장과 뭉텅한 주춧돌이 나뒹군다. 무너진 담부랑에는 삭은 용구름과 썩은새가 문적문적 널브러지고 마당에는 깨진 장독과 사금파리들이 번뜩인다. 겨울이면 소보소복 눈에 덮이고 여름이면 성성한 풀덤불에 잠긴다. 해거리하듯 그렇게 몇 해 묵히고 나서야 밭이 된다.

휑한 집터는 서글프고 스산하다. 묵직한 고요 속에 버려진 기척이 버석한 종잇장처럼 굴러다닌다. 깨금받은 남새밭으로 바뀌었다고 그 흔적이 지워지는 게 아니다. 벨시리 판판한 밭 자리부터가 그렇고, 또 축대나 밭머리에 박힌 구들돌이나 기왓장이 수상쩍다. 아예 기약 없이 팽개쳐져서 거친 묵정밭 몰골이 될지언정 숙진 햇살과 소슬바람에 쓸리는 기미부터가 다르다. 그나저나……떠나는 사람들은 다 어디로 가는 걸까? 바랜 종잇장처럼 남겨진 기척을 떠난 사람들은 기억이나 할까? 가끔 개 짖는 소리만 들리는 저 집도 머잖아 헐려서 풀밭으로 또 남새밭으로 바뀔까?

저 이우지에는 외가 식구들이 좀체 드나들지 않는다. 아마도 남자만 남은 집인가 보다. 우리 동네에도 저런 집이 있다. 남자 홀로 사는 집은 썰렁하고 괴괴하다. 밤눈이라도 내릴라치면 삽짝에 발자국 하나 찍히지 않아서 버려진 빈집 같다. 한나절쯤은 지나서야 외줄 발자국이 찍힌다. 그래서 호부래비 집 앞은 길이 보얗다는 말이 생겼나 보다. 보얀 길은 간밤에 눈이 쌓인 길이다. 외줄 발자국이 찍혀 을씨년스런 삽짝길이다. 동무들도 그런 집을 아예 기웃거리지도 않는다. 태무심하다기보다 왠지 께름칙한 것이다. 자치기를 하는 헤이들도 튀어오른 알이 휘두르는 채에 야무지게 맞아, 딱! 소리를 낼라치면 좋아라 소리치고 난리굿이지만 정작 담장 너머로 자치기 알이 날아들면 우거지상이 되어 서로들 눈치만 본다. 잣수고 뭐고 멀뚱멀뚱 섰거나 니미락내미락하다가는 똑 맨 띨빵한 아이를 그 집 마당으로 밀어 넣곤 한다. 나도 정갑이 헤이가 등쌀을 대는 통에……사실은 등쌀 때문이 아니라 괜한 우쭐함 탓이었지만, 딱 한 번 들어가 본 적이 있다. 께름하여 외면하다보면 난감한 때가 닥치나 보다.

그 집 마당에 들어선 나는 제우시 자치기 알을 찾았다. 문제는 그 다음이다. 자치기 알을 손에 쥐자마자 불그레하다 못해 묵직한 기운이 온몸을 휘감았다. 굳게 닫힌 장지문에서, 거뭇한 고방문과 헛간에서, 낯선 집 안의 괴괴한 고요 속에서 홍두깨 같은 게 덜컥 튀어나올 것만 같아 눈앞이 뿌예지고 오금이 굳어버렸다. 나는 텅 빈 마당에 선 채 가도 오도 못하고 숨만 꺽꺽거렸다. 자치기 알을 찾자마자 기다렸다는 듯이 두려움이 몰린 것이다.

저분때 타작마당 옆 큰또랑에서 배애미 껍디이를 벗길 때에도 그랬다. 동네 헤이들이 바작대이 짜개발로 독새 모가지를 누르고 대가리를 잘라냈다. 그때는 미끄덩 놓친 대가리 없는 몸뚱이가 꿈틀꿈틀 기는 통에 아예 멍했었지만……또랑둑에서 내려다보며 울상 짓는 순옥이 누야를 보고서는 그제사 가슴이 섬뜩했다. 또 그전때 원산 아지매 집 한데우물 앞에서 똥짜바리가 자꾸만 간질거리기에……꼬물거리는, 길쭉한, 희멀건 거시이 겉은……그때도 눈이 휘둥그레진 순옥이 누야가, 옴마야 몬 살겄다! 하고 소리 지르는 바람에 허리춤에서 배애미 집어던지듯 그 충을……으으……그런 일까지 미주알고주알 늘어놓을 수는 없다. 빈집과는 상관없는 엉뚠 이야기다.

어쨌거나 두려움은 한참 뒤에 온다. 두려움은 너무 빠르거나 너무 늦어서 호기심을 뭉개며 엇박자로 덜커덕거린다. 그런데 막내이모는 언제 오나? 혹시 또 책보따리를 맨 채 한데새미에 혼자 앉았나?

42
대숲

정지모티이에 장독대가 바짝 붙었다. 우리 집과는 달리 외갓집 본채는 기와

지붕이지만 뒤안이 없고 뒷벽에 이어진 돌담이 바로 장독대를 에두른다. 장독대 박석에 댓잎이 흩어졌다. 앞쪽에 나란한 단지 위에도, 그 뒤쪽의 배부른 항아리와 중도가지 위에도 파릇한 댓잎이 내려앉았다. 맨 뒤쪽에는 내 키만 한 도가지들이 우뚝우뚝하다. 너부죽한 따까리에 물이 가랑가랑 괴었고 댓잎이 떴다. 간밤에 빗줄기가 스쳤나 보다. 아니면, 작은외삼촌이 또 한데새미서 담부랑 너머로 무지개를 띄우며 바가치 물을 날렸는지도 모른다.

장독대의 나지막한 돌담은 담쟁이덩굴에 덮였다. 덩굴 잎 사이로 연초록의 칡넝쿨 이파리도 언뜻언뜻 비친다. 그 뒤쪽은 물매가 뜨게 비탈진 대밭이다. 부풋한 돌담 너머에도 또 장독대 안쪽에도 죽순 몇이 보란 듯 솟았다. 껍디이를 둘둘 감은 끝끝이 쭈삣쭈삣하다. 키가 더 자라 물팡 높이쯤 되면 외삼촌이 낫으로 삭둑삭둑 자를 것이다. 외숙모님은 또 통째로 솥에 넣고 푹 삶아낼 것이다.

모로 앉은 헛간채의 옆벽과 장독대와의 사이에 샛문이 달렸다. 한데새미로 드나드는 문이다. 바로 이맛전에 얽힌 자투리 산밭으로 또 바투 붙은 논두렁길로 나가는 문이다. 통대를 잘라 엮은 조그마한 외문짝이 바깥쪽으로 빨쪼롬하다.

드리운 구름그늘에 선선한 바람이 분다. 바람은 대숲을 쓸며 골짜기를 타고 오른다. 고요하던 대숲이 하늘을 비질하며 잔물결 소리를 뿌려댄다. 그 소리는 모래 치는 소리를 내며 멀어지고 나비질 소리를 내며 다가온다. 가까운 곳에서 아득해지며 또 까마득한 곳에서 가까워진다. 멀리 사라지다가 문득 다가오고 갑자기 닥치다가도 이내 사그라진다. 길고 넓적한 그 소리는 너무 얇아서 하늘에 겹치는 듯하고 너무나 깊어서 땅속에 스미는 듯하다. 오래 귀 기울이면 대숲의 소리인지 하늘의 숨결인지, 또한 땅의 소리인지 내 몸의 울림인지 헛갈린다. 그러고는 슬퍼진다.

불현듯 슬퍼진다. 이유는 모른다. 슬퍼서 울음소리가 섞이는 것인지 울음소리가 섞여서 슬퍼지는 건지 나는 모른다. 쓸리며 섞여나고 잦아지면서 함께 스러지는 희미한 울음소리에 슬픔이 차오르는 것이다. 슬픔을 그리자면 아마도 대숲을 스치는 바람소리가 딱 좋을 것이다. 그러나 바람소리는 그릴 수가 없다. 바람소리는 빛깔이 없다. 바람소리는 대숲의 술렁임만 남긴 채 또다시 고요 속에 흩어져버린다.

43
감꽃

막내이모가 새밋가 앵두나무 옆에 서 있다. 하늘색 책보를 허리에 두른 채 키 낮은 앵두나무 쪽으로 고개를 쑥 내밀었다. 이모는 짙푸른 앵두나무 잎가지를 뒤적거린다. 새밋둑에 우뚝한 감나무의 연초록 잎이 햇살에 반짝인다. 작은 맷돌과 드무가 놓인 그늘자리는 이파리들 사이로 비쳐든 햇빛에 아롱졌다. 드무의 수면에 댓잎과 감잎이 떴다. 물이끼가 함초롬한 너럭돌에 노란 감꽃이 나뒹군다.

딴 데 감나무들은 감꽃을 다 떨어낸 지가 여러 날이건만 이 새밋가 반수감나무는 흐들갑을 부리듯 언자사 와그르르 떨어뜨린다. 해도, 채 다 버리기가 찜찜한지 꽃부리 몇은 기껏 민머리 왕관처럼 씌었다. 몇은 또 푼푼한 그대로 볼쏙 내민 열매를 바랜 통치마처럼 희끗희끗 두른 채 잎가지 틈에 숨어 가만하다. 이 나무도 생각이 많은가 보다. 떨고 떨어내도 또 다른 생각이 자꾸만 달라붙나 보다. 그래서 가끔씩 진저리 치듯 후루루 몸을 떠나 보다.

나는 드무 옆에 쪼그려 앉아 이파리들을 건져낸다. 둥그런 수면에 비친 하늘과 구름 위에 내 얼굴이 담겼다. 잠시 또렷해지던 얼굴이 헤살 짓는 바람에 잘게 부서져 물비늘 떼 속으로 흩어진다. 산들바람이 잠시 멎더니 금세 또 길쭉해졌다. 이파리 몇이 드무 속으로 뛰어든다. 몇은 얼싸절싸 엇날아 너럭돌에 곤두질한 채 까르르거린다. 불다 긋고 또 불어오는 바람이 멈칫거릴 때마다 갸름한 댓잎은 모로 쓸리고 넓적한 감잎은 번갈아 넙죽거린다.

"안주꺼정 안 익었네에." 이모가 허리를 펴고 고개를 내 쪽으로 돌린다. "익은 기 하나도 없다, 우째겠노?" "온제 익느노?" 나는 새미 독강에 기대섰다. 이모는 앵두 한 알을 나에게 건넨다. "쪼깨마 더 있이모 빨가이 익을 끼다. 풋기라도 무우바라." 나는 앵두 알을 입에 넣는다. 텁텁하고 새콤하다. "세그랍재?" 이모가 함박웃음을 터뜨리며 앵두나무 이파리 한 장을 나에게 건넨다. 조막손 같은 앵두나무 잎은 매끄러운 댓잎이나 감나무 잎과는 달라서 까끌까끌하다. 호박잎과 들깻잎도 그렇지만, 앵두나무 잎이 제일로 폭신폭신하다. 귀에다 대고 손가락 끝을 집게 삼아 꼭꼭 누르면 사륵사륵 함박눈 쌓이는 소리가 들린다.

이모가 또 활짝 웃는다. 스치는 바람결에 이모의 앞 머리카락 몇 올이 흐트러졌다. 여기저기 감꽃이 다투어 떨어진다. 한 알은 너럭돌에 튕기어 떼구루루 신나게 구른다. 이참에 남김없이 떨어내나 보다. 덩달아 내 머릿속이 다 홀가분하다. 나는 달떠서 빤한 소리를 높였다. "이모야. 감꽃이 언자 다 떨진다!" "다른 데는 모 찔 때쯤 다 떨짔는데 여어는 그늘져서 똑 늦는다 아이가." "언자 생각 다했는 갑다." "……생각?" "나무가 생각을 마이 하모 지 혼채 늦는다 아이가." "에나가?" "하모. 저짜아 대추나무캉 똑같다." "오데?" "문디촌에. 그 앞에 보모 철둑 옆에 대추나무 있다. 딴 데 나무는 이파리가 수두리빽빽한데 그 나무는 안주꺼정 새잎이 하나도 안 났더라." "나무가 생각을 하다이? 누가 글차주더노?" "……생각하는 개미도 있는데?"

이모가 내 얼굴을 빤히 본다. "참 히안타 그자?" 나는 바짝 대서며 어깨를 으쓱거렸다. 내친 김에 말하는 개미 이야기를 꺼내려다가 입을 닫았다. 이모의 눈빛에 애잔한 기미가 엿보였기 때문이다. 나는 머쓱해져서 감꽃을 주워 모았다. 이모도 감꽃을 줍는다. 새미뚜껑 위에 소복이 쌓인 감꽃이 반짝인다. 나는 감꽃

한오큼을 입에 넣는다. 부드럽게 씹히는 맛이 제법 달착지근하다. 풋내가 번지는 눈앞이 씻은 듯이 상쾌하다.

이모가 길쭉한 강새이풀 줄기의 끄티이를 도톰하게 묶는다. 나는 감꽃을 꿴 풀줄기를 쥐고 이모를 따라간다. 새밋둑에 잇닿은 논두렁길은 헛간채 뒷벽을 에둘러 널찍한 삽짝으로 이어진다. 대문간으로 기웃 들여다보니 사랑채 댓돌이 여전히 비었다. 외증조할아부지는 멀리 들 너머 모곡 사당에 가셨나 보다. 늦잠을 잔 게 마음에 걸린다. 첫새벽에 벌떡 일어나 넙죽 큰절을 올렸으면 좋았으련만. 그러면……허, 그늠 다 컸다! 소리를 들었으련만. 미적미적 늦잠을 자면 똑 찜찜한 일이 생긴다.

사랑마리에 책보를 올려놓고 나온 이모는 벌써 삽짝을 지나 논길로 들어섰다. 삽짝길 담부랑 밑에는 봉숭아 덤부레이가 부풋하다. 논두렁과 맞닿은 길 가사리에는 해바라기들이 키 높이로 자랐다. 가을이 되면 굵은 대궁들을 길쭉길쭉하게 벋댈 것이다. 햇무리 같은 갈기를 뽐내며 날아오르거나 검게 탄 머리통을 수그린 채 건들거릴 것이다.

나는 멀찍이 앞서가는 이모를 쫓아간다. 양쪽 무논을 이끄는 구불텅한 논길이 구름다리 같다. 햇살이 되비치는 무논 위로 산들바람이 불어온다. 연초록빛 모들이 나부죽이 쓸리자 내 몸이 덩달아서 휘청거린다. 몇 발짝도 못 가서 머릿속이 덜컹거리고 숨이 차다. 이모는 초록 물결 위로 천천히 걷고 있다. 단발머리와 검정 치맛자락이 바람결에 나부낀다. 바람은 초록 물결을 일구다가 들판 복판쯤에서 잔잔해진다. "새털구름 바라, 비단 겉다. 참 곱다." 이모가 멈칫 서서 하늘을 올려다본다. 나도 이모 곁에 나란히 섰다.

새털구름을 띄운 하늘이 탁 트였다. 하늘빛이 너무나 짙어서 한바탕 쏟아질 것만 같다. 구름보다 먼저 쏟아질까? 그렁그렁 참았다가 나중에 쏟아질까? 구름과 뒤섞여 한꺼번에 쏟길까? 파란 하늘이 물굽이처럼 빙그르르 돈다. 새털구름의 틈새로 노란 감꽃들이 와그르르 쏟아져 내리더니 회오리치며 희게 부서진다. 자북한 은빛 가루가 내 몸을 감싸며 들어 올릴 듯 욱실거린다. 나는 털썩, 주저앉았다.

"옴마야, 니 또 어지럽나?" 화들짝 놀란 이모가 내 앞에 쪼그렸다. 질긴 비닐종이 한 장이 눈앞을 스쳐간다. 한쪽 귀로 스민 쇳소리가 다른 쪽 귀를 뚫고 빛살처럼 빠져나간다. 입 안이 마르고 눈앞이 뿌옇다. 내 숨소리가 내 몸을 훑고 지나간다. 눈앞에 어른거리는 이모의 얼굴이 아득해진다. 덜컥 두렵다. 모든 것이 잿더미처럼 흩어질 것만 같다. 하늘도, 들판도, 그리고 내 몸과 막내이모조차도……. 슬픈 물줄기가 흘러간다. 서늘한 바람이 목덜미에 파고든다. 그때였을까?

"우짜꼬, 우짜꼬!" 이모가 손바닥으로 내 이마의 식은땀을 닦고 있다. "낯이 하얗다. 개않나아?" 이모가 울 것만 같다. 눈물이 핑 돈다. 이모가 막 울음을 터뜨릴 것 같다. 나는 두 다리를 벋대고는 허리를 쭉 폈다. "언자 개안타!"

44
원두막

외가의 새끌밖에서 비어진 논길은 넓은 들길로 이어진다. 바라진 길목에서 비탈 밑까지 곧게 벋은 들길이다. 길바닥은 평평하건만 발걸음이 휘청거린다. 나는 발끝에 힘을 주고 숨을 크게 쉰다. 깊이 들이쉬고 한껏 내쉬는 사이, 내 몸에서 빠져나간 것들이 도로 채워지는 느낌이다. 불안스레 어칠비칠하던 몸이 어느 결에 듬직해져서 발걸음 떼기가 엘로 산뜻하다.

들길을 따르는 또랑에 물꼬가 여럿 잡혀서 낭랑한 물소리가 겹쳐 울린다. 나는 들리는 소리에 귀를 기울인다. 니 개않나? 에나 개않나? 하며 연신 다그치던 안타까운 목소리도 귓전에 맴돈다. 나는 눈에 보이는 것을 살핀다. 도두라진 길섶은 짙푸른 풀잎에 덮였다. 작은 또랑을 사이에 두고 들길과 나란히 벋은 논두렁에는 논두렁콩이 연초록 이파리들을 쏘뭇쏘뭇 내밀었다. 개구리밥이 쓸려 붙은 부풋한 논두렁은 비탈 밑에서 끝나고, 한 층이 높은 밭둑이 무논과 산밭의 경계를 이루며 오른쪽 산자락 기슭으로 길쭉하게 벋었다. 비탈길은 비탈길대로 네모난 뚬봉을 지나 곧장 가팔라진다. 왼편에 층층 다랑이를 끼고 오른편으로 비탈 숲을 이끈다. 산길답지 않게 민틋한 폭을 키우며 비탈길은 고갯마루에 척 걸쳐졌다.

멀찍한 다랑이에 보릿대모자를 쓴 외할아부지와 작은외삼촌이 느리게 오간다. 위쪽 다랑이에 높다랗게 얹힌 원두막이 층층이 빠듯한 과수밭을 내려다보고 있다. 눌러쓴 송낙지붕이 두툼하고 깔깔하다. 노란 이엉 빛깔이 돋보이는 걸 보니 올여름 들어 새로 갈았나 보다. 걷어꼽은 갈대발의 틈새로 부신 햇살이 튄다. 외할아부지가 원두막에 오르신다. 작은외삼촌은 허리를 굽혔다 폈다 하며 길쭉한 밭고랑을 바삐 오간다. 볏짚을 깔아 어린 참외와 수박을 앉히고 또 함부로 헝클어진 넝쿠래이를 다잡는 것이다. 참외는 곧 굵어져 향긋한 냄새를 풍길 것이다. 둥긋한 수박은 장맛비가 닥치기 전에 물결무늬를 뽐내며 하루가 달리 부풀 것이다.

나는 초록 위를 떠가는 흰옷자락을 바라보며 비탈 밑에 한참을 섰다. 허리를 쭉 편 작은외삼촌이 보릿대모자로 부채질을 하며 내려다본다. "밥 무웃나? 느그 옴마가 고마 가뻤다." "……." "니 데꼬 가낀데 안 일나가 내삐리고 갔다. 니 우짤래?" "……?" 밭둑을 타던 이모가 뒤돌아서서 높다란 다랑이를 치어다본다. "언자 느그 집에 몬 갈 끼인께네 내치 여어서 살아야 댄다이? 알았재?"

장난기가 빤하건만 마음이 울렁인다. 텅 빈 쌀두지가 눈앞에 스친다. 정지나 밑에서 손짓하시던 할무이의 모습이 어른거린다. 절로 오른쪽 입꼬리가 실룩대고 콧구녕이 발록거린다. 내 얼굴을 빤히 보던 이모의 눈이 불끈 커졌다. "아아가 지끔 아푸그마는 와 글쐏노!" 날이 선 목청이 산비탈을 타고 오른다. 나는, 어무이 보따리가 청마리에 있노라고 외치려다가 실없는 맛에 마른침만 삼켰다. 걸쭉한 웃음소리가 다랑이를 굴러 내린다. "옴마 쪼깬마 있이모 오끼다이? 그늘에 가 놀아라, 덥다."

이맛전의 비탈길이 텅 비었다. 온몸을 꼬잡고 푹푹 찌는 삼복 불볕이 가시고 눅진 햇살이 얼굴을 간질 무렵이면 엄지손가락보다 굵은 메띠이들이 떼를 지어 튀는 곳이다. 툭툭 길바닥을 치는 메띠이를 좇아 이리 뛰고 저리 뛰던 비탈길이다. 저 길을 따라 산마루를 넘고 굽이굽이 산길을 걸어 고개를 또 한 번 넘어서면 반성이다. 어무이는 외숙모님과 함께 새벽부터 엿 다라이를 이고 저 반나절 길을 걸어가신 것이다.

이모와 나는 들길 끝머리서 밭둑을 타고 산자락의 감나무 숲으로 갔다. 눈앞에 펼쳐진 무논의 푸른빛 너머로 외가의 나무대문이 신기루처럼 떠 있다. 뒤쪽의 초가지붕을 감싸 두른 대숲이 새털구름을 머금었다. 두루미 두엇이 흰 구름에 잠긴다. 희끗거리는 두루미들이 구름발에서 벗어나기를 기다리는 사이, 눈앞이 또 물비늘을 일으키며 스멀거린다. 나는 치어든 고개를 급히 고쳤다.

감나무가 늘어선 길쭉한 산밭에는 파릇파릇한 꼬칫대가 하나씩의 지짓대를 잡고 나래비를 섰다. 다문다문 돋아난 꼬치꽃들이 밥풀때이처럼 희다. 논때기에 맞닿은 두툼한 밭둑에 키 낮은 감나무들이 줄지었다. 풀떡 뛰어오를 만한 첫 가지 사북자리들이 코앞에 흐뭇하다. 이모와 나는 감나밑에 자리를 잡았다. 길쭉하게 비탈진 밭둑에 토끼풀 꽃대궁이 하늘거리고 씀바구꽃 또한 아무따나 솟았다. 희고 노란 꽃몽다리들이 흩뿌려진 풀덤불이 수놓은 베갯잇 같다.

45
달개비꽃

밋밋하게 응달이 진 데에는 달개비가 자랐다. 이모는 달개비꽃을 눈앞에 두고 쪼그렸다. 달개비꽃은 해마다 한군자리서 핀다. 달개비꽃을 보는 이모의 눈빛은 가만하고도 아득하다. 꽃대를 건잡다가 놓았다가 하는 품이 달개비꽃에 푹 빠진 듯하다. 마음이 파래지도록 꽃잎을 바라보는 이모는 달개비꽃을 꿈꾸나 보다. 달개비 중에는 하늘빛이 아닌 자줏빛 꽃을 피우는 것도 있단다. 그 자주달개비는 산과 들에 절로 피는 게 아니라고도 했다. 이모의 가만한 눈빛이 반짝인다. "올 가실에는 씨로 얻어 오끼다. 이짝에 흐치보그로."

자주달개비를 나는 본 적이 없다. 설령 눈앞일지라도 보이지 않을 것이다. 나는 자주색을 볼 수가 없다. 할미꽃과 엉겅쿠꽃이 자주색이란 것도 그전에 막내이모가 가르쳐 주었다. 내 눈에는 그냥 파란색인데 그게 아니었다. 내 눈과 엉겅쿠꽃을 번갈아 쳐다보는 이모의 눈이 동그래졌었다. "……옴마야, 이기 파랗게 비이나아? 너무너무 다린데에."

그때 더럭 겁이 났었다. 다들 보는 빛깔을 나만 못 본다는 생각, 내 눈에 보이는 색깔이 실제와는 다르다는 생각 때문이었다. 그리고 내가 보는 꽃빛은 이 세상에 없는 꽃빛이라는 생각에 퍽 슬퍼졌었다. 내 호꼼한 눈에 비친 불안한 기색을 알아챘는지 이후로 이모는 자주색을 말하지 않았다. 나도 내 눈을 바라보는 이모의 눈빛이 슬퍼보여서 더 이상은 묻지 않았다. 그래서 그냥 에우기로 마음먹었다. 자줏빛 달개비꽃, 자줏빛 할미꽃. 엉겅쿠꽃도 자줏빛, 자줏빛은 자주색……. 열심히 에우다 보면 꿈에도 나타난다. 꿈속에서 홀로 둥천길을 가거나 무덤산 둘렛길을 걸을 때 자줏빛 꽃송이들이 반짝거렸다. 또는 멀리 영봉 능선을 동무들과 신나게 붕붕거릴 때 거기도 자주달개비는 지천이어서, 낮게 날아

부드러운 꽃잎이 얼굴에 간지럽고 높이 날아 총총한 꽃무리가 아스라이 빛났다.

꿈에서만 보이는 자주달개비다. 눈 뜨면 사라져버리는 자줏빛 꽃이다. 내 눈에는 보이지 않는 자줏빛이다. 내가 나타나면 사라지고 내가 사라지면……사라져야만 나타나는 슬픈 자주색이다. 그러나 지금 막내이모는 그저 파란 꽃을 보고 있다. 이모의 반짝이는 눈빛이 또 아득해진다.

"이짝에다 씨로 흐치나모 잘 피끼다." "항그석 피나?" "자주달개비는 잘 펴진다 아이가." "이모야, 그라모 내한테도 자주색이 비이나?" "……." "항거석 피모……그래도 나는 몬 보재?" "몬 보는 기 아이다. 다리기 보는 기다." "다리기?" "하모. 넘들캉 다리기 보는 거 아이가. 그란께네 개안타." "그라모 넘한테 우찌 말하노?" "……만다꼬 말해쌓아. 니마 알고 말 안해도 댄다." "말하고 접으모?" "빨리 크모 댄다." "빨리 크모?" "하모. 그란께네 밥을 마이 무우야 댄다 아이가. 그라모 언자 안 아푸고 후제 싹 다 비인다." "에나가?" "하모. 후우제."

이모와 나는 나무 꼬재이를 줍고 작은 돌메이도 모은다. 나뭇가지들을 가지런히 얽어 집을 짓는다. 잔돌을 이어 담도 치고 장독대도 두고 대문도 달아 붙인다. 우물자리 옆에는 꼬재이를 세우고 감꽃을 건다. 그렇게 나무집 하나를 매조지고 나서 길쭉한 바랭이 줄기를 뽑아 풀우산도 만들어서 걸친다. 이모는 또 토끼풀꽃을 묶어서 가락지며 팔찌를 만든다. 마당자리에다 씀바구 꽃잎을 뜯어서 뿌린다. 대문 앞의 오솔길에는 토끼풀꽃을 푼푼히 깔았다. 노란 마당이 부풀고 뿌연 오솔길이 꼬물거린다. 나는 넓적한 감잎을 따서 지붕삼아 덮는다. 그늘에 스민 날빛을 받아 초록 지붕이 부드럽게 빛난다.

어느새 구름이 걷히고 햇빛이 쏟아진다. 산들바람이 감나무 숲을 헤집으며 지나간다. 흔들리는 잎가지 틈으로 튕기는 햇살이 눈부시다. 눅눅한 풀숲이 푸른 윤기를 흩뜨린다. 마주앉은 이모의 검정 치마에 풀꽃이 흩어졌다. 미영 저고리에 부드러운 햇빛이 아롱거린다. 강아지풀 줄기에 꿴 감꽃이 고들고들해졌다. 혀끝에 가슬가슬한 마른 감꽃이 달다. 멀리 대문간에서 외할무이가 손짓하며 부르신다. 나는 감꽃 줄기를 내려놓고 부시시 일어섰다. “이모야, 배고푸다.”

46
논개구리

흠칫 눈을 뜨니 거위가 내 곁에 앉아 있다. 축담에 쪼그린 채로 마당 연못을 보다가 깜박 졸았었나 보다. 청마리에 앉은 어무이와 아주무이의 이야기는 끝이 없다. 하마나 끝날 듯 웃음소리가 터지더니 또 이어진다. 왁자한 웃음소리가 이야기의 끝머리란 생각은 일없이 조급한 내 지레짐작일 뿐이다. 흥을 돋우는 추임새처럼 웃음소리가 거듭될수록 목소리는 더 가팔라져서 무슨 말인지 통 알아들을 수도 없다. 나는 한참을 멍하게 앉았다. 이럴 때는 눈에 뵈는 모든 것들이 윤곽이 풀어져서 흐늘거린다. 소리와 빛깔이 다 사그라지고 움직이는 것과 움직이지 않는 것으로만 나뉜다. 내처서 절로 움직이는 것을 좇아 매달리다 골똘해진다.

어무이는 반성에서 오시자마자 이 청기와집으로 향했고 나는 여차하여 내 딴에는 뻗대느라 어줍자이 굴다가 허둥지둥 뒤따랐다. 대청에서 이모하고 점심을 먹고는 작은외증조할무이가 똘똘 뭉쳐주신 꼬돌밥을 쥐고서 뚬붕으로 가려는데 갑자기 어무이가 들이닥쳤던 것이다. 어무이는 빈 다라이를 내려놓자마자 나를 부르셨다. “야야, 청기왓집 아지매 드다보로 가자이?” 그러고는 부리나케 삽짝으로 나가셨다. 어무이가 일삼아 서두르시면 나는 멍해진다. 내가 어정어정 대문을 나설 때에는 벌써 길머리를 지나 멀리 산모퉁잇길을 돌고 계셨다.

"퍼뜩 띠이가라아." 대문간에 선 이모까지 재촉이었다.

나는 각중에 달렸다. 오른쪽 고무신짜이에 잔돌이 들어갔는지 발바닥이 따끔따끔하다. 주우춤이 자꾸만 흘러내린다. 고무줄이 터지지는 않은 듯한데 치키면 흘러내리고 치키올리면 또 흘러내려서 잔뜩 분답다. 이참에는 주우 고무줄이 늘어졌나 보다. 나는 배뿔래이가 아닌데 왜 늘어지나? 밥을 많이 먹고 나면 올챙이배가 되긴 해도 금세 꺼진다. 두 가닥 중 하나가 또 터졌나? 노랑고무줄은 질겨서 안 터진다는데 왜 까만 고무줄만 끼운담? 잉어가 떠노는 뚬붕에 가고 접은데 웬 청기와집이람? 짜증난다.

나는 걸음을 멎고 고무신짜이를 털까 말까 망설였다. 잔돌이 발가락 쪽에 잡혔는지 감감하다. 아니면 용케 빠져나갔나 보다. 나는 한손으로 뒤춤을 잡고서 꼬돌밥 덩거리를 베물며 달렸다. 입으로 들어가는지 코로 들어가는지 모르게 먹는 통에 찰기 없는 꼬돌밥이 주르르 흘러내린다. 바라진 길목을 지날 때쯤에는 어무이가 이미 보이지도 않는다. 오른편 다랑이 아래로 뚬붕이 어릿거린다.

부픗한 뚬붕둑에는 배미딸이 쌨다. 배미딸기를 먹으면 배애미한테 잘 물린다고는 하지만 가칠하면서도 달달한 맛에 두어 개쯤은 살짝 따먹을 만하다. 산기슭의 키 낮은 물푸레나무 근처 쑥부쟁이 덤불에는 진짜 딸기나무도 몇 있다. 뻘똥이나 깨금은 아직인지 몰라도 딸기는 벌써 익었을 텐데. 예전에 이모랑 가서 고무신짜이에다 고봉으로 따 담았건만……. 이우지 사람이 꼴 베러 가다가 다 훑어버리면? 껄떡대며 지나가던 소가 길게 뽑은 혓바닥으로 휘감아버리면? 뚬붕 쪽을 힐끗거리는 뜀박질이 점점 느려졌다. 발바닥이 또 따끔따끔하다. 이참에는 잔돌이 발꿈치로 발볼로 돌며 멋대로 쿡쿡 찔러댄다. 청기와집 쪽으로 가는 산모퉁잇길에 못 미쳐서 나는 쩔뚝거리던 걸음을 멎고 주춤 섰다. 그리고 고무신짜이를 탈탈 털어서 도로 끼자마자 홱 돌아섰다.

대문간에 섰던 이모는 안 보인다. 다랑이도 산비탈도 텅 비었다. 뚬붕에 혼자 가기는 좀 그렇다. 이모를 찾아 집 안으로 또 새밋가로 가기도 머쓱하다. 글타만서도……어디로 간담? 터덜터덜 길머리까지 되돌아온 나는 또랑을 폴짝 뛰어 논두렁에 올라섰다.

논개구리 서넛이 화들짝 놀라 무논으로 뛰어든다. 한 놈은 주먹만 한 것이 딴전을 피다가 가리늦가 머리통을 돌린다. 사까닥질하듯 모로 번드친 몸이 공중에서 허연 배때기를 희뜩거리더니 무논 안쪽으로 텀버덩 떨어진다. 툭 불거진 눈알을 수면에 내민 개구리들이 지들끼리 꾸륵거린다. 낮은 소리를 주고받으며 자무락질을 하더니 무논 복판으로 몰려가버린다. 덩달아 달떴는지 건너편 논머리 쪽도 분답다. 칫. 내가 돌삐이를 쥔 것도 아니고 개구리채를 든 것도 아닌데 웬 난리람? 논두렁에 쪼그려 앉자 어린 콩대가 몸을 감싼다.

아늑하다. 물소리가 더욱 낭랑하다. 또랑을 따라 흐르는 물은 조르륵거리고 물꼬로 흘러드는 물은 돌돌거린다. 조르르 돌돌……조르르르 돌돌돌……. 오도 가도 못하고 이렇게 점두룩 앉았으면 물소리가 내 몸을 가득 채울 것 같다. 나도 노랫소리를 뿌리며 저 푸른빛 공중으로 스밀 것만 같다.

논두렁 여푼데이로 겹쳐 붙인 흙밥에는 개구리밥이 엉겼다. 무논의 갓쪽 수면에는 논개구리알 무더기가 풀죽처럼 흐물흐물 떴다. 걸쭉한 개구리밥이 바람결에 파르르 떨린다. 아랫도리가 물에 잠긴 모들의 사이로 일찍 깬 올챙이들이 꼬물거린다. 며칠 지나면 앞다리가 나고 또 뒷다리가 나고……그런데, 뒷다리가 먼저 나나? 그 전에 꼬래이부터 없어지나?

헛갈린다. 뒷다리가 기니까 먼저 날 듯도 하다. ……아닌가? 올챙이가 배가 불러서어, 앞다리가 뽕! 뒷다리가 뽕! 개구리가 되더라아아. 올챙이 노래를 흥얼거리니 더 헛갈린다. 내가 거꾸로 에았나? 나락이 자라서 논물을 빼고 넣고 하기 전에 앞뒤 다리가 뽕뽕 날 것이다. 이러나저러나 간에 꼬리는 뭉툭해지겠지. 도톰히 밴 이삭이 패고, 싸락눈 같은 나락꽃도 피고, 두어 번 빼고 넣고 하던 논물을 다 빼낼 쭈움에는 몸통이 꽤 굵어져서 나락 사이로 번듯번듯 뛸 것이다. 추진 논바닥이 꼽꼽해지면 또랑둑에 걸자란 벌모 틈에서 꾸물대거나 콩대를 다 베어 낸 썰렁한 논두렁에서 두리번거릴 것이다. 그러다가 온 들판이 가을걷이로 들썩대면 구시렁구시렁 산지사방 풀숲으로 흩어지겠지. 그리고 겨울이 오면 땅 속에 오그리고 잔다. 그렇게 개구리들은 삼동 내치 잔다……죽은 듯이……자라는 말 없어도 자다가 봄이 한창일 때 깬다. 캄캄한 땅 속에서 지들이 알아서 깬다. 참 신기하다. 와글와글 목청을 돋우던 개구리들이 웬걸 조용하다. 모들 사이로 길쭉한 것이 물비늘을 일으킨다.

나는 벌떡 일어섰다. 부작대이만 한 게 누런 물자수다. 작은 대가리를 수면에 붙인 채 스르르 다가온다. 가슴이 서느리하고 머리끝이 쭈뼛하다. 오금이 굳어서 발이 떨어지지 않는다. 논두렁에는 거엄질 돌빼이라고는 없다. 휘둘러보아도 콩덤불뿐 꼬재이조차 없다. 다급히 콩대를 잡고서 주 땡기는 사이, 물자수는 빙그르르 동골배이를 그리듯 저편으로 멀어진다. 개구리밥 속에서 논개구리가 튀어 오른다. 가리늦가 몸을 날렸던 아까 그놈 같다. 주먹만 한 놈이 딴에 물자수에 화들짝 놀랐는지 논두렁 여푼데이에 붙은 흙밥을 타고 앉아 숨을 깔딱거린다. 나도 철렁 내려앉은 가슴이 그제야 콩닥거린다. 식겁했다.

놈은 화들짝 놀라 튀어나오는 바람에 개구리밥을 덮어쓴 줄도 모르는 모양이다. 톡 불거진 눈두덩 위로 노르스름한 개구리밥이 엉겨 붙었다. 도로 쪼그려서 무릎에 턱을 대고 바라보는 내가 이참에는 안 보이나 보다. 아까 그놈이 아니라 딴 놈인가? 내가 보여도 각중이라 어쩔 도리가 없는 건가? 머리통이 마치 노란 손수건을 두른 듯하다. 자세히 보려고 앉은 채로 목을 쭉 빼자 흙밥에 몸을 더 납작하게 붙이는가 싶더니 그제사 풀쩍 튀어 오른다. 그예 논두렁콩 덤부레이 속으로 사라져버렸다. 온몸이 무지근하고 뒤가 저리다. 더 앉았다가는 무슨 일이 날지 모르겠다. 퍼뜩 어무이한테 가야겠다. 나는 오금이 저릿한 두 다리를 가누며 산모퉁잇길로 허둥지둥 달려들었다.

47
손가리개

산모롱이로 들자마자 주춤 섰다. 멀찍한 오솔길 위에 연두색 치마저고리가 떠 있다. 손가리개를 한 어무이의 모습이 서둘러 걷던 때와는 너무 달라서 딴사람 같다. 보이느니 들과 산 그뿐이건만 어무이는 무얼 찾으시는 걸까? 하늘은 크레용을 문지른 듯 짙푸르고 먼 들 끝의 신작로는 연필로 긋다 만 금처럼 아슴아슴하다. 나는 잰걸음을 놀리다가 또 멈추었다. 주우춤을 한번 치키자 실무시 나정이 난다.

푸른 들판이 잔물결을 띄우며 출렁거린다. 멀리 모곡으로 뻗은 논길은 흰 엿가락을 던져놓은 듯 희끗희끗하다. 들 끝에 낮게 걸쳐진 산줄기 위로 구름 걷힌 하늘이 탁 트였다. 어무이는 어디로 날아가고 싶으신 걸까? 불안한 마음에 밀린 발걸음이 절로 빨라진다. 두루미 두어 마리가 앞서거니 뒤서거니 날아간다. 내가 다가설 때까지도 어무이는 손가리개를 한 채 그렇게 하염없이 들 끝을 바라보셨다. 두루미들이 논에 내릴 듯 닿을 듯 너울거리더니 이내 산등 너머로 사라진다. "하이고오, 우찌 저리 곱노오. 오데꺼정 날라가꼬?"

나는 어무이의 여틈한 볼그늘을 빤히 올려다보며 한참을 섰다. 내처서 어무이의 먼 눈길을 가늠하다가 울적해졌다. "……옴마." "와?" "앞다리가 빨리 나재?" "으이?" 어무이는 손을 내리고 내 얼굴을 살피신다. "올채이 앞다리가 먼지 안 나나?" "올채이가 와? 또 논두렁에 앉았더나?" "앞다리 나고 나모 뒷다리 나재?" "길 따라 졸졸 안 오고 와 똑 여푼데이로 가꼬?" "앞다리가 뽕 뒷다리가 뽕 맞재?" "뒷다리가 먼지 안 나나, 그기 더 실한께네. 우서내 실한 기 먼첨 나니라."

"그라모 꼬래이는? 꼬래이 떨지삐고 나모 앞다리가 나나?" "아이가, 그라모 대는가아? 뒷다리도 앞다리도 말큰 다 나고 나모 꼬래이로 없앤다 아이가. 머시든 간에 내삐릴 기 있어도 단도리부터 딱 해나야 대는 기라. 앞다리도 나끼라꼬 있는 거로 미리 더퍽 내애삐모 안 댄다." "옴마." "와?" 문득 하고픈 말이 떠올랐으나 머뭇거리는 사이에 어무이는 또 서두르신다. "흙바다아 앉았던가배에? 옷이 이기 머꼬? 궁디이째이가 흙 칠갑이다 고마. 손에 밥떠꺼리 좀 바라아."

어무이는 나를 길가 또랑 앞에 세우신다. "소매 걷어라. 세타로 온제 꺼내 입었더노? 한낮에는 덥은데 벗지 와?" "개안타. 소매마 걷어삐모 댄다." 나는 세타 소매를 끌어 올린다. "별쭉시럽다. 와 장 세타로 안 벗을라 쿠꼬?" 세타에 가려진 사쓰 목단추가 스멀거린다. 잔뜩 켕긴 마음이 어긋나서 헤벌어진 에리처럼 너풀거린다. 도끼눈을 치뜨고 노려보던 그때 그 가수나의 표정이 눈앞에 나타난다. 드르르르……. 틀 박음질 소리가 머릿속을 후리며 지나간다. 어무이는 내 짧은 한숨소리를 또 못 들으셨나 보다.

"얄궂다, 얄궂다." 곤색 주우에 묻은 흙을 툴툴 털어내는 어무이의 손끝이 맵다. 볼구짝이 얼얼하다. 나는 또랑 턱에 쪼그렸다. 끌어올린 소매가 흘러내린다. 어무이도 치마를 말아 붙이고 나란히 앉으셨다. "소매로 딱 접어가 팔꿈치꺼정 바짝 안 올리고, 디숭시럽그로." 어무이는 흘러내린 내 세타 소매를 접어 올리신다. 한손으로 내 두 손을 모아 쥐고 또 한손으로는 도랑물을 담아내어 내 손을 씻기신다. 시원한 물이 끼치자 온몸이 다 후련하다. "옴마." "와?"

나는 어무이더러, 오데 갈라꼬? 하고 물으려다가 순간 무춤하여 입을 닫았다. 망설이다가 또다시, 오데로 날아갈라꼬? 하고 물어보려니 울컥 목이 멘다. 옴마 혼채 오데로 가삘라꼬? 하려니 눈물이 난다. 어무이는 내 얼굴에 물을 바르고 뽀독뽀독 문지르신다. 그 손길에 내 괜한 눈물 몇 점도 씻겨버렸다.

나는 어무이가 건네준 흰 손수건으로 얼굴을 닦는다. "옴마." "와아?" "그란데에, 꼬무줄이 늘어졌는 갑다." "으이? 꼬무줄이 와?" "주우가 자꾸 내리간다." "보자오내." 어무이는 나를 일으켜 세우고 주우춤을 당겨 뒤집으신다. "더

홀치야 대겠네. 이 꼬무줄은 늘어지쌓아서 몬씨겠다." "노랑고무줄로 끼우모 안 대나?" "아이가, 노란 거는 아아 샅바채울 때 둘러매는 거 아이가. 뚜껍어서 주우춤에는 안 드간다." "또 늘어지모?" "난주 집에 가서 다른 거로 갈아 끼자이? 까만 꼬무줄도 여러 질이니라." 어무이는 도톰하게 옭힌 고무줄 매듭을 당겨서 한손에 다잡고는 집게손가락 끝으로 두어 번 감아 바짝 홀치신다. 내처 솔기에 달붙은 푸서 몇 올을 뜯어내신다. 뽀듯이 죈 허리춤이 한결 가뿐하다.

"옴마." "와아?" "거우는 몬 날라가재?" "하모오. 거우는 집에서마 안 사나. 후차내도 안 가니라." "옴마아, 그란데에……." "와아?" "거우가 불쌍타." 어무이가 내 얼굴을 빤히 바라보신다. "니, 머리는 안 아푸재?" "개안타." "해나 또 아푸모 옴마한테 바리 캐라이?" 어무이는 세타 밖으로 비어진 사쓰 에리를 바로 잡으며 활짝 웃으신다. "거우는 거우 지대로 사는 거 아이가. 퍼뜩 드가보자아."

나는 오솔길을 따르다 말고 또랑을 훌쩍 뛰어 청기와집 바깥마당으로 올라섰다. 어무이는 작은 또랑에 걸쳐진 흙다리를 건너신다. "하이고, 마당도 우찌 이리 칼컷기 해났이꼬?" 나는 어무이의 치맛자락을 잡고 돌계단을 오른다. 작은 솟을대문을 지나 그늘진 안마당으로 들어서자 서늘한 물내음이 싱그럽다. 커다란 거위들이 꺼억꺼억 소리를 내며 마당 연못가에서 뒤뚱거린다.

48
청기와집

나는 고개를 돌려 거위를 본다. 꼬라지는 새건만 하는 짓은 새 겉다 안하다. 새란 원래 하늘 높이 날거나, 납작 엎드려서 모시를 쪼거나, 날렵하게 나뭇가지에 올라앉거나 또 거침없이 후룩 날아가는 것인데 거위는 달리 군다. 날갯죽지에 머리를 묻고 비빗대지만 몸을 굼뜨게 놀리는 품이 똑 짜구난 똘또리 같다.

강새이처럼 귀찮게 치대지는 않지만 사람에게 기댄다. 서름서름한 대로 주인도 알아보고, 밤눈이 밝은데다가 사람 냄새를 잘 맡아서 집도 지킨다. 배애미도 쫓고 잡귀조차 몰아낸다니 개보다 낫다.

멀뚱하게 연못 쪽을 보는 거위의 눈높이가 내 눈의 높이와 같다. 조막마한 머리를 돌려 나를 보더니 눈을 슴벅거린다. 졸음 뒤끝이라 희어멀뚱해진 내 눈빛이 만만한 모양이다. 이것이 눈씨름으로 나하고 한번 맞서 보겠다는 건가? 아니면 오도 가도 않고 축담에 쪼그린 내 꼴이 안돼 보이나? 여차하면 내 어깨에다 대고 비게질이라도 할 판이다. 징글받다. 얼결에 몸을 젖혀 거리를 떼자 머리통을 앞뒷질로 주억거린다. 내처 노랑부리를 쩍 벌리며, 꽤엑! 소리를 내뱉고는 연못 속으로 들어가 버린다.

좁은 마당은 얼쭉 다 연못 차지라서 에두른 흙바닥이 오솔길 같다. 성큼성큼 걷던 또 한 마리의 거위도 뒤뚱거리며 연못에 잠긴다. 앞서 잠겼던 놈은 벌써 자무락질이다. 흐들시리 큰 덩치에도 물 한 방울 튀기지 않는 걸 보니 역시 새는 새다. 넓적한 연잎 사이로 굵직한 꽃몽아리가 봉긋봉긋 솟았다. 초록빛 수면에 도두라진 거위들의 흰빛이 밝다. 나는 발롱발롱 불거진 꽃몽아리를 세아리다 말고 허리를 폈다.

"옴마아. 연꽃이 온제 피노오?" "낼모레쯤치 활짝 피끼다. 하이고 자슥, 연꽃 따준께네 그리 좋아하디이마는 생각이 나는가배에?" "모리낀데에? 그기 온제라꼬? 지 젖무울 땐데." "니이, 생각 안 나나? 아지매가 연꽃 따준 거 생각나재?" 연꽃을 받은 기억은 없다. 다만, 물소리가 가득한 그늘 속에 가물거리는……눈앞에 왈칵 쏠리는 흰빛, 활짝 반가우면서도 너무나 밝아 곤혹한 흰빛이 얼푸시 어른거릴 뿐이다. 흰빛의 기억은 또 다른 흰빛을 일구며 엷은 겹물결인 양 막무가내로 퍼져간다.

내 눈앞을 스쳤던 흰빛이 할무이 등에 업혀서 본 미영 저고리 빛인지, 빨랫줄에 너울거리는 홑청 빛인지, 텅 빈 방의 벽을 가린 화태보의 빛인지, 멀리 산자락 끝에서 아른아른 손짓하는 아지랑이 빛인지, 아니면 푸른 들길로 아슴아슴 멀어지는 할아부지의 두루매이 빛인지, 울음소리를 타고 산모퉁이를 돌아가는 종이꽃 빛인지, 머리를 수그린 채 서럽게 울던 그때 그 울음 빛인지…….

"하이고오, 말 없는 것도 똑 즈그 아부지 닮았네에." "야야. 아지매가 물어보는데 대답을 해야재." "나또라 고마아. 머시마가 말이 좀 없어야재 나불나불하모 작으도 몬씬다." "차말로 와 저리 대답을 안하꼬오? 답답그로 고마." "맹아좀 무울래? 맛있걸랑?" 나는 실무시 일어나 마리 끄티이에 걸터앉았다. 노랗게 익은 맹아 몇 알을 건네는 아주무이의 손이 가늘고 희다. 부풋이 물결 진 파마머리에 반지르르 윤기가 돈다. 고슬고슬해진 머리카락 몇 올이 흘러 달덩이처럼 둥글고 뽀얀 얼굴을 가렸다. 웃음 띤 눈빛에 드리운 엷은 그늘조차 서름하지가 않다. 화사한 웃음기에 묻어나는 그 그늘은 울음 빛이어서, 왈칵 쏠리는 얼굴보다 더 당혹스러웠던 기억이 있다. 아주무이가 내 코앞에 얼굴을 바짝 붙이며 활짝 웃었던 것인데, 신기하게도 환한 웃음기가 넘쳐날수록 어룽어룽한 울음 빛이 또렷해져서 나는 두 눈을 동그랗게 뜨고 쳐다보았던 것이다. 그것은 새하얀 모시베에 얼비치는 푸르스름한 빛깔과 같았다. 희디 흰 꽃잎에 어른거리는 발그레한 기운과도 같았다. 이제 보니 그 울음 빛 그늘은 연분홍 꽃빛 같다.

"생각나는데예." 나는 맹아를 두 손에 받아 쥐며 불쑥 말했다. 아주무이는 갑자기 웃어댄다. "엉가이도 빨리 말한다. 우짜겄노오? 아아가 영감 겉다아." 아주무이의 입이 함지박만 해졌다. 나는 머쓱해져서 맹아 알을 주우 갬치에 넣고서 대문간으로 향했다. "따악 영감이다아, 우짜겄노 고마." 뒷등에서 웃음소리가 더 커진다. 거위들이 한꺼번에 꽥꽥거린다. 쳇, 웬 난리람?

아주무이가 사람 무안하게시리 크게 웃긴 했지만 그래도 우는 것보다는 낫다. 머리를 어깨에 묻고 소리 죽여 우는 모습은……너무나 가엾다. 보기에 이만 저만 괴로운 게 아니다. 그리고 영 잊히지를 않는다. 잊힐 듯 살아나고 까맣게 지워질 듯 또 다른 울음을 따라 되살아난다. 오늘의 울음과 어제의 울음이 더 오랜 기억 속의 울음과 뒤섞인다. 이 사람 저 사람 우는 이는 다르건만 울음은 울음끼리 겹쳐 흐른다. 하늘의 울음 빛과 땅의 울음 빛이 어우러져서 산과 들도 또한 구름과 바람도 일렁거린다. 눈물은 눈물끼리 어우러지나 보다. 세상은 눈물로 이어졌나 보다. 눈물방울도 물비늘을 띄우며 파도처럼 출렁이나 보다.

내게 주었다는 연꽃은 기억에 없지만 그 우는 모습은 너무도 생생하다. 어무이와 지금처럼 청마리에 마주앉아서, 두 손을 마릿장에 붙인 채 고개를 꺾고 앉아서, 그때 그 깨어지고 흐트러진 잡동사니 틈에서 아주무이는 소리 죽여 하염없이 울었었다. 환한 웃음기는 온데간데없고 연분홍 꽃빛 같던 그 울음 빛 그늘은 묵직한 흐느낌을 타고 흐트러졌다. 마치 소금기에 숨이 죽은 배춧잎처럼 내 몸도 따라 흐무러졌다. 그리고 심란한 통에 첩사이가 어떻고 아아가 저떻고 하길래 나는 그 때문이라고만 여겼다.

아주무이가 첩사이라서 운 것인지 아아가 없어서 운 건지 나는 모른다. 아주무이가 첩사이라서 아아가 없는 것인지 아아가 없어서 첩사이가 된 건지 그것도 나는 모른다. 그저 그날처럼 울지는 않았으면 좋겠다. 환한 웃음기 속의 울음 빛 그늘이 연분홍 꽃빛은 아닐지라도, 그 울음 빛 그늘이 누추한 그늘일 뿐일지라도, 그저 오늘처럼 왁자하게 웃는 날이 많았으면 좋겠다. 그랬으면 좋겠다. 그러나 아주무이는 이 청기와집에 혼자 사니 외롭겠다. 가끔 거위가 꺼억꺼억 소리를 내도 쓸쓸하겠다. 그래서 어무이가 처녀 적부터 이 집에 자주 오셨나 보다. 연꽃이 사시사철 꽃봉다리를 활짝 터뜨렸으면 좋으련만.

49
수군포

대문간에서 내려다뵈는 바깥마당이 환하다. 대빗자루에 쓸린 자국이 빗살무늬 같다. 마당 기티이에 앉힌 가데이는 보로꾸 벽에다 산뜻한 함석 지붕을 올렸다. 동그맣게 쌓인 재거름과 포개진 장작더미를 내보이며 햇빛을 받고 있다. 죽죽 팬 함석 골이 햇살에 반짝인다. 낮은숲과 경계를 이룬 기스락 소나무들이 마당가에 짙은 그늘을 드리웠다. 돌계단을 디뎌 바깥마당에 내린 나는 그늘의 끝선을 따라 발을 꾹꾹 누르며 걸어본다. 촘촘한 빗금 위로 밋밋한 고무신 자국이 겹쳐 찍힌다. 부드러운 흙이 떡고물을 입힌 듯하다. 베신이라면 떡살처럼 오밀조밀한 바닥무늬가 콱콱 찍혔겠다.

트인 가데이 안쪽으로 들어서자 진한 송진내와 훈훈한 재내가 뒤섞여 코에 스민다. 우리 집이나 외갓집 헛간에는 먼지타래가 덕적덕적 붙었건만 여기엔 흔한 거미줄 하나 없다. 안벽에 기대어 놓은 바다리의 옆에 대빗자루와 짚소구리와 수군포가 나란하다. 다 깔깔하다. 노르스름한 짚소구리는 속이 텅 비어 배고픈 표정이다. 길쭉한 대빗자루는 댓잎이 덜 떨어진 생가지살을 흩뜨린 채 칡덩쿨로 꽁꽁 묶였다. 잔뜩 쪼들린 품새가 여차하면 날아갈 듯하다. 싸릿대로 엮은 바다리는 커다란 날개처럼 접혀서 대빗자루가 날아오르기만을 기다리는 듯하다.

나는 쪼그려 앉아 수군포를 본다. 수군포는 밥수깔을 닮았다. 수군포는 잘생겼다. 언제 보아도 미끈하고 늘씬하며 넓적하고 푼푼하다. 가슴을 활씬 펴고 웃는 모습이다. 수군포의 날은 둥그스름하고 날렵하다. 펑펑하면서도 좀 오그린 손바닥 같아서 땅바닥에 바로 눕히면 삽날 끄티이가 쇠시랑이처럼 살짝 떠들린다. 콱 밟으면 얼마큼은 벌떡 일어난다. 두 발을 날 어깨에 올리고서 잽싸게 콩닥거리면 엄청시리 호시난다. 나는 엉거주춤 일어서서 수군포를 만진다. 자루

끝의 세모난 손잡이가 맨질맨질하다. 푼더분한 날끝의 은빛이 아리아리하다. 나는 양손을 모아 손잡이를 꽉 그러쥐었다. 네댓 발 정도는 호시뺑빼이다.

기껏 두어 번 껑충거리고 씨란다가 발라당 나자빠졌나 보다. 얼척이 없다. 쿡쿡 찍힌 흙바닥에 대빗자루도 쓰러졌다. 희미한 쇳소리가 울린 듯한데 그게 기우뚱거릴 때 난 소린지 나동그라진 뒤에 울린 소린지 헛갈린다. 내 몸속에서 튀어나온 소린지도 모르겠다. 그늘진 헛간은 아무 일 없다는 듯 고요하기만 하다. 짚소구리에 부딪친 오른쪽 어깻죽지가 우리하다. 고무신 한 째이가 재거름 더미에 나뒹군다. 베신을 신고 왔으면 좋으련만. 멍하니 퍼질러 앉아 치어다보는 함석 천장에 은은한 은빛이 번진다. 방 안에 든 양 아늑하다.

엎어진 수군포 자루에는 검은 글자가 박혔고 마름모꼴 상표가 반쯤 찢긴 채 달붙었다. 뜻 모를 글자들이 어떤 것은 둥글고 어떤 건 모나다. 어떤 것은 정겹고 또 어떤 건 낯설다. 항칠보다는 얌전한데 그림보다는 방정받다. 수군포 자루에 붙은 글자니까 수군포와 얽힌 듯도 한데, 가마보이 딴전 피듯 따로 논다. 마치 지나가던 벌레가 붙은 듯하다. 깔깔한 수군포에 옮아앉아서 잠시 쉬는 걸까? 혹시, 새 수군포가 어쩌나 보려고 숨죽이는 걸까? 그러나 암만캐도 거뭇한 글자들은 수군포와 아무 상관없다는 듯이 즈그꺼정 다붓이 붙거나 포개지고 얽혀서 한껏 도드라졌다.

먼 훗날에 자루가 허옇게 바래면 글자들도 사라지겠지. 날끝이 짜부라지고 갈라지고 녹슬면 수군포조차 버려지겠지. 그때, 내 머릿속에 저 깔깔한 수군포는 남아 있을까? 수군포란 말에 덧붙은 기억 속의 수군포가 저 수군포일까? 기억이 흐릿해지면 여트막한 윤곽이나마 남을까? 윤곽조차 말끔히 지워지면 그때, 한때 수군포라 불리었던 저 미끈하고 늘씬하며 넓적하고 푼푼한 것은 아새부터 없었던 것이 될까? 숱한 사람들의 오래된 기억들은 사라져서 대체 어디로 가는 걸까? 땟국 같은 기억과 기억이 겹치고 또 포개져서 저 하늘이 푸르게 빛나는 것일까?

갬치 속의 맹아가 으깨어졌다. 용케 두 알은 멀쩡하다. 주우 갬치가 얕은데도 달아나지 않았다. 반쯤 으깨진 것을 입에 넣는다. 채 덜 익었나 보다. 시큼하다. 으적으적 감씹으니 달달해진다. 나는 맹아 씨를 재거름 더미에 휙, 던지고는 옷을 툴툴 털며 가데이 헛간을 나섰다.

바깥마당에 쏟아지는 햇빛이 따사롭다. 넓디넓은 들판에 가득한 날빛이 눈부시다. 도톰한 흙다리를 건너 오솔길에 섰다. 짤따란 흙다리 밑으로 흐르는 또랑이 웬걸 고요하다. 길섶의 무성한 풀잎이 물줄기를 가렸다. 물소리를 죽인 것이 뭔가 자잘하고 아롱아롱한 비밀을 감춘 듯하다.

고개를 갸웃거리자 또랑은 바짝 웅크린다. 나는 풀덤불을 제치며 머리를 디밀었다. 고인 듯 흐르는 물이 잎그늘에 어룽져 반짝인다. 잔 물개기들이 오간다. 날씬한 소곰재이들이 튄다. 따글따글한 방개가 물풀에 붙었다 떨어진다. 흰 풀꽃 위의 물짤래비는 까만 날개를 파닥거리며 앉을 듯 말 듯 떠 있다. 고무신째이로 이것저것 잡고 싶건만 내려서서 꿈적거리기에는 또랑이 너무 좁다. 나는 물팡을 흙다리 옆 길섶에 붙이고 팔을 뻗쳐나 볼까 망설인다.

50
곰보 아재

오솔길 멀찍이 바지게를 멘 사람이 걸어온다. 가실 쪽 산모티이를 돌아 나왔거나 산밭에서 내려온 듯하다. 산 기스락의 무논에서 나타난 것인지도 모른다. 나정에 취한 듯 걸음이 느릿한데 바다리가 퍽이나 얄랑거린다. 바작대이를 휘두르는 품이 허랑한데 흥얼거리는 노랫소리가 구성지다. 긴 바작대이로 논두렁에 웃자란 풀대를 칠 때마다 노랫가락이 탁탁 끊긴다. 나는 물팡을 길섶에 바짝 붙이고 한쪽 팔을 뻗었다.

소곰재이들과 잔물개이들이 잽싸게 흩어진다. 방개가 허둥지둥 물속에 잠긴다. 다른 쪽 팔도 함께 뻗어 가까스로 또랑물에 손등을 적셨다. 청개구리 한 마리가 물에 뜬 빼뿌재이 이파리를 타고 앉았다. 어긋이 올린 몸통을 납작 붙인 채로 옴짝도 않는다. 게슴츠레한 눈길을 코앞에 붙인 것이 골똘한 생각에 빠진 것인지 짐짓 안 그런 척 눈치를 보는 건지……무슨 꿍심인지 알 수가 없다. 엄지손톱만 한 등짝이 가삐 부풀락거린다. 잡아야겠다.

바지게가 더 가까이 오기 전에 잡아야 한다. 시끌벅적 지나가면 폴짝 뛰겠지. 톰방, 소리를 내며 물속으로 도망치겠지. 손바닥을 조금 오그려서 재빠르게 덮으면 된다. 청개구리의 머리통 쪽으로 미끄러지듯이 덮쳐야 한다. 그러면 몰랑한 청개구리가 내 손아귀 속에서 톡톡 튀겠지. 손바닥을 간질이며 꼬물거리겠지. 나는 숨을 멈추고 팔을 쭉 벋쳤다. 궁디이가 붕 뜨는가 싶더니 또랑물이 왈칵 덤벼든다.

“에래이 더부녀러 자슥! 거어 꼬꾸라지삐모 우짜노?” 양어깨와 옆구리가 쑤시고 눈앞이 어릿거린다. 머리에서 물줄기가 주르르 흘러내린다. 나는 물 범벅이 된 채 길섶에 퍼질러 앉았다. 메기 잡은 꼴이 얼떨떨하고 서름하다. “놀랬는가배. 입소리가 파랗네에.” 빤히 내려다보는 얼굴에 옴폭한 자국이 송송하다. 또랑에 거꾸로 처박힌 나를 이 곰보 남자가 달랑 끌어올린 듯하다. “니이 알마, 까딱했이모 대가리 깨질 뻔했다.” 곰보 남자가 껄껄 웃더니 오솔길 저만치에 자빠진 바지게를 세운다. 바작대이를 받치고는 다시 다가선다.

“개않나? 니, 이 집에 옷나?” 눈앞에 얼푸시 비치는 바깥마당이 비스듬하다. “이 집 손인갑네에?” “……옴마캉 왔는데예.” “옴마? 가마있자…….” 곰보 남자는 청기와집 쪽을 힐긋 보더니 내 얼굴을 살핀다. 하관이 든든한 얼굴에 매부리

코가 우뚝하다. 아래로 살짝 숙은 코끝에도 옴폭한 자국들이 파였다. 광대뼈 위로 쑥 들어간 작은 눈이 팥알처럼 반짝인다. "니이 용암서 옷재?" 곰보 남자가 또 꺽꺽거리며 웃는다.

"내가 느그 용무이 아재 친구 아이가. 아재 집에 있더나?" "밭에 있는데예." "밭에에? 아따, 이참에는 오래 붙어있네, 빽하모 부산 가삐더마는." 곰보 남자는 풍덩한 국방색 주우 갬치서 담뱃갑을 꺼내며 내 옆에 쪼그려 앉았다. "얌새이 아재는 집에 없재?" "예?" "느그 막내이 외삼촌 용주 말다. 니, 모리나?"

뜬금없이 얌새이 아재라니? 뭔 소리람? "글마 그거는 집 나가가 통 안 온께네 니는 모리는가배?" "돈 벌로 부산 갔는데예." "부산에? 누가 글쿠데? 글마가 그질로 부산에 간 긴지 서울로 틘 긴지 우찌 아노? ……자슥. 영장 노오모 기이 들오겄재. 지가 용빼는 재주 있나 오대." 곰보 남자는 담배 한 개비를 입에 물고는 손끝으로 담뱃갑을 정성스레 매만진다. 손가락이 길고 손톱이 곱다. 바지게를 메고 걷는 품새가 어째 어설퍼 보이더니 농사꾼은 아닌가 보다.

담뱃갑에 박힌 금관이 날빛에 반짝인다. 짜부라진 포갑지를 접어 누르고 또 날을 세우듯 끄는 손끝이 내 눈길을 당긴다. 꼼꼼한 손놀림과 진지한 표정 탓에, 빈 지게를 걸치고 마실가는 농띠이 같았던 아까 그 사람이 아닌 듯하다. 산기슭에서 또 다른 사람이 불쑥 나타난 것일까? 입에 문 깔깔한 담배개비도 아까워서 도로 넣어버릴 듯하다.

곰보 남자는 벌떡 일어서서 담뱃갑을 주우 갬치에 넣고는 납작한 성냥갑을 꺼낸다. 그마저도 갬치에 넣고 성냥개비 한 알만을 손끝에 쥐고서 도로 쪼그린다. 그러고는 또랑 너머 솟을대문에 눈길을 꼽은 채 말없이 앉아만 있다. 담배 한 개비가 얇은 입술에 잡혀 까닥거린다. 손끝에서 성냥개비 한 알이 도르륵거린다. 엄지와 집게손가락의 끝살 틈에서 밀리며 굴고 또 당기며 구르는 성냥개비가 튕겨나갈 듯하다. 불도 안 붙인 담배는 왜 물고 있담? 안 피우려나? 궁금해하는 사이에 곰보 남자는 느닷없이 길바닥에다 성냥개비를 지익, 긋는다. 번쩍 불꽃이 일고 화약내가 코끝을 친다. 내 눈이 호꼼해졌나 보다. "니, 딱성냥 첨 보재?" "……." "이거는 고마 아무데나 문때삐모 불이 확 붙는다 아이가. 니도 해볼래?"

"개안타. 한분 해바라." 곰보 남자는 쪼그린 채로 물팡을 꿈쩍거리며 성냥갑을 넣은 갬치에 손을 찌른다. 치끌린 국방색 주우 밑으로 정개이가 드러났다. 검실검실한 것이 고부스름한 터래이다. 성냥갑을 꺼낸 곰보 남자는 내 얼굴을 새삼스레 빤히 본다. "아참! 니는 밤에 오좀 안 싸나?" 나는 뜨끔하여 내밀려던 손을 놓아버렸다. "오좀 싸나 안 싸나? 밤에 이불에 오좀 싸는 아아들은 불장난 치모 안 댄다 아이가. 싸나?" 쳇! 줄라모 고이 줄 예기지 쪼골시럽그로 보골 채우는 기가 머꼬? 곰보 남자는 뭐가 좋은지 입소리가 찢어진다. "니이 에나 싸는 갑네에? 싸개 싸개 오좀싸개라?" 터지는 웃음소리에 귀가 아플 지경이다.

나는 할 말을 잊고 뚱하니 앉았건만 곰보 남자는 웃다가 묻고 또 묻다가는 웃는다. 꽉 죄였다가 풀리는 태엽처럼, 니가 맻 살고오? 욕 바가치로 얻어 무웃재? 그래 소곰 얻으러 갔더나? 이우지 간께네 소곰 마이 주더나? 짜다라 마이 주다 안한다 아이가 글채? 하고 연거푸 좌르륵거리는 통에 귀가 아프고 눈앞이 다 어지럽다. 그러다가 또, 누가 글차주다 안하재? 하며 짐짓 목소리를 낮추고는, 오좀 안 쌀라모 꼬치 끄티이로갖다가 실로 짜매삐모 된다는 둥, 요강까지 호스로 대고 어쩌고저쩌고 하면 탈이 없다는 둥, 한참 동안 핑비 불 끄는 소리를 늘어놓는다. 내 눈치를 엿보며 키득대더니 급기야는 어거치로, 와 그라니? 하며 둘러치고는 또 목소리를 짐짓 깔며, 애불나나 니? 하고 묻는 것이다. 나는 약이 올라서 오만상을 짓다가는 눈앞이 뿌옇게 잠겨버렸다.

그런데 눈앞이 시뿌예진 것이 울컥 화가 치밀어서만은 아니다. 곰보 남자의 주절거리는 말본새가 원캉 우스꽝스러워서 치미는 울화통에 웃음이 겹쳤기 때문이다. 울컥한 화와 웃음이 뒤섞이면 참 난감해진다. 울화통과 웃음보가 한꺼번에 터져 나오는 것을 가까스로 나는 참았다. 만약 약만 오를 대로 올랐다면 숫제 소리를 내지르거나, 숨만 깔딱거리다가 또……또다시 그 쇳소리가……아, 생각하기조차 싫다. 나는 숨을 한 번 크게 들이켜고 후우 내쉬었다. 뿌옇게 잠긴 눈앞이 얼푸시 풀리자 마음은 곰보 남자, 아니 곰보 아재의 갖은소리를 좇아 되살아난 기억 속으로 달아난다.

물씬거리는 그 찝찌름한 찌렁내. 푸솜이 뭉쳐 한쪽으로 몰린 한이불. 무지근한 두 다리. 축축한 사타리와 흥건한 요때이. 누런 얼룩 같은 낭패감 속에 커다란 채이가 눈앞에 나타난다. 텅 빈 새끌밖. 굳게 닫힌 이우지 사립문. 숨소리조차 먹먹한 고요……. 오줌 싼 새벽은 뿌옇다. 오줌 싼 꼭두새벽은 외롭다. 새벽바람에 덮어쓴 채이가 덜렁거리고 축축한 사타구니가 얼얼하다. 야아가 또 쌌는가배? 쪽바가치 속의 하얀 소금알갱이들이 번뜩인다. 시린 소금 빛은 땅속으로 숨고만 싶은 민망한 얼굴을 바늘 끄티이처럼 콕콕 찔러댄다. 문득 정신을 차리자 눈앞에 담배연기가 자보록하다.

51
언제까지나

곰보 아재는 쪼그린 그대로 담배만 풋고 있다. 오줌 이야기는 이제 시들해졌나 보다. 짙푸른 연기가 흩어질 듯하더니 박하향을 풍기며 주위에 깔린다. 곰보 아재는 담배만 박신박신 빨며 그저 묵묵하다. 쉬 자리를 뜰 것 같지가 않다. 가끔씩 청기와집을 바라는 눈빛이 그윽해서, 초점을 잃은 듯도 하고 먼산에 잠긴 듯도 하다. 반짝이는 작은 눈빛은 또한 불안스레 흔들리곤 해서 또 다른 사람처럼 보인다. 사람 모습이 자꾸만 달리 보이는 게 신기하다.

그러고 보니 처음에는 얼굴 전체가 얽은 듯했는데 자세히 보니 눈 아래쪽만

얽었다. 기껏 콧등과 눈 아래쪽만 살짝 얽은데다가 햇볕에 그을린 얼굴이라 눈에 잘 띄지도 않겠다. 그런데도 내 눈길은 확인이라도 하듯 송송한 자국에 자꾸만 가 닿는다. 훔쳐보며 우묵우묵한 자국을 또렷이 키우는 내 눈길이 무안하다. 곰보 아재는 청기와집 주위를 휘둘러보더니 또다시 솟을대문 쪽에 눈길을 박고 있다. 풍기는 박하담배 연기가 모똑찮다. 머리가 어지럽다. 나는 이모한테로 갈까, 청기와집으로 도로 들어갈까, 버텨볼까 어쩔까……대중없는 마음을 가누며 일어섰다.

물이 밴 옷이 질척거린다. 온몸이 끈적끈적하다. 나는 흙다리를 건너 반대쪽 둑에 앉았다. 손수건을 꺼내어 만지작거리자 또랑을 사이에 두고 앉은 곰보 아재가 빙긋이 웃는다. "니이, 손수건도 가아 댕기나?" "옴마 낀데예." "느그 옴마 데기 무섭재?" 또 이 말 저 말 주섬주섬하려나 보다. "우리 학교 대일 때 느그 옴마한테 꼼짝도 못했다 아이가. 달리기도 엄청시리 빠린 기라. 뛨다 쿠모 무조건 일등이라. 아무도 몬 따라가삐. 보자아…, 그라모 니가 지끔 몇 살고오?" "……." "가마있자, 니 밑에도 있재?" "……."

"말로 와 안하노?" "……." "니, 말 몬하나? 버부리가? 따박따박 대답을 해야 대꺼 아이가아?" "……." "아아 이거는 머어시 와 일노. 완전 곰이네에?" "……." "동생 있재?" "있는데예." "가아도 왔나?" "안 옷는데예." "가아는 외탁을 해가 느그 외삼촌 애릴 때캉 똑같더마는 니는 쪼깬 다리네에?" "예?" "가아는 외탁이고 니는 친탁이라 말다. 그 밑에 또 있나?" "예." "가아는 납닥꼬치가?" "예?" "머스마가 가수나가 말다." "남동생인데예." "그라모 봉알이 여섯 개가아? 짝봉알은 없재?" 곰보 아재는 또 실없이 껙껙대기 시작한다.

"벌씨로 글 대삤나. 세월 차암 빠리다이? 참! 가아는?" 곰보 아재는 담배를 또 한 개비 문다. "가아는 잘 있는가아? 이름이……길, 길수 맞재? 느그 아재 말다." "예?" 딴전 피우듯 바깥마당을 쳐다보던 나는 얼결에 다시 곰보 아재 얼굴을 향했다. 길수 아재까지 알다니 반갑기도 해서, 잘 있노라고 달아 붙이며 눈을 깜박거렸다. "보자오내……올해 진중 드갔나아?" "육 학년입니더." "글나아? 눈이 새카마이 또릿또릿한 기라. 머리가 엄청시리 좋아삐. 그전에는 느그 옴마 따라 오쌓더마는 요새는 안 오네에? 가아……느그 아재 공부 잘하재?" "일등 하는데예." "보나마나 그랄 끼라. 예전에, 그때 일 학년인가 이 학년 땐데 육 학년 산수 문제로 솔빡 다 풀어삐." 곰보 아재는 입에 문 담배를 도로 집어넣고 일어선다.

"니도 학교 드가모 공부 잘 해라이? ……아이고오, 안 나올란 갑다. 가보자 고마." 곰보 아재가 바지게 쪽으로 걸어간다. 국방색 주우의 아래쪽이 강동하게 잘려서 장딴지 아래쪽이 드러났다. 한쪽 어깨에 바지게 띠빵을 비뚜름하게 걸치고는 바작대이를 짚고 내 앞에 또 다가섰다. "옴마한테 가바라." 나는 머쓱하니 일어섰다. "잘 가라이?" 곰보 아재는 빙긋 웃고는 오솔길을 잡는다. 멋쩍은 웃음에 엷은 그늘 같은 게 얼핏 스친 듯하다.

바다리는 논두렁길에 들어서자마자 곧 멈췄다. 곰보 아재가 또 청기와집을 바라고 섰다. 누런 삼베 적삼과 그을린 얼굴이 잘 어울린다. 긴 손가락과 고운 손톱이 눈에 아릿거려서인지 텅 빈 바다리가 활짝 편 날개처럼 보인다. 곰보 아재, 아니 바지게 아재가 푸른 들판 위에 내려앉은 커다란 짤래비 같다. 그러니까 아까 곰보 아재의 멋쩍은 웃음에 스친 엷은 그늘은 불그레한 꽃그늘과도 같은 것이었다. 짤래비 아재는 지금 고개를 치어들고 청기와집을 보고 있다. 얼굴 윤곽조차 얼푸시 흔들리건만 그 표정이 코앞인 양 뚜렷하다.

곰보 아재가 논두렁길을 타고 간다. 바작대이가 춤을 춘다. 바다리가 덩달아 우쭐거린다. "어언제까지이나 언제에까지나 헤어지지 마아알 자아아고오오." 언제까지나 노랫소리가 휘어진 논두렁길을 타고 흐른다. "그으으 때 그 시저얼 그리이운 시저얼……." 구성진 노랫가락이 멀리 푸르른 들판 속으로 멀어져 간다.

52
후회

젖은 옷이 꼽꼽해졌다. 갬치 속의 맹아가 또 으깨어졌다. 한 알은 멀쩡하다. 으깨진 맹아를 입에 넣었다. 시큼하고 달달하다. 맹아는 이제 한 알뿐이 없다. 나는 잠시 망설이다가 마저 입에 넣었다. 청기와집 대문을 나서자마자 바로 이모한테 갈 걸 그랬다. 수군포도 청개구리도 진찮다. 맹아를 한 알만 먹고 나무테이는 손수건에 싸서 막내이모 갖다줬으면 좋았을 걸. 있을 적에는 감감하다가 없어진 뒤라사 떠오르는 마음이 얄궂다.

햇살을 받은 온몸이 노곤하다. 또랑둑이 도톰해서 엎은 데배이에 궁디이를 붙이고 앉은 듯이 편안하다. 내가 고꾸라졌던 또랑은 아무 일 없었다는 듯 잠잠하다. 여푼데이를 가린 풀덤불이 흐트러져 또랑폭이 더 넓어진 듯도 하다. 드러난 물줄기는 다부 생생해져서 수정처럼 빛난다. 물비늘을 일으키며 훍다리 밑으로 죽죽 흘러드는 것이 꽤 요란하게 돌돌거릴 법도 하건만 조용하기만 하다.

이 또랑 물소리는 어디에 숨어있는 걸까? 풀덤불의 초록빛 속에 잡힌 것일까? 애시당초 물소리가 들렸다면? ……그랬다면 나는 또랑 안쪽을 드다보지 않았을 것이다. 그러면 그 청개구리도 못 보았겠지. 꼬꾸라지지도 않았겠지. 곰보 아재도 그냥 지나갔겠지. 고요한 물줄기가 밉쪼다……아니다. 아닐 지도 모른다. 맑은 물소리가 들렸더라도 또 다른 이유로 또랑을 넘보았을지 모른다. 또랑이 거기 있었고 나는 넘보았다. 어쨌거나 청개구리는 튀고 곰보 아재가 내 앞에 나타났었다. 잠깐 정신을 놓았을 때 무슨 일이 벌어진 걸까?

청개구리가 곰보 아재로 바뀐 게 아닐까? 화들짝 마술에서 풀린 청개구리가……아니다. 물에 뜬 빼뿌재이 이파리에 앉아 부풀락거리는 청개구리를 보기 전에 멀리 오솔길을 타고 오는 바지게를 먼저 보았었다. 곰보 아재가 청개구리로 변신했다면? 그럴 수도 있다. 나는 바지게를 멘 곰보 아재가 가까이 다가오는 걸 내처 지켜보지는 않았다. 요술 지팡이 같은 바작대이가 춤추었었다. 바지게를 버린 곰보 아재가 청개구리로 몸을 바꾸고, 내가 고꾸라지자마자 다시 곰보 아재로 변했을 수도 있겠다. 아니면 청개구리가 미리 곰보 아재로 바뀌었다가 잠시 청개구리로 나타난 뒤에 도로 곰보 아재가 되었을 수도……눈앞이 헛헛하다. 텅 빈 들판이다.

구불텅한 논두렁길 위로 짤래비 날개를 펼친 커다란 청개구리가 어른거린다. 머릿속이 어찔하다. 뭐가 자꾸만 바뀐담? 대체 물소리는 왜 안 들린담? 맑은 또랑물 소리가 뿌린다면 모든 문제가 풀릴 텐데……. 눈앞의 또랑은 풀빛에 어른거리고 빈 논두렁길은 멀리 날빛 속에 휘어져 꿈틀거린다. 청개구리도 곰보 아재도 없다. 나는 혼자다. 온통 푸른 들판이 짜증난다. 왜 싹 다 모만 심는담? 대체 나락은 왜 또 맨 초록빛이람? 오른쪽 어깻죽지가 우리하다. 절로 삼키는 한숨에 허리와 옆구리가 한참에 절린다. "거어 있었더나?"

어무이가 청기와집에서 나오신다. "나는 또 이모한테 갔다꼬오?" 입을 오물거리다 말고 나는 엉거주춤 일어섰다. 아주무이가 대문간에 섰다. 곤색 주름치마 아래로 검정 구두와 하얀 양발이 보인다. 양발목이 길어서 발목을 다 가렸다. 흰 블라우스 빛이 번지는 대문간 그늘이 화사하다. 방긋이 웃는 연꽃 같은 얼굴이 너무나 가찹고 또한 너무나 멀다. 아주무이가 솟을대문 앞 돌계단을 내려섰다. 불그레한 기운이 감도는 흰빛에 햇살이 어룽져서 바라다보는 온몸이 다 나른하다. 아주무이가 활짝 웃으며 잰걸음으로 다가오신다. 나는 흙다리 쪽으로 몸을 돌렸다. 아주무이가 내 주우 갬치에 무언가를 찔러 넣으신다. 빳빳한 종이돈이다.

"까자 사무라이?" "하이고, 머할라꼬 고마." "또 오이라이?" "고맙십니더, 캐라. 와 저리 뺄쭘하이 섰이꼬?" "가거라이? 후제 또 만나자아." 나는 머리를 한 번 꾸벅 숙이고는 흙다리를 건넜다. "연꽃 필 때, 후제 연꽃 피걸랑 꼭 오이라이!"

53
후제

어무이가 손수건을 받아 쥐고는 길을 잡으신다. 나는 터덜터덜 어무이를 뒤따른다. 후제……. 후제라는 말이 자꾸만 귓전에 맴돈다. 발걸음이 마냥 무겁고 왠지 서럽다. 놓친 청개구리 탓인지, 어릿하게 낙매를 본 탓인지, 아니면 양어깨와 옆구리가 쑤신 탓인지 딱히 알 수가 없다. 그런데, 더부녀러 자슥이란 무슨 말일까? 산자락 오솔길에는 뿌리째 뽑힌 피가 띄엄띄엄 쌓였다. 어떤 무디이는 바싹 말라서 길바닥에 허옇게 달라붙었다.

“싹싹 대글시리 안 거다삐고 와 길바다아 이리 널어났이꼬, 디숭시럽그로.” 피의 이삭이 으깨져 좁쌀처럼 흩어졌다. 나는 또 어무이가 옷소매를 걷어붙이고 그러모을까 봐 더럭 걱정이 된다. “옴마. 이거는 외갓집 논 아이재?” “외갓집 논은 저 골짝 안에 아이가.” “옴마.” “으이?” 아니나 다를까 어무이는 무디이 두엇을 모아 부리나케 산기슭 쪽으로 던지고는 잰걸음을 놓으신다. 주춤 섰던 나도 걸음이 빨라졌다. “와아?” “더부녀러 자슥이 머꼬?” “누가 글 쿠더노?” “우떤 아재가 내보고 쿠더라. 욕이가아?” “하이고 무시라. 갱상도 말씨는 와 그러꼬? 좋은 말도 또옥 싸암하는 거 겉고 욕하는 겉니라. 욕이 아이다. 널로 좋다꼬 쿠는 거 아이가.”

“옴마 기다리다가 담배 풋고 가뺐다.” “낼로 기다리이? 누꼬?” “옴마가 달리기 잘했다 쿠더라. 작은외삼촌 동무라 쿠던데?” “달리기이? 동무 눈고오? 머하는 사람이……논에 피 빼더나?” “바지게로 메고, 곰보더라.” “아아, 그 아안가배. 얼굴이 쪼깬 얽었재?” “눈밑에마 송송하이 살짝곰보더라.” “엉가이도 가찹기 밨는 갑다. 퍼뜩 보모 잘 안 비이니라. 곰보라 쿠모 안 댄다. 이름이……머시더라……? 하도 오래대가 생각도 안 난다 고마. 저어짜 가실 사는 아재다.” “가실?” “저짝에 오던 길 골짜아 말다. 옴마 두세 해 밑에 아아 아이가. 애릴 때 용무이 외삼촌 따라 집에도 자주 오고 해쌓았니라. 가아가 우짠 일이꼬? 내리왔는가배에? 부산서 좋은 직장에 나간다 쿠더마는." "부산?" "학교 대일 때 공부 잘했니라. 진주서 고등학교꺼정 댕기고……똑똑은 아재다. 후제 또 보모 아재라 캐라이?"

어무이의 걸음이 좀 느려지셨다. 나는 치맛자락에 닿을 듯 말 듯 따라붙는다. "가실서 떵떵거리고 살던 집안인데 토지개혁 하는 머리 오그랑바가치 대드끼 안 대뺐나. 월사금도 몬 내서 터덕거리고……. 가세가 한분 지울모 일바시기 에렵은 기라. 대학도 붙었는데 몬 갔다 아이가." "대학교?" "하모. ……돈 없이모 공부도 몬 한다. 아깝지마는 우짜겄노? 지가 벌어가 댕기든가 해야재." "옴마, 그란데에. 그 아재가 막내이 외삼촌을 얍새이라 쿠더라." "눌로 캐에?" "용주 외삼촌." "……또 머시라 캐쌓더노?" "영장 노오모 집에 오끼라꼬." "하모. 그때 대모 와야 대기로. 군인 안 가모 큰일 난다." "와 얍새이라 쿠노오?" "중학교 대일 때……얍새이 미이로 댕깄다꼬 안 그라나. 가자."

"용기 아재도 공부로 글키나 잘했는데 저리 집에 박히 안 있나. 내 시집온께네 후야 아재도 다른 동무들은 학교 간다꼬 새복밥 묵고 기차 타로 가는데 지게목다리 메고 산먼다아로 올라 안 가나 세사아. 또옥 불쌍해 안 죽겄더나!" "우리 집이 몬살았나아?" "무울 양석도 없디이라. 쌀두지이 마린바가치 긁는 소리가 다 나고, 나락 털모 바아 찡이가 장리쌀 갚기 바뿌고, 식구는 많재에, 열두 식구에……하이고 이삼드라이. 삼동 대모 묵은 빨래가 한 바다리 아이더나. 대구 느그 잔아부지 총각 때 치송골 할매 집 앞 또라아다 한 바다리 부라낳고 가모 혼채서 요독을 씨고 다 안 빨았나. 점두룩 빨아도 사람 하나 안 지내가디이라." "옴마 혼자 나뚜고 다 오데 가뺐나?" "으이? 동네사람들이 춥어서 밖에 안 나댕기가 안 글나. 무시라, 무시라. 또옥 손모가지가 얼어서 떨지는 겉고……내가 니 듣는데 와 일쌓노 고마. 가자."

산모퉁잇길을 벗어나 외가 쪽 논길로 들어서자 어무이는 치맛자락을 감아쥐신다. 나는 옆쪽으로 바짝 따라붙었다. 잠시 발걸음만 재촉하던 어무이는 혼잣말처럼 중얼거리신다. "돈 떨지모 몬 산다, 아무것도 몬 한다. 머시든가 애끼고 애끼 감시로 지 밥벌이는 딱 야물딱지기 지가 해야 되는 기라. 돈 없이모 사람들이 다모도 문디 옻작대이 피하드끼 하니라. 퍼뜩 가자!"

54
목소리

대문간에 들어서자마자 어무이는 사랑채부터 살피신다. 멀찍한 축담 안쪽 댓돌에 흰 고무신이 놓였다. 어무이는 내 앞으로 허리를 수그리신다. "증조할아부지한테 안주 절 안 디맀재?" 낮은 목소리와 함께 섞여나는 입김이 귀에 가렵다. "어서 가라. 마리이서 해라이? 큰절 디리고 나서 삐쭘 섰지 말고 얌전하이 꾸리앉는 거 알재?" 사랑채 축담 쪽으로 몇 발짝 걷던 나는 뒷등 기척에 몸을 돌렸다. 어무이는 여전히 허리를 숙인 채로 사랑채 모티이에 서 계신다. 소리 없이 입짓만 하시는 터라 나는 그대로 어무이를 멀뚱히 쳐다보며 섰다. 어무이는 급하게 두어 번 팔을 내치신다. 안타까운 표정과 팔짓에 떠밀려 도로 축담으로 향할 때에는 마음이 묵직해지고 더럭 겁이 났다.

나는 발소리를 낮추었다. 바깥쪽 댓돌을 딛고 살금시 사랑마리에 올랐다. 외증조할아부지는 버선을 신으셔서 코고무신이다. 커다란 코고무신이 안쪽 댓돌을 덮었다. 바깥쪽 댓돌에 달붙은 내 검정 고무신이 도꾸마리 열매 같다. 안쪽 방문 쪽으로 발을 딛던 나는 멈칫 섰다. 마릿바닥에 흙발자국이 또록또록 찍힌다. 왼쪽 것은 노루 발자국 같고 오른쪽 건 곰 발자국 같다. 조심시리 오그린 발끝을 쏠리게 놓아서 짝째이가 되었나 보다. 나는 가운데 툇기둥에 붙여놓은 두디이다 대고 발바닥을 쓱쓱 문때며 힐끗 돌아보았다. 귓기둥에 붙어선 어무이는 소리 없이 활짝 웃으며 또 팔짓을 하신다. 외증조할아부지 방의 장지문은 활씬 열려 있다.

나는 뱃심을 넣고서 문지방 앞에 우뚝 섰다. 쿰쿰한 한지 냄새와 진한 먹내가 번져난다. 방 안쪽은 온통 누른빛인데 얼풋한 흰빛과 검은빛의 윤곽이 금세 또렷해진다. "어허엄." 외증조할아부지는 서안 위에 펼친 누런 책을 덮고 고개를 드신다. "어허, 이늠. 오대 절 한분 해바라 보자." 방 안을 가득 채우며 울려 나오는 나직하고 굵직한 목소리에 내 몸이 당실 떠오르는 듯하다. 나는 엉거주춤 엉덩이를 뒤로 빼며 두 손을 뻗어 내렸다. 허리를 꺾고 물팡을 붙이자 마룻장이 비걱거린다. 땅 속 깊은 곳에서 새어나오는 듯 희미한 그 소리는 물팡을 타고 올라 내 몸속으로 스며든다. 수그린 머리를 바닥에서 떼자마자 바로 꿇어앉으려다가 나는 흠칫했다.

재그머리 없이 또 그대로 앉을 뻔했다. 큰절을 한 다음에는 곧바로 일어서서 허리를 폈다가 고개를 숙이고 다시 꿇어앉아야 하건만 긴장하면 똑 이렇게 헷갈린다. 벌떡 몸을 일으키는 순간, 옆구리가 쩌릿하다. 방 안쪽이 기우뚱 쏠리는가 싶더니 어느 결에 내가 꿇어앉아 있다. 엉겁질에 잔허리를 틀자 이번에는 옆구리가 아니라 오른쪽 어깻죽지가 우리하다. 그윽하게 바라다보시던 외증조할아부지는 지그시 눈을 감으신다.

절을 올릴 때 말고는 이렇게 가까이 마주앉아 본 적이란 없어서 바로 눈앞인데도 멀기만 하다. 한편으로는 푸른 산봉을 대하듯 가차운 느낌이어서 뿌듯하기도 하다. 외증조할아부지는 눈을 감은 채 윗몸을 좌우로 움직이신다. 음, 으음 소리만이 낮게 깔릴 뿐 사방이 조용하다. 무슨 생각을 하시는 걸까? 망건을 두른 상투 머리며, 긴 수염이며, 또 환한 모시 적삼이 너무나 희어서 불그레한 빛조차 감돈다.

나는 흰빛에 왜 불그레한 빛이 감도는지 또 불쑥 궁금해졌다. 그리고 청기와집 아주무이의 웃음에는 왜 울음기가 감도는지, 또 그 울음 빛 그늘이 왜 연분홍 꽃빛 같은지도 묻고 싶었다. 외증조할아부지는 세상일을 다 알고 계실 터였다. 달막거리던 나는 그러나 꼴까닥 도리깨침을 넝구드끼 물음을 삼켰다. 외증조할아부지는 청기와집엘 가시지 않는다. 집 앞 들판에 서 계실 때에도 그쪽은 쳐다보지도 않으신다. 그리고 나는 지금 바라는 저 방 안에 한 번도 들어가 보지 못하였다. 묻자마자 벽력같은 호통이 날아올 듯하다. 나는 그대로 꿇어앉아 숨을 죽였다. 그러고는 눌린 마음의 틈새로 묵은내처럼 모락거리는 호기심에 이끌려 방의 안쪽을 살폈다.

아랫목에 깔린 삽자리가 노르스름하다. 널따란 안벽을 가로지른 줄대불에 흰 두루마기가 접혀 걸렸고 반벽 위쪽에 둥그런 갓이 걸렸다. 안채 쪽인 맞바라기 벽에는 넓은 글씨병풍이 쳐졌는데, 폭마다 날려 쓴 글씨가 여러 줄씩 내리 이어져서 글 한 자를 떼어내면 줄줄이 꿈틀대며 얽혀 나올 것만 같다. 옆구리가 또 쩌릿하다. 오른쪽 어깻죽지와 왼쪽 옆구리가 번갈아 뜨끔뜨끔 절리는 게 신기하다. 나는 배에다가 또 한 번 힘을 주었다. 눈을 뜬 외증조할아부지가 한손에 장죽을 쥐며 긴 턱수염을 쓰윽 쓸어내리신다. "흐음, 고놈 참……. 에미한테 가바라."

어무이는 귓기둥 옆에 그대로 서 계셨다. 소리 없이 들이치는 손짓에 나는 큰일을 치른 듯 한숨이 놓였다. 그러나 어무이의 팔에 어깨를 감싸여 안마당 쪽으로 향하려는 그때, 큼직하고 굵은 목소리가 울려나왔다. "옆구리 한분 바라. 아아 데불고 댕길 때는 눈을 떼모 안 대는 기다. 아아가 보배니라." 어무이는 화들짝 놀라며 목소리가 울려나온 쪽을 향해 급히 머리를 숙이신다. 하긴 외증조할아부지는 어무이의 할아부지이시다. 어무이도 나처럼 할아부지가 무서운가 보다. 불안스레 내 얼굴을 살피더니 다시 사랑채 안쪽으로 고개를 돌리신다. "예에."

외증조할아부지 목소리의 여운에 아득히 실려 가는 어무이의 음성이 귀에 설다. 어무이는 지금 손을 모으고 다소곳이 서 계신다. 그 모습에 얼떨떨해져서 하마터면 나도 따라 머리를 숙일 뻔했다. 어무이가 서둘러 내 손을 건잡고 안채 쪽으로 발을 떼려는 순간, 굵은 목소리가 또 울렸다.

"해딴에 넘어가거라아. 친정에 오래 있는 기 아이다. 그짝 동네 내엘 비올 끼다. 한내 깽빈에 물이 불모 노디로 몬 건네고 아아 데꼬 애묵는다." "예에에." 곱고 길고 또 나직한 어무이의 목소리가 신기하다. 불그레해진 옆얼굴을 쳐다보는 사이, 어무이는 내 팔을 끌고 안마당을 써려 정지 쪽으로 종종걸음을 놓으신다. 축담께에 이르자 내 몸은 어무이의 팔에 들려 붕 떴다. 그대로 당실하이 축담을 건너 정짓간 문턱을 넘어 썩 낮추 잡힌 정짓바닥에 툭, 떨어진다.

55
뱃구녕

"니, 다칬나 오데. 옆구리 아푸나?" "……." "보자오내. 우짜다가?" 어무이는 내 웃통을 부리나케 말아 올리신다. "오데서 다칬노? 오데고?" "수군포 타다가." "수군포라이? 오데로 다칬노?" "수군포 타다가 고마 자빠지뻤다." "오데? 오데서?" "저짜아, 아지매집에. 헛간에." "수군포로 와 타노 말다. 수군포 타는 사람이 오데 있더노?" 어무이는 내 양 옆구리를 살피신다. 살비듬이 떨어져나간 뱃살이 어스레한 빛을 받아 더 터실터실해 보인다.

"오데로 다칬길래 비이다 안하노? 오든 짝고?" 어무이가 내 옆구리를 손가락 끄티이로 만지신다. 나는 킥킥거린다. "간지럽다 고마. 아야!" "표도 안 나고, 절리는가배에? 마이 절리나?" 어무이는 또 내 옆구리를 손가락 끄티이로 꾹꾹 누지린다. "간지럽다 쿤께네에?" "간지럽고 머시고, 세사 수군포로 타는 사람이 오데 있노 말다. 머리 다치모 우짤라꼬 그라노? 안 그라니마는 와 엉뚱하이 놀꼬오." 어느 틈에 외숙모님이 정짓간에 들어오셨다. 부뚜막 옆에 서서 벙싯 웃으신다. 쪼골시럽다.

"헤이들도 다아 탄다." "누가? 병그이가 그라나?" "정갑이 헤이가 젤로 잘 탄다. 풀쩍풀쩍 수무 발도 가더라." "만다꼬 그런 거 따라 하노 말다. 아아가 가다아 한 분썩 와 이리 택도 없이 난하꼬? 그전에는 또라아서 풀쩍 띠다가 코피 칠갑을 해가 업히이 오더마는. 그때 태도 아재 아이시모 우짤 뻔 했노. 몬 살겄다 고마아." 어무이는 말아 올린 웃통을 더 위로 끌어올리신다. "안 대겄다, 팔 올리라. 웃도리 다 벗어보자, 다린 데 끌킸는가." "개안타. 춤 보리모 된다." 팔을 뻗대자 어무이는 손바닥으로 내 등짝을 때리신다. "가마이 있거라 보자! 야아가 차말로, 춤을 오데다 보린단 말고."

뻗대다가 결국 세타도 사쓰도 홀라당 다 벗긴 나는 털 뽑힌 닭처럼 오도카니 섰다. "이이 멍 좀 바라. 세사아, 어깨가 시퍼렇그마는. 아팠일 낀데 옴마한테 말도 안하고 미련 곰티이다아. 안 아푸더나아?" "안 아푸던데?" "안 아푸다이? 일키나 시퍼런데 안 아파? 으이? 으이?" 어무이는 닦달과 함께 연신 등짝을 때리신다. 찰싸닥거릴 때마다 맨살이 따끔따끔하다. "아야! 아푸다!" "아푼 거는 아나? 아푼 거는 아나?" "옴마 때리는 기 더 아푸다 고마." 나갔던 외숙모님이 또 들어오신다. 풍기는 안티푸라민 냄새가 코끝에 알싸하다. "자고 나모 개않을 끼다."

어무이와 외숙모님은 내 양 옆구리며, 멍이 든 오른쪽 어깻죽지며, 또 이제 멀쩡한 왼쪽 어깨까지 안티푸라민을 듬뿍 발라놓고 나가셨다. 어스레한 정지 안에 가득 찬 약내가 눈을 찌른다. 나는 황토 부뚜막에 놓인 불살개 부채로 훌훌 부쳐본다. 서늘한 살갗이 따끔거린다. 코에 익은 부석 하근내와 누룬밥 냄새가 흐뭇이 되살아난 뒤에도 살갗은 들뜬 그대로다. 온몸이 누져서 찝찝하다. 사쓰와 세타가 겹친 채로 둘둘 말려 부뚜막에 놓였다. 뒤집어진 옷을 통째로 목에 끼고서 내 뱃살을 내려다본다. 배치기 하듯 잔뜩 힘을 주어 쑥 내밀자 올챙이배처럼 빵빵해진다. 미처 떨어지지 않은 살비듬 더께가 푸슬푸슬 보풀처럼 인다.

뱃살 복판의 뱃구녕이 감꼭따리 떼어낸 데처럼 옴폭 꺼졌다. 내가 어무이 젖꼭따리서 떨어진 곳이 여긴가 보다. 감나무 가지에 감 달리듯 대롱대롱 매달렸다가 무거워져서 툭! 하고 떨어졌나 보다. 나중에는 동생들도 톡, 톡, 연거푸 떨어져서 삼형제가 되었나 보다. 신기하다. 손가락 끄티이로 구녕을 후비니 아랫배가 저릿하다. 뱃구녕 속에 깨알만한 알갱이가 보인다. 배꼽노리를 누르니 오목한 안쪽이 쑥 불거진다. 집게손가락으로 살짝 긁으니 까만 알갱이 두엇이 달아난다. 나는 앵끼손까락 끄티이로 더 깊이 후볐다. 찌릿하다. 재미있다. 자꾸 후비니 찌릿찌릿하다. 갑자기 오줌이 마렵다. 청마리 쪽에서 막내이모 목소리가 들린다. 나는 후다닥 옷을 끌어내렸다.

56
조왕 자리

"호박꼭따리가 오데 있노오?" 정지에 들어온 이모가 부뚜막부터 살핀다. 보오쌀 사구에는 돌돌 말린 쑤시만 달랑하다. 기웅물통에는 빈 사발과 대접 몇 개가 포개졌다. 그 옆에 붙여놓은 노란 양푸이 안에는 껍디이를 벗긴 물외와 꼭다리를 떼어낸 까지가 여럿 담겼다. 나는 어둑한 살강 밑을 두리번거린다. 뜨붕덮인 툭배이와 놋주발 속이 텅 비었다. 작은 단지들 틈에는 맞접힌 짚모숨이 끼였고, 단지 위에 엎힌 이 빠진 사발에는 희읍스름한 왕소금이 반치나 담겼다. "여어도 없다." "오데다 나뚯이꼬?" 이모는 까치발로 높다란 살강을 살피고 나는 허리를 굽혀 솥전 주위를 되살핀다. "오데 가뻤노오?" 큰 무쇠 밥솥과 작은 주석 솥과의 사이에는 꽈배기처럼 꽉 짜놓은 행지포가 말라붙었다. 그 옆에 조래 하나가 다소곳이 엎어졌다. 혹시나 해서 치어다본, 시커멓게 그을린 무쇠솥 뒷벽의 거기. 손바닥처럼 팬 홈턱에 큼직한 호박꼭다리가 얹혔다. "저있다아!"

"오데?" "저어." "어든 짜아?" "저 우우." "옴마야, 또 그따아 올랬네. 언니가 언지났는 갑다." "이모야. 팔이 안 짤리간다." 내가 물러서자 이모는 부뚜막에 한 팔을 짚고 다른 쪽 팔을 길게 뻗어서 호박꼭따리를 쥔다. "언니마 오모 똑 이따아 올린다 아이가." "옴마가?" "느그 집도 저게 언찬재?" "할무이도 만날 저어 언지낳는다. 그라모 내가……." 나는 급히 입을 닫았다.

큰방솥 뒷벽의 두어 자 높이에 반쯤은 움푹 패고 또 반쯤은 툭 불거진 데가 손바닥 둘을 합친 크기로 판판하다. 이곳은 호롱을 올리거나 촛대를 세우는 자리가 아니라 조왕보시기를 모시는 조왕 자리이다. 우리 집 정지에도 네댓 뼘 높이로 조금 낮추 잡힌 똑같은 자리가 있는데 반반한 돌을 끼워서 만들었다. 그 돌판에도 호박꼭다리가 버텨 앉았지만 가끔은 싹둑 잘린 고매나 감자 똥가리가 때똑하이 놓였을 때도 있다.

호박꼭다리는 쓻어서 쌩거로 못 먹지만 쌩고매나 쌩감자는 꿀맛이다. 날름 먹어버리면 다음날 또 놓였고, 널름 먹고 나면 그 다음날에 또 얹혔다. 할무이와 어무이는 쥐가 물고 간 줄로만 아셨다. 요놈의 쥐, 요놈의 쥐, 하실 때 마다 속이 뜨끔뜨끔해서 나는 또 올린 것을 한동안 쳐다만 보기도 했었지만, 그 먹음직스런 똥가리가 홈턱 돌판에서 보란 듯 번뜩일 때면 퍽 괴롭다. 그런데 괴로운 게 아니라 뜨악하고 서느리할 때도 있었다.

그날은 한낮에 혼자 부뚜막에 걸터앉아 식은 국밥을 먹었다. 너무 맛있어서 동생 모가치까지 퍼먹었다. 더껑이가 진 국밥을 떡 떼어 먹듯 한 수까락만, 한 숟갈 더, 딱 한 술만 더, 하다 보니 그릇이 휑해진 것인데 목구멍으로 국밥을 넝굴 때 꿀떡거렸던 소리가 그제서야 슬퍼졌다. 정짓간을 나설 때에는 소갈머리가 푼푼하여 몽롱했지만 나는 흠칫 놀라고 말았다. 내 주우 갬치가 불룩했기 때문이다.

국밥을 짜구가 날 지경으로 먹고서는 조왕 자리의 쌩고매까지 실무시 갬치 속에 넣은 것이다. 배고플 때에는 그 고매 똥가리를 바라는 마음이 조마조마했건만, 끌리는 마음을 가누며 그냥 나오건 또 버팅기다 못하여 덥석 쥐고 나오건 간에 몹시 괴로웠건만, 그날은 기껏 배불리 먹고서 잠질에 하품하듯 나도 모르게 집어넣었던 것이다. 씽티이가 따로 없다.

나는 정지모티이로 돌아들었다. 불룩한 고매 똥가리가 무엇에 언친 듯 모똑찮았다. 달구장의 닭들이 되알진 마음을 부추기며 일제히 횃대기를 쳤다. 짧은 날개를 파닥거리며 잔깃털과 지푸래이를 날렸다. 목을 꼿꼿이 세운 수탉이 빨간 눈을 동그랗게 뜨고 구구거렸다. 모시가 반치나 남은 그륵을 밟은 채 작은 대가리를 까닥이는 것이 눈에 잔뜩 거슬쳤다. 돼지마구 쪽으로 돌기도 전에 돼지가 요란하게 꿀꿀댔다. 돼지나 닭은 배고프면 소리를 낸다. 온몸으로 꼴꼴대고 식식거리며 고고대고 파닥거린다. 사람은 배고프면 먹거리에 절로 눈이 가고 절로 손이 간다. 그런데 동생 모가치까지 실컷 먹고서는 무슨……이차판에 걸신들려 허발할 사정도 아니고, 그차중에 맨 걸터듬을 형편도 아닌데 이게 뭔 일이람?

마음이 덴덕지근하여 도로 갖다 놓아야겠다고 생각하자 더럭 겁이 났다. 한참을 주억거리다가 오갈 데 없는 짐승처럼 뒤안 굴뚝 밑에 쪼그렸다. 새끌밖 담장 위로 풀짐이 둥실 떠갔다. ……고매 귀신? 내가 껄떡대다가 종당에는 귀신에게 홀키있나 보다. 감나무 위로 트인 하늘을 힐끗거리다가 한참을 졸았었나 보다.

덜 깬 눈으로 다시 정짓간에 들어설 때 나는 또 한 번 깜짝 놀랐다. 그 조왕 자리에 놓인 놋뜨붕 위에 하얀 고매가 또 버티고 있었던 것이다. 도깨비가 언진 게 분명했다. 배가 빵빵하게 먹었으니 허꺼무는 아닌 것이다. 내치 빈집이었으니 낮도깨비의 장난이었다. 아니나 다를까. 높다란 정지 살창으로 스미는 빛을 받아 놋뜨붕이 번쩍이더니 고매 똥가리가 갑자기 부풀기 시작했다. 배고픈 달갈귀신처럼 부풀고 또 부풀어 올랐다. 이제 부뚜막을 삼키고 정짓간을 삼키고 나도 꿀꺽 삼켜버릴 터였다. 당장 배부르다면 배가 꺼질 때까지 눈도 코도 또 입도 지우고서 나를 죽어라 끌고 다닐 터이다. 나는 갬치 속의 고매 똥가리를 팽개치고는 새끌밖으로 줄행랑을 놓았다.

57
누렁소

이모는 호박꼭다리를 쥐고 정지를 나선다. 나는 물외 똥가리를 냉큼 쥐고는 한 손으로 주우춤을 잡고서 허둥지둥 헛간으로 향했다. 고방문을 지나고 소마구 앞을 지나야 헛간이다. 우리 집 고방은 사랑채에 붙었는데 외갓집 고방은 헛간채에 붙었다. 우리 집은 본채와 사랑채와 헛간채가 싹 다 초가지붕인데 외갓집은 헛간채만 초가지붕이다. 그러니까 우리 집과 외갓집은 헛간채가 똑같이 초가지붕이다. 그런데 외갓집 헛간채는 소마구 이쪽으로 고방, 그리고 저쪽 헛간에서 기역자로 꺾어 대문간을 달아서……오줌보가 빠근하다.

소마구에는 누렁소가 선 채로 되새김질을 하고 있다. 지나치는 나를 멀뚱멀뚱 쳐다본다. 기역자로 꺾어 대문간을 달아 붙여서 외갓집 헛간채는 우리 집 헛간채보다 길쭉하고 웅숭깊다. 솔캐이 짐과 생풀 꼴짐과 부픗한 짚동이 포개져서 대들보까지 닿았다. 헛간 복판의 굵은 기둥께는 텅 비었다. 똥오줌내가 코끝을 친다. 멀찍한 구석자리는 거적문을 늘어뜨린 통시다. 그 옆에 거름이 푸지게도 쌓였다. 나는 오줌통을 찾아 두리번거린다. 오줌보가 터질 듯하다.

오줌을 찔끔 짤겼나 보다. 처음부터 봉알에 요랑소리가 나도록 달려올 걸 그랬다. 사타구리가 축축하다. 김이 모락모락 피는 거름이 독한 냄새를 풍긴다. 작은외삼촌이 이른 아침부터 소마구를 치고 또 똥바가치로 오줌을 뿌렸나 보다. 우리 집 헛간의 거름더미 앞에는 커다란 오줌통이 놓였는데 여개는 없다. 여있다 저있다 할 것 없이 눈앞이 어찔하다. 낮추 밀린 거름 무디이에 붙어 서서 물외를 입에 물고는 두 손으로 급히 주우춤을 내렸다. 호박꼭따리 같은 꼬치 끝에서 오줌이 죽죽 쏟아진다. 시원하다. 오줌발을 높이며 물외를 어적어적 씹는다. 상큼하다. 어느 결에 똥오줌내도 향긋하다. 눈앞이 탁 트인다.

오줌은 그칠 듯 말 듯 자꾸 나온다. 낮아지던 오줌발이 아랫배에 힘을 주니 또 높아진다. 노란 오줌 줄기가 거름 무디이에 꽂힌 쇠시랑이에 닿아 잘게 부서진다. 뒤쪽 거름집게 쪽으로 날려보려고 꼬치를 잡아 세우고 아랫배를 불쑥 내밀자 오줌 줄기가 똑 끊긴다. 꼬치가 금세 번데기처럼 오그라져버렸다. 아까 짤기지만 않았다면 저기까지도 닿았으련만. 오줌발이 은빛 날을 치며 타다다다 튀었으련만. 꼬치를 탈탈 털어 넣고서 나는 뚬붕으로 가볼까 어쩔까 궁싯거렸다.

날이 꾸무리하다. 아침질에는 여시비가 졸금거리더니 어느새 먹물처럼 퍼진 구름이 하늘을 다 가렸다. 해 자리가 아직 중천일 텐데 고개를 뒤로 제치고 더터보아도 하늘에 희뜩이는 곳이란 없다. 대문간 바깥이 온통 어스름 빛이어서 몸이 옴츠러든다. 한두 점 잔비가 듣더니 손바닥을 내밀자 이내 그친다. 잔방모티이에서 간간이 수런거리는 말소리가 들릴 뿐 집 안이 고요하다. 나는 소마구의 나지막한 칸살 흙벽 위에 걸쳐 놓은 질매와 멍에를 바라보다가 여물통 앞에 쪼그렸다.

길쭉한 통나무 여물통에는 쇠죽바가치와 쇠죽갈구리가 걸쳐졌다. 나뭇가지를 그대로 잘라 만든 갈구리는 손잡이가 굵다래서 한 손에 쥐기가 버겁다. 두 손으로 쥐고 여물통을 툭툭 쳐본다. 묵직한 나무통 소리가 소마구를 울린다. 잇달아 소리를 날려도 누렁소는 택쪼가리만 느릿느릿 놀릴 뿐 나를 거들떠보지도 않는다. 넓적한 쇠잔등이 반지르르하다. 외할아부지가 또 등짝에 솔질을 해주셨나 보다. 푸근한 자리짚을 딛고 되새김질을 하며 누렁소는 무슨 생각을 하는 걸까?

가끔씩 두 눈만 껌벅거릴 뿐 아무런 표정이 없다. 넓적한 이마에 짧은 털이 쓸려 붙었고 양쪽 뿔 사이의 정수리에는 갈색 털이 부풋하다. 바깥쪽으로 휜 뿔이 보잘 것 없이 뭉뚱하고, 코뚜레가 걸쳐진 코는 불어터진 듯 두툼하다. 둥그렇게 불거진 저 눈이 소의 표정일까? 윗눈시울에 촘촘한 속눈썹이 길어서 착해만 보인다. 눈길은 칸살 벽에 포개진 질매와 멍에를 힐끗거리는 듯도 하고 아닌 것 같기도 하다. 어느 쪽을 향하는지 사팔눈처럼 헛헛하여 안쓰럽다.

누렁소가 몸통을 움직인다. 택쪼가리가 가만해졌다. 눈앞에 바랗고 앉은 내가 거슬치나 보다. 허투루 비게질이더니 여차하면 뜸베질이라도 할 듯이 나를 내려다본다. 희멀건 콧구멍을 벌름거린다. 썩 내민 머리통을 휘휘 가로젓는다. "움머어어!" 낭랑한 요랑소리가 흩어진다. 넓적한 귓바퀴 한쪽이 너불거린다. 누렁소는 딴전 피듯 또 둥그런 눈을 씀벅이더니 커다란 몸통을 뒤로 물린다. 그예 물팡을 꺾고 머리통을 옆으로 재끼며 무너지듯 털버덕 주저앉는다.

58
전놀이

청마리에는 눈자라기 대원이가 활개를 펴고 누웠다. 선잠을 깨어 칭얼대며 앙기작거리더니 실눈을 뜨고 잔다. 외할무이와 세세세를 하고 연거푸 불매불매까지 하더니 지쳐서 자나 보다. 마리에 걸터앉아 나무새를 개리던 외숙모님은 징징 짜는 기원이를 달고서 잔방모티이서 정지로, 또 한데새미서 잔방모티이로 바삐 오가신다. 기원이는 축담 아래 멀뚱히 섰는 내가 보이지도 않는가 보다.

"헤이하고 놀아라, 와 이리 붙어쌓노." 외숙모님이 떼치려 할 때마다 기원이는 내 쪽을 힐끗 보고는 자부럼이 충충한 눈을 또 치맛자락에 붙일 뿐이다. 별나게 긴 속눈썹이 흠씬 젖어서 덩달아 나도 서럽다.

왁자한 잔방모티이서 엿내와 꼬신내가 물씬 풍긴다. 외할무이와 어무이의 목소리가 울리고, 간간히 작은외증조할무이와 외숙모님의 목소리도 섞인다. 외할무이의 목소리는 굵고 나직하다. 작은외증조할무이의 목소리는 가늘고 높다. 외숙모님의 목소리는 여리고 느려서 구별하기가 쉽다. 그러나 목소리가 끊이고 찌짐 부치는 소리만 치직거리다가 여러 목소리가 갑자기 겹치거나, 소두방을 끄는 묵직한 쇳소리가 섞이면 누구의 목소리인지 분간할 수가 없다. 기껏 또렷하던 어무이의 목소리조차 아리송해진다. 그러다가 웃음소리가 또 한꺼번에 터지고 여러 목소리가 또다시 겹치면 소리들은 아예 한 덩어리가 되어 웅웅대다가는 그예 아득해진다.

마리에 앉아 살강 그륵 달그락거리는 소리를 듣거나, 방 안에 앉아 마리에서 두런거리는 소리를 듣거나, 이불 속에서 윗목 콩지름 단지에 바가치 물 내리는 소리를 듣거나, 또 새끌밖을 지나며 담부랑 너머로 탕탕 튀는 다듬이질 소리를 듣거나, 새밋가 울타리에 쪼그려서 타래박 물 쏟는 소리를 듣거나, 또 빨래터 너럭돌에 앉아 쩌렁쩌렁 울리는 방망이질 소리를 듣거나……소리와 소리가 겹치면 그 모두가 다를 바 없이 아득해지는 것이다.

내 몸을 거쳐서 감감히 흩어진 소리들은 어디로 몰려가는 걸까? 저 푸른 하늘에 널리 퍼졌다가 바람소리로 되살아날까? 그 소리들은 언젠가 정다운 표정들을 문득 내 이마 위로 물비늘처럼 띄울 듯하다. 그러나 그때, 나는 햇살이나 그늘 속에 사운거리는 그 소리를 느낄 수나 있을까? 아니면 그때 나는 없고, 가녀린 소리가 된 내가 그 소리와 어우러져 이리저리 가뭇없이 섭슬려나 다닐까? 숭숭한 바람소리가 정겹고도 슬픈 것은 그 때문일까?

축담에 올라 청마리에 걸터앉자 짜박거리던 기원이가 치맛자락을 놓고 내 앞에 오뚝 섰다. 낯가림이 심한데 웬일인가 싶더니, 아니나 다를까 손가락을 입에 물고 서름하게 쳐다보는 얼굴이 눈물범벅이다. 두 눈을 질끈 감았다 다시 뜰 때마다 갈색의 연한 눈동자가 초롱초롱 빛난다. 엉겁질에 엉거주춤 다가서는 내가 좀 머석했나 보다. 두 눈이 호꼼해져서 잔방모티로 쪼르르 달아난다.

니비두디이를 깔고 잠이 든 대원이의 얼굴이 둥글넓적하다. 두툼하고 흰 샅바는 노랑고무줄에 둘둘 감겼다. 볼록한 배가 자꾸만 부풀락거린다. 막냇동생 시야가 잠잘 때도 저렇듯 가쁘다. 나도 얼라아 때 저렇게 청개구리처럼 부풀락거렸을까? 아, ……그 청개구리는 지금 또 그 빼뿌재이 이파리 위에 앉았을까? 아니면 그때 깜짝 놀라서 아예 다른 또랑으로 가버렸을까? 후제 다시 본다면 알아볼 수나 있을까? 그런데 청개구리는 몇 살까지 산담? 이모한테 물어봤으면 좋으련만……이모는 무얼 하고 있담?

나는 잔방모티이로 들어섰다. 솔개비 타는 냄새와 함께 누진 하근내가 풍긴다. 웃음소리가 또 한꺼번에 터진다. 주뼛이 서 있건만 누구 하나 나를 보는 사람은 없다. 전놀이 때는 이렇다. 살구꽃이 흐드러진 절골 서재에서 동네 해치를 할 때도 맨 그렇다. 아지매들이 몰려서 바가치 장단에 소구리춤이라도 출라치면 아아들은 니내없이 집 잃은 강새이 짝이다. 가마솥과 한뎃부석을 가린 검정 치마와 몸빼바지 사이로 쪼그려 앉은 이모의 뒷등이 보인다. 이모는 찌짐 부치는 재미에 빠졌나 보다. 토담처럼 둥긋이 쌓아 만든 한뎃부석에 붙어 앉아 한 손을 얼굴에 댄 채 바삐 팔을 놀린다. 거뭇한 철판때이가 치직거릴 때마다 자북한 김이 피어오른다. 외숙모님은 기원이를 업은 채 긴 주개로 가마솥을 저으신다. 작은외증조할무이는 가마솥 부석에 마른 솔캐이를 탁탁 꺾어 넣으신다.

반죽 양푸이를 든 어무이는 언제 갈아입으셨는지 울긋불긋한 몸뻬 차림이시다. 반죽에다 간추린 쪽파를 넣고서 버무리신다. 오늘 안 가시려나 보다. 외증조할아부지가 가라고 하셨건만……은근히 걱정이 된다. 그러나 어무이는 또 갑짝시리 나를 부르며 보따리를 불불 챙기실 지도 모른다. 그것도 걱정이다.

그나저나 한참을 침을 꼴딱거리며 서 있어도 아무도 나를 바라지 않는다. 모두들 빙 둘러앉아 서로의 얼굴을 보거나 손을 놀리며 복작거려서 멀찍한 눈엔 딴 세상 같다. 나는 이제 아프지도 않은 어깻죽지를 잔뜩 내리고 우는소리를 해볼까 망설인다. 쩔뚝발이 행세로, 이이이이……. 그러면 모두들 화들짝 놀라며, 또 아푸나? 우짜끼나? 하며 와르르 덤비겠지. 쳇! 우리 할무이는 난리통에도 내 숨소리까지 다 들으시건만. 나는 실무시 담부랑 틈새이로 빠져나갔다.

59
꽃비

흐린 날빛 속에 바람이 인다. 바람은 담부랑 이엉을 타고 초가지붕을 흩뜨리며 잘게 부서진다. 넓적하게 눌어붙은 구름이 윤곽을 흩뜨린 채 서쪽 하늘로 떠밀린다. 멀리 과수밭 다랑이에 외할아부지와 작은외삼촌이 희게 떠 있다. 우긋한 산자락을 감아 내린 축축한 바람이 초가지붕과 대숲을 쓸며 하늘로 미끄러진다. 나는 남새밭 두렁길에 쪼그렸다.

고요하다. 한쪽 고랑에는 까지 줄기가 나란하고, 또 한쪽에는 물외 넝쿠래이들이 높다란 지짓대를 휘감았다. 긴 바람줄기가 머리 위로 휘이 불어간다. 뒤따라 빈 고랑을 타던 여린 바람 한 떨기가 쏘문 잎가지 사이로 스민다. 거뭇한 잎과 연초록 이파리들이 화답하듯 두어 번 흔들리다가 금세 잠잠하다.

자부럽다. 고요 속에 그윽한 물결소리가 깔린다. 잎줄기 위쪽에 달린 물외가 흔들거린다. 두둑에 닿을 듯한 미끈미끈한 까지가 번득인다. 바람은 물외 넝쿠래이가 후르르 흔들리면 다가오고 가지 줄기가 파르르 떨리면 또 멀어진다. 넝쿠래이 속에 노란 불빛이 깜박거린다. 거뭇한 가지들 속으로 보라색 불빛이 떠돈다. 노란 불빛이 보라빛 불꽃을 부르고 보라색 불빛이 노란 불꽃을 솟쳐 띄운다. 흐린 하늘에 불꽃들이 우르르 피어난다. 노란 불꽃과 보랏빛 불꽃이 뒤섞여 내 머리 위로 꽃비처럼 쏟아진다. 불꽃 더미 저편에서 희미한 목소리가 잠길 듯 말 듯 끊임없이 새 나온다.

"도매금으로 넘기모 이문이 작아서 대겄더나?" "점빵 몇 군데 더 더터바야지예." "아는 데가 있어야재." "반성에 사봉 사람 천진데 알아보모 비미 있이까이?" "야야. 아아 자모 마리이다 뉘이지 와. 잔집에 느그 작은시조부한테 가볼꺼로. 길 나뚜고 뫼로 가겄나." "워이 아부지가 벌써 가밨일 낍니더." "작은할아부님 요새 반성 집에 안 계신다 쿠는 겉던데?" "그라모 청기와집에 있는가?" "거어도 잘 안 오신답니더." "아부임한테는 들리다 안하고 사흘디리 댕기간다 쿠더마는. 또 한양 가싰는 갑다." "저짝 가실 사람들한테 부탁해가 알아바야지예." "한 이틀 더 있다가 가모 시푸그마는……." "낼 장보고 바리 간다꼬 삶았는데 우짤라꼬?" "헤이가 삶았는가배?" "하모. 메느리보다 손주메느리가 더 편타고마."

"머라꼬 쿠시던고?" "머라 쿠시기는. 암 말씸도 안하시더라. 버꿈이 오리네예." "으이? 보자오내." "더 때도 대까예?" "쪼깬 더 쫄아야 대겄다." "댔다 마. 인자 다 댄 기다. 불 고마 때고 사아살 젓어라, 눌어붙을라." "낼 또 갖다조야 대는가예?" "머하그로. 오올 날랐인께네 요거는 스무이렛날에 갖다주모 댄다고마." "다음 장날이 스무여드렛날 아입니꺼." "그란께네 오올맨치로 하리 전에 갖다조야재. 에미야! 에미 오데 갔노?" "언니 방금 워이 닙히로 갔다, 옴마." "다음 장이 양력으로 메칠고오? 큰바아 달력에……에미야, 아아 배에 홑껍디이라도 덮어주지 와?" "예에. 덮었십니더. 요담 장날이 칠월 십팔일 아입니꺼." "으이? 칠월이라? 음력 오월달인데 달이 와 그리 빠리노?" "윤달이 찡기가 안

그랍니꺼." "맞다, 글채? 마리이 달력에 똥골배이 치나라이?" "예."

"반죽 좀 더 하까예?" "댔다. 요그마 부치모 대겄다." "솟금이 온제 내리꼬? 자꾸 더 오리모 우짜겄노?" "일소가 오대 돈값 몬 하까이. 천처이 사라모." "소 마구가 텅 비이 있인께네 속이 상해서……논도 몇 마지 더 늘고 힘에 부치인다 아입니꺼." "인자 및 마지기나 대노?" "열두 마지하고, 저분때 또 한 도가리 샀인께네 열네 마지하고 가오지쯤 댑니더." "하이고, 장타. 살림을 그래 도로 일바시야 대지." "정 서방도 면소 드갔인께네 살살 일가아 나가모 인자 대겄다." "씨누가 막내이 낳고 그 집안이 풀리네에?" "글캐 말다. 느그 막내이가 복덩거리다."

"시동생들도 말큰 다 돈 벌로 나갔담서?" "대럼 둘이 내치 집에 있다가 대구로 부산으로 안 갔십니꺼." "작은마느래는 안주꺼정 장사일 하나아?" "감 장사도 한다 캤재?" "가을마 대모 마산 장에다 함티이로 여다 나린다 아입니꺼." "바뿌겄다. 큰 장사든가 작은 장사든가 쏘시락하이 일이 많니라. 고마 부치도 대겄다. 에미야, 사랑바아 좀 더 갖다디리라이?" "할아부지한테 내가 가께, 옴마." "그래도 올매나 날로 우닫고 도와쌓는지……." "꼬치전마 담아라이? 할아부지는 꼬치전 드신다." "옆집 할배한테도 좀 보내지 와." "보자오내. 접시다 및 개 담아바라. 가다아 문지 앉는다, 밥수건 쪼깬 거 가아오이라." "작은마느래가 쎈찮은가 본마느래로 데꼬 온다쌓더마는 우찌 댔는고?" "쫓가낼 때는 온제고 소박자로 다부 데불고 오는 기 수울으까이?" "중풍기도 있는 겉고 영감이 노리에 잦아서 고생이다 마." "하이고오. 잦아서가 아이라 생때겉은 외동아들 토벌대 가서 죽고부텀 집안이 어글진 거 아이가. 그질로 고마 메느리도 살로 가삐고……사연이 많그마는." "박수건예." "잇아 언드라, 내가 댕기오꺼마." "그란데 야아는 오데 갔노? 찌짐 좀 미일 꺼로." "밭에 대럼한테 갔는 갑다." "일하는데 걸거치그로 거어 만다 갔이꼬?"

"오데고? 작은마느래가 오데 사람이라 캤더노?" "친정이 비실 아입니꺼."

"비실? 오데 비실? 저 우우 멩석멘에 비실?" "거어 말고 저짜아 여항 골짜아 비실에." "양촌서 오실골 드가는 비실이겄재. 골짝도 엄청시리 기니라." "하이고, 맞다. 거어가?" "열일곱 살 무울 때 진주 요릿집에 수양딸로 있다가 아부임 따라 용암에 옷다 안 쿠예." "열일곱에? 하이고 세사, 우짜든 간에 고맙다. 고맙아라." "일마 생기모 서리 의논 안 하예." "사람이 인덕이 있이모 산다." "하모. 인덕이 중하재. 과보는 과보대로 가고 공덕은 공덕대로 따리니라. 쌓은 공덕이 다 오데로 가겄노." "이 아아가 그란데 오데 가뺐노오?" "먼다아 밭에 한분 내다바라, 거어 있는가."

"니, 거어서 머하노? 자나?" "으이? 아아가 남새밭에 있나?" "하이구마, 아아가 밭고라아 앉아가 자는가배에?" "우짜꼬, 거어서 자나?" "우짜끼나, 온제 나갔더노?" "퍼뜩 업고 오이라, 마리이 누파아라." "와 이리 또옥……잠치이맨키로 와 아무 데나 앉아가 자꼬오?"

60
수잠

등더리가 서늘하다. 밭인지 대청인지 헛갈린다. 눈앞이 희뿌옇다. 실경도 서까래도 보이지 않으니 청마리가 아닌 듯하다. 총총한 불꽃이 불티처럼 부서져 날아오른다. 바람기가 없으니 두렁길도 아닌 듯하다. 발바닥이 헛헛하니 앉은잠이 아니다. 익은 목소리가 엷은 잠귀 속을 사운거린다. 두 눈을 가늘게 모으며 설핏한 눈앞을 응시하자 불꽃들이 수잠 속을 일제히 깜박이다가 흔적 없이 사그라진다.

"낼 공장 들렀다가 멫 군데 더터보고 바리 가께예." "장에 가거들랑 아아 베신이나 한 커리 사조라, 고무신 신기지 말고." "집에 있는데 지가 안 신느네예." "아이고, 자슥. 언가이도 애끼는 갑다." "요새도 작은마느래가 아아들 베신 사다 주나?" "설 추석마 대모 챙긴다 아입니꺼." "하이고, 그런 사람이 오데 있겠노. 들온사람이 세사." "집안이 댈라쿠모 들온사람도 음전코 바리다 쿠디이 차말로 그엇도 큰 복이다." "글캐 말다." "옴마. 들온사람이 머어꼬?" "살로 온 사람이 들온……." "살로 온 사람? 그거는 또 머꼬오?" "아이가, 시끄럽다 고마. 가수나가 그런 거는 말라꼬 물어쌓노? 찌짐이나 디끼라, 탄다." "엿집에 알아보모 안 대까? 비누 팔 데가 있일란가." "맨드는 기 중하지마는 팔기로 잘 팔아야 대지." "비눗공장도 하도 마이 생기서……." "장사가 수울컸나. 돈마 댄다 쿠모 할 사람들이 깍찼다. 땡삐맨치로 다 달라붙는 기다." "애비가 혼채서 고마 만고 고생이다." "머슨 법이 바끼가 담배 농사도 쎈찮채, 골짜아 가뭄마 쪼깬 지모 논농사도 글채, 밭농사도 애로애로 묵재, 그란께네 애비가 재미가 없어서 그란하나."

"어무이. 그짜아서 탄내 납니더. 불이 너무 쎈 갑네예." "야야, 퍼뜩 디비티리라. 어지가이 댄 거는 가아새로 내시라." "이문 냄기는 기 오대 수울나 말다." "이거는 파이다 마. 또옥하이 솔아서 서글푸다. 소두방따까리로 하꺼 아이가." "다 대 간다 마. 껌정 닦아낼라모 그기 일이다." "그래도 철판때이 이기 참 귀한기다. 할무이가 일본서 장사하실 때 치지미 부치던 거 아이가." "송아지 금은 우떤고예?" "송아지는 와?" "서너 살짜리는 대야 일로 하지 일철에 품앗이 소 빌리는 기 보통 일가." "작년에 한 바리 사 키운다쿠는 기 해가 가뺐네예." "저짝에 의령장이 헐타 쌓더마는 시방은 우떨란고?"

"요새 안 오리는 기 있더나. 물물이 다 다락거치 오린다. 거어라꼬 벨시럽으까." "군인들이 돈을 푼담서?" "돈금이 똥금 아이가." "올 가실에 표 찍으모 우찌 댈란고?" "그 사람이 대겠지그리." "누가예?" "반죽이 안주 남았나?" "쪼깬썩 남았십니더." "그라모 보태가 따로 쪼깬 꾸우바라. 할무이는 소풀하고 홍꼬치 쉬어 부친 거로 잘 드시니라." "거어 와, 박 머시기라 캤노? 색안경 끼고 새까마이 야물기 생긴 사람 말다." "안하끼라 쿠더마는예?" "안하끼모 애시당초 머하로 일바싰겄노?" "옛날에 기호지세라꼬 말이 있다. 안할라 캐도 밀리가는 기라. 떠밀리 가다 보모 젙에 사람도 끓고 욕심도 생기고 세상 이치가 글타." "글캐. 여픈데이 붙고 줄 선 사람이 한둘이까이? 그란데 오데 사람인고?"

"저 우우 대구 옆에 구미 사람이랍니더." "그 사람이 안 대모 또 전쟁 난담서?" "아이고 무시라, 무시라. 난리 지낸지 올매나 댔다꼬 또 난단 말고? 보도연맹인가 뭣인가 들라 캐가 사람들로 그리키나 총 놔 직이더마는 또 그 지랄 하낀가아? 처! 지 살 지 뜯어묵는 것도 모리고 이짝이나 저짝이나 문디 독새 겉은 늠들이 할 일도 무식기 없는 갑다 고마." "느그 아부지도 까딱하모 일 날뻔 안 했더나." "사람들이 구장을 앞세아가 사흘디리 찾아오디이라, 보도연맹 들라꼬." "그때 할아부지가……." "하모. 아부임 아이시모 큰일 날 뻔 안 했나. 하도 사람들이 불러내고 들쑤시싼께네 느그 아부지가 고마 도장 찍을라 캤디이라."

"하이고오. 밤마 대모 짚단 불로 훤하이 치키들고 이 골짜아로 넘어오디이라. 모곡서 오고 가실서 오고 산 너매서도 오고, 사람들이 와 그리 난리겄노? 니도 생각나재?" "생각나기로예. 열 한두 살 때 아입니꺼." "아부임이 고마 난리 아이더나. 도장 찍으모 그기 밍줄 끊는 일이라꼬 부자간에 연부터 끊자 쿠시는 바람에 안 찍었다 아이가." "할아부지는 우찌 미리 아싰일까예?" "세상에 다 이치가 있는 기라. 빨개이 짓 한 기 있기나 없기나 그런 데 머하로 들겄노. 아무 해당 없이 사람들로 글키나 들라꼬 조아대는 기 이치에 당하나 말다. 그늠들이 머어시 있기다마 그라지그리 비싼 밥 묵고 벌로 글쿨 택이 있나. 이치 맞는 일 겉으모 내비 나또도 사람들이 지 발로 찾는 기라."

"쌀뎃박이나 얻어 무울라꼬 도장 찍은 사람도 있고 이우지 사람 따라 얼싸절싸 든 사람도 있고……다아 생때겉은 사람들로 세사. 거시기 도락구……그 제무시 추럭떼기로 태아 가가 솔빡 총 놔가 안 직있나. 모졸티리 다 직있다. 불쌍

해라, 불쌍해라. 끄떡하모 잡아가가 이짜아서는 부역했다꼬 직이고 저짜아서는 군인 갔다꼬 직이고 와 그리 찌지고 뽂고 서리 몬 잡아무우서 난리겄노 말다. 왜정 때는 동네방네 처이들로 잡아가가 지름 짠다 쌓더마는 그늠들이 왜늠카마 더하다, 썸뚝시럽그로." "원래 넘보담도 핏줄찌리 싸암이 더 독한 기라." "처! 쎄가 만 발이나 빠질 늠들. 죄받을 끼다, 청천하늘이 있이모 온젠가는 천벌 받을 끼다." "즈그 식구가 끌리가가 죽었단 말도 몬 하고 사는 사람이 깍찮다. 골짝골짝이 쌨그마는." "아아들이 깰 때 댔니마는 안주 자나아?" "야야, 저녁 미이고 재우그로 다 깨아라이?"

1-3

이른 아침의 햇살은 너무나 성글어서 바람에 비끼며 청아한 소리를 낸다. 그 울림에 튕겨 온몸이 흩어질 것만 같다. 와그르르 흩어지면 내 몸은 지워지고 반짝임만 남겠지. 반짝반짝......반짝임이 젖은 감나무 이파리에 부딪힐 때 나는 나를 기억할 수 있을까? 그 반짝임이 여시비 끝의 짙푸른 풀잎에 스밀 때 나는 나를 추억할 수 있을까? 그 가뭇없는 반짝임이 밤새내 버석거리는 댓잎에 스칠 때 나는 나를 알아보기나 할까?

1-3

61
삽티고개

젖은 풀잎이 반짝인다. 산비탈 나무들이 젖은 잎가지를 축 늘어뜨렸다. 채 삼키지 못해 떨어뜨린 이슬방울들이 뿌연 안개가 되었나 보다. 햇빛이 튀어 먼 이내처럼 푸르스름하게 빛난다. "아이고오, 옆집도 이사가삐모 한 집마 달랑 남겠네에." 어무이가 고갯마루에 서서 외갓집 동네를 내려다보신다. "하나썩 하나썩 다 떠난다." 우긋한 산자락에 안긴 다랑이와 뚬붕, 그리고 논때기와 감나무 숲이 물감이 채 덜 마른 그림 같다. 대숲에 감싸인 기와지붕과 장독대가 아침 햇살을 받고 있다. 띄엄띄엄 흩어진 작은 초가지붕들이 노르스름하게 빛난다.

대문 앞에 서서 배웅하던 막내이모는 오솔길을 따라 한데새미 쪽으로 걷고 있다. 초록 잎가지 아래로 멀어지는 이모의 뒷모양이 손에 닿을 듯 가찹다. 한데새미 앵두나무와 감나무와 드무가 한눈에 잡혀서 가물거린다. 긴 바람줄기가 대숲을 쓸며 지나간다. 고갯마루에도 바람이 일어 산길 풀숲이 수런거린다. 다랑이를 미끄러져 내린 햇살이 되비치어 뚬붕의 수면이 번득인다. 뚬붕 옆 기스락의 물푸레나무와 쑥부쟁이 덤부레이가 가끔씩 일렁인다. 햇살은 또 논두렁길과 삽짝을 밝히며 한데새미 쪽으로 몰린다. 막내이모가 새밋가에 섰다.

이른 아침의 햇살은 너무나 성글어서 바람에 비끼며 청아한 소리를 낸다. 그 울림에 튕겨 온몸이 흩어질 것만 같다. 와그르르 흩어지면 내 몸은 지워지고 반짝임만 남겠지. 반짝반짝……반짝임이 젖은 감나무 이파리에 부딪힐 때 나는 나를 기억할 수 있을까? 그 반짝임이 여시비 끝의 짙푸른 풀잎에 스밀 때 나는 나를 추억할 수 있을까? 그 가뭇없는 반짝임이 밤새내 버석거리는 댓잎에 스칠 때 나는 나를 알아보기나 할까? 내가 나를 알아보지는 못할지라도, 긴 산등을 뒹굴거나 그 아래로 번친 오솔길을 타거나 논두렁길에 머물 때, 또 다른 반짝임이 화답하듯 비춰나 줄까?

이모가 새밋가에 홀로 앉아 있다. 키 작은 감나무와 앵두나무 한 그루가 눈시울에 닿을 듯 애잔하다. 앵두가 빨갛게 익으면 저 새밋가에 갈 수 있을까? 달개비꽃이 지기 전에 이 삽티골에 올 수 있을까? 하얀 연꽃이 필 때 다시 돌아올 수 있을까? 후제……후제, 저 산자락 밑 푸른 감나무 그늘 아래 이모캉 마주앉아 또 나무집을 지을 수 있을까? 멀리 대숲이 바람에 쓸리며 휘청거린다. 햇살에 반짝일 뿐 소리가 없다. 눈앞이 온통 거울면 같다.

이모야야! 하고 크게 한번 부르고 싶건만 목이 멘다. 목이 메지 않아도 외치지 못할 듯하다. 내가 목청을 높여 이모를 부르고 이모가 이쪽을 바라보며 활짝 웃으며 손짓한다면 나는 이 삽티고개를 넘지 못할 것 같다. 그냥 이대로 털썩, 주저앉을 것만 같다. 나는 어무이의 옆구리에 낀 보따리에 얼굴을 붙인다. 머릿속이 어찔해지며 눈물이 난다.

62
산길

고갯마루 너머 내리막길엔 자디잔 메띠이들이 튄다. 번득번득 모로 날며 뛰어들건만 싱그러운 풀숲은 잠잠하기만 하다. 햇살이 뜨겁고 아카시아 꽃향기가 짙다. 벌써 두 다리가 뻐근하다. 어무이는 치맛자락을 접어 쥐신다. "내리갈 때는 어깨로 뒤로 살째기 제치야 댄다, 올라갈 때는 허리로 수구리고. 그래야 수울타." 나는 비탈길 중테이에 우뚝 섰다. 가파른 발밑이 버겁고 굽이진 긴 골짝이 막막하다. 하룻밤을 더 잤건만 해딴에 가라시던 어제 외증조할아부지의 목청에 떠밀리는 듯 억하다. "와 가라 쿠시노?" "으이?" 어무이는 보따리를 앞섶에 붙이며 돌아서신다.

"외증조할아부지가 학자님 아이가." "학자님?" "책보따리 끼고 모곡서도 오고 가실서도 오고, 월사금 친다꼬 꼴망태이다가 쌀주무이도 담고 지름 댓베이도 옇고……사랑채에 글 배우로 오는 머스마들이 쌨디이라." "와 빨리 가라 쿠는데?" "우짜든 간에 어른들은 여자가 시집가모 넘으집 사람이라 안 쿠시나. 친정에 오래 있이모 안 좋아하신다." "나도?" "닐로 와아? 니, 말서이 이모캉 더 있고 접어 그라재?" 어무이가 손수건으로 내 얼굴을 훔치신다. "외갓집도 언자 예전캉 다리다. 외숙모가 아아로 또 뱄재에, 비누공장도 왔다갔다 해야 대재에, 엿도 고아가 여다 날라야 대재에. 쏘시락하이 일이 많다. 그래도 이틀 밤이나 안 잤나."

"길이 씨시이서 미끄럽다. 고랑 진 데로 디디라이?" 어무이는 다시 비탈길을 타신다. "이전에는 하리 밤도 몬 자그로 하싰다. 마리 앉았다가 니마 나뚜고 바리 온 때도 안 있었나. 지금은 마이 봐주시는 기다. 오올이 반성 장날이고 해서……." 나는 비탈을 따라 죽죽 파인 데와 또 불룩 튀어나온 데를 번갈아 딛는다. 헛갈려서 곱디디는 바람에 내리쏠린 몸이 가벼이 휘청거린다. "께시리 디디라, 자빠질라!" 나붓거리는 몸이 신나건만 비탈 밑에 내려선 어무이는 나를 올려다보며 조바심이시다. “이모도 후제 시집가모…….” “단디이 내리오이라, 말은 난주하고.”

나는 민틋이 바라진 산길로 가뿐히 내려섰다. “시집가모 이모도 몬 오나아?” “세상이 이리 바끼 쌓는데……동네가 남아 있기나 할란가……. 길이 멀다, 가자.” 어무이의 걸음이 빨라졌다. 다잡은 치마폭의 끝자락 밑으로 고무신 뒷동이 들랑거린다. 하얀 고무신 뒷동이 달걀 같다. 나는 길바닥에 다문다문 자란 바랭이를 눌러 밟으며 우쭐우쭐 뒤따른다.

산길은 골짜기를 따라 휘어진다. 왼편으로 감돌면 왼쪽으로 돌고 오른편으로 꼬붓하면 오른쪽으로 꼬부라진다. 눈앞에 산등이 앙버티면 내 몸을 가파르게 끌어올린다. 잔솔이 듬성듬성한 능선 길을 따를 때에는 두 다리가 오히려 풀려서 하늘에 닿은 듯 우쭐해졌다. 나는 산길을 벗어나 띄엄띄엄한 풀덤불을 에돌기도 하고 부풋한 다복솔을 기웃대기도 하며 앞서거니 뒤서거니 걸어간다. 바람은 시원히 불건만 바람소리는 안 들린다. 재재재 새소리는 뿌리건만 그 모습은 보이지 않는다. 구름 잡힌 등성이를 따라 넘실거리던 산길은 봉긋한 산머리를 끼고 돈다. 새빗대가 무성한 산허리께로 따가운 햇살이 쏟아진다.

가느다란 산길이 풀밭 언저리에서 두 갈래로 펼쳤다. 앞서 걷던 나는 썩 바라진 갈림목에 섰다. “옴마, 어든 짜아로 가노?” “쪼깬 쉬있다 가자.” 반반한 산허리께 풀밭은 이쪽저쪽의 산봉 능선에 감싸여 방 안에 든 듯 아늑하다. 산길의 한쪽 갈래는 가쁜 숨을 몰아쉬며 왼쪽의 능선을 타고 오른다. 또 다른 갈래는 삿갓구름 같은 산밭을 툭툭 내던지며 골짝 아래로 흘러내린다. 굽이진 골짜기에 햇살이 가득하다. 먼 골짝 끝머리에 흩어진 초가지붕들이 아슴푸레 흔들거린다. 어무이가 손가리개를 한 채 서 계신다. 나는 어무이의 눈길을 따랐다.

오른쪽 산등 아래로 네모난 달골저수지가 내려다보인다. “저짝 길로 따라가모 저수지에 안 대이나.” “그짜아는 길도 없다, 옴마.” “사람들이 잘 안 댕긴께네 묻히이서 안 글나. 그래도 잘 더터 보모 풀이 다리다. 표가 나니라." 어무이가 손가리개를 풀고 보따리를 풀밭에 내리신다. "길이라쿠는 기 잘 안 없어지니라. 없어지삔 상싶어도 한 사람마 지내가모 금방 또 살난다."

내려놓은 흰 보따리 옆으로, 파릇파릇한 풀밭 위로, 쏘뭇쏘뭇 웃자란 쑥부쟁이 너머로 가느다란 산길 하나가 덧그림처럼 떠오른다. 연필로 눌러 쓴 공책의 뒷장 자국처럼 흔적을 잇대며 희미하게 살아난다. 다시 보니 제법 또렷하여 미리 쳐놓은 속긋 같다. 맨 오른쪽 길이 나타났으니 이제 산길은 세 갈래가 되었다. "옴마가 학교 대이던 길이다." "학교?" "저 밑에 저수지 지내서 굼실 앞들로 내리가모 사봉학교 아이가."

어무이가 바라는 산허리 아래로, 멀리 물빛 짙은 저수지 쪽으로 산길 하나가 뿌옇게 떠서 흘러내린다. 저수지의 양쪽을 에두르며 파닥거리더니 층층이 낮아지는 다랑이를 지나 그늘숲 기스락 속으로 사라진다. 저 산봉 뒤에 사봉학교가 있나 보다. 네모난 건물도 빼곡한 유리창도 또 널따란 운동장도 산봉우리 뒤쪽에 숨었나 보다.

"저수지 짜아로 가모 안 대나? 학교로 내리가 보자, 옴마." "아이가. 둘러가모 멀다, 똑바리 둥개나뭇길로 가야 대지. 둥개나무 지내서 한 고개마 더 넘으모 반성 아이가." "이모는? 이모도 저리 댕기나?" "모곡 들 너메 부계학교가 생기서 그리 안 대이나. 옴마도 사변 끝날 때쯤 오학년 때부터 부계로 댕깄다. 거어가 가적다, 산먼다아로 안 대이도 대고." "옴마. 나도 부계학교 댕기까?" "아이가. 면소땀에 학교가 있는데 와 여꺼정이나 댕기?" 풀밭에 앉아 저수지 쪽을 내려다보시는 어무이의 눈빛이 아득하다. 연한 볼그늘이 흔들거린다. 나는 또 덜컥 불안하다.

"옴마. 저 저수지도 개기 많재?" 어무이는 하염없이 저수지만 바라다보신다. "외갓집 뚬붕맨키로 잉어하고 자래도 사나아?" "으이?" "둑에 배미딸도 억수로 많재?" "……저수지 두린 길 비이재?" "길이 양짜아로 빵 둘리있다." "니 나기 전에 놀로 오가, 저 둑길로 아부지하고 큰외삼촌 하고 달리기도 해쌓았다. 아부지는 이짜아로 뛰고 외삼촌은 저짜아로 뛰고……. 누가 빠린고 내기했다 아이가." "옴마는?" "옴마는 응원마 했다." "놀로?" "……오빠 이이라! 오빠 이이라!" 어무이는 눈앞에 펼친 듯 손뼉까지 치며 큰 소리로 웃으신다. 어무이의 얼굴은 밝았지만 아득한 눈빛은 여전히 슬퍼 보였다. 나는, 그때 나는? 하고 물으려다가 입을 닫았다.

63
나물 뭉티이

덥덥하다. 세타를 벗자 사쓰 게더랑으로 스미는 바람이 시원하다. "세사, 이이 쑥 좀 바라." 어무이는 양 소매를 걷어 올리신다. 나는 어디 있었을까? "나사이도 쌨다. 질어서 다 셌네, 아깝아라." 어무이는 쪼그린 채 앉은걸음을 떼며 맨손으로 쑥과 나사이를 뜯어 모으신다. "아이구마. 달룽개도 있다. 줄기가 다 몰라삤네, 아깝다." 어무이는 손끝으로 시든 달룽개 줄기를 한참 어루만지신다. 나는 그때 어디 있었을까?

바람이 얼굴을 스쳐서 공중으로 흩어진다. 흰 구름이 산등성이 너머로 둥실 떠간다. 그때 나는 무얼 하고 있었을까? 능선에 걸쳐진 산길이 꿈틀거린다. 짙푸른 풀숲이 골바람에 쓸려 후르르 흔들린다. 나는 무엇이었을까? 저 드넓은 하늘에, 저 부픗한 풀숲에 그저 나는 흩어져 있었을까? 바람이 또 소리 없이 얼굴을 핥으며 지나간다. 하늘과 풀숲에서 바람에 불려 나왔을까? 어무이는 보따리를 끌러 내 세타를 말아 넣고 나물 한 줌을 뭉쳐 넣으신다. 저 나물 뭉티이처럼 바람에 돌돌 말리다가 툭, 하고 떨어졌을까? 어무이가 보따리를 볼끈 짜매신다.

나는 불쑥, 그때 나는 머했노오? 하고 묻는다는 게 말이 그만 헛나가고 말았다. "그라모 그때……저짝 길은?" "가실 넘어가는 길 아이가. 반성 신기 골짜아로 질러도 가는데 한참 가다보모 길이 험하니라." 어무이는 가운뎃길을 잡으신다. "다리 좀 풀리있재? 사아살 내리 가자이?" 이제 산골짜기를 따라 곧장 끝사리의 둥개나무까지 가야한다. 팍팍하게 오르내리고 꾸불텅 휘어지고 또 흘러내리는 길 끝에 우뚝한 둥개나무. 거기서 골짝을 버리고 꺾어져 숨찬 고개를 또 넘어야 반성이다. 길고 긴 산길의 끝인 양 후루루 몸을 떨던 둥개나무의 모습이 살아난다. 그 나무 밑을 떠나자마자 또 한 번 닥치는 고갯길에 낙심했던 기억도 되살아난다. 그때 나는 어무이의 등에 업힌 채 고개를 꺾고서는, 미안한 듯이 뻘쭘해진 둥개나무를 쳐다보았다. 그래 잠잠하던 둥개나무는 미는 듯 당기는 듯 푸른 잎가지를 흔들며 난감해 하긴 했었다.

가파른 비탈이 주춤한 자리마다 산밭이 얹혔다. 층지고 엇물린 산밭 사이로 흘러내린 잔솔이 풀덤불과 어우러졌다. 불쑥불쑥 웃자란 쑥부쟁이들이 서로 꽃대궁을 비빗대며 까르르거린다. 나는 물팡을 오그린 채 내리막을 번대가며 주섬주섬 할 말을 챙겼다.

"옴마. 비실이 오데고?" "비실은 와?" "잔할무이가 비실서 오싰나?" "니가 우찌 아노? 누가 글차주더노?" "들었다, 어지." "어지이? ……하이고 밭고라아서 다 들었는가배, 메구맨키로." 어무이는 보따리를 머리에 올리며 활짝 웃으신다. "다 들리더라. 불티도 막 날리이고……오덴지도 모리겄고……전때는 하늘에서 감꽃도 엄청시리 떨지고……." "잠질에 띠금띠금 들리던가배? 저짜아 마산 가는 길에 안 있나." "옴마. 외증조할아부지가……." "와?" "노디이가 머꼬?" "노디? 옛날 사람들은 징검다리로 노디이라 안 쿠나. 용암 갈래서는 잘 안 씨니라. "외증조할아부지가 한내 깽빈을 우찌 아시노?" "와 모리시겄노. 옴마 시집올 때 할아부지가 들러리 각시들 데꼬 이십 리 길로 걸어서 건넌들 한내꺼정 오싰다 아이가."

"시집올 때?" "하모. 벌써 석삼년이 다 댔네. 한내 대인께네 용암 동네 아지매들이 마지매 나왔디이라. 엉가이도 곱기 채리입고 머리도 끼미고 건너짝 깽빈에 줄줄하이 섰더마는……. 하이고, 내가 건너간께네 뒤에서 큰이모가 올매나 울어쌓던지." "옴마도 울었나?" "울 새가 오데 있더노. 옴마 열아홉 살 때 아이가. 징검돌이 멀찍해가 모똑잖디이라. 경망시럽어 비이까 싶어가 풀쩍풀쩍 띠다 몬 하고 치매로 모다쥐고 살째기 걸널라 쿤께네 또옥 모똑잖애 안 죽겄더나." "아부지도 마지매 나오싰나아?" "아부지? 아부지가 와 마지매 와? 새질걸음 아이가." "새질걸음?" "식 올리고 사흘 대모 신항을 하는 기라. 신항 알재? 신행 말다." "어으. 안다. 우리 동네로 새각시 오는 거." "외갓집서 잔치하고 아부지도 같이 오시는 거 아이가."

"우체국다리 짜아로 올라감시로 뒤돌아보모 울고, 뒤돌아보모 또 울고, 큰이모가 그리 섧기 울어쌓디이라. 옴마는 고마 어리둥절하고 쪼깬 무섭고……우떤 동넨고 우떤 사람들인고 궁금도 하고……. 그란데 멀리 할아부지로 철본께네 힘이 나더마는. 그래 마음을 다부지기 무웃다. 사람이 약해지모 안 대는 기라. 마음을 단디이 묵고 헤치가야재. 할아부지가 한내 저짝 둑길 우우 떠억 서 계싰다 아이가. 도포 입고 갓 씨고 태산맨키로 우뚝하시디이라. 힘들 때마다 똑 그 모습이 어른어른하디이라. 내가 잘몬하모 넘한테 우사 당하고 할아부지로 욕비이는 거 아이가. 어른 이름을 빛내지는 몬할망정 우찌 끄실리그로 하겄노. 세상살이라 쿠는 기 지 혼채 사는 기 아이다. 다아 우아래로 옆으로 얼키고 설키가 있는 기라. 그란께네 우짜든 간에 사람이 사람 도리로 다하고 살아야 댄다. ……니, 옆구리 또 아푸나?"

"신에 돌메이가 찡기있다." "배기이는가배에? 벗어가 탈탈 털어라, 티눈 생길라. 고마 베신을 신고 올 꺼로." 나는 길가 너럭돌에 걸터앉았다. 신째이서 잔돌 두엇이 떨어진다. "베신은 멩년에 학교 갈 때 신으끼다." "멩년에 가는가아. 학교로 맘대로 가는 기 아이다, 때가 대야 가지." "그라모 온제?" "후내년에 갈 낀께네 한참 남았다." "멩년에 가끼다." "아이가. 나가 안 찼는데 우찌 가." "창섭이도 멩년에 간다 쿠더라." "가아는 니보다 한 살 우우 아이가." "아이다. 양력으로 치모 내캉 같다." "양력으로 치모 대는가아, 음력으로 치야재. 그라고……그란데 저 할매는 오데 간다꼬 저리 올로오시는고?"

64
산밭

맞은편 비탈의 산길을 오르는 하얀 할매가 내려다보인다. 허리를 잔뜩 굽히고 흰 머리를 치키들었다. 지팡이를 짚는 걸음새가 불안하여 이리저리 쏠리는 몸이 그대로 나동그라질 듯하다. 갸웃한 허리께에 소구리 하나가 붙었다. 높다란 밭둔덕의 기스락 길이 꽤나 길어서 허위허위 부지런한 몸짓인데도 제자리 걸음이다. "옴마. 우리 옆집에 하동 할매 겉다." "글캐. 할매들은 젊을 때 아아로 마이 낳고 지대로 몬 묵고 고생하시서 안 글나. 노리 가모 고마 허리가 다 절타." 길쭉한 밭두둑을 덮은 들깨 잎줄기가 바람결에 쓸린다. "하이고오, 엉가이도 질었다." 위쪽 밭의 파란 도라지꽃도 후루루 흔들린다. 밋밋한 밭둔덕에는 작은 똘감나무 한 그루가 기우뚱하다. 우중충하게 엉클어진 줄기가 군색해 보이더니 웬걸 바람결에 생기가 발발해서 파르르 몸을 떤다.

"옴마. 그라모 외증조할아부지는 깽빈에마 오고 우리 집에는 안 오시나아?" "그래도 환하이 다 아신다." "우찌?" "용암 어른들캉 서리서리 아신다 아이가. 유림에 행사 하모 다 안 만내시나. 어른들은 골짝골짝 흩어지 살아도 훠언하시다. 누가 우떤 사람인지, 누가 잘사는지, 누가 처신을 잘하고 몬하는지, 누가 누집 손잔지 다아 아신다. 집안 내력도 손금 보드끼 다 아신다 아이가. 그란께네 늘 조심하고 살피고 지 할 도리로 다해야 대는 기라. 발 없는 말이 천리로 간다꼬, 사람 도리로 몬하모 금방 소문나고 온 집안에 먹칠하는 기다.” “비오는 것도 아시나?” “하모오. 하늘 보고 다아 아신다. 골짜아 들앉아 계시도 세상천지로 내리다보신다 아이가. 옛날에 말이 있다, 어른이 갓 씨고 나서모 비가 그치고 어른이 도롱옷 걸치고 나가모 마린하늘에 비가 내린다꼬. 세상 이치로 아시는 기라. 경험이 많고 책을 마이 보시서 그란하나. 니도 난주 학교 가모 책 열심히 바라이? 학교 가모 어른맨키로 지 할 일은 딱딱 챙기고 지가 알아서 해야 대는 기다.”

“내도 이모따라 학교 갈 꺼로.” “이모는 니보다 두 살이나 많으께네 안 가나. 생일로 치모 세 살 우우다. 니는 후멩년 아이가.” “창섭이도 멩년에 간다 쿠고, 홍골 고야는 벌써 간다 쿠더마는.” “고야라이? 군북 아지매 집에?” “하모. 태고가 고야다. 내캉 생일도 같은데 벌써부터 대인다.” “안주꺼지 댕기? 그라다가 한 해 꿀릴라꼬?” “요새는 안 댕기고…….” “즈그 태구이 헤이하고 겡자 누야하고 다 댕긴께네 한 분썩 놀로갔던 거 아이까이? 학교 가다가 주우다 오좀 싸고 그라모 안 댄다 고마.” “오좀 안 싼다아.” “니는 함안 아지매 집에 외서이하고 항꾸네 갈 꺼 아이가.” “가수나들캉 안 가끼다.” “얄궂다아, 같이 잘 놀더마는 와 그라노오? 혼차 가는 거카마 안 낫나? 그라고 학교 가모 가수나 머스마가 오데 있노, 다 한 반 대낀데.” “고마 창섭이하고 멩년에 가끼다.” “학교로 그리 지 맘대로 가는 기 아이라 캐도. 나가 차야 간다 말다.”

“병그이 헤이가 지 따라 가모 댄다 쿠더라.” “아아들도 참 얄궂다. 가모 대다이?” “운동자아 졸졸하이 나래비 설 때 찡기삐모 댄다 쿠더마는…….” “하이고, 억궂어라. 만날 붙어댕기더마는 벨소리로 다 해쌓는다 고마, 대잖그로.” “병그이 헤이는 학교 드가더마는 언자 내캉 안 논다.” “와아? 닐로 안 데꼬 댕기나?” “노는 데 안 찡가준다. 지 책보따리마 내한테 앵기고 딴 헤이들캉 띠이가삐더라.” “그라모 저짜아 원산 아지매 집에 순옥이한테 가라모.” “가수나들캉 안 논다 캐도.” “순옥이는 가적은 집안 아지매 아이가. 아지매로 가수나라 쿠모 대는

가아. 말서이 이모하고 나가 안 같나. 닐로 올매나 챙길 낀데." "하나도 안 챙긴다." "와아?" "내가 자빠진께네 지 혼채 실큰 이이쌓다가 가삐더라." "장난한다꼬 그라는 거 아이가."

"이모는 안 그란다. 이모는……내가 자빠지모 울라 쿤다." "개안타. 다아 닐로 좋다꼬 그라는 기다. 후내년 대모 어불리 갈 아아가 천지 아이가. 정지나밑에 마산 아지매 집 태정이 있재에, 저 우우 기내 아지매 집에 창호 있재에, 메실아지매 집에 숙희 있재에, 배추 아지매 집에 식이 있재……." "식이가 누고?" "막내이 남식이. 인사이 헤이 동생 말다. 남숙인데 식이라 안 쿠나. 그뿐가. 원산 아지매 집에 다그이 있재, 한골 아지매 집에 웅그이 있재, 홍골 금산 아지매 집 헹그이도 있재, 저 밑에 동살미 아지매 집 태복이도 있재, 서재에 겡아도 있재……." "겡아는 눈데?" "절골 실안 아지매 집에 겡섭이 말다. 그뿌이가 오대. 또 절골 첫집에……가아 이름이 머시더라? 머시기 복용이라 쿠던가? 가아도 있재……깍찼다."

"우짜든 간에 니 나던 해 빨래하로 나가모 니마한 기, 또옥 업히 나온 아아가 총총하디이라. 말큰 다 후내년에 갈 꺼 아이가." "가아들은 싹 다 내캉 안 논다." "그래도 같이 학교 댕기모 금방 친해진다 아이가. 생일도 늦는데 한 해 일찍 드가모 큰 아아들한테 치이서 대는가. 학교 가모 올매나 야물어야 댄다꼬. 선생님 말씀하실 때 자불지 마고 똑디이 들어야 대는 기라. 단디이 안 듣고 벌로 듣다가 가아오이라 쿠는 것도 모리고 다른 아아들 꺼낼 때 멍해가 있이모 우짜겄노? 쉬는시간에도 오줌부터 먼지 딱 누고 놀아야 댄다 아이가. 놀다가 고마 종 치삐모 공부시간에 오줌 마렵어서 우짜겄노오?" "……공부시간에는 오줌 누로 몬 가나아?" "하모오. 드가는 종 치기 전에 딱 오줌을……."

어무이는 문득 말을 끊고 건너편 산길을 바라보신다. 하얀 할매가 똘감나무께 밭둔덕 위로 호미를 던져 올린다. 소구리는 벌써 머리 위의 산밭 고랑에 엎어졌다. 할매가 가파른 둔덕을 더우잡고 기어오른다. 둔덕 기스락에 달붙은 채

꼼작거리다가는 미끄러져 내린다. 잠시 머뭇거리더니 지팡이까지 던져 올리고는 또 기어오른다. "답답시럽다 고마. 길따라 둘러가모 대낀데 낙매보모 우짤라꼬 저라꼬?" 할매가 또 주르르 미끄러진다. 이번에는 아예 둔덕 밑에 고꾸라졌다. "가마있거라 보자." 어무이가 치맛자락을 말아 붙이고 잰걸음을 놓으신다. 움푹 팬 마른 또랑을 훌쩍 건너뛰신다. 산길 갓쪽의 너럭돌에 쪼그렸던 나는 덩달아 벌떡 일어섰다. 날랜 몸짓에 연두색 치마가 날아오르는 듯하다.

어무이가 할매의 팔을 잡고 천천히 산길을 따라 오르신다. 산길은 높다란 둔덕을 차츰 낮추다가 긴 산밭 끄티이서 밭머리에 잇닿는다. 어무이가 할매를 부축하며 밭고랑을 타고 똘감나무께 소구리가 엎어진 데까지 내려가신다. 할매는 지팡이 대신 어무이의 팔을 잡은 채 한쪽 팔을 휘휘 내두른다. 내처 소구리에 호미와 지팡이를 담고는 똘감나무 옆에 그대로 쪼그렸다. 어무이도 그 앞에 마주 앉으셨다.

또 이야기가 길어질 듯하다. 나는 너럭돌에 느긋이 걸터앉았다. 해가 벌써 중천이다. 구름은 두둥실 흘러가건만 골짜기에 일던 바람은 뚝 그쳤다. 가끔씩 구름그늘이 드리우고 또 환해지는 이 깊은 골짝은 이제 바람조차 비껴가나 보다. 신나게 산등을 타던 바람줄기도 긴 골짜기의 고요 속에 잠기나 보다.

65
멧비둘기

건너편 깨밭에서 두런거리는 목소리는 귀를 기울일수록 더 희미해져 버린다. 심심하다. 나는 보따리를 끌러볼까 말까 망설이며 두툼한 고를 만지작거린다. 비스듬한 산길을 반쯤 가린 새빗대 덤부레이가 여린 바람에 흔들린다. 어디서 버석거리는 소리가 난다. 너럭돌에서 궁디이를 떼고 엉거주춤 일어서려니 금세 잠잠해진다. 소리는 덜미 쪽에서 났다. 뒷등의 높다란 밭둔덕은 푸른 띠풀을 담요처럼 걸쳤다. 산밭은 보이지 않고 부스럭거리는 소리만 또 들린다. 나는 솔깃이 귀를 세우며 벌떡 일어섰다.

고개를 뽑고 뚤레뚤레 살펴도 눈앞에 보이느니 띠풀뿐이다. 둔덕 위로는 키가 안 짤리간다. 냉큼 너럭돌에 올라 까치발을 딛고 목을 빼었다.

오동통한 멧비둘기다. 네댓 마리가 꽁지를 가뜬히 치세운 채 시금치 새순이 쏘뭇쏘뭇한 이랑을 쪼고 있다. 산비탈 덤부레이서 날아오른 또 한 마리가 저편 밭머리에 내려앉는다. 무리에 섞여 바삐 쪼아댈 줄 알았더니 웬걸, 잠잠하다. 뒤늦게 날아든 갓다리로 보았더니 품새가 예사롭지 않다. 두툼한 목을 세우고서 밭두둑을 한껏 꺼두른다. 덩치가 더 큰데다 회색 깃털이 한결 밝아서 주위에 광채가 번진다. 투실투실한 몸통에 층층이 박힌 초생달 모양의 줄무늬가 꿈틀거린다. 나는 곰곰궁리로 머리를 굴리며 실무시 몸을 낮추었다. 내처 돌메이 하나를 불끈 쥐고는 둔덕에 몸을 붙였다. 숨을 훅훅 가누며 큰 덩치가 앉은 데를 머릿속으로 가늠했다. 둔덕 위로 왼팔을 잽싸게 걸쳐 올리면서 돌메이를 휙, 날려볼 셈이다.

오그린 다리를 쭉 펴며 한껏 몸을 솟아아 밭둔덕 위로 팔을 내짚는 순간, 산밭 위쪽의 능선에 바지게 하나가 덩실 나타난다. 얼결에 돌메이는 엉뚱한 데로 날았다.

멧비둘기들은 여전히 부리를 놀리고 있다. 저편 밭머리에서 주위를 살피던 큰 덩치는 내 쪽을 힐끗 살피더니 일없다는 듯 먼산만 본다. 돌메이 떨어진 데가 꽤 멀었기로서니 저것이 놀라는 시늉조차 않다니. 그 턱에 다른 멧비둘기들도 도망은커녕 머리를 맞대고 열심히 밭고랑만 쫄 뿐이다. 맥 빠진다.

둔덕에 턱을 붙이고 있노라니 큰 덩치는 밭둑을 쪼다 말고 뾰족한 부리와 동그란 눈을 내 쪽으로 향했다. 이제 아예 대놓고, 너 할 말 있나는 듯 말똥말똥 쳐다본다. 손에 잡힐 듯했던 저편 밭머리가 까마득하다. 저기 낼로 시푸 이이나? 초생달 무늬를 뽐내는 그 품이 아주 느긋하여 버럭 화가 난다. 태연시리 쪼고 달코 해고리 쌓는 기 바짝 약을 올리며 고고거리는 달구새끼 같다. 화를 누르며 요것을 어째볼까 궁리하는 사이에 놈은 뭉텅한 목을 비뚜름히 틀며 머리를 갸웃거린다. 니, 와 글쿠노? 하며 내 쪽으로 뒤뚱뒤뚱 다가올 기세다.

나는 흠칫 몸을 빼어 너럭돌에서 내려섰다. 더 굵은 돌삐이 하나를 불끈 쥐었건만 더럭 겁이 난다. 아까처럼 또 잽싸게 머리를 내밀 때, 돌삐이를 힘껏 날리려 할 바로 그때, 산밭 위에는 미처 생각지도 못한 일이 펼쳐질 것만 같다. 구구거리는 소리와 바스락거리는 소리가 너럭돌에 쪼그린 내 머리 위에 멋대로 굴러 내린다. 다리오금이 저릿저릿하다.

요 달구새끼 같은……요놈의 새를! 두 다리에 힘을 주며 냅다 몸을 벋치려는 순간, 굵직한 노랫소리가 터져 오른다. "이이 가앙산 나악화아유우수 흐르으는 봄에에." 글렀다. "새에파란 절믄꾸움을 여어끄은 매앵서어야아아……." 청승맞은 노랫가락이 산밭을 훑으며 산골짝 널리 퍼진다. 늙수구리한 동네 아재들이 부르던 노래다. 탁배기에 불그레 취해 설센 무시 짝으로 맥없이 흥얼거리던 그 가락이다. 이 강산 낙화유수 어쩌고저쩌고……첫, 깨방정에 오두방정이라더니 하필이면 그때 바지게를 띄우더니……노래까지 부르고 이때 웬 난리람?

"퍼뜩 오이라아!" 기다렸다는 듯이 어무이의 목청까지 울린다. 그에 멧비둘기들은 후루루 산등성이 너머로 날아가 버렸겠지. 산길을 내려가는 허전한 마음이 차라리 후련하다. 서두르는 발끝은 자꾸 엇갈리건만 너럭돌에서 멀어지는 마음이 왠지 홀가분하다.

"들고 와야재!" 나는 흠칫 고개를 들고서 건너편 산길에 서 계신 어무이를 바라보았다. 멍하다. "보따리 말다, 보따리이! 자아가 와 저리 섰이꼬?" 돌삐이는 내가 왜 쥐고 있담? 한숨이 절로 난다. 큼직한 돌뻬이가 발치에 툭, 떨어진다. 도로 너럭돌 자리에 다가갔을 때에는 산밭 위쪽이 몹시도 싸아하다. 아무래도 멧비둘기들이 그대로 있을 듯하다. 그 큰 덩치는 지가 다부 궁금해서, 야아가 오데 갔노? 하며 밭둑 이쪽을 갸웃거릴 것만 같다. 그래 짙은 초생달 무늬를 반짝이며 내가 도로 나타나기를 기다릴지도 모른다. 나는 보따리를 든 채로 깨금발을 하고서 산밭 위쪽을 쫑긋이 올려다보았다.

평평한 위쪽 밭둑이 그듬새 움푹움푹 패었다. 각지게 떠낸 뗏장 몇이 시리떡처럼 쌓였다. 뒷머리를 길게 늘어뜨린 남자가 밭둑에 수군포를 대고서 몸을 잔뜩 수그렸다. 키가 작고 호리호리한 몸매에다가 갸름한 얼굴이다. 천상 용주 외삼촌을 닮았다. 그런데 얌새이를 먹이러 두렁길과 산자락을 타던 외삼촌은 어디 갔을까? 얌새이를 몰고 어디로……아, 생각났다! 용주 외삼촌은 한날 얌새이를 몰고 반성장으로 갔다. 그러고는 그질로 돌아오지 않았다. 언젠가 어깨너머로 들었던 말이다. 안마당 덕석에 앉아 참깨를 털던 외할무이는 손을 놓고 먼 산을 보며 중얼거리셨다. 두 눈이 촉촉하셨고 한숨이 길었었다. "얌새이 판 돈이 다 떨지모 우짜꼬? 이누무 자슥……배고파서 우짜고? 집에 오고 접어도 채비가 없어가 몬 오모 우짜꼬……."

막내 외삼촌의 얼굴이 눈에 잡힐 말듯 아슴아슴하다. 환히 웃던 얼굴과 허기진 표정이 겹쳐서 눈도 코도 없는 탈바가지처럼 눈앞을 가로막는다. 남자가 얼굴에 처뜨려진 머리카락을 고갯짓으로 넘기며 내 쪽을 본다. 나는 밭둑머리에 달붙은 팔에다 턱을 받쳤다. "여어엉추운화 야아들야아들 곱게피이거언마아안." 남자는 또 수군포 날 어깨를 쿡쿡 밟으며 흥얼거린다. "시이들은 내처어엉춘은 언제에 또오피이나아아……." 멧비둘기들은 노랫가락에 맞추어 신나게 구구거리며 밭이랑을 쪼아댄다. 달구새끼도 아닌 게 왜 내두룩 저러고들 있담?

투실투실한 몸통의 깃털 무늬가 바람결에 쓸린다. 넓적한 두둑을 덮은 시금치 순들이 파르르 떨린다. 밭둑을 타고 풀숲으로 산등성이로 불어가는 골바람에 노랫소리도 섞여 흐른다. 산봉 능선에 걸린 둥긋한 구름 한 장이 하얀 솜털을 풀어낸다. “내리오이라, 보따리 들고오!” 어무이가 저편 산길을 따라 내려가신다. 나는 보따리를 안고 터덜터덜 걷는다. 코밑까지 닿은 보따리가 묵직하다.

66
솔개그늘

골짝을 따라 내려갈수록 맞물린 양쪽 비탈의 어서리가 밋밋해진다. 펑퍼짐한 물길은 바싹 말랐고 뭉텅한 돌띠이 두엇이 징검다리처럼 불거졌다. 이쪽과 나란히 벋어 내리던 건너편 산길은 다랑논 둔덕의 풀덤불에 잠기고 이편 산길만이 폭을 넓힌다. 멀찍이 싹골 앞들이 보인다. 더 멀리 신작로 너머로 드넓은 들판이 펼쳐졌다. 들 끝의 산줄기가 아슴아슴하여 눈이 시리다.

눈앞의 층층 다랑이에는 호미모를 심었는지 밭나락이 질었는지 마른 바닥에 달붙은 어린모들이 기신없이 파리하다. 어무이는 움푹 팬 물길을 건너오자마자 보따리를 받아들고 앞장서신다.

“저 건네 무촌 옥담골에 사신단다. 손자 둘로 거다아 키운다꼬 할매가 고생이그마는.” “즈그 옴마는?” “세사 이삼드라, 젖미이 내삐고 가는 넌 자국자국 피가 맺힌다꼬……아아가 눈에 밟히서 잠이 오까? 밥이 입에 드가까?” “즈그 옴마가 오데 가뻤나?” “때꺼리도 없는 살림에 터덕거리 쌓다가 고마 진절미가 난 긴가, 서방도 내애삐고 오데 살로 간 긴가. 저 밑에 큰길가 개미모티이로 제금나가서 따로 살다가 돈 번다꼬 마산 가더마는 그질로 고마 안 온단다.” 멀리 산밭의 할매가 이쪽을 내려다보고 있다. 쪼그린 채로 한 손을 두어 번 허공으로 내친다. “일 보이소. 또 보입시더어!” 어무이의 목소리가 산자락을 타고 오른다. "서분해서 안 저라시나. 이우지도 없이 할매가 외롭다. 오는 사람이 있나 가는 사람이 있나. 외롭으모 지내가는 사람도 올매나 귀키 비인다꼬."

산허리 위로 멧비둘기들이 후루루 날아오른다. 앞선 한 마리가 초록 산등을 지나 푸르른 하늘 위로 둥실 떠오른다. 연한 회색빛 날개를 느긋이 뽐내는 것이 그 큰 덩치일 터이다. 밭머리에 번지던 광채가 이제 하늘길을 밝히며 퍼져나간다. "옴마. 저어 날라간다." "으이?" "저거 내가 아는 새다." "아는 새라이?" "아까전에 저짝 산밭에 내가 돌뻬이로 던졌는데 몬 맞차았다." "아이가, 그라모 대는가아." 너울 같은 구름그늘이 이편 산자락과 어서리를 비질하며 저편 산등으로 스르르 지나간다.

구름그늘이 빠지자 산자락이 더욱 환하다. 밭고랑에 앉아 호미질하는 할매의 머리 위로 솔개그늘 한 장이 스친다. 노푸당한 밭둑에 척 걸쳐지더니 층층다랑이를 지나 산등성이 너머로 빠르게 사라진다. "안 마차았다……장난친다꼬." "장난이라도 새는 돌에 맞으모 죽는다 아이가." "고마 한분 볼라꼬." "그라지 마라이? 옛날 부처님 애릴 때 논에서 쟁기질 구겡하다가 쟁기날에 거시이가 싹싹 짤리는 거로 보고 불쌍타꼬 글키나 섧기 우싰다 안 쿠나." "……지일라꼬 던진 거 아이다. 고마 날라가는 거 볼라꼬. 돌메이……쪼깬 거로……살째기……." 아까전에 다부지게 먹었던 마음이 머쓱하다. 마음을 안 들키려고 절로 떠듬거리는 말이 억하다. 이리저리 몸조차 오그라든다.

어무이는 보따리를 머리에 올리며 한 팔로 내 어깨를 감싸신다. 멧비둘기를 맞출 요량으로 굵은 돌뻬이를 불끈 쥐었던 손이 다시금 머쓱하다. 눈대중도 눈겨냥도 지대로 못했던 게 그나마 다행이다. 덩실 나타났던 바지게와 그 노랫소리가 엘로 고맙다. 나빴던 일이 좋아지니 어릿어릿하기도 하다. 하기사 좋았던 일이 나빠지기도 한다. 그러나 처음이 좋고 나중이 좋고 또 날이 갈수록 즐거운 일도 있기는 있다. 나는 오그라든 몸을 쭉 폈다. "옴마!" "와?" "내가 그전에 달팽이 한 마리 살리조옷다." "달패이로?" "하모. 우리 마다아 사랑마리 앞에 달팽이가 뽈뽈 기는 기라. 그래가꼬 볿히까 싶어서 잡아가 꽃밭에 옇어좃다, 내가." "하이고오, 그래. 그래야 대지. 다아 살라꼬 세상에 난 기다." "그란데에, 꽃밭에 살째기 나준께네 껍띠이 안에서 안 나오고 내두룩 가마이 있다가 한참 뒤에 기이가더라아?" "지도 다 요량이 있다. 미물이라도 다아 지 나름대로는 생각이 있는 기라."

"그란데 옴마." "와?" "이상하더라." "머시?" "아까 우떤 사람 옆에서 새가 달구새끼맨키로 앉았더라. 가마이 있더라, 노래도 부리고 수군포질로 해쌓아도 도망 안 가고." "노래가 오데서 들리는고 이있더마는 거어서 불렀는가배? 남인수 노래로 엉가이 잘 부리더마는. 눈고?" "남인수?" "가수 아이가. 진주 사람." "누가?" "그 노래 부린 가수 말다. 아부지도 그 사람 노래 좋아하시니라." "아부지가 그 사람 아시나?" "나지오 틀모 자주 나오는 가수다. 목소리가 참 낭랑코 곱니라." "옴마, 와 안 날라가노?" "으이?" "새가 와 도망을 안 가노오?" "새도 사람을 알아보는 거 아이가. 질로 해칠 사람인가 안 그랄 사람인가 안다." "우찌 아노?" "새는 똑 사람 눈을 철보니라. 눈을 보고 다 안다."

"그라모 새는 몬 잡아묵나?" "새로 와 자아무우?" "그라모 달구새끼는?" "……." "거우는? 소하고 돼지는? 하얀 얌새이는?" "……." "나무는? 풀은?" "……사람이 살라 쿠모 짐승도 잡고 나무새도 뜯어야 대지마는 벨로 하모 안 댄다. 우짤 수 없이 그란다마는 다아 땅에서 난 거 아이가. 그란께네 우짜든 간에 늘 고맙기 이이고 불쌍한 마음을 진기야 대는 기라." "그라모 나도 땅에서 났나?" "다모도 땅에서 나가 땅으로 가는 기다." "옴마. 나도?" "아이가. 와 이리 궁금한 기 많으꼬? 퍼뜩 가자 고마."

산길은 다랑이 아래로 휘어질 듯 풀리며 끝없이 이어진다. 두 다리가 또 팍팍해질 무렵에 평평한 길이 비스듬한 내리막으로 바뀐다. 몸은 앞쪽으로 쏠리며 절로 굴러 내리건만 물팡이 시큰거리고 장딴지가 뻐근하다. 땀이 찬 고무신 짜이가 미끈거린다. 발목이 아프다. 오른쪽 발가락이 옥붙었나 보다. 신발을 짝 짜이로 신은 듯 발끝이 모똑찮아서 자꾸만 걸음이 뜬다. 물웅디이라도 있으면 발을 흠뻑 담갔으면 좋으련만. 골짝을 패며 따라 내리는 또랑은 깨작하이 젖어만 있다. 군데군데 괸 물에 키 큰 새빗대와 대쑥이 우거졌다.

조그마한 물웅디이를 가린 풀덤불이 성성한 깔깔이풀에 휘감겼다. 공중으로 죽죽 벋은 덩굴손이 환한 햇살을 담은 채 연초록빛으로 반짝인다. 물빛에 되비친 햇살이 초록그늘을 뚫고 잎줄기 틈새로 번득번득 새어나온다. 여기도 청개구리가 살까? 허리를 꺾은 채로 걸으며 안쪽을 기웃거리니 옆구리가 저릿저릿하다. 땀이 밴 게드랑이와 사타구리가 끈적거린다. 멀찍이 트인 골짝 끝사리에 둥개나무 그늘터가 보인다. 얼쭈 다 왔나 보다.

둥개나무는 뒤쪽 멀리 초가지붕과 신작로와 부챗살처럼 퍼진 들판을 거느린 채 홀로 우뚝하다. 광대등걸 같은 밑둥치 아래로 짙은 그늘을 드리웠다. 들판에서 불어온 바람이 잎가지들을 헤적인다. 긴 골짜기도 이제 이쯤에서 지나가는 들바람을 불러들이나 보다. 작은 이파리들이 바람결에 팔랑거리며 초록빛과 은빛을 번갈아 떨어낸다. 바람은 또 산밭을 쓸며 산자락을 타고 산봉 능선으로 몰려가겠지. 내친 김에 더 높이 미끄러져서 둥실 떠 있는 구름을 밀겠지. 영차 어기영차 밀어나가다가 힘에 부치면 구름 속에 스미겠지. 그래 구름과 구름이 겹쳐서 묵직해지면 한바탕 시원하게 쏟아지겠지. 그런데, 비는 언제 또 온담?

67
둥개나밑

어무이가 보따리를 내리신다. 내처 둥개나무에 기대 세운 짚동에서 짚단 하나를 빼내어 불거진 뿌리에 올리신다. "여어 앉아라, 배기인다." 궁디이에 깐 짚단이 폭신하다. 다랑논 위쪽의 민둥산에 구름그늘이 드리웠다. 쨍쨍한 햇볕이 밋밋한 산자락을 밝히며 산등 위로 퍼져간다. 그늘이 빠지자 산등에 흩어진 멧등들이 밥사발을 엎어놓은 양 봉긋봉긋 도드라진다. 아래쪽의 산밭에는 파란 꽃이 지천이다. 햇살이 나무그늘 안까지 스미는지 눈앞이 어릿어릿하다. 잔허리를 틀며 윗몸을 곧추려는데 머리가 기신없이 떨어진다. 어무이의 목소리가 웅웅거린다.

"……엉가이도 잘 키아났네. 돌가지꽃 아이가." "……." "알재?" "……." "니 머리 아푸나?" "……안 아푸다. 돌가지? 도라지꽃?" "옛날 할매들은 말씨가 다리니라. 도라지는 가지가 있인께네 돌가지라 쿤다 아이가. 우떤 할매는 또 돌개이라 쿠고." "돌나물은?" "돌나물은 나사이맨키로 가지가 없다꼬 돈내이라 안 쿠나. 씬내이는 쑵다꼬 씬내이라 쿠고. 나사이는 알재?" "안다, 냉이. 밥에 비비 무모 맛있다. 시금치도 맛있고. 봄에 나사이로 마이 묵고 가을에 시금치로 마이 무모 빨리 큰다 쿠시더라, 할무이가." "하모. 머시든 간에 개리지 말고 꼭꼭 씹어서 마이 무야재."

"그란데 맛있는 거는 꼭꼭 몬 씹는다. 다 씹다 안해서 고마 꼴까닥 넘어가뻰다." "배탈나그로. 맛있다꼬 거탐 부리모 안 대고 천처이 매매 씨이무야재." "옴마. 매매 씨이무모 더 빨리 크나?" "하모. 그래야 야물기 크고 학교도 가재." "학교?" "저 끄트미이 바라. 이 길로 똑바리 내리가모 무촌 아이가. 골짝 끄티이 학교 비이나?" "오데?" "저어 밑에. 큰길가 짝에 운동장 안 비이나?" "하얀 집?" "저어가 중학교 아이가. 용무이 외삼촌이 저어 노옷다."

신작로 여푼데이에 붙은 네모난 집이 반성중학교인가 보다. 흰 이층 건물 위로 솟은 깃대에 초록 깃발이 달렸다. "오고가고 십리 산길로 비가 오나 눈이 오나 걸어 안 댕깄나." "옴마는? 옴마도 대있나?" "옴마는 쪼깬 대이다가 말았다. ……할아부지가 몬 대이기 안 하시나." "외할아부지가?" "외증조할아부지 멀리 댕긴다꼬 새복겉이 샛문으로 나가고 집에 들올 때는 새밋가 앵두나밑에 숨었다가 들오고 안 했나." "와 몬 댕기기 하싰노?" "여자는 집에서 살림 배우고 내훈 배아야 댄다꼬. 한날은 들키이가 발목 노오는 교복 치매 입었다꼬 난리가 났디이라." "내훈이 머꼬?" "할무이한테 마음가짐 배우는 거 아이가." "마음가짐?" "하모. 바리 생각는 거. 우짜든 간에 사람이 삐뚜룸하모 안 대고 마음씨로 바리기 무우야 대는 기라. 언자 여어서 막바리 넘어가모 샛터다. 생각나재?" "고개 너매 집이 엄청시리 많더라." "거어가 새터 아이가."

"옴마. 길수 아재도 졸업하모 저 중학교 가나아?" "길수 아재는 진주로 가끼다. 니도 난주 학교 가모 공부 열심히 해라이? 머로 해도 요독을 씨야 잘한다. 정성시리 안하고 벌로 하모 고마 처진다 아이가." "그라모 나도 진주로 가나아?" "하모. 진주마 가? 서울도 간다. 사람이 도회지로 나가야 대지……." 뿌우연 신작로를 타고 성냥통 같은 차 두엇이 줄달음친다. 둥개나무의 늘어진 밑가지 틈으로 산등성이의 묏등들이 어릿거린다. "옴마. 저 우우 멧등이 똥골똥골하다." "다아 세상살이 하다가 북망산천 간 사람들 아이가. 그래도 복 받은 사람들이다. 세상 구겡도 몬 하고 죽은 아아들도 쌨다."

잎 끝에 튕기는 햇살에 눈이 부시다. 어찔한 기운이 스치자 머릿속이 텅 빈다. 어무이는 근심어린 표정으로 내 이마를 짚으신다. 손수건으로 내 코끝을 훔치고는 둥개나무를 올려다보신다. 굵고 가는 잎가지들이 부챗살처럼 퍼져 하늘을 다 가렸다. 반드러운 밑둥치에 가느다란 휘추리가 벋었다. 그늘 안쪽을 헤집는 바람결에 흔들린다. 쫑긋한 덧잎이 잎가지 틈새로 스미는 햇살에 반짝인다. 저 덧잎은 휘추리도 없이 거뭇한 나무껍디이서 어찌 돋았을까? 치어다보는 머리가 묵직해지더니 푹 숙어진다. 절로 앞쪽으로 쏠리는 기운을 이기지 못하고 묵은잎처럼 오그라든 몸이 버석거린다.

지이이이……. 길쭉한 쇳소리가 머릿속을 뚫고 지나간다. 뿌옇게 흐려진 눈앞으로 바람 한 줄기가 스쳐간다. 연초록 덧잎이 파르르 떨린다. 덧잎 위에 올라앉은 청개구리가 보인다. 게슴츠레한 눈길을 허공에 두고 연신 턱밑을 발록거린다. 그 위쪽 휘추리에는 멧비둘기 한 마리가 내려앉았다. 날갯죽지에 묻었던 머리를 곧추 세우며 투실투실한 몸통을 보란 듯이 후루루 턴다. 회색 광채가 나무그늘 안쪽을 환히 밝힌다. 으스스 춥다. 그런데……이것들이 여기까지 어쩌자고 따라왔담?

"니, 한기 나는가배에?" 어무이는 부랴부랴 보따리를 푸신다. 보따리 속의 나물 뭉티이가 푸슬푸슬 흐트러졌다. 어무이가 감색 세타를 꺼내신다. 다시 치어다보니 덧잎도 휘추리도 텅 비었다. 앉은 채로 목을 뒤로 제쳐 윗가지 속을 살피는 사이, 쉿소리가 소용돌이치며 몸 안엣것이 주욱 빠져나간다. 내 몸이 종잇장처럼 나부낀다. 허리를 곧추세우려고 앙버티자 나무그늘이 빙그르르 돈다. 나는 끌러진 보따리 위로 툭, 떨어졌다. 그때였을까?

"머리 또 아푸나!" 퍼뜩 정신을 차리니 내 얼굴이 보따리에 파묻혔다. 나물내가 코끝에 짙다. 어무이는 연신 내 뒷머리와 등짝을 쓸어내리신다. "개안타, 개안타. 쪼깬 엎디리 있거라……." 떨리는 쉿소리가 가물거리며 까마득 멀어진다. 둥개나무 이파리들이 잘강잘강 소리를 낸다. 푸른 소릿결이 손에 잡힐 듯하다. 푸르른 소리가 텅 빈 몸속으로 흘러든다. 청개구리는 풀쩍 뛰고 멧비둘기는 푸드덕 날아오른다. 허꺼무다. 헛거시치고는 생생한 헛거시다. 나는 세타를 머리에 끼며 벌떡 일어섰다. "언자 하나도 안 아푸다. 옴마, 퍼뜩 가자!"

나는 앞장서서 오르막길을 잡았다. 어무이가 짚단을 짚동에다 도로 찡갇고 뒤따르신다. 산길은 흙바닥이 훤히 드러난 비탈 복판에 바득하게 찍혔다. 풀 한 피이 없는 길바닥이 걸음을 뗄 때마다 발끝을 튕기듯 밀쳐낸다. 나는 다리에 힘을 주며 허리를 수그렸다. 뭉텅뭉텅 튀어나온 돌부리를 디디며 우쭐우쭐 몸을 솟구었다. 비탈이 쓸리며 돌 뿌시래이가 자르르 굴러 내린다. "께시리 디디라, 미끄러질라." 어무이가 내 뒤에 바짝 따라붙으셨다. "살째기 디디감시로 올라서고 해라, 더퍽더퍽 딛지 말고." 어무이의 목소리가 뒤꼭지에 닿는다. 나는 발끝을 밀며 힘껏 도드밟았다. 여차하면 두 손을 땅에 짚을 요량으로 허리를 더 바짝 숙였다. "단디이 해라, 자빠질라!" 치맛자락 버석거리는 소리가 온몸을 감싸 돈다.

1-4

차라리 그때 그 알록달록한 나비를 잡았다면? 손끝에서 파닥거리는 큼직한 산호랑나비를 불쑥 내밀었다면? 그러면 화들짝 좋아했겠지. 칫! 내가 나비가 되어 눈앞에 나풀거렸다면? 아예 내가 산호랑나비와 함께 가물가물 사라져버렸다면? 갑자기 콧날이 시큰하고 가슴이 먹먹하다. 뿌예진 눈앞이 추지다. 어디서 흐뭇한 하근내와 달콤한 향내가 풍긴다.

☙ 1-4

68 신촌

고개 너머 신촌은 딴 세상이다. 고갯마루 위로 온갖 소리가 날아오른다. 맞은편 안산 허리에 다닥다닥 붙은 집들과 그 밑을 받친 길에서 튀는 소리다. 활시위처럼 벋은 길거리에 사람들이 붐빈다. 오는 사람들이 술렁이고 가는 사람들이 북적인다. 딱히 어디랄 것 없이 눈길을 흩뜨리던 나는 서너 칸 아래 계단참에 우뚝 섰다.

바라진 시멘트 계단길의 갓쪽에 기우뚱한 초가집 두엇이 달붙었고 그 아래로 거뭇한 기와지붕이 활짝 펼쳤다. 휘어져 벋은 담장 사이로 텅 빈 마당이 한눈에 내려다보인다. 비탈 중턱에 앉은 교회당의 붉은 벽은 신비로운 비밀을 감춘 듯 웅숭깊은 그늘을 드리웠다.

손에 잡힐 듯 불거진 맞은편 산등성이가 흔들린다. 더벅머리처럼 얽힌 솔숲의 아래쪽으로 파란 슬레뜨 집들이 걸써 붙은 외짝 지게문과 쪽마리를 훤히 드러내었다. 가파른 비탈 복판의 돌계단길이 산머리 솔숲까지 치달아 사다리처럼 걸쳐졌다. 굽은 감나무의 잎가지 틈새로, 빨랫줄에 널린 이불 홑청 사이로 흰 옷자락들이 희끗거린다. 층층이 꺾여 붙은 낮은 담부랑 너머로 다라이를 끼거나 광주리를 안은 여자들이 느리게 오간다. 위쪽 돌계단에 꼬매이 몇이 동그맣게 둘러앉았다. 강새이 한 마리가 머리통을 계단 턱에 붙인 채 잔뜩 웅크렸다. 꼬매이들도 강새이도 계단참에 놓인 무언가에 눈길이 쏠린 듯한데 이쪽 계단길에서는 손가리개를 하고 겨냥해도 그 윤곽조차 보이지 않는다. 교회당 종소리가 안산 자락을 치며 땡그랑땡그랑 울려 퍼진다.

양쪽 비탈 밑을 가르며 벋은 길은 활시위처럼 팽팽히 당겨졌다. 길의 양 끝이 뭉텅 잘려서 종소리도 사람들의 술렁임도 동강난 길거리에 갇혀버린 듯하다. 길가에 늘어선 검은 판잣집들 사이로 반듯반듯한 새 건물 몇이 흰빛을 뽐내며 도드라졌다. 유리창을 빼곡히 단 판잣집은 모두 차양지붕을 삐죽 내민 이층짜리 왜놈집인데 어떤 지붕은 기와고 어떤 지붕은 함석이다. 검은 함석지붕 위에는 하나같이 너더분한 잔가지와 둥그런 바꾸들이 널브러졌다. 교회당의 양철 첨탑이 쨍한 햇볕에 가끔씩 번득인다. 푸른 하늘로 치솟은 십자가는 눈 아래 것들을 거느린 듯 당당해 보인다. 종소리가 멎고 맞은편 계단길도 텅 비었다. 층층의 집들을 눈빗질로 훑는 사이에 사라졌던 꼬매이들이 아래쪽 담부랑 뒤에서 불쑥 나타난다.

꼬매이 서넛이 돌계단을 뛰어오른다. 뒤따르던 강새이가 쏜살같이 앞지른다. 강새이가 뛰어든 솔숲에 꼬매이들도 잠겨버렸다. 솔숲이 부풀며 푸르게 반짝인다. 가파른 돌계단이 구름다리처럼 출렁거린다. 파란 지붕과 길과 사람들이 한참에 빙그르르 돈다. 둥그런 발통들이 산머리 솔숲 위로 두둥실 솟아오른다. 가뿐한 몸이 절로 앞쪽으로 쏠린다. 꼬무락거리는 발끝에 힘이 간다. 두 다리를 오그렸다가 도드밟은 발을 힘껏 굴리면 나도 맞은편의 더벅머리 솔숲으로 날아오를 것만 같다. 잘하면 솟구치는 발통 위에 훽 걸터앉거나, 못해도 구름다리 어디쯤에는 척 걸쳐질 듯하다. 오금이 뜬 나는 허리를 굽히며 두 다리에 힘을 바짝 주었다. 양쪽 게더랑이가 서늘하다. 뻐근해진 가슴이 벅차다. 눈앞이 물비늘처럼 반짝인다. 그때였을까?

"와 저라고 섰이꼬? 내리오이라." 붕 뜨던 몸이 맥없이 풀어져 버린다. 어무이가 계단길 밑에서 치어다보신다. 층계참을 딛고 선 내 몸이 비칠거렸나 보다. "조심시리!" 어무이가 층계참 위로 뛰어오르신다. "발밑을 단디이 안 보고 와 먼산을 철보꼬? 큰일 나겄다 고마."

어무이는 한쪽 팔로 나를 당실 들어 올리신다. 파란 지붕과 길과 사람들이 붕붕거리다가 계단길 아래로 툭, 떨어진다. 어깻죽지가 우리하다. "무시라. 자빠지모 우짤라꼬 그라노 말다." 어무이는 보따리를 머리에 이며 나를 앞세우신다. "……옴마." "와?" "지붕 우우다가 발통을 항거석 올리났다." "저짜아 안길짝으로 쭈욱 가자. 태풍 때 지붕 안 날리가라꼬 안 올리났나. 저래나모 비 올 때도 덜 시끄럽다 아이가." "비 올 때?" "하모. 안 그라모 함석지붕 저거는 귀가 다 송신하니라."

은근히 오르막 진 길이 왼쪽으로 비스듬히 휘어진다. 오른편의 산비탈은 어느새 사라지고 짤따란 골목이 나타난다. 그에 어긋나게 트이는 왼편 골목은 좁고도 기름기름하다. 나는 이쪽저쪽 골목을 기웃거리며 안길을 따른다. 다시 판판해지며 폭을 썩 넓힌 안길이 번잡하다. 코앞에 스치느이 사람과 짐짝이고, 눈길에 닿는 기라꼬는 불쑥불쑥 간판을 내민 점포뿐이다. 이리저리 얽힌 전깃줄 아래로 부풋한 짐을 실은 자전차와 리아까들이 지나간다. 오가는 사람들을 헤치며 잘도 빠져나간다.

따르릉거리는 소리, 딸랑거리는 소리, 덜컹거리는 소리, 삐걱거리는 소리, 둔하게 부딪치는 소리, 가볍게 와그르르 무너지는 소리. 무리지어 수런거리는 소리, 걸쭉한 웃음소리, 사람 부르는 소리, 구성지게 외는 소리, 악쓰듯 웨대는 소리. 그리고 차르르르 페달을 뒤로 헛돌리며 날렵하게 스치는 자전차……. 어무이가 벌꺽 어깨를 당기신다. "전봇대 옆으로 붙어라, 받힐라!"

69
안길

안길 깊은 곳에 창유리를 빼곡히 단 문짝이 늘어섰다. 점포 사이의 빈 담베락 앞에는 좌판들이 띄엄띄엄 펼쳤다. 이것저것 보느라 발걸음이 절로 느려진다. 어떤 곳은 사람들이 걸거치서 걸음 떼기가 힘들고, 또 어떤 데는 좌판 앞조차 휑뎅그렁하다. 알록달록 뒤섞인 물건들이 저마다 제빛을 뽐낸다. 얼핏 지나친 것이 궁금한데 앞엣것이 눈을 끌고, 앞엣것을 제대로 보기도 전에 더 앞엣것이 눈길을 당긴다. 그득 쌓인 갖가지 물건들이 송신해서 머리가 어찔하다.

나는 다 살피지 못할 바에야 차라리 눈을 반쯤 감았다. 겨우 어섯눈을 뜨고 걷는 눈앞이 노르스름하다. 울긋불긋한 빛깔이 물감처럼 풀어져서 파래지고 거뭇해지다가는 또 금세 하얘진다. 오가는 사람들의 윤곽이 흐려져서 넓적하게 퍼지며 웅웅거린다. 엉킨 실타래 같은 소리에 휘감긴 내 몸이 버석거린다. 눈앞에 파스텔 가루 같은 먼지가 자북하다. 함석 덧문이 꿀렁대며 신명을 떤다. 창유리들이 쇳소리를 내며 보란 듯 번쩍인다. 불현듯이 다리 기운이 쭉 빠지며 눈앞이 휘청하다.

주우가래이와 치맛자락이 스쳐간다. 흰 고무신과 검정 고무신이 번갈아 지나간다. 휘청한 순간에 그만 털썩 주저앉았나 보다. 길바닥에 웅크린 몸이 팽개쳐진 가마때이 같다. 푸석한 내 몸이 낯설다. 먼지가 풀썩인다. 포개어 세운 함석 덧문이 햇빛을 받고 있다. 햇살이 되비치는 창유리에 막막한 하늘이 펼쳤다. 내 몸이 흩어지지는 않았나 보다. 덜컥 몰렸던 두려움이 슬몃슬몃 빠져나간 자리에 서늘한 날파람이 스민다. 자전차가 쏜살같이 지나간다. 차르르르 맑은 소리를 뿌리며 뒤따라 또 지나간다. 빈 리아까 하나가 통탕거리며 다가온다. 축 나부라진 내 몸을 실으려나 보다. 다짜고짜 주 담고서 어만 골짝으로 내뺄지도 모른다. 나는 벌떡 일어섰다.

어무이가 안 보인다. 오가는 사람들이 길쭉길쭉한 헛거시 같다. 나는 싸아해져서 사람들 틈새를 한참 동안 뚤레거렸다. 눈앞의 모든 게 낯설다. 뒤쪽 길거리에 주황색 치맛자락이 보인다. 어무이가 바닥 좌판 앞에서 허리를 수그리셨다. 몇 발짝 안 되는 거린데도 까마득하다. 수북이 쌓인 옷더미를 두고 한 남자가 어무이와 마주 섰다. 어무이는 사쓰 하나를 쥐고서 활짝 웃으신다. 나도 따라 웃으려다 멈칫했다. 어무이의 얼굴은 내 쪽을 향했지만 눈길은 다른 곳에 잡혔다.

"옴마!" 어무이는 또 다른 사쓰 하나를 들어 올릴 뿐 숫제 반응이 없으시다. "옴마아!" 이번에는 턱을 들고서 목청을 꽤 높였건만 울음기 섞인 내 목소리가 채 못 미치나 보다. 남자가 전대에 손을 찌른 채 목을 뒤로 재끼며 큰소리로 웃는다. 그 틈에 사람들이 우르르 몰려서 어무이도 옷더미도 가려져버렸다. 나는 또 한 번 어무이를 부르려다가 입을 닫았다. 무리 지은 사람들의 위로, 오가는 부풋한 짐짝의 위로, 까마득 멀어진 산머리의 위로 하늘이 탁 트였다. 푸른 하늘이다. 나와 상관없는 푸른빛이다. 나와 아무런 상관이 없는 하늘이다. 고요하다. 나는 잔허리를 틀며 엉거주춤 몸을 세웠다.

어깨를 맞대고 펼쳐진 좌판과 온갖 점포는 그대로건만 불현듯이 눈앞이 시원하다. 환해진 길거리가 아까와는 달리 물기를 머금은 듯 싱둥해졌다. 흰빛과 검은빛이, 파란빛과 노란빛이 제빛으로 도드라져 또렷한 윤곽을 드러내었다. 딱히 알 수 없는 빛깔들은 두리뭉실 어불려 한껏 부풀었다. 넙죽한 리아까 판때이에 얹혀 길이가 같은 것끼리 나란하고 폭이 비슷한 것끼리 가지런하다. 편을 가른 듯이 색깔이 같은 것끼리 눕혀지고 모양이 비슷한 것끼리 포개졌다. 갖추갖추 자빠지고 따로따로 엎어졌다. 찌리찌리 득실거리는가 하면 하나씩이 또 가만하다. 어느 편에도 끼지 못한 온갖 잡동사니들이 한쪽에 밀쳐져 뭐라 궁싯거린다. 몇은 뜬금없이 웨고 또 몇은 지들끼리 입속말로 연신 구시렁거린다.

70
파란 사쓰

나는 덜 붐비는 점포 앞에 다가섰다. 점포 안을 그들먹하게 채운 그륵들이 길가로 넘쳐났다. 툭 튀어나온 좌판에도 갖가지 모양새로 포개졌다. 파르스름한 스뎅 그륵들이 한가롭게 반짝인다. 사기그륵 틈새로 비어져 나온 하얀 습자지가 날파람에 바스락거린다. 좌판대 밑에는 간장종지 하나가 우두큰하다. 그것은 구불러댕기는 몽땅연필 같고 철 그른 때 떨어진 어린 감이파리 같다. 그런데도 그 자리가 제자리인 양 함함하고 의젓한 게 희한하다. 희디흰 빛깔 탓일까? 아니면 작고도 툽툽한 모양새 탓일까? 그도 아니면 그저 내가 거시기, 머라쿠꼬……내 멋에 치여……. "머 철보노?" 어무이의 목소리에 나는 흠칫 돌아섰다.

"여어 있었더나? 한분 입어볼 꺼로." "……." "봤더나? 같은 거 샀다, 안 입으까 싶어서." "파란 거?" "하모. 노란 것도 참하더마는. 빨간 것도 새첩고……. 아아가 와 똑같은 거마 찾으꼬?" "입은 거는 우짜고?" "우짜기는? 니빈 데가 삐뚜룸해가 대나 오대, 기섭이도 몬 입히고. 두디이로 씨든가 짤라가 행자로 씨든가……. 보자오내. 갈아입자, 내삐리그로." "여어서 우찌? 배꾸녕 다 비인다. 쪼골시럽그로……."

"쪼골시럽은 기 머꼬오? 집에 그런 말 씨는 사람이 없는데 오데서 배앗이꼬?" "동무들도 다 쿤다." "얄궂다. 누가?" "넘 까자 무울 때 철봄시로 침 흘리모 글 쿠고, 배에서 꼬록꼬록 소리가 나도 쿠고." "동무 누?" "싹 다. 때기 다 꼴코 빌리도라 캐도 쿠고 가수나캉 싸암해도 쿠고……." "억궂어라. 언자 그런 말 씨지 마라. 넘세시럽다 쿠든가 우사시럽다 쿠모 대낀대 와 쪼골시럽다 캐?" "그런 말 씨모 아아들이 영감태이 겉다 쿤다." "아이가. 그 말이 우때서? 그라모 챙피시럽다꼬 캐라. 민망시럽다 쿠던가." "그라모 어거치 씬다꼬 놀린다." "아아들도 참 얄궂다. 멀 쿠든가 말든가 니는 쪼골시럽다 쿠는 말은 씨지 마라이?" "동무들도 다 쿠는데 내마 안 캐?" "억궂다. 와 또 고집이꼬? 그라모 동무들캉 있일 때는 글 캐도 집에서는 씨지 마라이? 해나 할아부지 들으시모 대잖다 쿠신다. 말이라 쿠는 기 때도 장소도 가리감시로 해야 대는 기라. 본데없이 데나깨나 씨모 사람이 시뿌 비인다."

어무이는 내렸던 보따리를 번쩍 머리에 이신다. "집에 대이는 대로 바리 갈아 입어라이? 아아가 와 머로 탁 몬 내삐이꼬? 기이 댕길 때부터 장난감 사주모 새거는 보다 안 하고 똑 이전 꺼마 갖고 놀디이라. 우짠 일이꼬? 퍼뜩 가자."

보따리가 어무이의 머리 위에서 흔들거린다. 봉긋한 보따리 속에는 파란 새 사쓰가 있다. 내가 껴입은 세타 안에도 파란 사쓰가 있다. 새것이 생겼으니 헌 것을 어찌하나? 번갈아 입으면 안 될까? 껴입으면 어떨까? 이도저도 아니면 돌돌 뭉쳐서 감춰버릴까? ……달리 또 어째 볼까? 실타래처럼 엉킨 머릿속이 복잡하다. 쭉쭉 찢긴 내 사쓰를 어쩌나? 행지포나 두디이가 된 파란 사쓰를 차마 어찌 보나? 벌써부터 마음이 짼하다. 앞장선 어무이의 머리 위에 뜬 보따리가 걱정 뭉치 같다.

그런데 그 가수나는 왜 그리도 우악시리 내 멱살을 잡아끌었담? 도끼눈을 치뜨고는, 문디 자슥아! 하며 갑작시리 덤비는 바람에 목단추가 달아났다. 닫힌 사쓰 앞섶이 부욱 찢겼다. 나는 찢긴 데를 건잡고 얼떨떨하게 섰었고 그 가수나는 다부 당당해져서 모장골 즈그 집 쪽으로 걸어갔다. 훌훌 자리를 떠나는 마음은 어떤 것일까? 서럽게 훌쩍이며 가는 마음이나 할금할금 뒤돌아보며 떠나는 마음은 잘 알지만 뒤도 안 돌아보고 꼿꼿이 걸어가는 그 마음은 알 수가 없다. 나는 얼떨결에 겨우 단추 하나를 찾아 쥐고서 마른 우물 속 개구리처럼 웅크렸었다. 멀어가는 뒷모습이 칼깃처럼 번뜩였다. 뭐가 잘못된 것인지 도통 알 수가 없었다.

71
산호랑나비

그날, 나는 돌닥거리 소구루마 옆에서 반주깨미를 하다가 땅갑치에 담을 풀꽃을 따러 갔을 뿐이다. 짜다라 많은 노란 꽃 흰 꽃을 다 내비두고 께까드럽기 자줏빛 꽃이 어쩌고저쩌고하길래 탱자나무 울타리 밑을 더텄다. 긴 울타리 끝 찔레나무까지 걸었고 산호랑나비는 그 어름에 나타났다. 산호랑나비는 나풀나풀 날았고 나는 산호랑나비를 쫓아갔다.

나비는 바람을 타는 듯해도 바람을 거스른다. 나비는 느린 듯하나 꽤 빠르다. 여기저기 핀 풀꽃에 옮겨 앉으며 주위에 머무는 듯해도 나비는 참 멀리 난다. 눈을 떼지 않고 따르다 보면 어느 결에 엉뚱한 곳에 서 있게 되는 것이다. 낯선 꿈에 잡힌 듯 주위가 아뜩할 무렵에 나비와 함께 나도 너울거렸다. 날다가 나부시 내려앉거나 앉을 듯 말 듯 날아올랐다. 공중으로 훌쩍 솟아 춤을 추다가 꽃잎에 닿을 듯 말 듯 또 낮게 내렸다. 자줏빛 풀꽃 따위는 까맣게 잊어버렸다. 나비가 사르르 내리면 우뚝 서거나 쪼그리고 나비가 날아가면 무작정 걸었다. 부랴부랴 되돌아왔을 때는 반나절쯤이 지났었나 보다. 그런데 내가 내민 풀꽃을 내던지며 왈칵 왜 덤벼들었담?

혹시……자주색이 아니라서? 그러니까 내 눈에는 자주색인데 지 눈에는 아니라서? 그러나 그게 어쨌단 말인가. 나는 자주색이라 여기고 땄다. 그리고 돌아왔다. 뭐가 문제란 말인가. 대체 자주색이 뭐란 말인가.

탱자나무 꽃이 지자마자 토끼풀 꽃이 흐드러졌으니 흰 꽃은 쌔에 비렀다. 노란 꽃도 흔하고 빨갛고 파란 것도 가끔 눈에 띄지만 내 눈에는 자줏빛이 썩 드물다. 아니, 나에게 자줏빛은 아예 없는지도 모른다. 아침에는 자줏빛인데 저녁에는 달리 보인다. 부신 한낮이건 얼풋한 어스름이건 간에 헛갈리기는 마찬가지어서, 자줏빛이라 여기면 그렇게 보이고 아닐지도 모른다고 생각하면 또 달리 보인다. 진달래꽃이 진 지 오래고 달개비꽃이나 엉겅퀴꽃이 미처 피기 전이니 늦은 봄날에 자줏빛 꽃을 따려면 먼 산비탈까지 가야 한다. 내가 에우고 있는 자줏빛 꽃은 그뿐이다. 그런데 거기 할미꽃이 띄엄띄엄 피긴 하지만 여전히 피어 있는지는 모를 일이었다. 피었다고 할지라도 굽이진 두렁길을 지나 산비탈에 오르고 보면 모든 것이 낯설다. 게다가 봉오리를 닫은 채 홀로 수그린 할미꽃을 보면 단박 슬퍼지고야 만다. 그만 아뜩해져서 꽃을 딸 엄두조차 내지 못하는 것이다.

나는 산비탈 쪽으로 날아오르는 나비를 얼마쯤 더 따르다가 발길을 멈추었다. 그때, 비탈 밑에 핀 이름 모를 꽃을 보았다. 자줏빛이었다. 나는 반가운 마음으로 단숨에 땄다. 그러고는 부랴부랴 달려왔던 것이다.

차라리 그때 그 알록달록한 나비를 잡았다면? 손끝에서 파닥거리는 큼직한 산호랑나비를 불쑥 내밀었다면? 그러면 화들짝 좋아했겠지. 쳇! 내가 나비가 되어 눈앞에 나풀거렸다면? 아예 내가 산호랑나비와 함께 가물가물 사라져버렸다면? 갑자기 콧날이 시큰하고 가슴이 먹먹하다. 뿌예진 눈앞이 추지다. 어디서 흐뭇한 하근내와 달콤한 향내가 풍긴다.

72
꽃물결

멀찍한 길 갓쪽에 허연 단김이 피어오른다. 문짝 앞에 내시안친 노구솥이다. 솥전 곁탁자에 찐빵이 굴러떨어질 듯 수북이 쌓였다. 그 옆 광주리에는 소두방만한 술떡이 엎어졌다. 한 아지매가 누런 삼베 보재이를 더 제치고서 드러난 만큼을 정지칼로 썩둑썩둑 잘라낸다. 나는 급히 어무이를 따라잡았다. "옴마, 술떡이 노리끼리하다. 찐빵은 뽀오얗고……." 어무이는 빤히 치어다보는 내 얼굴을 보지도 않으신다. "퍼뜩 가자, 외삼촌 기다리시겠다."

어무이는 잰걸음만 놓으신다. 내시지 않은 기분에 발걸음이 꼬인다. 단김이 걷힌 창유리가 지나간다. 시렁 위에 울긋불긋한 까자 봉다리가 지나간다. 박하사탕이 가득 든 커다란 유리병이 부푼다. 알록달록한 눈깔사탕이 와그르르 쏟아진다. 어무이의 빠른 걸음을 따라 정신없이 걷는 사이에 사람들이 뜸해지더니 텅 빈 골목을 지나자 또 붐빈다.

오가는 사람들 사이로 보이는 바닥 좌판들이 가지각색이다. 좌판마다 붙박인 장사들도 각양각색이다. 조그마한 잡곡 푸대들의 아가리를 터놓고 담베락에 기대앉은 여자도 있고, 고무신과 장화를 펼쳐둔 채 리아까 앞에 쪼그려 앉아 담배를 피우는 남자도 있다. 단으로 묶은 돌가지 뿌리를 벌여놓은 채 엉거주춤 섰는 남자도 있고, 젖미이를 업고 나무궤짝에 돌아앉아 국수를 후룩거리는 여자도 있다. 지나다가 달붙은 사람들도 가지가지다. 몇은 외진 좌판 앞에 엉거주춤 서서 등글개, 파리채, 옷솔, 따바리, 쥘부채 따위를 살핀다. 몇은 허리를 잔뜩 구부린 채 얼레빗, 참빗, 옷삔, 옷걸이, 고리못 따위가 담긴 당세이를 뒤적뒤적 나빈다. 한 사람이 고무줄을 만지작거리더니 허리를 쭉 편다. 양손에 노랑고무줄과 까만 고무줄을 함목에 늘여 쥐고서 늘찐늘찐 견주며 고개를 갸웃거린다. 사람들이 가려서 아예 보이지 않는 좌판도 있다.

어무이가 길 건너편 좌판을 두루 살피신다. 한 좌판 앞에 사람들이 드글드글하다. "여어 쪼깬 섰거라 보자. 머슨 구겡인고 보고 있거라." 나는 무리 진 사람들을 바라며 우뚝 섰다. 몰려선 사람들의 뒷등이 둘러친 담베락 같다. 겹겹이 어긋지기 둘러서서 틈새이라고는 없다. 나는 급히 어무이를 뒤쫓으려 하였으나 어무이는 길을 건너자마자 오가는 사람들에 가려져버렸다. 사람들의 머리 위로 북소리가 튀어 오른다.

북소리와 번갈아가며 쉰 목소리도 새어난다. 껄껄한 목청은 북소리에 덮이고 뭉개져서 뜻 모를 외마디소리처럼 들린다. 나는 에워싼 사람들 뒤에 바투 붙었다. 무리의 뒷등이 커다란 짐승의 등짝처럼 꿈지럭거린다. 다리와 다리 사이의 틈새이가 벌고 또 닫히며 꿈틀거린다. 몸을 붙인 채 틈을 살피던 나는 번 틈새이가 멎는 순간, 욱하는 기운에 우비듯이 들입다 목부터 끼웠다. 갑자기 주위가 조용해지더니 뭇짜로 당당거리는 북소리와 함께 함성이 솟아난다. 사람들이 한 덩거리로 우꾼거린다. 벌컥 끼어들던 내 몸이 그 통에 바깥쪽으로 튕겨났다. 뻘쭘하다. 꿈틀거리다가 번 채로 멎었던 그 틈새이는 나와 상관없는 것이었다. 무리의 뒷등이 또 꿈지럭거린다. 커다란 짐승의 등짝은 표정이 없다.

길 건너편 담베락 앞에 장사 몇이 서성거린다. 바닥 좌판삼아 펼친 푸대 위에는 동개진 옻나무 단이 올망졸망하다. 불쑥한 칡뿌리 톰베이가 늘어진 그 뒤쪽에 한 할매가 앉은뱅이저울처럼 오도카니 앉았다. 하얗게 센 쪽머리에 꽂힌 비녀가 흘러내릴 듯 비뚜름하다. 얼굴이 껌정을 바른 듯 검은 탓인지 받쳐 입은 흰 저고리가 보기에 설다. 세운 한쪽 무릎을 두 손으로 그러쥐고는 말없이 앞만 본다. 물기를 머금은 눈빛만 반짝일 뿐 오가는 사람들을 바라는 것 같지도 않다. 굵다란 칡뿌리 옆 채반에는 통뺏대기 같은 울금이 소복하고, 길쭉길쭉한 우붕 뿌리도 가지런히 쌓였다. 양산을 펼쳐 든 여자가 비슷이 서서 이것저것 살피건만 숯껌디이 할매는 여전히 꼼짝도 하지 않는다.

그 옆에는 탕건을 쓴 할배 둘이 어쭙잖은 자세로 비껴 앉았다. 한 할배는 허리를 좌우로 흔들며 낮은 목소리로 뭐라 흥얼거린다. 옆쪽 할배는 눈을 지그시 감고서 자꾸 혼잣말로 구시렁거린다. 말을 끊고 구시렁거리기를 느긋이 반복하는 품이 혼잣말이 아닌 듯도 하다. 돗자리에 누런 책들이 거풍하듯 놓였다. 펼친 책장 위에 동그람한 차돌이 서진으로 얹혔고 대나무 필통에 가느다란 붓자리 몇이 꽂혔다. 그 옆에 놓인 쥘쌈지가 가만하다. 밀쳐진 오그랑바랑은 홀쭉한 아가리에 돌려 꿴 줄을 후줄근히 흩트렸다.

북소리가 또 그쳤다. 빼곡한 궁디이들이 꿈틀거리며 왁자한 웃음소리가 터진다. 커다란 짐승의 등짝이 꿈지럭거리더니 낱낱의 표정을 내보이며 흩어진다. 머리 위로 새 한 마리가 쏜살같이 난다. 안길을 따라 길쭉하게 트인 하늘이 손에 잡힐 듯 낮다. 웅성거리는 사람들의 목소리가 모래알처럼 퍼진다. 북적대는 길거리의 소란이 먼지처럼 뿌옇게 떠다닌다. 덩달아 흐르는 내 몸이 부푸는 듯도 하고 묵직이 가라앉는 듯도 하다. 몽롱한 눈앞에 낱낱의 표정들이 무수한 풀꽃으로 바뀌어 날아오른다.

노란 꽃송이들이 빙그르르 돈다. 흰 토끼풀 꽃이 탁, 탁탁, 소리를 내며 깡내이 박상처럼 튄다. 물결을 이루며 떠가는 꽃송이들이 햇살에 반짝인다. 산호랑나비 한 마리가 커다란 꽃봉오리 위에 앉을 듯 말 듯 나붓거린다. 넓적하게 바라진 자줏빛 꽃잎이 파르르 떨린다. 꽃물결이 파스텔 가루처럼 흩어지자 커다란 꽃봉오리도 산호랑나비도 사라져버렸다.

퍼뜩 정신을 차리니 네거리다. 사람들에 떠밀려 예까지 왔나 보다. 길가에 엉거주춤 섰는 내 모양이 서름하다. 온몸이 스멀거린다. 목덜미가 서늘하고 속이 메시껍다. 두 다리가 뻑적지근하고 발목이 아프다. 입에 고인 침이 주르르 흘러내린다. 침이 절로 빠진 입안이 끈적거린다. 나는 끈끈한 침을 뱉어내며 손으로 입 가아새를 닦는다. 힘이 빠진 양 다리가 헛다리를 짚은 듯이 휘청거린다. 어찔한 머리가 빙그르르 돈다.

그러나 요번만큼은 쪼그리기가 싫다. 한 번은, 요 한 번만큼은 내 몸을 뚫고 지나가는 검붉은……노르스레한, 희고 파르스름한 그 기운을 꼿꼿이 선 채로 지켜보고 싶다. 나는 아뜩한 눈앞을 노려보며 일렁이는 몸을 가누었다. 가물거리며 사그라지는 것들의 윤곽을 잡고 앙버텼다. 그때였을까?

73
아이스크림

나는 벌떡 일어섰다. 잠시 꽃물결을 따라 흐른 듯한데 엉뚱한 곳에 내가 와 있다. 아니다. 꽃물결과 함께 꽃봉오리와 나비가 사라지는 순간, 나는 이미 깨어났었다. 나는 네거리 길가에 엉거주춤 섰었다. 더구나 내 모양이 서름하다는 생각까지 했다. 그리고 꼿꼿이 선 채로 허물어지는 기운에 앙버텼다. 그런데 또 쪼그려 앉다니. 몸을 가누며 눈앞에 사그라지는 것들의 윤곽을 되살리고자 요독을 썼던 순간부터 도로 일어서기 전까지의 기억이 없다.

소리 죽인 울음의 뒤끝처럼 눈앞이 설다. 가득한 날빛이 차고 투명하다. 흐르거나 멎은 것들의 윤곽이 날을 세운 듯 또렷하다. 그 사이에 시간이 얼마나 흐른 걸까? 시간이 멎었던 걸까? 시간이 너무나 길어서 한 순간 매듭처럼 꼬여버린 것일까? 그 많던 꽃송이들은 다 어디 갔을까? 어무이도 안 보인다. 나는 내가 빠져나온 길목을 찾아 두리번거렸다. 네거리를 물고 안쪽으로 터진 길목이 다 비스무리하다. 담베락 없는 길목이 없고 점포나 좌판이 없는 길목이 없다. 줄지은 점포와 좌판이 사뭇 들떠서 가리방상하다. 앞쪽을 보면 뒤쪽 같고 뒤쪽을 보면 앞쪽 같다. 몇 발짝 오가던 나는 종잡을 수가 없어서 우뚝 서버렸다. 새들은 눈표 없는 하늘길을 어찌 찾아갈까? 물고기들은 깜깜한 물속길을 어찌 찾아갈까?

한쪽 길목 입구의 기와집 처맛기슭 위로 네모재비 간판이 덩실하다. 낮추 잡힌 지붕 밑에 양철 덧문이 포개졌다. 유리를 단 낡은 문짝이 꾀죄죄하게 늘어섰다. 빼곡한 창유리에 쓴 흰 글씨가 턱없이 굵다. 어떤 글자는 늘어뜨린 차일 끝에 비틀렸고, 어떤 글자는 뺑끼가 흘러내리거나 또 간간이 지워져서 철자가 야릇하다. 안쪽의 리아까 판때이에 날아든 글자는 아예 흐릿하게 드러누웠다. 나는 글자를 눈표 삼아 네거리 주위를 살폈다.

찐빵, 떡, 냉차, 리발, 고데, 파마, 빵꾸, 수리, 라듸오, 쌀, 옷, 마춤, 국밥, 콩국시, 전당포, 약, 담배, 아이스께끼, 아이스크림, 어름, 유리……아이스크림. 나는 커다랗게 그려진 아이스크림 그림 앞에 홀린 듯이 다가섰다. 넓적한 유리벽에 푸른 하늘이 되비친다. 갈래머리 여자애 혼자 아이스크림을 먹고 있다. 투명한 유리벽 안쪽에 놓인 노란 탁자들이 삐까삐까하고도 깔삼하다.

앞쪽에 놓인 커다란 통에 아이스크림이 한그석 들었나 보다. 그 위에 노르스름한 꼬푸들이 높다랗게 포개졌다. 맞은편 벽의 탁자에 걸터앉은 여자가 두 팔을 벋어 벽걸이 화분을 만지작거린다. 땋아 내린 머리끝에 드린 빨간 댕기가 탁자에 닿을 듯 말 듯 흔들거린다. 여자애는 화분 쪽을 올려다보며 계속 아이스크림을 먹는다. 뚱한 옆얼굴이 유리면에 비친 내 얼굴에 겹쳤다. 나는 유리벽에 머리를 붙였다 떼며 애써 갸웃거렸다. 이번에는 여자애의 무표정한 옆얼굴이 내 얼굴과 흰 구름에 함께 겹쳐진다.

여자애의 둥그런 얼굴이 소꼽동무 외선이를 닮았다. 갈래머리에 붙은 노란 머리핀과 커다란 눈을 보니 국희를 닮은 듯도 하다. 뚱한 표정은 영락없이 그때 그 가수나를 닮았다. 우악스런 그……그런데 그날 잘 알지도 못하는 그 가수나한테 왜 내가 다가갔담? 모장골 정각 행랑에 새로 이사 든 가수나라서 호기심이 당겼나? 정지나밑에 간다고 집을 나섰으면 곧장 정지나밑에나 갈 예기지 소구루마에는 왜 걸터앉았담? 혼자 반주깨미하는 걸 힐끗거리다가 실무시 마주앉은 것부터 잘못이었다. 호기심에 갓다리 붙으면 똑 뒤끝이 험하다.

그러고 달포도 안 되어 그 집 식구들은 무슨 영문인지 오밤중에 도로 떠버렸다. 동네 개 짖는 소리가 안 들렸으니 산길을 탓을 거라는 소문이 들렸다. 통잣골을 넘어 군북으로 나가거나 영봉산을 넘어 여항골로 들어갔다는 말이 나돌았다. 이나저나 산길은 산길로 이어지니 그게 그거다. 멀쩡한 신작로를 버렸으니 산길이나 하늘길이나 그게 그거다……나는 그렇게 생각했다. 그리고 가끔 막막한 하늘길을 살피곤 했다. 나는 그 가수나……아니, 그 여자애의 이름조차 모른다. 남은 것이라고는 돋은 표정과 팩 토라진 몸짓, 그리고 싸한 뒷모양과 그 누추한 기억뿐이다. 험한 뒤끝은 시간이 갈수록 눅진해진다.

여자애의 뚱한 얼굴이 암만캐도 찜찜하다. 그런데 가끔씩 아이스크림에서 입을 떼고 웃을 때마다 큼직한 볼우물이 파지며 전혀 다른 얼굴로 바뀐다. 여자애의 얼굴이 둘인 것만 같다. 여자가 벽걸이 화분에서 팔을 내리고 뒤돌아섰다. 둥근 얼굴과 뚱한 표정이 여자애와 판박이처럼 닮았다. 이진 얼굴은 화장을 한 탓인지 달떠서 부풀었고 풍덩한 반소매 사쓰는 태 없이 아래쪽으로 늘어졌다. 그러고 보니 둘 다 같은 노란색 반소매 사쓰다. 여자가 유리벽에 붙어선 나를 보고 흠칫 놀라더니 내처 오른쪽 뒷벽을 향해 걸어간다. 이번에는 여자애가 고개를 옆으로 돌려 나를 바라다본다. 봉긋한 아이스크림이 반쯤은 남았다. 나는 마른침을 꼴깍 삼켰다. 여자애가 방긋 웃는다.

보란 듯이 아이스크림이 잔뜩 묻은 혀를 불쑥 내민다. 날름날름 혀를 내밀며 아이스크림을 빠르게 핥는다. 나는 유리벽에서 한 발짝 물러섰다. 묵구재비처럼 남 먹는 것을 쳐다보다니. 넘세시럽그로 침까지 꼴깍대다니. 그런데 아이스크림은 어떤 맛일까? 아이스케키와는 달리 혓바닥에 허옇게 묻어나는 저 아이스크림……. 나는 청기와집 아주무이가 준 종이돈을 꺼낼까 말까 망설였다. 아이스크림은 엄청시리 비쌀 것 같다. 십 원짜리 종이돈을 비쭉 내밀면 새꼴시럽다고 깔깔거리며……쳇! 길목을 찾다 말고 내가 왜 이러고 있담?

유리벽을 끼고 드는 골목은 먼발치에서 막혔다. 다음 길목에서 사람들이 우르르 밀려나온다. 탁탁, 탁, 망치질 소리가 들린다. 널따란 길목의 담베락 밑에 구두재이 할배가 쪼그렸다. 길목 안쪽의 사람들 틈새이로 연두색 치마저고리가 보인다. 숯껌디이 할매의 좌판 앞에 어무이가 서 있다. 할매는 어무이 앞에 마주서서 활짝 웃고 있다. 여전히 허리를 좌우로 흔들거나 눈을 지그시 감은 할배들의 앞쪽에는 두어 사람이 쪼그려 앉았다. 사람들이 에워쌌던 맞은 편 그 자리에 리아까 하나가 담베락에 기대고 두 발통을 쳐들었다.

나는 길목을 꺾어 서너 발짝 걸어들다가 멈칫 섰다. 숯껌디이 할매의 웃음소리가 봇물 터지듯 쏟아진다. 멀뚱히 앉았던 할배들까지 말을 걸치며 껄껄댄다. 푸대 좌판과 돗자리 좌판이 환한 햇살에 부푼다. 토닥거리는 망치질 소리가 빨라지더니 볼된 용수철처럼 튀어 오른다.

74
헛불꽃

구두재이 할배는 궤짝에 걸터앉아 비삐 손을 놀린다. 왼쪽의 큼직한 나무통 위에 고소리가 놓였고 깔깔한 뒷굽과 깔창이 따로 포개졌다. 나무통 옆에 헌 구두 몇 커리가 나동그라졌다. 모로 쓰러진 구두는 겉가죽 여픈데이가 헤져서 구멍이 났고 엎어진 구두는 굽이 달아나서 움푹 팬 뒤축이 드러났다. 오른쪽의 작은 나무통 위에는 잔못이 든 유리병과 쇠징이 담긴 양철통이 가지런하고 나일론 실꾸리와 가죽조각들이 널브러졌다. 그 옆쪽에 유리등피도 갓도 없는 호야가 멀건 불꽃을 달고 있다.

기름통이 찌게진 데다가 철사를 오그려 붙인 손잡이가 엉성한 탓인지 호얏불은 꺼져버릴 듯 위태하다. 불꽃은 벌불을 튀기더니 담벼락 그늘에 스민 날빛 속에 사라졌다가 나타나고, 나타났다가는 또 사라진다. 나는 윤곽도 없는 기이한 헛불꽃을 바라고 앉았다.

할배는 옆구리가 찢긴 딸딸이를 무르팍에다 올려놓고 나일론실을 꿴 송곳으로 한 땀 한 땀 깁는다. 짧은 까까머리와 텁수룩한 굴레씨염이 눈처럼 흰데 숱이 많은 눈썹만큼은 숯처럼 검다. 무표정한 구릿빛 얼굴에 굵은 주름살이 뚜렷하다. 가끔 눈살을 모을 때마다 두툼한 눈뚜부리 틈으로 맑은 눈빛이 새어나온다. 낡아빠진 딸따리 하나에 무어 저리 정성을 쏟나 싶었으나, 아니나 다를까 납작한 구두칼로 나일론 줄을 끊자마자 한쪽으로 홱 던져버린다. 뒤축이 자빠진 백구두 하나를 들어 요모조모 살피더니 또 확 던져버린다.

나는 딸딸이 위로 발라당 나동그라지는 백구두를 보고서 나도 모르게 웃음보를 터뜨렸다. 맞은편에 쪼그린 나를 한참이 지나도록 쳐다보지도 않던 할배가 한손으로 굴레씨염을 쓸며 힐끗 눈을 준다. 심지에 용케 매달린 파리한 호얏불이 시든 꽃잎 같다. 할배가 부시시 일어선다. 꽃송이가 여울여울 하늘로 날아오를 듯 일렁거린다.

할배는 깔고 앉았던 앞치마를 펼쳐서 툴툴 턴다. 가죽 앞치마를 목에 끼고 앉더니 이번에는 앞창이 벌어진 검정구두를 무릎에다 올린다. 앞창 아가리를 양손에 쥐고서 찢을 듯이 쫙 벌리더니 그 안쪽을 삐빠로 빠르게 응땐다. 칫솔에 본드를 묻혀 아가리 안쪽에 바르고는 또 힐끗 나를 본다. 구두를 볼 때와는 달리 나를 향할 때에는 초점이 없는 멀건 눈빛이다. 나는 궁디이를 뗄까 어쩔까 망설이다가 호얏불의 윤곽을 살피며 그대로 눌러앉았다.

내처 검정구두를 무릎에다 대고서 꾹꾹 누를 때에도, 또 다른 구두 뒤축을 호얏불에 대고 나서 본드를 바를 때에도 할배는 힐긋힐긋 나를 본다. 자꾸만 힐끗거리는 품이 무슨 말을 하려고 딸막거리는 듯도 하여 귀를 쫑긋거렸으나 할배는 또 먼산 보듯 눈길을 거둬버린다. 내가 맞은편짝으로는 시답잖은 모양이다. 하근내가 독하다. 본드 냄새에 뒤섞여 코끝이 다 얼얼하다. 밑도 끝도 없이 화가 난다.

쳇! 나는 벌떡 몸을 일으켰다. 그러나 헛불꽃에 잡혀 도로 주저앉고 말았다. 파리한 헛불꽃은 그을음을 밀어 올리며 빠르게 흔들거린다. 웬만하면 심지를 떨치고 날아오를 터이다. 나는 무릎에 턱을 괸 채 불꽃과 함께 일렁이며 요독을 썼다. 나도 불꽃을 달고 하늘 높이 날아오를 터이다. 그때, 깔깔한 구두 뒷굽을 뒤축에 붙이던 할배가 호얏불을 훅, 꺼버렸다. 불꽃은 온 데 간 데 없다. 다급히 두리번거리는 내 표정이 좀 머석했나 보다. "니, 와 그라노?"

한참 동안 묵묵부답하고 앉은 나를 살피던 구두재이 할배가 또 고소리를 쥔다. 내게서 눈길을 거두고는 밀쳐놓은 검정구두를 다시 집더니 옆구리를 고소리 주둥이에 물린다. 돌려가며 꽉꽉 눌러 잡을 때마다 아랫볼 근육도 함께 불끈거린다. "구두 수리하는 거로 니, 첨 보나?" 욱실거리는 심줄을 살피느라 벌로 듣던 나는 흠칫 고개를 들었다. "예?" "구두 곤치는 거 첨 보나 말다."

할배는 검정구두를 나무통 위에 올린다. 나동그라진 백구두를 무릎 위에다 놓고서 자빠진 뒤축을 삐빠로 천천히 응땐다. "우리 동네서 밨는데예." "느그 동네가 오데고?" "용암예." "용암이라? 오데 용암? 저짝에 이반성에?" "예." "면소 우우 정지나무 많은 동네 거어 말가?" 나를 빤히 쳐다보는 할배의 눈빛이 반짝인다. "아부지 이름이 머꼬?"

결국 어른 이름꺼지 묻는 바에야 자칫 나 때문에 나지리 보일까봐 마음부터 팽팽해진다. 곰곰궁리 끝에 뱃심을 잔뜩 주고 목청을 가누려는 사이에 할배는 뒤축을 물듯 냅다 다그친다. "느그 아부지 이름 말다!" "……." "니, 반촌에 삼시로 민촌 늠들 맨키로 느그 아부지 이름도 모리나?" "종자 근잔데예." "종자 근자라꼬?" "……조부님은?" "예?" "할아부지 함자 말다." "태자 식자 쓰십니더." "하따, 그늠 참. 학교 드가모 공부 잘하겄다. 그라고 본께네 물색이 그 집안 물색이네. 누캉 왔노?" "옴마하고 왔는데예." "그라모 와 니 혼자 댕기노, 길 잊아뻴라꼬. 오데 계시노?" 나는 멀찍이 좌판 쪽을 쳐다보았다.

어무이는 여전히 숯껌디이 할매와 나란히 섰다. 구두재이 할배는 뒷굽 하나를 쥐다 말고 좌판 쪽을 물끄러미 바라본다. "그란데 와 울라 캤더노?" "예?" "아까 전에 말다." "불이 없어지삐서……." "불이이? ……불은 또 씨모 대는 거 아이가,

글채? 언자 옴마한테 가바라." 구두재이 할배가 다시 호얏불을 붙인다. "할아부지한테 안부 싫더라꼬 말씸 디리라이? 새미실이 사람이라 쿠모 아실 끼다." 호야의 심지 끝에서 살아난 노란 불꽃이 가벼이 일렁이더니 금세 투명해진다.

75
까자 꼬푸

나는 또 유리벽 앞으로 다가갔다. 그새 아이스크림을 다 먹어버렸나 보다. 여자애는 노르스름한 꼬푸만 쥔 채 멍하니 앉았다. 유리벽에 붙어선 나를 보더니 팔을 쭉 벋치며 주는 시늉이다. 저것이 지금 속으로 아나 콩콩아! 하며 약을 올리는 것이다. 옆얼굴의 볼우물이 보이지 않는다. 볼우물이 한쪽 볼에만 있나? 여자애가 갑자기 웃어댄다.

입이 너무 크게 벌어진 탓인지 역시 볼우물이 안 보인다. 고개를 뒤로 한껏 잦혀서 뽀얀 턱밑 목살이 다 드러났다. 갈래머리의 땋은 가닥이 저쪽 것은 앞가슴께로 걸쳐졌고 이쪽 것은 어깨 뒤로 발라당 제쳐졌다. 곱슬곱슬한 귀밑머리 몇 올이 뽀얀 살결 위에 남실거린다. 유리벽 바깥으로 튀는 웃음소리가 잦아지는 듯하더니 울음기를 끌며 자지러진다. 울음기에 놀란 나는 흠칫, 유리벽에서 물러섰다.

소꼽동무 외선이도 저렇듯 턱밑 목살을 온통 드러내었었다. 그날 나는 풀꽃을 잘 논가리다 말고 소꼽놀이 판을 휘적거렸다. 괜히 옥은 생각에 입을 꾹 닫고서 돌메이를 흩뜨리고 가지런한 땅갑치를 무다이 엎었었다. 외선이는 호꼼해진 눈으로 내 얼굴을 살피다가 느닷없이 울기 시작했다. 나는 그대로 멀뚱히 마주앉아서 입속의 분홍 목젖만 신기하게 바라보았을 뿐이다. 외선이가 즈그 집으로 가버린 뒤에야 마음이 슬퍼졌다. 그리고 눈물이 난 것은 그 며칠 뒤이다.

여간해서 울지 않던 외선이가 그날만큼은 내 트집과 짜증에 지쳤었나 보다.

내 눈물은 왜 밑도 끝도 없이 불쑥 나거나 또 가리늦가 흐르는 걸까? 내 눈물은 너무 빠르고 또 너무나 늦다. 엉뚱한 때에 새어 나오고 정작 제때에는 옥생각에 닫혀 유리알처럼 달각거린다.

유리벽 안쪽을 채우고 바깥으로 흘러나오는 소리가 웃음소린지 울음소린지 헛갈린다. 마음이 울적하고 짜증이 난다. 하긴 넘이사 울든 웃든 내가 무슨 상관이람? 여자애가 머리를 탁자에 붙이자 소리는 그친다. 조용하다. 삐까번쩍했던 탁자가 그새 낡은 듯하다. 의자에 앉아 뜨개질을 하던 여자가 고개를 돌려 나를 쳐다본다. 아까보다 더 뚱해진 표정이다. 다시 뜨갯감에 꽂힌 여자의 눈빛이 매섭다. 내 쪽을 향한 눈길은 아니지만 사실 뜨개질을 하면서 저렇듯 눈을 홉뜰 턱은 없는 것이다. 뜨개질 시늉만 한다 뿐이지 잔뜩 벼르는 눈치다. 이대로라면 무슨 일이 닥칠 것만 같아 나는 등을 돌렸다.

어무이가 길목을 빠져나와 종종걸음으로 다가오신다. 아이스크림을 먹고 싶던 마음이 온데간데없다. 큼직한 볼우물이 궁금해서 다시 한 번 힐끗 보니 여자애는 나에게 주는 시늉을 했던 그 꼬푸를 뜯어먹고 있다. 또다시 유리벽에 얼굴을 바짝 붙이고 쳐다보는 내 눈이 호꼼했나 보다. 여자애의 눈이 왕방울처럼 커졌다. 나를 뚫어지게 쳐다보는 얼굴이 꾸개진 도화지처럼 일그러진다. "머하노? 퍼뜩 가자, 늦겄다."

어무이가 잰걸음으로 지나가신다. 여자애가 노랑 꼬푸를 입에다 쏙 넣는다. 왜 저런담? 여자애가 볼쏙해진 입을 오물거린다. 까자로 만든 꼬푼가? 까자로 지은 신기한 까자집도 있으니 까자로 만든 까자 꼬푸도 있겠지. 잔뜩 찌푸린 얼굴이 금세 울음을 터뜨릴 것만 같다. 까자가 아닌가? 여자애의 뚱한 얼굴이 험해졌다. 대체 왜 저런담? 째려보는 여자의 얼굴은 뚱하다 못해 험하게 부풀었다. 갑짝시리 유리벽 쪽으로 다가와서 덤벼들 것만 같다.

나는 유리벽 밖에 서 있을 뿐이지만 무언가 나도 모르는 죄를 뜬금없이 들추며 따질 것만 같다. 우악시리 내 앞섶을 잡아끌며, 너도 까자를 바랐으니 너 역시 까자 아니냐고 소리칠 것 같다. 뚱한 얼굴을 부풀락거리며, 유리벽도 탁자도 모두 까잔데 너는 왜 아닌 척하냐고 다그치면 나는 무슨 말을 해야 하나? 바짝 겁에 질려, 그래 나도 까자야! 하고 말한다면 그 다음은 어찌되나? 나는 급히 눈을 떼고 어무이를 쫓아 허겁지겁 달렸다.

76
낮꿈

저만치 골목 앞에 서 있는 어무이의 치맛자락이 너울거린다. 숨이 차고 기침이 나서 더는 뛸 수가 없다. 머릿속이 어찔하다. 허리가 절로 숙어진다. 나는 두 손을 물팡에 대고 버티며 콜록거렸다. 몸이 앞으로 쏠려 엎어질 듯하다. 오금이 저릿하다. 기침이 연신 잇따라서 숨을 쉬기조차 버겁다. 길바닥이 일렁인다. 검붉은……노르스름한, 희고 파르스름한 빛의 너울이 번갈아가며 눈앞을 스친다. 숨결을 고르느라 물팡에 붙인 손아귀에 힘을 주며 팔을 뻗대자 쏴아 찬 바람 한 줄기가 지나간다. 어무이가 달려오신다. 짐을 가득 실은 자전차가 따르릉거리며 지나간다. 뿌우연 바큇살이 좌르르르 또 지나간다.

"니이 또 글나! 우짜겄노 고마아!" 어무이는 손수건으로 내 이마를 닦으신다. "옴마아, 아까아, 본께네에……." "말 난주하고 숨부터 크기 시이라!" "가수나가아, 가수나가 꼬푸로, 뜬어묵더라." "머슨 소리고? 개앉나? 뜯어묵다이?" "꼬푸로 가수나가아……." "꼬푸라이? 고마 업히라 보자." 받은소리를 멎자 내 몸이 붕 떠오른다. 나는 얼굴 한쪽을 어무이의 등에 붙인 채 눈을 치떴다. 초점 흐린 눈앞에 넓적한 하늘색 머리핀이 흐늘거린다. 어무이의 머리카락이 내 이마를 간질인다.

네거리를 건너자 만물상이 보인다. 문틀 안팎에 주렁주렁 매달린 통발들이 흔들거린다. 그 아래에 대광주리가 포개졌고 크고 작은 고리짝도 층층이 쌓였다. 고리짝들은 노르스름하거나 살색인데 모두 더깨에 덮였다. 어떤 것은 네모나고 또 어떤 건 둥긋하다. 손잡이 테까지 달린 몇은 조그마한 것이 짙은 갈색을 뽐내며 귀티를 풍긴다. 차양 밑에 포개놓은 수군포와 깨이들이 비껴든 햇살에 번쩍인다. 잠깐 섰던 어무이가 다시 잰걸음이시다.

몸이 따뜻해지자 그예 자부럽다. 갈앉은 숨결을 타고 창유리와 옷자락들이 떠간다. 뭇 소리들이 치맛자락 소리 아래로 가라앉는다. 긴 골목이 버석거리는 치맛자락 소리와 함께 스친다. 짤따란 굴뚝과 담베락이 잇달아 흘러간다. 파란 철대문과 슬레뜨 지붕의 윤곽이 아슴아슴해지며 뿌연 안개처럼 흐른다.

노랗게 물든 정지나무 잎가지 아래로 꼬푸를 뜯어먹는 내 모습이 보인다. 옆에 나란히 앉은 여자애가 아이스크림을 핥고 있다. 빨간 혓바닥을 빠르게 날름거린다. 하나씩을 먹을 때마다 여자애의 몸이 부푼다. 여자애가 아이스크림을 먹고 나면 나는 그 꼬푸를 받아먹어야 한다. 꼬푸는 내 입안을 찌르고 내 뱃속을 긁어댄다. 꼬푸를 먹을 때마다 내 몸이 작아진다.

여자애가 또 꼬푸를 내민다. 나는 또 씹어먹어야만 한다. 여자애의 치맛자락에는 아이스크림이 담긴 꼬푸가 수북이 쌓였다. 나는 두렵다. 내 몸이 벌레만큼 작아질지도 모른다. 개미처럼 작아지면 아무도 나를 몰라볼 것이다. 그러나 여자애가 아이스크림을 다 핥고 빈 꼬푸를 건네기만 하면 나는 냉큼 받아먹는다. 이유는 모른다. 받아먹을 때마다 살짝 보여주는 볼우물 탓인 듯도 하다.

여자애의 몸이 부풀어 노란 사쓰가 팽팽하다. 여자애가 또 꼬푸를 건넨다. 하얀 볼살이 점점 탱실탱실 부풀어서 볼우물이 없어졌다. 여자애는 자기 볼우물이 사라진 줄을 모르는 듯하다. “자!” 여자애가 볼우물이 없는 입가를 일그러뜨리며 또 꼬푸를 건넨다. 손을 내밀다 말고 나는 불쑥 물었다. “와 무야 대노?”

"뭐?" "안 무울란다." "얘가 지금 뭐래? 넌 더 먹어야 해." "와? 와 자꾸 무야 대는데?" "넌 과자니까." "내가 와 까자고?" "남 먹는 거 쳐다봤으니까." "철본다꼬 까자가?" "침까지 흘렸으니까." "그기 묵구재비지 우찌 까자고?" "그게 그거야. 잔말 말고 먹어." "배 아푸다 고마. 언자 안 무울 끼다." "그러면 엄마한테 못 갈 걸?" "와?" "니네 엄마가 널 못 알아 볼 테니까." "와?" "넌 과자니까." "울 옴마는 까자가 아인데 내마 와 까자고? 내는 옴마 아들인께네 나도 까자 아이다 고마." "넌 달라." "머시 다린데?" "니네 엄마가 쌩 지나가는 거 봤지? 아이스크림은 네 눈에만 보이는 거야." "와 내 눈에마 비이노?" "말했잖아. 넌 까자니까." "……."

"네 잘못이야. 먹어." "내 잘못?" "당연하지. 이거 봐. 내 몸이 금세 줄었잖아. 이것도 네 잘못이야, 네 책임이라구." "책임?" "그래. 또 넌……." 여자애가 빙긋 웃는다. "넌 좀 엉큼하긴 해." "머로?" "그거 아니? 너 순진한 척 능청 떠는 거 내 눈에 다 보여." "머시?" "자꾸 어리숭하게 굴래?" "그기 머신데……." "너, ……거길 만졌잖아!" "머슬?" "셔츠 뜯긴 날. 개 밥풀때기 슬쩍 만진 거……내가 꼭 말해야 해?" "……나비 따라 갔는데?" "거길 만졌다니깐 왜 나비를 얘기 해?" "안 잡고 따라마 갔는데……." "시끄러! 걔가 나야. 몰라? 나비가 밥풀때기야. 그것도 몰라? 니네 엄마한테 일러 줘?"

움푹 꺼진 여자애의 볼에 큼직한 볼우물이 다시 파였다. "괜찮아. 호주머니 돈 그거 모르는 척 해줄게. 대신 어서 먹어." 나는 다시 꼬푸를 먹는다. 여자애가 이제 뾰족해진 혓바닥을 천천히 날름거린다. 으적으적 꼬푸 씹히는 소리가 나무그늘 밖으로 퍼져나간다. 다시 여자애의 몸이 부풀고 내 몸이 작아진다. 아이스크림이 이제 하나만 남았다. 저 마지막 꼬푸만 먹으면 도망칠 수 있을 것 같다. 더 작아지기 전에 달아나야 한다.

정지나무 아래로 여자애의 언니가 걸어온다. 땋은 머리를 목에 친친 감고서 빨간 댕기를 입에 물었다. 두 팔에 커다란 갈색 고리짝을 하나씩 들었다. 더께 없는 고리짝에 노랑 꼬푸가 그득하다. 겹겹이 포개어져 몇 개나 되는지 헤아릴 수조차 없다. 나는 여자애의 옆에 앉아 꼬푸를 으적으적 씹고 있는 나에게 다급하게 손짓을 하며 외쳤다. "도망쳐!" 부풀어 오른 여자애의 혓바닥이 함지박만 해졌다. 날름거리는 붉은 혓바닥의 양쪽으로 허연 아이스크림이 흘러내린다. 그 옆에 다람쥐처럼 작아진 내가 꼬푸를 두 손에 쥐고 부지런히 뜯고 있다. 웬걸 행복한 표정이다. "멍충아, 도망쳐! 도망쳐!" 나는 연신 두 팔을 저어대며 외쳤다. 그러나 소리는 나지 않고 잎가지만 가붓이 흔들린다.

노란 이파리들이 잘강잘강 소리를 내며 떨어진다. 내 사쓰 갬치에 들었던 깔깔한 십 원짜리 종이돈도 잎과 함께 떨어진다. 여자애의 언니가 고개를 들고 나를 빤히 치어다본다. 둥글고 뚱한 얼굴이 빙그르르 돈다. "얘. 거기서 혼자 뭐 하니이이?" 눈도 코도 입도 뭉개진 흰 덩어리가 웃고 있다. 정지나무 가지가 요란하게 흔들린다. "너도 일루 내려와. 맛있는 꼬푸 먹어야지이?" 허연 덩어리가 커다란 입을 쩌억, 벌린다. 노랑 꼬푸들이 일제히 날아오른다. 내 몸이 나무 아래로 곤두박질친다. 으아아아아!

77
우물 뽐뿌

곤두라진 몸 위로 딸랑딸랑 종소리가 지나간다. 아이스크림도 정지나무도 없다. 여자애도, 그 뚱한 여자도 사라졌다. 입안이 쓰다. 천정의 구름무늬가 노르스름하게 떠오른다. 나는 두리번거린다. 빈방이다. 또 종소리가 딸랑거린다. 창을 가린 연노랑 커튼이 부드러운 햇빛에 젖었다. 반대쪽으로 외짝 창호문이 보인다. "……옴마아."

베갯잇이 흠씬 젖었다. 침까지 흘렸나 보다. 배고프다. 윗목 쌀자루 옆에 놓인 자그마한 밥상에 삼베 밥수건이 덮였다. 너도 맛있는 꼬푸 먹어야지이이? 밥수건을 제치면 노랑 꼬푸가 나타날 것만 같다. 너, ……거길 만졌잖아! 꼬푸 속에서 밥떠꺼리가 쏟아질 것 같다. 또그르르 쏟아져 나와 나비가 되어 나붓나붓 빈방을 채울 것만 같다. "옴마아아!"

왈칵 문짝을 밀자 턱없이 앙버틴다. 눈앞이 캄캄하다. 갇혔나 보다. 내가 자꾸 아프니까 가둬버렸나 보다. 아까전에 기신없이 어디 가는동 줄도 모르고 허위허위 헤매었으니 인자……바깥 문고리에 수까락을 낑가았나? 안쪽 문고리를 찾아 급히 눈길을 휘둘렀으나……없다. 문고리 자리에 세로로 홈이 쪽 파였다. 헛갈리는 그 미닫이다. 미닫이는 옆으로 밀어서 열고 닫는다. 우리 집 청마리에 붙은 살강문처럼 옆으로 밀어야 열리는 미닫이문이다. 드르륵 방문을 밀자 퀴퀴하고 독한 내가 훅 덤벼든다. 나는 탁, 소리가 나게 문을 도로 닫아버렸다.

고요하다. 방 안에 노르스름한 기운이 가득하다. 그새 부풀대로 부풀어 커다래진 꼬푸 속 같다. 나는 창호문에 코를 바짝 붙이고 앉았다. 지이 지이이 소리가 울린다. 웅크린 뒷등이 스멀거린다. 머리끝이 쭈뼛하다. 빨리 마음을 흩트려야 한다. 그리고 천천히 딴 데로 마음을 기울여야 한다. 아니면 내처 불그레한 기운이 자겁한 마음을 낚아챌 터이다. 기고만장해서 내 몸을 삼켜버릴 터이다. 으으으……기암을 하고서야 끝날 터이다. 나는 문을 빨쫌하이 열고 바깥으로 머리를 끼웠다.

돌까리를 바른 좁은 마당이 보인다. 한쪽, 그러니까 오른편으로 썩 치우친 마당의 끝에 파란 철대문이 보인다. 마당 복판에 초록빛 우물 뽐뿌가 오똑하고 받쳐놓은 양철 다라이가 깔깔하다. 왼편을 바투 막은 보로꾸 담장이 밋밋하고 답답하다. 맞은편을 막아선 이우지 바람벽의 위로 오골쪼골한 슬레뜨 지붕의 끄티이가 튀어나왔다. 맞은편, 그러니까 우물 뽐뿌의 뒤쪽으로 바싹 붙은 바람벽에는 뒷바라지창이 달렸는데 아예 비닐을 덧씌워 봉해버려서 사각으로 에둘린 쫄대가 창틀 윤곽만 잡을 뿐이다. 조용하다. 독한 내가 한결 가셨다. 어무이는 어디 가셨담?

방에서 몸을 빼낸 나는 쪽마리에 걸터앉았다. 마리폭이 좁짝해서 마치 걸상에 앉은 듯하다. 노르스름한 마릿장의 나뭇결이 또렷하다. 소눈깔만한 옹이가 띄엄띄엄 박혔다. 갈색의 나뭇결도 거뭇한 옹이도 손끝에 반드럽다. 동바리 쪽의 옹이 하나가 빠져서 구멍이 났다. 빤히 뵈는 흰 바람벽이 커다란 화판 같다. 갑짝시리 문소리와 함께 비닐막이 바짝 당겨 붙더니 또 부풋해진다. 쫄대 밖으로 너덜하게 비어진 비닐종이가 파르르 떨린다. 요란한 문소리와 함께 비닐막이 또 떠들리더니 고함소리가 바람벽을 뚫고 튀어 나온다. "니, 오올 죽을래? 칵 마, 직이주까!"

"지이라, 지이라!" "싹 씩가사삐까 마!" 남자의 날 선 목청과 함께 여자의 울음소리가 날아든다. 나는 옹이구멍에서 집게손가락을 급히 떼었다. 몸을 움칠거리며 숨을 죽이는 사이에 왈칵 문 닫히는 소리가 연거푸 터져난다. 바람벽이 흔들리고 비닐막이 찢길 듯 부푼다. 쫄대 밖 비닐종이가 방패연 꼬리처럼 나풀거린다. 여자의 음울한 흐느낌이 멎자 또 조용하다. 뭔 일이람? 오그렸던 몸을 펴자 한숨이 밀려나온다. 불안하다. 바람벽 너머서 뭔가가 불쑥 튀어나올 것만 같다. 방패연 같은 비닐막이 꼬리를 팔락거리며 하늘 멀리 날아 가버릴 듯하다. 붉은 물살 같은 것이, 흰 구름 덩어리 같은 것이 그에 와그르르 쏟아져 내 몸을 덮어버릴 듯하다. 어디서 달그락거리는 소리가 들린다.

이번에는 오른쪽이다. 대문 쪽으로 뻗은 오른편 베륵박이 거무튀튀하다. 파란 판때이문에서 흰 연기가 새어나온다. 저기가 비누공장인가 보다. 마당에 내려선 나는 문짝 앞으로 다가갔다. 지독한 냄새가 코를 찌른다. 번 틈새로 안쪽을 드다보았으나 연기가 쩌려서 아무것도 보이지 않는다. 오른편 벽 쪽에 시커먼 게 얼핏 보였는데 아마 큰 가마솥인 듯하다. 눈앞을 가리는 것이 연기가 아니라 수증기다. 눈까지 따가워 문 앞에 섰기가 힘들다. 두어 발짝 물러서자마자 문짝이 왈칵 제쳐졌다.

물씬거리는 수증기와 함께 누군가 걸어 나온다. 입과 코를 가린 수건이 머리 뒤로 둘렸다. 짙은 눈썹이 눈에 익다. "이일났나아?" 수건을 떼며 눈가를 닦는 얼굴이 초췌하다. 광대뼈가 불거져서 한순간 나는 딴사람인 줄로 알았다. "눈 따갑다, 멀찌감치 섰거라이?" 큰외삼촌은 내 머리를 한번 쓰다듬고는 수증기를 몰고 우물 뽐뿌 쪽으로 다가가신다. 뿔바가치로 물을 떠서 뽐뿌 머리통에 붓고는 허리를 수그린 채 손잡이를 저으신다. 우물 뽐뿌가 꺼억 꺽 소리를 내며 물줄기를 쏟아낸다. 큰외삼촌은 뽐뿌 주디이에 입을 대고 꿀꺽꿀꺽 물을 들이키고 나서 땀에 젖은 얼굴을 씻으신다. 나는 뻘쭘하이 옆에 섰다.

하늘엔 구름이 뭉게뭉게 피었다. 위엣것은 가사리가 솜털처럼 풀어지고 밑엣것은 끈적끈적한 엿물처럼 펑퍼짐한 결을 이루며 울멍줄멍 검붉게 번졌다. 시원한 바람이 스쳐간다. 마당 가득 풍기던 수증기가 흔적도 없이 사라졌다. "니도 한분 해 볼래? 뽐뿌질 안해밨재?" 큰외삼촌은 수건으로 얼굴을 닦으며 활짝 웃으신다. 그러고는 뽐뿌 손잡이를 쥔 내 손을 감아쥐고서 조근조근 일러주신다.

손잡이 끝사리를 잡고 위아래로 젓는다는 것. 물이 안 나오면 손잡이를 위로 치키고 뽐뿌 머리통에다 물 한 바가치를 부어넣으면서 깔짝깔짝 누른다는 것. 그러다가 손잡이에 힘이 걸리면 깊숙이 눌러준다는 것. 삼동에는 뜨건물을 붓는다는 것. 그리고 그 물이 마짐물이라는 것. 우물 뽐뿌 다라이에 하시라도 물이 마르면 안 된다는 것. 이점저점 집에 물이 넉넉해야 한다는 것…….

나는 천천히 젓었다. 둥글뭉수레한 뽐뿌 주디이가 끄덕거린다. 팔소매를 걷어붙이고서 힘껏 잣아올렸다. 수정 같은 물이 콸콸 쏟아진다. 빨간바가치가 빙그르르 돈다. 물빛에 되비쳐 어른거리는 양철 은빛이 눈에 시리다. 나는 커다란 다라이를 채우고 싶다. 다라이를 다 채우고서 그렁그렁 넘치는 물줄기를 보고 싶다. 나는 신이 나서 더 힘차게 양팔을 놀렸다. "고마 해라, 데다." 큰외삼촌이 껄껄 웃으며 방으로 들어가신다.

78
비누공장

평소 말수가 적은 큰외삼촌이지만 참 자상하시다. 그래서 진주 시내의 중학교에 다닐 때 아부지의 동무가 되셨나 보다. 그래서 아부지가 삽티골로 놀러 가셨나 보다. 그래서 어무이를 만나셨나 보다. 그래서 어무이는 아부지에게 시집 오셨나 보다. 그래서 내가 생겼나 보다. 어무이 말로는, 큰이모와 마당에서 신나게 고무줄놀이를 하는데 아부지가 자꾸만 쳐다보셨다고 하니……아부지는 어무이의 고무줄놀이를 바라고 먼 삽티골을 자꾸 찾으셨나 보다. 어무이가 고무줄놀이를 잘 못했으면 시집을 못 오셨을지도 모르겠다. 고무줄놀이를 하지 않았다면 내가 태어나지 않았을지도 모른다. 세상에 나지 않았다면 나는 어디 있었을까?

까만 고무줄 뭉치 속에 웅크리고 있었을까? 깜깜한 고무줄 뭉치에 도사린 한쪽 옭매듭처럼 누군가 바깥 옭매듭을 당겨서 뚜르르 풀려나기를 바라고 있었을까? 그러면 동생들은? 어무이가 고무줄놀이를 하지 않고 아부지와 몰래 만났다면? 그래서 나는 없고 동생들만 생겼다면? 세상에 고무줄도 나도 없다면? 그러면 나는……내가 없다니! 궁금하다 못해 슬몃슬몃 불안해진다. 마음이 왕굴밤 껍데이처럼 오그라든다. 덜컥 두렵다. 나는 뽐뿌질을 멈추었다.

궁금해 하지 말자. 목구멍이 보리까끄래이가 걸린 듯 스멀거리고 자꾸만 기침이 난다. 생각을 하지 말자. 어깻죽지가 아프고 옆구리가 우리하다. 한동안 말짱하더니 그예 도졌나 보다. 맑은 물이 양철 다라이를 넘칠 듯 말 듯 그렁거린다. 물에 뜬 빨간바가치가 가만하다. 수면에 비친 내 얼굴이 일렁이더니 자디잔 물비늘과 함께 부서진다.

열린 판때이문 안쪽이 환하다. 널찍한 한 칸짜리 공간에 백 촉 다마가 뿜어내는 불빛이 가득하다. 스미는 날빛이 전등 불빛에 떠밀린 탓인지 미세기창이 종잇장처럼 창백하다. 그 위쪽에 붙은 작은 살창에는 채 빠지지 않은 증기가 꾸역꾸역 걸쳐졌다. 한쪽 칸살을 빼어 끼운 후앙이 꺽꺽거리며 돌아간다. 전깃줄 몇 가닥이 걸쳐진 벽이 휑하다. 아래쪽의 거무튀튀한 두멍솥 옆에 큼직한 다라이와 네모난 양철통이 여럿 놓였다. 길쭘한 결탁자 위에는 두부모 모양의 누런 똥비누들이 줄줄이 포개졌고, 한쪽 구석에는 비닐 포장지와 푸대 자루가 후줄근히 쌓였다.

공장이라더니 창고 같은 여기가 비누공장인 모양이다. 쪽마리에 방 한 칸이 딸린 이곳에서 큰외삼촌은 혼자 지내시나 보다. 담배농사도 논농사 밭농사도 재미가 없어서 푹푹 삶는 창고에서 비누를 만드시나 보다. 후끈한 증기가 얼쭉 다 빠졌건만 코끝은 여전히 맵고 짚 끌티이가 들어간 듯 눈알이 따끔거린다. 우리 집이라면 할무이한테 달려가서, 후후 불어달라고 하련만. 머릿속이 어찔하고 뱃속이 니글니글하다. 큰외삼촌은 한잠 주무시려나 보다. 어디선가 하모니카 소리가 들려온다.

이우지 이바지창이다. 찜찜하다. 아까는 울음소리더니 이제는 하모니카 소리다. 낭랑한 목청이 시원한 하모니카 선율을 따라 앞서거니 뒤서거니 어우러진다. "누우나느은 과아꽃을 좋아해앴지요오오 꽃이피면 꽃밭에서 아주사아랐죠오오." 과꽃 노래다. 아까전에 찢길 듯이 부풀며 험한 목청을 밀어내던 비닐막이 지금은 용용 죽겄재, 하듯 시원한 노랫가락을 뿌린다. 잔뜩 불안해했던 아까 내 꼴이 우스꽝스럽고, 절로 가락을 받아 입을 오물거리는 지금 내 모양이 어이없다. "시집간지이 오온삼년 소식이이없느으은 누우나가 가을이면 더어생각나요오오…….”

그런데, 누나는 왜 시집간 지 삼 년이 되도록 소식이 없을까? 딴 동네 과꽃에 푹 빠져서 동생조차 잊어버렸나 보다. 아니면 죽어서 과꽃이……그런데 과꽃이 어찌 생긴 꽃인가? 우리 집 두어 평 꽃밭에는 나팔꽃, 채송화, 등꽃, 능소화는 있어도 과꽃은 없다. 우리 동네에도 없다. 혹시 있긴 한데 내가 모르는 건가? 홍골 약국집의 가실 아지매가 가꾸는 꽃? 여름이면 담부랑을 따라 나란히 놓인 화분에 무리지어 피는 그 화사한 꽃? 큼직큼직한 꽃봉오리가 이엉 없이 뭉툭하고 삐드름한 청석 돌담과 왠지 잘 어울렸다. 혹시 학동 아지매 집의 널찍한 화단에 무더기로 피는 그 꽃인가? 짚끄내끼에 둘린 굵은 꽃대들 위로 형형색색의 꽃봉오리들이 늦가을 볕에 겨워 파리했었다.

방패연 같은 비닐막이 또 꼬리를 팔락거린다. ……일없다. 쳇! 누야도 하모니카도 없는 내가 무슨 상관이람? 나는 대문 밖으로 썩 나섰다.

79
엿판

엿판을 실은 리아까가 지나간다. 원동기 자전차 한 대가 요란한 소리를 뿌리며 쏜살같이 달아난다. 귀가 먹먹하다. 짐받이에 묶어 실은 당세이가 시커먼 연기 속에 얼비친다. 아이스케키 통을 실은 짐자전차가 지나간다. 엿판 리아까가 또 지나간다. 골목 안쪽에 엿공장이 있나 보다.

이곳 반성에서 족히 시오리는 떨어진 우리 동네에도 엿장사가 온다. 한겨울에는 땜재이가 오고 늦가을에는 도가지장사나 체장사가 오고 가끔은 대재이나 통재이도 온다. 또 뭉툭한 맷돌재이 영감이나 호리호리한 바알장사 아지매도

시도 때도 없이 오지만 기중 엿장사가 제일로 잦다. 엿장사는 한여름만 빼고는 다 온다. 앞세운 엿판 리아까를 느긋이 밀면서 꼬불꼬불한 들길을 따라 나정을 부리며 온다.

엿가새질 소리는 타작마당에서 울린다. 짤깍짤깍 안산을 치고 또 뒷동산에 부딪쳐 모장골로, 더 멀리 홍골까지 퍼져나간다. 짤깍거리는 쇳소리에 아이들은 귀를 쫑긋거린다. 삽짝이나 대문간에서, 또랑이나 산자락에서, 또 두렁길이나 골목길에서 다들 고개를 타작마당 쪽으로 돌리며 마른침을 삼킨다. 절로 몸이 달아 서둘러 헛간과 뒤안을 기웃거린다. 축담에 납작 엎드려 고막이 구멍에 머리를 디민다. 운 좋게 다 떨어진 고무신째이나 장화, 꾸개진 비료 푸대나 우산, 또 빈병이나 쇠똥가리 따위가 눈에 띄면 냉큼 집어 들고 타작마당으로 뛰는 것이다. 빈걸로 몰리는 아이들도 덩달아 잰걸음이다.

가새춤은 짤깍짤깍 요란하지만 늙은 엿장사는 대개 엿단쇠 소리도 없고 말수도 적다. 아이들이 내민 잡동사니를 선뜻 받아들지는 않고 모똑찮은 표정으로 물끄러미 바라볼 뿐이다. 그러고는 잔뜩 졸은 아이들을 향해 툭눈을 껌벅거린다. "이기 머시 대겠나. 옇어나 바라." 그래도 쓸 만한 물건이라면 표정이 달라진다. 눈빛을 반짝이며 소두방 같은 손으로 덥석 받아 쥔다. 그러고는 아직 멀쩡한 고무신째이나 놋양푸이 따위를 건넨 아이의 얼굴을 쓰윽 훑어보고서, 내삐린 기재? 하며 엿목판 아래로 던져 넣는 것이다.

더깨가 활짝 제처진 엿목판의 앞쪽에는 뿌연 밀가루를 덮어쓴 가락엿이 나란하고, 그 안쪽에는 울긋불긋한 가루를 덮어쓴 판엿이 넙덕하다. 아이들은 엿목판과 엿장사의 얼굴을 번갈아 살피지만 가락엿을 몇 개나 줄지, 또 판엿을 몇 번 찍어낼지는 대중이 없다. 강원도 가락엿이든 울릉도 호박엿이든 엿재이 맘대로다. 엿장사는 손끝으로 가락엿을 두르르 쓴다. 둘러선 아이들이 입맛을 다시며 침을 꼴깍거린다. 엿장사는 판엿에 엿정을 대고서 엿가새 손잡이를 탁, 탁, 내려친다. 아이들의 눈알이 동긋해진다.

하지만 엿판 주위를 이렇듯 조무래기들만 둘러싸는 것은 아니다. 덩치가 우람한 동네 아재들이 모여 엿치기라도 벌이는 날에는 타작마당이 시끌벅적해진다. 낭자한 웃음소리와 함께 길쭉길쭉한 가락엿이 빠득거리고 뚝뚝 부러진 엿똥가리가 보란 듯 불쑥거린다. 쭈뼛쭈뼛 내민 손으로 허연 엿똥가리를 받아 쥔 동무들은 덩달아 신이 났다.

80
아이스케키

아이스케키 통이 또 지나간다. 포개진 파란 케키통이 덜컹거린다. 짐자전차의 뒷바퀴에 처들린 거치대가 연신 길바닥을 친다. 나는 아이스크림은 처음 보았지만 아이스케키는 몇 번 먹어봤다. 여름철에는 아이스케키 장사도 우리 동네까지 온다. 빛바랜 군모를 폼나게 눌러쓴 케키장사는 멜빵 달린 케키통을 번듯이 둘러메고 잰걸음으로 온다. 아이들은 엿장사보다 케키장사를 더 반기지만 지물에 깨춤일 뿐이다. 엿은 명절이나 잔치 때 먹을 일이 꽤 있고 동네 점빵에서 엿까자로도 팔지만, 이나저나 아이스케키는 아예 없다. 그리고 엿장사와는 달리 젊은 케키장사는 한여름에만 온다.

오더라도 소리도 없이 와서는 정지나밑에 버티고 앉아 팔리면 팔고 아니면 말고 식으로 노닥거린다. 만만한 아이들을 붙잡고 군말을 늘어놓지만 열심히 고개를 주억거려도 공짜는 없다. 뜬금없는 자랑이나 듣도 보도 못한 소문을 늘어놓지만, 앞뒤가 들어맞지 않는데다가 어쭙잖은 겉멋에 쳇바퀴 돌 듯 되풀이되는 이야기라 듣고 앉았기도 고역이다. 아이들이 듣는 둥 마는 둥 케키통을 힐끗거리며 침을 꼴깍 삼킬라치면 케키장사는 훌훌 일어서버린다. 그러고는 혼자 그늘나밑을 오락가락 군걸음 치며 휘파람을 분다.

케키장사가 다녀간 줄 모르는 아이들도 쌨다. 뒤늦게 알고는 퍽 억울한 표정을 짓곤 하지만 마침 때맞게 정지나밑에 나왔을지라도 돈 없으면 속만 탄다. 케키장사는 잡동사니는 안 받고 돈만 받기 때문이다. 운 좋게 쎄돈이 있어서 케키 하나를 손에 쥔다고 할지라도 꾀죄죄하게 둘러 선 분위기가 사뭇 딱하고 후줄근하다. 하얀 김이 모락모락 나는 케키를 먹는 아이는 한둘이고 둘러서서 철마보고 입맛을 다시는 아이는 여럿이다. 서늘한 김이 가득 서린 케키통은 빨리 닫힌다.

케키장사는 뽐내는 목청으로 께끼이이! 아이스 께끼! 하고 두어 번 외다가 만다. 케키통에 엉덩이를 붙이고는 방정맞게 다리를 떨거나 손끄티이로 군모의 각을 잡는다. 그러고는 또 딴전 피듯 휘파람을 부는 것이다. 케키장사는 팔아도 고만 못 팔아도 고만이지만 주위는 어수선하다. 케키장사는 팔고 나면 그대로 또 고만이지만 주위는 더 애달아서 뒤숭숭해진다. 먹는 아이도 괴롭고 쳐다보는 아이도 괴롭다.

아이스케키는 금세 녹는다. 동무들에게 한입 주는 아이도 있고 날름날름 핥다 못해 서둘러 으적으적 깨무는 아이도 있다. 눈치를 살피며 혼자 먹다가 지풀에 우는 아이도 있다. 입을 헤벌리고 쳐다보다가 울먹이는 아이도 있고 입맛을 쩝쩝 다시다가 뭐라 구시렁거리는 아이도 있다. 게 눈 감추듯 먹어치우거나 케키 대롱을 쥐고서 도망치는 아이도 있고, 한입 바라고 섰다가 참았던 울음을 터뜨리고 마는 아이도 있다. 현우도 그 때 슬금슬금 도망질하는 중이었나 보다. 케키 쥔 손을 앞섶에 붙이고 오던 현우와 맞닥뜨린 곳은 원불교당 앞이다.

그날 오후에 나는 돌닥거리서 혼자 궁싯거리다가 께끼장사가 온 것을 뒤늦게 알았다. 가수나 몇이 아이스케키를 들고 재잘거리며 지나갔던 것이다. 가수나들은 남 먹을 때는 힐끗거리지만 자기들이 먹을 때에는 남을 쳐다보지도 않는다. 부로 안 보는 게 아니라 그때는 남이 안 보이는 것이니 아예 못 보는 셈이다. 하긴 갈라묵지도 않을 걸 괜히 닭 소 보듯 쳐다보는 것이 더 빤빤하겠다. 그런데 늘상 하던 대로 고이 지나치면 좋으련만 내 기척이 몰랑한지 웬걸 더 시끄럽게 재잘거리며 난양이었다. 나는 곧장 정지나밑으로 향했다. 마치 차례를 놓친 사람인 양 무턱대고 종종거렸다. 별나게 밝은 회관 담장께의 햇살을 느끼고서야 번쩍 정신이 났다. 갬치에 땡전 한 푼 없으니 가봤자다. 쪼골시럽그로 지금 남 먹는 거 구경하러가는 셈이다. 나는 후줄근해져서 기와 담장 밑에 쪼그렸다. 그때, 얼굴이 발그레해진 현우가 다가서더니 반 토막쯤 붙은 케키 대롱을 내 코밑으로 불쑥 내밀었다. "딱 하암마 베무우라."

케키장사는 그렇게 마음을 흔들어 놓고는 덜렁거리며 떠난다. 파란 케끼통은 들길을 따라 둥싯둥싯 떠간다. 멀리 들머리에서 어릿거리다가 부픗한 흰구름 너머로 사라진다. 짐자전차가 또 지나간다. 아까 것보다 더 높다랗게 포개어 올린 케끼통이 검정 고무밧줄에 꽁꽁 묶였다. 넓적한 흙받기를 가린 거치대를 끄덕거리며 골목길을 따라 달린다. 잿빛 담베락에 닫힌 긴 골목이다. 짐자전차와 리아까가 꺾어지는 막다른 골목의 안쪽에 엿공장도 있고 케키공장도 있나 보다.

가볼까? 하고 생각하기도 전에 내 몸이 그쪽으로 움직인다. 생각은 몸보다 빠르지만 몸이 생각보다 빠를 때도 있다. 생각이 멋대로 앞설 때에는 머릿속이 어찔하지만 이렇듯 몸이 앞설라치면 꼭 마음이 후줄근해진다. 막다른 골목에서 오른쪽으로 돌자 보로꾸 벽을 따라 널따란 골목거리가 펼쳐졌다. 멀찍한 골목 끄트매이가 탁 트였다. 잇닿은 안들의 나락 포기들이 골목거리로 밀려들 듯이 출렁거린다. 나락논 너머 산자락에는 파랑색 슬레뜨 지붕 몇이 맵시 있게 얹혔다.

비가 올는지 낮은 산봉에 닿은 하늘이 꾸무리하다. 문득, 자주 와봤던 곳인 양 낯익다. 꿈에서나 본 듯한 주위가 아슴아슴하더니 실눈을 뜨고 두리번거리는 사이에 아뜩해진다. 안들 위로 가느다란 빛줄기가 스친다. 자세히 보니 날빛에 번득이는 전깃줄이다. 잠깐 일었던 정겨움이 이내 낯선 윤곽의 너머로 물거품처럼 사라져버렸다.

81
골목거리

휑하다. 너저분한 갓길에 찌그러진 베니다 쪼가리와 부러진 각목이 다문다문 쌓였다. 흙바닥이 드러난 자리마다 비닐조각을 덮어쓴 풀덤불이 헝클어졌다. 먼지투성이의 돌까리 담벡이 눅눅하게 젖었다. 누가 벽에다 대고 오줌을 눴나 보다. 찌렁내와 똥내가 풍긴다. 자잘한 개똥 몇 덩거리가 시커멓게 말라붙었다. 냄새를 풍기는 누런 똥 무디이 위에 똥파리들이 웽웽거린다. 속이 미싱거린다. 토할 것 같다. 나는 길 건너편으로 달려가 담베락 밑의 수채 앞에 쪼그렸다.

속엣것이 나올 듯 말 듯 헛구역질만 꺽꺽거린다. 입안에 쓴 침이 고인다. 이럴 때 마다 꼭 마른 잎이 떠오른다. 바싹 마른 정지나무 이파리들은 바람에 쓸리며 잘강잘강 소리를 낸다. 몸속의 나뭇잎 소리와 몸 바깥의 파리 소리가 뒤섞여 웅웅거리더니 한꺼번에 사그라져버린다. 쪼그린 몸이 마른 헝겁대이처럼 나부낀다. 금세 숨이 막히고 눈앞은 캄캄히 닫힐 터이다. 그러나 숨길은 곧 터질 터이다. 잿더미처럼 흩어지지만 않는다면……또 활짝 열린 눈앞에 맑은 소리와 영롱한 빛이 가득 찰 터이다.

이 순간은 그러나 길다. 막힌 숨길이 터지며 눈앞이 열리기까지의 순간은 너무나 길다. 이대로 흩어지지 않으려면 실낱같은 생각일지언정 붙들어야 한다. 캄캄한 어둠 속에 떠도는 희미한 불티를 안간힘을 다해 노려보아야 한다. 깊숙한 바닥에서 희끗거리는 불티를 키워야만 한다. 자디잔 불티 속에 회오리치듯 맴도는 얼굴, 얼굴들……. 나는 숨을 크게 들이쉬며 호흡을 가누었다. 콧속을 후비는 신음소리가 툭툭 끊긴다. 깜깜했던 눈앞이 희뿌옇게 밝아온다. 온몸이 진흙인형처럼 끈적거린다. 또……살아났구나! 목덜미와 이마가 서늘하다. 눈물이 난다.

물이 깨작한 수채 바닥에 사금패이와 유리 조가리들이 뒤섞였다. 죽은 쥐가 털가죽만 벗겨 말린 듯 납작 오그라졌다. 수채 턱에 쌓인 연탄재가 굴러떨어질 듯 수북하다. 썩은내가 코를 찌른다. 딸랑딸랑 종소리가 지나간다. 내 몸속에서 무엇이 빠져나간 듯하다. 텅 빈 몸에 스몄다가 온몸을 후리며 빠져나간 그게 무엇일까? 묵직해진 머리가 앞쪽으로 기운다. 나는 발끝에 힘을 주며 쏠리는 몸을 가누었다. 흔들거리던 몸이 다시 묵직해진다. 발목이 아프다.

담베락 너머 엎드린 집들. 바람벽을 치고 돌아앉은 집들. 혹처럼 달붙은 짤따란 굴뚝들. 바스러진 돌까리 담벽들. 뜯어내고 남은 광고지의 꾀죄한 흔적들. 너덜거리는 종잇조각들. 찢긴 그림과 망가진 글자들. 휘갈겨 쓴 낙서……야릇한 그림과 욕지거리들. 굵직한 쌍시옷 자와 서로 동떨어져 능청거리는 받침들……. 그을린 굴뚝 아가리에서 검푸른 연기가 흘러나온다. 금이 간 담벽 틈새로 희미한 연기가 새어나온다. 땅속 깊이 울리는 섬뜩한 바람소리 위로 낭랑한 종소리가 나뒹군다.

노란 종소리를 뿌리며 리아까가 지나간다. 파란 호루에 싸여 고무 밧줄에 묶인 짐이 덩실하다. 짐 더미에 가려져 리아까재이는 보이지 않는다. 그런데 리아까재이가 있기는 있었던가? 내가 리아까 끄는 사람을 보았던가? 바꾸를 탄 짐 더미가 절로 굴러간다. 아니, 짐 더미가 끄덕거리며 발통을 굴린다. 아니, 부풋한 짐과 리아까가 골목거리를 따라 둥실 떠간다. 쪼그려 앉은 내 몸도 덩달아 부웅 떠오른다. 리아까 꽁무니에 아이들 여럿이 바짝 뒤따랐다. 나는 고개를 번쩍 들었다.

몇 발짝 떨어져서 잰걸음으로 따르던 아이들이 우뚝 섰다. 덩치들이 병근이 헤이와 비슷하다. 나는 다짜고짜 반가워서 벌떡 일어섰다. 아이들이 나를 유심히 본다. 앞쪽으로 발을 떼려던 나는 그대로 엉거주춤 섰다. 나를 그저 쳐다보는 게 아니라 내민 턱을 까닥거리며 빙긋이 야리는 것이다.

한 놈은 아예 눈꼬리를 틀며 꼬라본다. 동네 밖으로 나오면 저런 놈들이 똑 있다. 익으면 그저 좋고 설면 괜히 으르렁거리는 어설픈 껄렁패다. 무턱대고 반가웠던 마음이 싹 가시고 맥이 탁 풀린다. 택쪼가리를 잦바듬히 꺾고 눈알을 모로 굴리는 품새가 사뭇 부랑타. 고이 갈 기지 길가다가 무다이 웬 난리람? 내가 도로 쪼그리며 멀뚱히 쳐다보자 지들끼리 또 빙긋이 웃는다. 두 놈은 그대로 버티고 섰고 키가 멀대같은 한 놈은 내 앞으로 썩 다가온다. 베신에 붙은 알록달록한 그림이 반짝거린다. 참 별난 베신도 다 있다.

병근이 헤이 말로는 이럴 때 꿀리면 안 된다는데 나는 벌써 속이 뜨끔하다. 숨을 크게 들이쉬고 눈에 힘을 주려는데 벌써 마음부터 아릿하다. 뒷걸음질을 할 만한 곳도 아닌 지라 웬걸 몸이 다부 앞쪽으로 쏠린다. 니가 오모 우짜끼고! 지라사 어북겉이 길쭉한 다리를 빼뚝거린다. 지딱거리며 다가오는 걸음새가 눈꼴시럽다. 칫! 내가 가삐모 니가 우짜낀데? 콧구멍을 발록거리며 빤히 쳐다보자 놈이 피식 웃으며 돌아선다. 순간 마음이 탁 놓였으나 느닷없이 화가 치민다. 하빠리 놈이 누굴 알로보고! 나는 도로 일어서려다가 수채 턱 앞에 쪼그려 앉았다.

우짜다가 걸어든 후미진 골목이다. 막다른 곳에서 탁 트이는 골목거리다. 내 동무들은 이럴 때 어찌했을까? 창섭이라면 담박 주먹을 불끈 쥐었을까? 현우라면 뚱한 얼굴에 왕방울 같은 눈알을 굴렸을까? 두근이라면 버텨 서서 눈빛을 쏘았을까? 고야라면 아마 당차게……나는 그러나 생각을 붙잡고 주춤거렸었다. 꿀린 마음에 오금이 굳은 채로 콧김만 뿜었었다. 비닐 장막처럼 뿌예진 눈앞에 취해 우두큰했었다. 그러는 사이 모든 것이 남의 일처럼 멋대로 굴러갔다. 뒤늦게 한손놓고 불쑥거리는 심사야 철 그른 동남풍이고 다 밝게 범두와 소리다.

놈들은 아랑곳없이 뒤통수를 까닥거리며 멀어진다. 몇은 껑충껑충 모걸음이다. 또 몇은 지딱지딱 가재걸음이다. 다들 울력걸음에 신이 났다. 코밑에 뿔레이가 부풀락거리고 손에 든 길쭉한 팔랑개비가 빙글빙글 돈다. 어주리떠주리……언가이 잘났다! 한 놈은 리아까를 짐짓 잡아당기며 걷고 또 다른 놈들은 아예 짐 더미에 매달린 채 한쪽 발을 타닥거리며 깐죽댄다. 문디 쪼다리……별난 베신도 혹딱 겉다. 아니나 다를까 리아까의 앞쪽이 처들리는 듯하더니 팩, 내지른 고함소리가 솟구친다.

게딱지처럼 달라붙었던 가죽가방과 책보따리들이 툭툭 떨어진다. 리아까가 휘청거리며 슬레뜨 지붕이 얹힌 담벽 안쪽으로 꺾인다. 파란 함석지붕 공장에서 짐자전차가 줄지어 빠져나온다. 왁자지껄 누벼가던 놈들이 골목거리 끄트매이의 담베락을 돌아간다. 놈들이 잇달아 사라진 그곳에서 불쑥 어무이가 나타났다.

82
아는 헤이

"거어 와 그리 오끔하이 앉았노, 또 어지맨키로 자빠질라꼬!" 나는 청개구리가 튀듯 벌떡 일어섰다. "퍼뜩 이리 내시라!" 어무이가 잰걸음으로 다가오신다. 장을 보셨나 보다. 손에 든 검정 장바구리가 불룩하다. 장은 반대쪽인데 왜 저쪽에서 오신담? 어무이는 이렇듯 엉뚱한 곳에서 갑짝시리 나타나시곤 한다. 그리고 모르는 게 없으시다. 어제 내가 또랑에 빠진 것을 또 어찌 아셨을까? 괜스레 화가 난다. 나는 등을 돌린 채 머뭇거리다가 어무이의 발소리를 뒷등으로 들으며 느릿느릿 걸었다.

아이스케키, 별난 베신, 뿔레이, 팔랑개비, 가죽가방……. 무엇부터 말할까……제일로 만만한 뿔레이나따나 알록달록 늘어놓아 볼까……속으로 주섬주섬 챙겨보는 사이, 어무이는 대뜸 안타까운 목청이시다. "니, 밥도 안 묵고 노옷재!" 연에 허리를 수그리고 내 옆얼굴을 빤히 보신다. "……안 묵는다 고마." "밥을 와 안 무우? 배고풀 낀데. 옴마가 안 채리났더나. 박수건 덮어난 거 몬 봤나?" "꼬푸……꼬푸 노오까 싶어서……." "꼬푸라이?"

"무우모 배아푼 거어." "머슨 소리고? 니, 배 아푸나?" "꿈에 노오는 꼬푸 있다 고마." "꿈이라이? 꿈에? 머슨 꿈이꼬? 꿈에는 벨시린 기 다 노오쌓니라. 퍼뜩 가서 밥 묵자." "배 안 고푸다 쿤께네." "하이고 얄궂다. 안 고푸다이? 이기 때가 온재라꼬. 밥맛이 없어도 무우야 대지 안 그라모 힘이 없고 자꾸 자부럽다 아이가." "아아들이 알록달록한 거 신고 가더라." "저짝 산 밑에 안동네 아아들 아이가. 니도 알 낀데? 그 동네 아지매 집에 댕기온다 아이가, 외삼촌 빨랫비누 팔아볼라꼬. 키 큰 아지매 생각나재?" "안 난다." "재작년에도 가고 그 전에도 가쌓아서 생각이 날 낀데?"

나는 멈칫 섰다. 그리고 뒤돌아보았다. 어무이의 뒤쪽으로 보이는 골목거리가, 그 끄트매이로 트인 나락논이, 또 그 너머로 보이는 안동네가 꿈에 본 곳이 아니었다. 지워진 기억이 꿈결처럼 살아나 잠시 사운거리다가 흐린 날빛 속에 흩어졌던 것이다. 다시 실눈을 뜨고 바라보아도 불현듯 일었던 정겨움이 되살아나지 않는다. 애를 쓸수록 윤곽들은 낯선 날을 세우며 아뜩해진다.

내 눈에 비치는 것. 내 귀전에 울리는 것. 이 선명한 빛깔과 얕고 깊은 소리들. 지금 내 얼굴을 스쳐서 뒷등으로 달아나는 바람과 어깨를 치며 멀어지는 노란 방울소리. 이들도 언젠가는 아뜩해질까? 한때 머리카락을 쓸던 바람, 손끝을 적시던 빗방울, 두 뺨을 뎁히던 햇살과 코끝에 맴돌던 향긋한 냄새. 손샅에 감기는 지푸래이의 까끌까끌한 촉감과 잘강거리던 나뭇잎의 반짝임. 이들도 흐린 기억 속에서 영영 낯설어질까? 소리 죽여 흐느끼는 그림자, 환하게 웃는 주름진 얼굴, 웃음 속에 번지는 울음기나 울음 속에 묻어나는 웃음기……. 이 모두 그 정겨운 생기를 누그린 채 비껴 걸린 지새는달처럼 파리해져 버릴까?

"그 집에 니 서너 살 우우도 안 있나. 아까 지내가더마는 모리겠더나?" "모린다." "호리호리하이 키 큰 아아 말다." "……." "아는 헤이 아이가. 알아밨시낀데? 닐로 올매나 좋다캤다꼬. 알아보재?" "……." "걸음걸이가 즈그 아부지 닮아서 좀 지딱거리니라." "……모리겠다 고마." 머릿속이 헝클어진 실타래 같다. 또 짜증이 자글거린다.

나를 유심히 살피던 놈이? 지딱거리며 다가오던 그 꺽대가? 반가워서 아는 척하는 표정이었나? 딴에 쑥스러워서……? 서분해서 피식 웃었나? 내가 지레 겁을 먹어서, 그래서 내 눈에 험하게 보였었나? 쳇! 반가우면 반가운 얼굴을 하든가 이름을 부르든가 할 예기지……. 아는 척하는 눈빛이 왜 그 모양이람?

나를 좋아했었다는 말이 가시처럼 걸린다. 아는 헤이라니? 골목거리에 배끼왔다. 무턱대고 케키공장에 이끌린 게 잘못이다. 몸이 앞설라치면 똑 이렇게 뒤끝이 안 좋다. 후줄근한 마음이 울적해진다. 허풍시이처럼 한숨이 절로 난다.

그런데 새는 비스무리한 새를 어찌 알아볼까? 다람쥐는 가리방상한 다람쥐를 어찌 알아볼까? 바람은 구름을 어찌 느낄까? 봄은 꽃이나 풀을 어찌 느낄까? 비는 구름을 기억할까? 낙엽은 나무를 기억할까? 기억은 왜 문득 꿈결처럼 다가왔다가는 정겨운 윤곽을 뭉개며 날빛 속으로 잠겨버리는 걸까? 숱한 기억들은 다 어디로 사라지는 걸까? 그런데……또 생각은 왜 이렇게 제멋대로 흐르는 걸까? 머리가 지끈지끈하다. 생각이 없어졌으면 좋겠다. 생각을 탈탈 털어내고서 그저 모시베처럼 삽삽해졌으면 좋겠다.

묵직한 머릿속을 털어내듯 나는 입안에 맴도는 말을 그대로 주절거렸다. "그 아아들 꺼는 알록달록 하더라." "알록달록하다이?" "베시인." "베신? 니도 새거 안 있나. 애낀다꼬 신다 안하더마는?" "가죽가방도 메고……뺄래이도 불고 팔랑개비도 돌리고……." "가방은 학교 가야 메는 거 아이가. 니도 후멩년에 학교 가모 옴마가 사주꺼마이?" "멩년에 간다." "아이가, 얄궂다. 또 일큰다 보래?

오줌 싸모 안 댄다 캐도." "오줌 안 싼다. 멩년에 바리 가끼다." "아아가 우찌 이리 고집이 쎄겄노? 무시라, 딱 황소고집이다. 우짜든 간에 퍼뜩 가자. 외삼촌 한숨 자고 언자 이일나싰겄다."

어무이는 앞장서신다. 골목거리를 벗어나자 벌써 멀찍해지셨다. 나를 떨쳐버리듯 훌훌 앞서가는 어무이의 뒷모습이 낯설다. 나는 멈칫 섰다. 바람결에 쓸리는 어무이의 치맛자락이 아슴아슴하다. 연두색 치마저고리의 윤곽이 희미해지며 날빛 속에 잠길 듯하다. 까닭 모를 두려움이 거뭇한 물살처럼 밀려든다. 나는 부리나케 내달렸다. 내처 어무이 옆에 붙자마자 치맛자락을 꽉 움켜쥐었다.

83
쇠전

비탈길 아래로 널찍한 평지가 한눈에 들어온다. 둥긋둥긋 늘어선 누렁소들이 물결처럼 넘실댄다. 쇠전이다. 쇠잔등 사이로 흰 저고리들이 나풀거린다. 가까이 다가서자 커다란 황소가 눈앞을 가로막는다. 누런 등짝에 검정 두루매이가 쇠덕석처럼 척 걸쳐졌다. 황소는 몸을 굳힌 채 눈을 씀벅거린다. 우람한 덩치에 눌린 탓인지 내 몸이 께느른하다. 맥을 못 추고 그 앞에 쪼그리려는데 어무이는 내 손을 끌고 북적대는 장꾼들 속을 헤쳐 드신다.

오가는 사람들에 부대끼며 걷다 보니 말목 울짱이 나타났다. 울짱 바깥의 세로난 사람들은 느리게 오가며 시끌거리고, 울짱 안쪽의 가로난 소들은 귀를 쫑긋대며 뚤레거린다. "거어 쪼깬 앉았거라이?" 어무이는 보따리를 내게 안기고 곧장 가로목이 걸쳐진 울짱을 따라가신다. 나는 얼마쯤 따르다가 굵직한 말뚝 앞에 주춤 섰다.

울짱 바깥으로 한 발짝쯤 떨어져 박힌 말뚝이 홍두깨 같다. 어긋나 동떨어진

울대다. 걸친 가로목도 없이 홀로 때뚝하다. 패가 달아난 팻말인지도 모르겠다. 황소가 비게질을 했는지 생목 껍질이 거칠게 벗겨져서 노릇한 속살이 얼룩덜룩 드러났다. 짓눌려 바스러진 말뚝머리는 손뼉만큼이나 펑퍼졌다. 악바리 장골이 묵직한 함마로 모질게 내리쳤나 보다. 저 정도라면 말뚝뿌리가 캄캄한 바굿디 이에 마치인 것이다. 말뚝머리의 나뭇살이 튀고 함마가 말뚝 끝동부리에 튕겼을 터이다. 망치자루를 불끈 거머쥔 양손이 얼얼했을 법도 하다. 저만한 지경에서 더 내리치면 망치가 튕겨 달아나거나, 생목 말뚝이 비껴 자빠지거나, 아니면 밑동까지 형편없이 쩍 갈라진다. 그리고 그 말뚝은 쓸모가 없다.

마구리가 으깨어질 정도로 박힌 말뚝이 도리어 쉬 뽑힌다고 말해준 사람은 지은이 아재다. 모장골 지은이 아재라면 새경이 버거워 못 쓰는 상머슴 중 상머슴이라고 소문이 난 사람이다. 우리 집에 날품 팔러 온 아재의 얼굴은 그때 지쳐보였다. 모장골 남새밭에서 말뚝질을 하다 말고 허리를 펴며 혼잣말처럼 그렇게 중얼거렸다. 평소에 날일꾼답지 않게 의젓한데다가 말수가 금분 적은 아재였다. 더구나 못줄 없이 막모를 심어도 자를 댄 듯하고, 거친 풀덤불이 능숙한 낫질에 잔풀 줄기 하나 없이 깔끔한지라 툭 던지는 굵직한 말마디가 깊이 울리는 아재였다.

두렁길에 쪼그린 나는 절로 귀가 솔깃했었다. 뭔 소린가? 하고 고개를 갸웃거리다가 곧 그 표정에 사로잡혔다. 그날처럼 일그러진 지은이 아재의 표정은 또 처음 보았기 때문이다. 더구나 일그러진 얼굴이라면 짜증이거나 노염일 법도 하건만 그렇지가 않았다. 그렇다고 슬픈 얼굴빛도 아니었다. 그저 물결이 이는 수면 같은 느낌? 흐린 하늘에 헝클어진 구름 같은 기색? 아니, 짜증과 노염과 슬픔이 희끗희끗 뒤섞인 느낌? 그런 표정을 보면서도 마음이 편했던 것은 고요 때문이다. 지은이 아재의 일그러진 표정 뒤에는 그윽한 고요가 드리웠던 것이다.

나는 한꺼번에 엇갈리는 그 신기한 표정에 잡혀 아재의 말은 허투루 들었다. 그리고 까맣게 잊어버렸었다. 지금 말뚝을 보고서야 문득 떠오른 것이다. 그러고 보니 그때 이런 말도 했었다. "땅이 중한 기라. 말뚝이라 쿠는 기 함마로 뚜디리 박는다꼬 대는 기 아이고 땅이 지대로 받아무우야 대는 기라. 알겄재?" 으깨어진 마구리를 가찹게 보니 그 말뜻을 얼푸시 알 듯도 하다. 그리고 뜬금없이 서럽다.

나는 윗마구리에 보따리를 올려 꾹 눌러놓고서 쪼그려 앉았다. 고요하다. 크고 낮은 소리들이 뒤섞이며 공중으로 비껴간다. 누런 쇠다리들이 눅눅한 땅바닥에 말뚝처럼 붙박였다. 장꾼들의 웅성거리는 소리와 고함소리가 울짱 안쪽으로는 스미지 않는 듯하다. 말목에 장대 두엇을 걸쳐 놓는 엉성한 울짱인데도 그 너머가 딴 세상이다. 총총히 박힌 말뚝들 사이로 궁디이가 희고 털빛이 연한 어린 소가 보인다.

저 정도의 덩치면 아직 하릅송아지다. 겁먹은 눈빛이 희멀겋다. 갓 코뚜레를 끼자마자 팔려가나 보다. 고삐를 팽팽히 끌며 허연 콧구멍을 벌렁거리더니 내 눈앞에서 사라져버렸다. 벌떡 일어나 뚤레뚤레 살폈건만 북새통에 가려서 보이지도 않는다.

눈앞에 날날한 쇠잔등이 파도처럼 출렁거린다. 송아지가 있던 자리로 황소 한 마리가 들어간다. 아까 본 황소보다 덤부리가 더 우람하고 털빛이 짙다. 아래쪽으로 처진 쇠뿔이 뭉뚝하고 네모난 머리에 두 눈이 툭 불거졌다. 넓적한 등짝이 거뭇한 덕석을 덮어쓴 듯 번듯하다. 힘차 보이지만 머리통이 각진 데다가 넓적한 등짝에 비해 다리춤이 짜리몽땅해서 우스꽝스럽기도 하다. 고삐를 쥔 추레한 남자가 물러서자 조끼적삼을 입은 남자가 팔짱을 낀 채 황소의 어깻죽지에 등을 붙이고 섰다. 작달막한 키에 걸때가 다부지다. 뒤따라온 흰 두루매이 차림에 갓 쓴 노인에게 뭐라 중얼거리며 벙긋 웃는다. 조끼적삼의 은빛이 번들거린다. 재바르게 눈길을 던지고 거두며 먼 데 가까운 데를 두루 내두르는 품새가 말뚝장사임에 틀림없다.

황소가 치키 뜬 눈을 껌벅거린다. 쇠뿔과 코뚜레에 걸쳐진 이마띠가 팽팽하다. 솔질이 못 미쳤는지 궁디이 쪽의 털이 가스러지고 자잔한 덩거리들이 눌어붙었다. 갓 쓴 노인이 고개를 갸웃거리며 자리를 뜬다. 곤색 두루매이 차림에 중절모를 쓴 사람이 황소 주위를 감아 돈다. 황소의 배허리께에 벋대듯 바투 붙은 말뚝장사가 팔찜을 풀고는 뒷손질로 쇠잔등을 툭툭 친다. 황소는 커다란 바굿디이처럼 움직임이 없다.

말뚝장사가 양손으로 황소의 아가리를 벌린다. 큼직한 깡통 요랑이 덜렁거린다. 둔탁한 요랑소리에 화답하듯 여기저기 또 다른 요랑소리가 흩어진다. 가볍고도 영롱한 소리가 둔탁한 소리에 튕겨 달아난다. 쪼그린 몸이 둔탁한 소리 쪽으로 쏠리고 스산한 마음은 영롱한 소리 쪽으로 이끌린다. 등짝과 등짝이 가벼이 일렁거리더니 연에 잠잠하다.

그듬새 붙어 서서 황소의 아가리를 살피는 사람이 여럿이다. 곤색 두루매이 차림의 남자가 모자를 벗고서 궁디이를 뒤로 빼더니 턱밑을 살핀다. 말뚝장사가 갑자기 송아지처럼 깐죽거린다. 베이지색 중절모가 허공에서 얄랑거린다. 황소는 뜸베질이라도 하련만 여전히 치끼 뜬 눈만 껌벅거린다. 황소의 아가리를 살피던 사람들이 하나둘씩 자리를 뜬다. 말뚝장사가 도로 팔짱을 끼고는 가만해졌다. 두루매이 차림의 남자도 중절모로 설렁설렁 부채질을 할 뿐 말이 없다. 다들 무슨 생각을 하는 걸까?

황소는 또 속눈을 내리 깐 채 무얼 생각하는 걸까? 주인에게 복수한 황소? 혹시, 주인을 찾아가서 앙물할라다가 코뚜레를 잡힌 소일까? 아니면 멀리 떠나려다가 나뭇가지에 잡혔을까? 지은이 아재 말마따나 코뚜레가 뚫린 소는 멀리 못 간다. 이리저리 숲속을 헤매다가 나뭇가지에 고삐가 잡히면 그만이다. 그 자리에서 왔다리 갔다리 하다가 그예 주저앉는다. 그래서 소 미이로 갈 때 길이 잘 들고 발씨 익은 소는 고삐를 양쪽 뿔에다 칭칭 감아 묶지만, 아직 어새고 발씨가 서투른 소라면 고삐를 길게 늘어뜨리거나 아예 나무에다 맨다. 그런데 쇠뿔에다 고삐를 흐르지 않게끔 매조지는 일은 쉽지가 않다. "첨부터 바짝 땡기감아야 대는 기라." 지은이 아재는 찬찬한 설명 끝에 볼 근육을 실룩거리며 허공을 쳐다보았었다. 갑자기 굵직한 소 울음소리가 터져 오른다.

등짝과 등짝이 크게 일렁거리더니 이내 바람에 쓸리는 잔물결처럼 바르르 부서진다. 울음소리에 화답하듯 또 다른 울음소리가 잇따른다. 뒤엉긴 울음소리가 술렁이는 쇠전을 한 바퀴 휘두르고는 다시금 조용하다. 툭! 소리에 흠칫 보니 보따리가 말뚝에서 지풀에 떨어진다.

84
소릿결

보따리는 흙바닥에 떨어져 있다. 보따리가 떨어지기 전에 소리가 났었다. 헷갈렸던 걸까? 그러나 툭! 소리를 듣고서 나는 보따리 쪽으로 머리를 돌렸고, 보따리가 떨어지는 꼴을 그때 본 것이다. 흙바닥에 모로 쓰러진 보따리가 꿈틀거린다. 보따리가 채 떨어지기도 전에 그 속에 웅크렸던 소리가 미리 도망친 것일까? 그 달뜬 소리는 분명히 보따리가 미처 떨어지기도 전에 뛰쳐나왔다. 벌떡 몸을 일으켰던 나는 다시 쪼그렸다. 보따리 속에는 아직 소리가 좀 남았나 보다. 툴툴 흙을 털어내는 내 손끝에 감기는 소릿결이 애잔하다.

내가 넘어질 때에는 어떤 소리가 날까? 채 넘어지기도 전에 내 몸을 빠져나가는 소리는 어떤 빛깔일까? 무너진 나의 눈에도 그 소리가 보일까? 보인다면 자줏빛이었으면 좋겠다. 무너진 내 몸도 자줏빛 소릿결과 함께 너울처럼 나부끼며 하늘 높이 날았으면 좋겠다. 그러나 달뜬 소리는 하늘에 잠기고 슬픈 소리는 땅에 스민다. 하늘과 땅은 소리를 머금지 않는다. 하늘과 땅은 소리가 나는 족족 삼켜버린다.

장꾼들의 웅성거림이 눅진한 너울 같다. 가끔씩 너울을 뚫고 날아드는 쇳소리가 재그랍다. 카랑한 목청이 귓전을 친다. 머리를 돌려보니 두 남자가 땅바닥에 가방을 두고 마주앉았다. 빵빵한 가죽가방은 작꾸가 반 쯤은 터진 채 비어져 나온 신문지를 깨물었다. 그 옆의 큼직한 국방색 가방은 흙먼지를 덮어쓴 채 짜부라졌다. 돈다발을 꺾어 쥔 사람이 느릿느릿 수를 흥얼거린다. 반눈 뜬 얼굴에 매무새가 허수롭다. 엄지에 침을 바르며 낱장을 찍어 넘기는 손이 시리더깨 같다.

맞은편 남자는 가죽가방에서 돈다발 두엇을 꺼내 전주더니 울짱 안쪽을 살핀다. 돈다발과 주위를 번갈아 휘두르는 눈씨가 맵다. 연신 두꺼비눈을 희뜩거리며 펑퍼진 허리를 튼다. 가죽가방에 돈다발을 넣고, 작꾸를 채우고, 가방끈을 다잡는 손놀림이 재바르고도 다구지다. 돈 세는 사람의 귀에다 바싹 입을 대고는 입바람 소리로 뭐라 속삭인다. 내처 앉음새를 고치며 허투루 팔소매를 걷어붙이더니 툽툽한 얼굴을 허공에다 붙이고 소리를 내지른다. "오올은 마 택도 없이 시마이라!"

나는 고개를 비끼고 앉아 이쪽저쪽을 흘끔거렸다. 돈 세는 사람은 반눈만 껌벅이건만 두꺼비눈의 남자는 소곤거리다가는 외치고, 또 외치다가는 속삭인다. 재빠른 동작이 반복되어서, 고개를 꼿꼿이 쳐들고 속삭이거나 귀에다 대고 외치는 것만 같다. 낮고 높은 목소리가 주위의 술렁거림에 종잡을 수 없이 뒤섞인다. 시마이, 웃돈, 이문, 본전, 갱펭……낯선 말들이 툭툭 끊겨 나동그라진다. 반개한 눈이 겹눈 같고 불거진 눈이 툭눈 같다. 겹눈은 돈다발에 꽂혔고 툭눈은 허공에 박혔다. 겹눈과 툭눈이 마주치는 법이란 없다. 겹눈의 남자가 마지막 장을 튀기더니 담배를 꺼내 문다. 박신박신 연기를 피워 올리는 얼굴이 꽤 심각하다.

목수건을 걸친 한 무리의 일꾼들이 우르르 지나간다. 두꺼비눈의 남자는 이미 자리를 떴다. 가죽가방도 사라졌다. 담배를 태우던 남자가 국방색 가방을 끼고 장꾼들 속을 헤쳐 간다. 나는 보따리를 말뚝 위에 올려놓고 쇠다리들을 본다. 붐비는 장꾼들 너머에서 귀 익은 목청이 또 들려온다. 그 모습은 보이지 않건만 달궈진 목청은 웅웅거리는 소릿결 위로 튄다. "차말로 사람 자겁하겄네. 막판에 개핑 뜯는 것가 머꼬? 와 택도 없는 소리로 해싸!" 말끝에 겹치며 내팽개쳐진 또 다른 목청이 단숨에 치솟는다. "막살 옇어삐라 마!"

푸른 쇠다리들이 이리저리 뒤엉긴다. 소 울음소리와 장꾼들의 웅성거림이 뒤섞인다. 웅웅거리는 소릿결이 주위를 빙그르르 돈다. 나도 회오리처럼 돌다가 이내 하늘 높이 치솟을 터이다. 여울물처럼 돌다가 그예 땅속 깊이 가라앉을 터이다. 그러나 나는 뱅글뱅글 도는 줄핑비의 심처럼 꼿꼿이 버텼다. 쪼그린 다리에 힘을 모으며 용을 썼다.

뱃속에서 꼬륵 쪼르륵 소리가 난다. 두더지 구멍으로 논물 새는 소리다. 도구또랑에 기용물 흐르는 소리다. 꼬르륵 쪼르르륵……. 콩지름시리 밑으로 박바가치 물 빠지는 소리다. 기왓장 물길굴을 지나는 또랑물 소리다. 어무이는 왜 안 오신담? 기척에 눈길을 돌리자 흰 보따리가 말뚝 위로 붕 떠오른다.

"솟금이 그다아내 다락겉이 올랐다, 세사." 어무이가 보따리를 풀며 내 앞에 쪼그리신다. 똥비누 몇 장을 꺼내어 누런 종이 봉다리에 넣으신다. "무시라. 송아지 한 바리 만 원이 머꼬 말다."

85
십오 원

쇠전을 벗어나자 좁은 골목이 눈에 찬다. 얼키설키 잇댄 차일이 그늘을 드리웠다. 점포마다 늘어뜨린 비닐막이 그늘 속에 희뜩거린다. 하늘을 가린 푸른 차일이 가끔 바람에 펄덕거린다. 통째로 잡힌 짤따란 먹거리 골목이 구름 속에 뜬 회랑 같다.

"저어짜 아지매 집에 가서 국시 한 그륵 묵자이?" "아지매 집?" "아는 아지매 아이가. 장 볼 때마다 와 쌓았니라. 모리겄나?" "어으." 놀라서 깼을 때 단김이 무럭무럭 나던 곳, 거긴가? "뚱뚱한 아지매 생각 안 나나? 닐로 보듬어 쌓았는데." "……어으. 짐이 마이 나는 데서 누가 가암을 질러쌓더라." "인사 해라이? 신촌 아지매다."

어무이의 목소리가 왠지 기운이 없으시다. 내가 이처럼 기억을 떠올리면 으레 환히 웃으시건만 이참에는 무표정하시다. 어무이의 손을 당기며 치어다보았건만 여전히 표정이 없다. 내 목소리가 맥없었나 보다. 내 낯빛이 덩달아 미적지근했나 보다. 어무이는 내 키에 맞추어 허리를 굽히신다.

"쌩판 넘 겉애도 넘이 아이다. 이짝 갈래 뿌리 내랕고 사는 사람들은 바리는 몰라도 연줄연줄로 다 걸리니라. 그란께네 모리는 사람이라꼬 함부리 하모 안 대고 온제든가 공손시리 대해야 댄다이?" 어무이는 내 손을 놓고 단김이 무럭무럭 피는 골목 안으로 들어가신다. 보따리를 안은 탓인지 천천히 앞서가는 어무이의 어깨가 꾸부정하다. 요번만큼은 뱃심을 넣고 어으! 하고 꽤 다부지게 대답을 했건만 얼핏 본 어무이의 옆얼굴은 여전히 어두우셨다.

·

어무이는 송아지 금이 비싸서 사고파도 못 사시나 보다. 우리 집 뒤안의 돼지마구 옆 소마구는 비었다. 헛간채의 소마구에는 짚동만 쌓였다. 한때는 헛간의 큰 소마구에 큰소 한 마리, 뒤안의 작은 소마구에 중소 한 마리가 있었는데 어느 날 갑자기 다 없어졌다. 그 무렵에도 어무이의 표정이 똑 저랬다. 소들이 왜 없어졌는지 나는 모른다. 소를 팔아서 논을 더 산 건지, 논을 차마 팔 수 없어 소를 팔아버린 건지 잘 모르겠다. 아니면 어무이도 모르게 넘어간 밭을 돌리려고 서둘러 소를 판 건지도 모른다. 우리 소가 다 오데 가뺐노? 하고 물어도 어무이는 아무 말씀이 없으셨다. 할무이는 조용히 방바닥을 손비질하며 말씀하셨다. "니도 서분나? 때 대모 쇵끼 한 바리 사다 키우모 댄다. 살다 보모 다 굴곡이 있니라."

어무이가 절골 밭이 팔린 줄을 모르고 시금치 씨 흐치러 가셨다가 우사 당했다는 말을 얼핏 들었던 게 그 무렵이니, 역시 밭 값을 돌려주려고 소를 급히 팔게 된 걸까? 소가 없어진 날과 어무이가 정짓간에 슬픈 얼굴로 앉아 계셨던 날이 뒤죽박죽이라 확실하지는 않다. 하긴 소를 팔지 말지 고민하는 일이나 소 판 뒤끝이나 다 만만찮으니 뒤죽박죽이랄 것도 없다. 어쨌든 그 즈음에 우리 집 머슴살이를 하던 지은이 아재도 발길을 끊었고 할아부지도 가끔씩만 들어오셔서 집 안이 휑뎅그렁했다. 소 울음소리가 사라지자 유달시리 꼬꼬댁거리는 달구새끼가 밉쪼였다. 시도 때도 없이 꿀꿀대는 돼지새끼조차 성가셨다. 나는 떡돌에 치인 두꺼비 꼴로 마음이 울적해서 몇 날을 헛간으로 또 뒤안으로 빙빙 돌았다.

헛간 기둥에는 코뚜레와 소찌그리가 쓸데없이 걸렸고 칸살 베륵박에는 깔깔한 쇠덕석이 일없이 걸쳐졌다. 텅 빈 소마구의 기둥에는 놋쇠 요랑이 풍경처럼 대롱거렸다. 나는 못에 걸린 노란 놋쇠 요랑을 떼어다가 흔들어댔다. 잘강잘강 요랑소리가 울렸지만 집은 오히려 더 적막했다. 낭랑한 요랑소리가 삽짝으로 돌닥거리로 퍼지다가도 이우지 누렁소가 힘차게 움매에에, 하고 우노라면 짜부라진 깡통소리처럼 꾀죄해졌다. 그 놋쇠 요랑을 정지나밑으로, 무덤산이나 둥천으로 갖고 다니다가 잃어버렸지만 궁금해하는 사람도 없었다.

텅 빈 소마구가 어련히 빈 곳으로 여겨지고, 또 짚동이나 나뭇짐이 들어차면 으레 예사 헛간처럼 느껴질 무렵에는 소도 요랑소리도 기억에서 사라져버렸다. 정지나무에서 잘강대는 소리가 들리기 시작한 것이 그때부터일까? 아니면, 그 이전부터 났던 소리가 그 무렵부터 더 맑게 울렸던 걸까? 소가 없는 데다가 요랑조차 잃어버린 탓일까?

오 원짜리 종이돈이 든 주우 갬치로 손이 간다. 떠날 때 큰외삼촌이 살째이 쥐어준 돈이다. 갬치가 얕은 곤색 주우이긴 하지만 쎄돈이 아니라면 괜찮다. 그런데도 자꾸만 손이 간다. 청기와집 아주무이가 준 돈을 접어 넣은 사쓰 윗갬치께도 쓸어본다. 손맛이 밋밋하다. 더럭 놀라 세타 안으로 손을 찌르고 갬치 속에 손가락을 우벼 넣었다. 손끄티이서 종이돈이 빠득거린다. "또 어깨 아푸나?" 먹거리가 쌓인 탁자 앞에는 장판을 덧입힌 길쭉한 나무의자가 놓였다. 어무이가 보따리를 내리며 불안한 표정으로 나를 보신다. 나는 급히 손을 떼고 의자에 걸터앉았다. 허연 단김이 서린 휘장 안쪽이 후덥지근하건만 어깨가 움츠러든다.

어무이는 돈이 모자라나 보다. 나는 십오 원이나……있다. 감빵 일 원어치가 열두 개니, 십오 원이면……오그라진 찐지레이를 빼고도 한 데배이는 되겠다. 십오 원이면……새콤달콤한 대롱 가리주스가 몇 개나 될까? 머릿속에 뽀얀 아이스크림이 차오른다. 여자애의 얼굴에 패던 큼직한 볼우물이 떠오른다. 넌 좀 엉큼하긴 해. 노릇한 감빵과 가리주스 비닐대롱이 어지러이 붕붕거린다. 그거 아니? 너 순진한 척 능청 떠는 거 내 눈에 다 보여. 고개를 절레절레 흔들자 그 뽀얀 턱밑 목살이 눈앞에 어른거린다.

"니, 어깨 개않나?" 뿌우연 김에 가려서 어무이의 얼굴이 안 보인다. "허리는? 허리는 우떻노?" 안타까운 목소리가 귓전에 웅웅거리며 아득해진다.

86
국숫집

"세사, 물가도 물가도 너무 오린다." "문디, 국시값마 안 오리고 다 오린다 아이가." "또옥 말뚝재이들이 설치산께네 솟금이 더 오리는 갑다." "쎄가 만 발이나 빠질 늠들, 지랄하고 안 자빠졌나. 마알가이 해가 앉은자리서 배 터지 죽을 끼그마는. 아는 사람이 더 무섭다꼬, 가마보모 붙배기가 더하니라." "글캐 말이예. 묵고 있거라보자. 야아 국시 한 그륵 주이소." "퍼뜩 묵고 가지 와?" 어무이는 비누 봉다리를 쥐고 훌훌 자리를 뜨신다.

"하이고오, 올 때마다 와 절키 바뿌노?" 골목 밖으로 빠져나가는 어무이의 뒷모습을 보다 말고 뚱뚱한 아지매가 소두방을 연다. 향긋한 멜칫국물내가 확 끼친다. 너덜한 차일의 틈새로 헝겊 쪼가리 같은 하늘이 트였다. 허연 김이 몰릴 때마다 가려지고 또 금세 파랗게 비쳐서, 새어나간 김이 덧칠하는 듯하다. 골목길이 썰렁한데 앞치마를 두른 아지매들은 가락이 났다. 한 사람은 연신 소두방을 여닫으며 국숫발을 놀리고, 또 한 사람은 탁자에 붙어 서서 넙덕한 채반에 국수 가락을 뚤뚤 뭉쳐 올린다.

"큰아안가?" "큰아아지 그라모 작은아아까이?" 하얀 면그륵에 국수 한 덩거리가 담긴다. "일찍 낳았는가배." 소두방을 여닫던 뚱뚱한 아지매가 길쭘한 쪽자루를 가로쥐고서 국물을 붓는다. "열아홉 무울 때 시집갔인께네." "엉가이도 일찍 갔다. 오덴고오?" "용암 골짜아 양반집 아이가." "처! 요새 세사아 양반이 오데 있노." 키가 작고 얼굴이 갸름한 아지매가 면그륵을 받아 호박채를 올리며 혼잣말로 거푸 중얼거린다. "멀리도 갔네. 양반집이 글키나 좋던가?" 멸칫국물내에 몸이 달아 국수에 눈독을 쏘던 나는 꼬는 듯한 그 말투에 뜨끔해졌다. 차일 틈새의 하늘로 작은 새 한 마리가 휙, 스친다.

"아아 듣그마는 와 본데없는 소리로 해쌓노?" 뚱뚱한 아지매가 쪽을 탁자에 내려놓고 등을 돌린다. 얼굴이 갸름한 아지매가 내 얼굴을 힐끗 보더니 뚱뚱한 아지매의 뒷등에 대고 주절거린다. "차말로, 머슨 말도 몬 하나?" "멀기는 머시 머노? 엎어지모 코 대일 데그마는." "거어가 우찌 엎어지모 코 대일 데고? 차말로 말도 안 대그로." "멀 캐쌓노. 말이 안 대다이? 아, 시오리 길인데 엎어지나 자빠지나 코 대일 데지 그라모?" "거어가 우찌 시오리고? 대곡멘이모 여어서 삼십 리도 넘는다 마." "대곡이라이? 대곡이 와 노오노?" "와 나오다이? 용암인께네 나오지." "용암이라 쿤께네 와 별쭉시리 대곡멘이 노오노 말다." "용암 골짝이 대곡인께네 나오지 와 나오기는 와 나와?"

"답답다 고마. 용암이 와 대곡꺼정 가삐노? 저짜아 엎어지모 코 대일 데 있그마는." "처! 콧잔디이가 늘어졌는 갑다. 거어까지나 대이그로." "하이고 답답아라이." "누가 답답시럽은지 모리겠다 마." "그란께네 대곡멘은 내사 모리겠고, 저짜아 머시기 펭촌 가는 질에, 가다 보모 거어 절골이라 쿠나 머시라 쿠노 그 옆짝에 용암이라꼬 있다. 그리마 알아라 고마!" "대곡멘도 절골 여푼데이로 가모 용암 골짝이다. 펭촌이고 머시고 내가 알 끼 머꼬!" 면그륵이 탁자를 내려친다. "하이고오. 이짝 지리로 잘 모리모 사근사근하이 물어보모 글차줄 꺼 아이가아? 오데가서!" "오데 사근사근한 년 있이모 찾아보라모, 내사 사근사근 몬한께네." "찾아보라 쿠모 몬 찾으까이?" 소두방이 왈칵 잦혀진다.

"차말로 성질머리도 팔자다. 지 꼬라지나 알고 캐쌓나 모리고 캐쌓나. 사람이 난데가 없이모 본데라도 있어야재. 짐승은 거다아도 사람은 안 거닫는다 쿠디이마는 딱 그짝이다 고마. 오데서 눈깔로 땍 볼가티리가 비비 꼬고 지랄고 지랄이!" 삿대질과 함께 봇물 터지듯 끄러붓는 막말에 마주 선 아지매의 갸름한 얼굴이 붉으락푸르락 달아오른다. 눈썹 언저리가 잔뜩 일그러져서 매섭건만 그 눈빛이 흐리다. 입가에 울음기를 머금은 채 탁자 끝에서 면그륵을 잡아챈다. 면그륵에 김 가루를 흩는 손이 떨린다. 치미는 울분을 꾹 누르나 보다. 조갑지처럼 거친 손이 작고 가늘다. 문득 청기와집 아주무이의 부드러운 손이 겹쳐진다. 그 가는 손은 희고 눈앞의 가는 손은 거뭇하건만 슬픈 울음 빛이 십 리 산길을 넘어서 이 국숫집까지 따라왔나 보다. 마음이 또 간기에 절은 배춧잎 쪼가리처럼 흐늘흐늘해진다. 나는 가슴을 떡 벌리고 크게 숨을 들이쉬었다.

바래고 헤진 미영저고리 탓인지, 거뭇거뭇 마르고 기미가 낀 탓인지 갸름한 얼굴에 어른거리는 울음 빛이 붉다. 슬픔은 고개를 넘고 날짜를 거슬러서 어디까지 잇닿는 것일까? 투닥거리는 소리에 옴츠렸던 마음이 흐느적거린다. 갸름한 얼굴이 맥없고 가느다란 숨소리가 애잔하다. 외따로 깡마른 수숫대처럼 그 자리에 무너질 것만 같다. 잦바듬한 그릇 바깥으로 김 가루가 튀건만 고개를 숙인 채 너무 오래 뿌리고 있다. 차오른 슬픔을 가라앉히며 애써 마음을 가누나 보다. 흐트러진 파마머리가 구겨진 한쪽 얼굴을 가렸고, 흘러내린 시루삔이 달아날 듯 간당거린다. 조용하다. 차일 틈새의 하늘로 또 한 마리의 새가 느리게 날아간다.

파마머리 아지매가 까만 시루삔을 고쳐 꽂고는 김 가루 위에 반쪽짜리 삶은 계란을 올린다. 긴 한숨과 함께 혼잣말처럼 나직이 중얼거린다. "바깥양반이 머하는고오?" 뚱뚱한 아지매는 탁자 너머의 가마솥에 붙어 섰다. 등을 돌린 채 말없이 국숫발만 놀린다. 쪽머리에 지른 놋비녀 위로 헝클어진 머리카락 몇 올이 들떴다. 파마머리 아지매가 또 입을 연다. 이참에는 두어 발 떨어진 내 쪽을 향했다. "느그 아부지 머하시노? 오데 나가시나?" 나는 무안해진 터라 느닷없이 날아든 물음이 얼떨떨하다. "안 나가시는가배?"

연거푸 묻는 말에 내치 묵묵부답이면 또 성가신 일이 벌어질 것만 같다. 무슨 말이든 하려고 머리를 옴찍거렸으나, 나는 입을 닫아버렸다. 지나가는 말투도 말투거니와 이쪽저쪽 힐긋대는 그 눈초리가 잔뜩 거슬친다. 그리고 얼굴만 나를 향했을 뿐 그 물음은 꼭 나에게 던진 게 아닌 것이다. 나는 말 대신 짧은 콧김을 뿜었다. 내 나름으로는 파마머리 아지매에게뿐만 아니라 뚱뚱한 아지매에게도 답한 것이다. 이점저점이 다 성가시다는 생각에……사실 꼭 물음에 맞게 대답할 필요는 없다. 물음에 맞고 말고 보다는 튕기듯 짧게 밀어낸 콧김인데 어쨌든 그 소리가 웬걸 거칠어서 한 순간 뜨끔했다. 차일 틈새의 하늘이 텅 비었다.

"멘에 댕긴다 아이가. 배고푸겄다 고마." 뚱뚱한 아지매가 불쑥 말을 거들며 또 소두방을 연다. 파마머리 아지매는 면그릇을 내려놓고 수까락에다 참지름을 붓는다. 기울인 참지름 병에 수까락을 맞대 받치는 눈빛이 초점을 잃은 듯 헛헛하다. "부잣집인가배? 사봉 골짝서 부잣집 며느리 댔는 갑다." 면그릇이 내 앞으로 다가온다. 파마머리 아지매의 푼더분한 옷가슴께가 손등과는 달리 백옥처럼 희다. "야야, 제까치 주까? 재질할 줄 아나?" 하얀 면그릇이 코앞에 놓였다. 멜칫국물내에 간내와 꼬신내가 뒤섞였다. 국수 국물에 참지름 방울이 동동 떴다. "수까치 주까?"

파마머리 아지매가 고개를 비끼고 서서 내 얼굴을 빤히 들여다본다. 갸름한 얼굴에 웃음기가 잔잔하다. 그러나 입가에 연하게 남은 울음기 탓에 웃는 눈빛은 스러질 듯 불안하다. 그런데 내가 지금 무슨 말을 해야 하나? 삶은 계란 주위로 참지름 방울이 움직인다. 울지 말라고 해야 하나? 잘게 부서진 참지름 방울들이 빙빙 돌며 합쳐지더니 또 가만하다. 웃어줘서 고맙다고 해야 하나? 굵어진 참지름 방울에 깨알 몇이 잡혔다. 수까락으로 사알 떠보았으면 좋으련만……. 가리늦가 답하는 것도 머석하다. 애시당초 후련하게 대답할 걸 그랬다.

87
두 사람

"차말로 마, 양반이라꼬 말도 잘 안하는 갑다." 아지매들이 언제 투닥거렸냐는 듯 깔깔거린다. 휘장 입구에 처뜨린 비닐막을 들시고 한 남자가 들어선다. "앉으이소오." 뒤따라서 여자가 화장내를 풍기며 들어섰다. 뚱뚱한 아지매가 수까락과 재까락을 내 면그릇 옆에 놓고는 가마솥이 걸린 탁자 건너편으로 부리나케 달려간다.

내 맞은편에 나란히 앉은 두 사람은 말이 없다. 멜칫국물내는 가시고 화장내와 포마드 냄새가 섞여 얼굴에 눅진하게 달라붙는다. 담배 냄새까지 내풍겨서 눈이 따갑고 숨이 턱턱 막힌다. 나는 면그릇에 코끝을 바짝 붙였다. 그릇 아가리에 입을 대고 자위 뜬 노랑조시를 재까락으로 찍어 입에 넣는다. 파삭하다. 내친김에 흰조시를 덥석 물어 입안으로 끌어넣는다. 미끈덩하다. 국수 가락을 재까락에 걸쳐서 후루룩 당긴다. 조용하다. 포마드 냄새와 화장내가 가시자 분내와 살내가 군내처럼 솔솔 끼친다. 고개를 들어 보니 두 사람은 어정쩡 벌시앉아 국수만 먹고 있다.

얼굴이 넙덕한 남자의 표정이 뚱하다. 포마드를 잔뜩 바른 머리카락이 번들거린다. 각진 머리카락 사이로 가르맛길이 뚜렷하다. 여자의 얼굴은 화사한데 짜증이 자글자글하다. 솔아 뵈는 자켓또 탓인가 했으나 그러기에는 연한 베이지색이 너무나 밝다. 살근살짝 주위를 눈살필 때마다 옴팡진 두 눈의 흰창이 번득거린다. 뭐가 불만인지 여차하면 재까락을 던지고 일어설 기세다. 자켓또에 받쳐 입은 블라우스의 목선이 깊이 파여서 연한 갈색의 목덜미가 다 드러났다. 국수를 깨작거리다 말고 고개를 꼿꼿이 세울 때마다 도두라진 쇄골이 옴찍거린다. 짙게 분칠한 낯이 너무 하얘서 목덜미의 살빛과 다른데다가 목이 기름직한 탓인지 얼굴은 일그러진 탈처럼 어색하게 떠 있다.

쇄골에 가느다란 목걸이 줄이 살포시 걸쳐졌다. 금빛 목걸이 줄이 이드르르한 갈색 살결을 감축하듯 반짝인다. 블라우스의 주황색 얼룩무늬가 한꺼번에 꿈틀거린다. 여자가 두 팔꿈치를 탁자에 붙였다. 재까락으로 노랑조시를 찍어서 수까락 위에다 올린다. 노랑조시가 입안으로 쏙 들어간다. 파삭하겠다. 여자가 입을 오물거린다. 내 입도 절로 오물거린다. 노란조시는 여자 입에 들어갔는데 벨쭉시리 내가 왜 입을 오물거린담? 골똘히 쳐다보면 똑 이렇다.

여물 씹는 소를 유심히 쳐다보면 어금니가 다글거리고 모시 쪼는 닭을 목 빼고 쳐다보면 입이 쭈뼛해진다. 봄바람에 날리는 살구꽃잎을 보면 마음이 하얗게 부서지고 가을바람에 쓸리는 정지나무 잎가지를 보면 몸에서 잘강잘강 소리가 울린다. 웃는 얼굴을 보면 절로 웃음이 나고 우는 모습을 보면 무턱대고 덩달아 서럽다. 그런데……꼭 그렇지만은 않다. 마음이 나무껍디이처럼 딱딱해질 때도 있다. 아무런 느낌이 없는 굳은살 같아서 난감할 때도 있는 것이다. 외선이가 담부랑 밑에서 엉엉 울던 그날도 그랬었다.

외선이는 고개를 한껏 뒤젖힌 채 서럽게 울었건만 그 울음소리와 일그러진 표정에 나는 무덤덤했다. 그저 입속의 빨간 목젖만 말똥말똥 쳐다보았을 뿐이다.

너무 골똘하면 딱딱해지는 것일까? 너무 골똘하면 엉뚱해져서 울음도 표정도 느껴지지 않는 걸까? 나무는 왜 무덤덤할까? 캄캄한 땅속으로 골똘하게 뿌리를 내려서 그럴까? 나무는 소리를 내지 않는다. 바람이 스치면 그저 바람소리에 감긴다. 비 내리면 빗소리에 잠기고 눈이 내리면 사르륵사르륵 소리를 재며 자분다.

나무는 온기가 없다. 햇살에 정수리가 따끔거리는 한여름이나, 언 길바닥이 딱따글거리는 삼동이나, 살아 있는 나무라면 그게 그거다. 시린 손을 아름드리 정지나무 둥치에 갖다 대 보면 안다. 나는 그때, 너무 뜻밖이라 깜짝 놀랐었다. 텅 빈 느낌. 공중에 헛발질 하는 기분. 내 몸과 나무가 한꺼번에 맥없이 주욱 밀려가는 느낌. 나는 묵은잎이 꾀죄하게 달붙은 나뭇가지를 올려다보며 한참을 서성거렸다.

그 무덤덤함이 헛헛해서 차마 발을 뗄 수 없었던 것이다. 벌겋게 언 손을 부비며 돌닥거리를 지날 때에는 그 헛헛함이 슬픔으로 바뀌었다. 슬픔이 얼어붙은 길을 절뚝거렸다. 꽛꽛한 슬픔이 절뚝거리며 나를 따랐다. 돌아보면 사라지고 잰걸음 치면 또 뒤따랐다. 쫓기듯 마당으로 뛰어들자 정짓간으로 드시던 할무이가 흠칫 돌아보셨다. "와 그라노, 으이?" 할무이가 마당으로 뛰어내리시며…….

"니, 꼬무묵는 기 입맛이 없는가배? 간이 안 맞나아?" 파마머리 아지매가 손빗질을 하며 내 얼굴을 말끄러미 보고 있다. 그런데……국수는 안 먹고 내가 지금 뭘 하고 앉았담? 꼬무묵는단 말에 정신이 번쩍했건만 내려다뵈는 면그륵이 희끗하기만 하다. 생각에 빠지면 똑 이렇다. 멜칫국물이 풍기는 간내조차 달달하건만 면그륵이 저만치 멀다.

뚱뚱한 아지매가 걱정스런 얼굴로 나를 쳐다본다. "아아가 배고풀 낀데 그란다. 돌가지 나물 좀 내나바라." 몸은 나른하고 머릿속이 말갛다. 여자도 꼬무묵는다. 여자는 재까락으로 흰조시를 집어 올리고 있다. 흰조시가 국수 그륵 속으로 툭, 떨어지자 재까락을 다시 건다. 수까락에 담기도 전에 간당거리던 흰조시가 또 툭, 떨어진다. 나처럼 재질을 못하나 보다. 참 꼬무묵는단 말이 내 혀끝에 절로 맴돈다. 나보다 더했으면 더했지 덜하지는 않겠다. 여자가 나를 힐끗 본다. 뜨끔하다. 뿌연 그 얼굴에 무언가 불그레한 빛이 감도는 듯하더니 물그늘에 꽃빛 잠기듯 사그라져버렸다.

여자가 너덜해진 흰조시를 그러모은다. 수까락으로 떠서 입에 넣는다. 미끈덩하겠다. 다문 입을 오물거리며 나를 또 힐끗 쳐다본다. 도톰한 입소리를 빨아들이며 작은 턱을 옴찍거린다. 이번에는 내 얼굴이 아니라 내 면그륵을 보는 듯하다. 나도 내 면그륵을 본다. 먹어야겠다. 나는 턱을 붙이고 국숫발을 입안으로 끌어넣는다.

파마머리 아지매가 나물 접시를 내 앞에 놓는다. 노리끼리한 돌가지 나물이 소복하게 똬리를 틀었다. "쪼깬 씁을란가? 그래도 꼭꼭 씹어바라, 꼬시끼다." 참지름을 바르고 통깨를 뿌렸나 보다. 반지르르한 나물 가닥에 동글동글한 들깨 알갱이들이 달붙었다. 두어 가닥을 재까락에 걸쳐서 입에 넣자 혓속에서 미끈거린다. 사각사각 씹히며 쫄깃해지는가 싶더니 목구멍으로 쏙 넘어가버린다.

이참에는 수까락으로 낙낙하게 떠서 와락 입안에 넣었다.

나는 문득, 우물거리던 입을 멎고 고개를 들었다. 얼핏 귓전을 스치는 짧고 가느다란 소리를 느꼈기 때문이다. 킥? 아니면, 큭? 그것은 쌔근거리다 끊기는 숨소리 같고 억지힘에 겨워 비어지는 신음 같았다. 콧김 끊는 소리인 듯도 하고 또 급히 누른 목소리 같기도 한 야릇한 소리였다. 여자는 다소곳하게 국수를 먹고 있다. 한결 풀린 눈살이 내 눈과 마주치자 또 사알 구겨진다. 나는 급히 눈길을 거두었다.

88
침묵

거두었던 내 눈길은 지남철에 날바늘 끌리듯 또 잡혔다. 여자가 재까락에 국숫발 몇 가닥을 끼우더니 돌돌 말아서 수까락으로 받쳐 올린다. 팔꿈치를 탁자에 붙인 채 치키올린 양손을 가만가만 놀리는 것이 뜨개질을 하는 듯하다. 남자는 잠얼굴을 하고 연신 국수를 쩝쩝거린다. 풍덩한 체크무늬 자켓또에 눌린 사쓰 에리가 비뚜름하다. 여자를 곁눈질할 때마다 목까지 크게 트는 바람에 한쪽 에리가 이끌린다. 사쓰의 목밑 단추 하나가 풀어졌는데 그게 원래 그런 건지 아니면 국수를 먹다가 끌렀는지는 알 수 없다. 여자의 반대쪽으로 윗몸을 비낄 때마다 두 번째 단추가 튕길 듯 옷섶이 팽팽해지는 게 먹다가 끄른 듯하다. 저렇듯 불편한데 더 끄르지 않고 버티는 걸 보아하니 첫 단추를 본디부터 풀고 다녔을 리가 없는 것이다. 남자가 또 곁눈질이다. 또 한 번 반대쪽으로 허리를 튼다. 그러고 보니 고개를 모로 돌리며 두어 번 곁눈질하고는 그 반대쪽으로 허리를 풀 듯 윗몸을 한껏 비끼는 게 버릇인가?

여자는 그렇게 뜨개질만 한다. 남자가 흘러내린 머리카락을 손빗질로 쓰윽 쓸어 올린다. 살지고 큼직한 손등이 넓은 이마와 잘 어울리는 탓에 찢어진 눈매조차 선해 보인다. 좌우를 살필 때에는 눈발을 또렷이 꽂는 품이라 뭐든 허투루 깝살리지는 않을 듯도 하다. 내 면그릇과 나물 접시와 얼굴을 찬찬히 되작거리는 남자의 눈빛이 깊다. 그러니 넙덕한 얼굴과 뚱한 표정이 다부 다구져 보여서 생판 딴사람 같다.

아지매들이 바삐 오가며 두 사람을 힐끗거린다. 뿐만 아니라 아까꺼정 서로 물거니 뜯거니 싸운 바에 곰살갑게 나눌 비밀이 무에 있는지 서로 찡긋찡긋 주고받는 곁눈질이 사뭇 연잦다. 국수사리가 담긴 채반이 층지게 얹혔건만 뚱뚱한 아지매는 그 총중에 또 다른 채반에다 국수 가락을 뭉쳐 올린다. 얼굴이 갸름한 아지매는 높다랗게 포개진 양은그릇을 하나씩 떼어 국수사리를 담는다. 길쭘한 탁자의 안쪽 가사리에 노란 양은그릇이 날날하다.

남자의 머리카락 몇 올이 또 흘러내렸다. 모두들 말이 없다. 남자가 왼손의 엄지와 집게손가락으로 머리카락을 집어 올리더니 꾹꾹 누른다. 큼직한 금빛 손목시계가 번쩍인다. 여자는 계속 국수 가락을 말아가며 뜨개질이다. 사람들이 힐끗거리는 것을 모르는 걸까? 여자는 흘끔거리지 않는다. 여자는 골똘하다. 여자는 아득하다. ……쳇! 무슨 상관이람? 나는 두어 가닥 남은 돌가지 나물을 마저 먹어버릴까, 아니면 국수부터 더 먹을까를 고민한다.

그륵 부딪히는 소리. 소두방 여닫는 소리. 재질 소리. 후루룩거리는 소리……. 휘장 안쪽의 소리들이 지들끼리 어우러지며 나직하게 가라앉는다. 오가는 장꾼들의 느린 발소리. 밭은걸음으로 웨며 가는 소리. 수런거리는 목소리. 따릉 따릉 손종을 짧게 울리며 지나가는 자전차……. 침묵이 길어질수록 주위의 소리들은 국숫집을 에워싸고 빙글빙글 맴을 돈다. 누가 먼저 말을 할까? 회반죽처럼 빽빽해지는 침묵을 깨는 첫마디는 무얼까?

다들 말 안하기 놀이를 하는 것 같다. 여태 한 마디도 하지 않은 두 사람 중

누가 가장 나중까지 버틸까? 말 안하기 놀이에서는 먼저 말하는 사람이 진다. 먼저 웃는 사람도 결국에는 진다. 말 안하기에서 이기려면 마주한 동무들의 얼굴을 살피지 않아야 한다. 어쩔 수 없더라도 이끌려서는 안 된다. 다른 동무를 먼저 웃게 하려면 그 동무에게 몰두하며 자기 얼굴을 부로 일그러뜨리면 된다. 아예 초점을 놓아버리고 낭창낭창 딴생각에 빠져도 좋다. 그러면 시간은 내 편이다. 심심하다. 지금 시간은 내 편이 아니다.

나는 국수를 반쯤 남기고 차일 틈새로 비치는 하늘을 본다. 새 한 마리가 또 휙, 스친다. 어무이는 왜 안 오시나? 남자가 고개를 뒤로 젖히며 국물을 벌컥벌컥 마신다. 양은그릇을 내리면서 또 여자의 표정을 살핀다. 굵은 목까지 틀면서 곁눈질하는 품이 똑 황소 같다. 나는 다시 면그륵 아가리에 턱을 붙인 채 이참에는 여자의 얼굴을 이불로 치어다보았다. 여자가 입을 오물거린다. 남자가 허리를 튼다. 여자의 작은 턱이 느리게 달싹이더니 입꼬리가 사알 들린다. 남자의 윗몸이 여자로부터 비슷이 떴다. 그때, 여자의 오른쪽 볼에 볼우물이 얕게 파였다.

어? 웃는구나 싶었는데 그게 아니었다. 볼우물은 여울물의 회오리처럼 떠오르다가 뿌연 뺨 속으로 잠겨버린다. 어이쿠! 얼결에 턱이 면그륵 아가리를 누르는 바람에 된통 억지릴 뻔했다. 턱밑이 저릿하다. 여자의 흐린 표정은 여전하다. 나는 국수 가락을 늘어뜨린 턱을 조금 치키고는 얼굴을 잔뜩 일그러뜨렸다. 그러고는 여자의 오른쪽 볼을 노려보며 볼우물이 다시 나타나기만을 초조하게 기다렸다.

여자의 입꼬리가 옴찍거리더니 볼우물이 다시 나타났다. 그러나 역시 헛헛이 사라져버린다. 여자는 웃지 않는다. 가끔 나탔다가 사라질 뿐 여자의 볼우물은 웃음과는 상관없는 듯하다. 속은 느낌이 든다. 한숨이 절로 난다. 오른쪽 볼에만 나타나는 볼우물은 또 뭐람? 남자의 후룩거리는 소리가 요란하다. 왜 저리 유달시리 시끄럽게 먹는담? 여자는 혀끝으로 도톰한 입소리를 축인다. 내처서 또 입소리를 빨아들이는 것이, 이참에는 입소리를 배죽 내민 채 속입소리를 감빨며 오물거린다.

입소리가 아까보다 더 빨리 옴찔거린다. 턱이 빠르게 달싹인다. 입꼬리가 살짝살짝 들린다. 그때마다 볼우물이 나타났다가 사라지고 나타났다가는 또 사라진다. 볼우물이 오른쪽 뺨을 떠돈다. 여자는 그러나 웃지 않는다. 나는 아예 두 주먹을 모아 턱을 괴고, 어디 두고 보잔 듯이 노렸지만 여자는 기어이 웃지 않는다. 막무가내다. 아까 내가 면그릇을 엎었어야 했나? 얼굴에 온통 국수 가락을 덮어썼어야 옳았나? 버럭 화가 난다.

여자는 웃음을 잃었다. 남자가 또 국물을 들이킨다. 나는 눈길을 거둬버렸다. 휘장 안팎의 잡다한 소리들이 문적문적 맥없이 흩어진다. 나는 여자가 했던 것처럼 재까락에 국수 가닥을 말아 올렸다. 왠지 울적하다. 여자가 그랬던 것처럼 재까락에 감긴 국숫발을 수까락에다 받쳐 올렸다. 울컥, 먹기도 전에 서럽다. 여자는 웃음을 버린 것이다. 서럽거나 말거나 나는 입을 한껏 벌리고 국수를 왈칵 틀어넣었다. 얼결에 수까락까지 쑥 딸려 들어간다.

급히 입안에서 수까락을 빼내는 사이에 무슨 소리가 났다. 역시 짧았으나 아까와는 달리 밝게 구르는 콧소리다. 윤기 나는 여음을 끄는……웃음소리? 나는 퍼뜩 여자의 얼굴을 쳐다보았다. 여자의 작은 콧구멍이 발록거린다. 눈밑 쪽에 잡힌 코주름이 움찔거린다. 웃음기가 가랑가랑한 여자의 눈이 나를 향하고 있다. 나는 반색을 하고 그 눈을 살폈다. 흐린 표정이 걷힌 눈은 더 옴팡진 데다가 흰창과 검은창이 너무나 선연하다. 무엇에 꿰뚫린 듯 뜨끔하다. 눈을 떼려야 뗄 수가 없다. 맞바라기로 앉은 나를 빨아들이는 듯하다. 내 몸이 붕 떠오른다. 그러나 내 눈길이 너무 오래 잡혔었나 보다. 여자는 웃음기를 거둬버린다.

여자의 무표정해진 얼굴이 투명한 창유리 같다. 초점을 알 수 없는 그 눈길이 허공에 잠겼다. 허공은 슬프다. 텅 빈……허공을 재는 날갯짓은 소리가 없다. 여자는 무표정한 얼굴조차 돌려버린다. 홀로 날갯짓하던 내 몸이 툭, 떨어진다.

89
목걸이 알

여자는 다시 눈살을 찌푸렸으나 입꼬리에 잡힌 웃음기만큼은 마저 거두지 못했다. 여자는 가까스로 입 언저리를 다잡았으나 두 뺨에 드리운 분홍빛은 채 지우지 못하였다. 자세히 보니 콧구멍이 여전히 발록거린다. 그러고 보니 애써 웃음을 누르는 낌새가 역력하다. 여자는 꼭이 어디랄 것 없이 딴 데를 본다. 초점을 잡지 못한 눈빛이 흔들린다. 곤혹한 표정에 연한 그늘이 아른거리더니 이슬에 꽃빛 스미듯 잠긴다.

여자는 웃음을 삼킨 것이다. 아마도 웃어서는 안 되는 사정인가 보다. 여자는 무언가 새살 같은 것을 감춘 듯하다. 그것은 두렵거나 난감한 것일까? 아니면 감추어야만 빛나는 어떤 것일까? 여자는 그래서 일그러진 탈을 쓰고 있는 걸까? 여자가 수까락을 내린다. 탁자에 붙인 양쪽 팔꿈치를 떼더니 앉은 채로 허공을 괴듯 썩 내민다. 고개를 뒤젖히며 양쪽 머리를 쓸어 올리자 금빛 목걸이 줄이 함께 치끌린다. 짙은 귀밑머리가 뿌연 살결 위에 남실거린다.

뻐근한 잔허리를 고치는 사이, 여자의 파인 블라우스 목선 위로 팥알만 한 게 불쑥 나타났다. 목걸이 알이다. 나는 순간, 들통 난 비밀을 보듯 흠칫했다. 갑자기 모든 의문이 풀리며 눈앞이 탁 트였다. 빨간 알이 연한 갈색 피부에 떠서 반짝거린다. 여자가 팔을 내리며 기름직한 목을 곧추 세우자 목걸이 알이 쇄골 홈에 얹힌다. 늘어뜨려진 목걸이 줄을 머금은 채 미끄러질 듯 말 듯 머뭇거린다. 나는 숨을 죽였다. 아……목걸이 알은 그러나 흘러내린다. 금빛 줄을 처뜨리며 짧은 반짝임만 남긴 채 블라우스 속으로 잠겨버렸다. 여자가 내 눈길을 훌훌 떨어내며 일어선다.

포마드 남자가 사쓰 에리를 세워서 자켓또 위로 눕힌다. 풀린 윗단추를 잠그는가 싶더니 그대로 일어서며 두툼한 지갑을 꺼낸다. 말없이 종이돈 한 장을 내고 또 말없이 거스름돈을 받는다. 볼우물 여자는 파란 손수건으로 입을 훔치며 잔허리를 튼다. 베이지색 치마 밑으로 드러난 연한 갈색의 종아리가 미끈하다. 하얀 하이힐이 데데한 주위 것들이 무색하게 반짝인다. 남자가 비닐막을 들시고 섰다. 여자가 핸드백 끈을 어깨에 걸치며 빠져나간다. 남자가 뒤따른다. 뚱뚱한 아지매가 흘러내린 비닐막을 도로 기둥에다 걷어꼽는다. 멜칫국물내에 뒤섞인 달뜬 기운이 미식미식 사그라진다. 연한 베이지색과 주황색 체크무늬가 뿌연 단김을 몰고 멀어져 간다. 뚱뚱한 아지매가 다라이 물을 왈칵 쏟고는 골목 끄트매이 쪽을 물끄러미 보고 섰다.

두 사람 중 마지막으로 말한 사람은 누굴까? 말문을 닫기 전에 한 마지막 말은 무엇이었을까? 마지막 말의 끝에 침묵한 사람은 긴 침묵을 짐작이나 했을까? 혹시……처음부터 지금까지 서로 한 마디도 하지 않은 것이 아닐까? 허옇게 일그러진 탈 속에 웅크린 새살이 드러날 때까지 두 사람은 말 안하기를 계속하려는 걸까? 그 새살은 오른뺨에 떠도는 볼우물과도 잘 어울릴 듯하다. 그러나 새살이 일그러진 탈 밖으로 드러나는 그 순간, 볼우물 여자는 금이 간 탈과 함께 사라져버릴지도 모른다. 잠깐 떠올랐다가 미끄러져 내린 그 빨간 목걸이 알처럼 그저 잠깐씩만 반짝거리는 게 나을지도 모르겠다.

맞바라기 자리는 텅 비었다. 헛헛한 비닐 휘장 안에 찡그린 여자의 표정이 얼비친다. 차일 틈새의 하늘에 빨간 목걸이 알이 반짝인다.

90
여운

"가는 기 또옥 송아치 딸리가드끼 가네." 뚱뚱한 아지매가 노구솥 옆에 빈

다라이를 내려놓으며 중얼거린다. "남자가 송아치가 여자가 송아치가?" 파마머리 아지매가 눈그늘을 띠우며 탁자에 몸을 기댄다. "글캐? 우찌 보모 남자가 끌리가는 겉고……. 남녀 새는 즈그찌리마 알재 남이사 통 모리는 기라." "남자가 와 끌리대이겄노? 돈도 수울차이 있어 비이고……." 양은그륵을 치우던 파마머리 아지매가 말끝을 흐리더니 불쑥 목청을 높인다. "하기사! 돈 싸 짊어지고 지집 따라댕기는 미친늠도 쌨다!"

"첩사이도 아인 겉고, 남자가 뚜재인가아? 오데 팔리가는 갑다." "딱 본께네 요정 년이네 마. 입도 우찌 그리 가즌고 볼가심도 아이고 와 그리 깨작거리겄노?" "그래도 젊은 기 곱상하이 참하더마는, 쯧쯧." "처! 눈까리가 옴팡한 기 얌전한 척 함시로 등골 빼묵기 생깄더마는. 그런 년이 더 무섭니라." "하이고오, 지집이 무신 죄라꼬. 다 사나아 탓이재." 파마머리 아지매의 얼굴이 또 일그러진다. "남자가 배끼 지질로 그라까. 꼬리로 치싼께네 그라재, 문디 겉은 년들이!" "사나아가 심이 있인께네 그라재 니 서방 겉으까이?"

파마머리 아지매가 행자질을 하다 말고 의자에 털썩 주저앉는다. 조용하다. 일그러진 얼굴에다 거친 숨길을 가누는 품이 예사롭지 않다. 또 한바탕 말신간을 시작하려나 보다. 이참에는 독이 오를 대로 올라 암만캐도 머끄디이를 쥐어뜯으며 싸울 것만 같다. 하마 머릿속이 띵하다. 흐릿해진 눈앞에 볼우물이 옴찔거리고 빨간 목걸이 알이 반짝인다. 파마머리 아지매는 행지포로 빈 대소구리 바닥을 박박 닦아낸다. 커다란 기융물통에서 양은그륵을 꺼내어 헹군다. 왈칵달칵 맞부딪치는 그륵 소리에 되몰려 그냥저냥 참아내는 모양이다. 뚱뚱한 아지매는 아무 일도 없다는 듯이 등을 돌린 채 국숫발을 놀린다. "일꾼들 몰리올 때 댔그마는……."

양은그륵 부딪는 소리가 애잔해지더니 갑자기 기융물통이 왈칵거린다. 튀는 물찌똥과 함께 거친 목청이 터진다. "여어서 서방이 와 나오노! 와 고리짝 삼시묵은 일로 까들시노 말다, 속 디집어지그로!" 뚱뚱한 아지매가 깔깔거리더니 들

떼놓고 뭐라 얼버무린다. 파마머리 아지매가 채반을 한번 들었다 놓더니 의자에 맥없이 주저앉는다. 다시 조용하다. 번쩍 트인 눈앞에 볼우물도 빨간 목걸이 알도 사라져버렸다. 어무이는 왜 안 오시나? 차일 틈새로 새 한 마리가 또 지나간다. 이번에는 날개를 접고 반대쪽으로 잽싸게 스쳤다.

벌컥 짜증이 난다. 새는 왜 저렇듯 돌아다니나? 나는 다시 국수를 먹는다. 입이 갖은 것도 아니건만 혀에 뜬 닝닝한 국숫발이 게워질 듯 미끈거린다. 돌가지 나물이 쓰다. 나는 여자의 볼우물과 빨간 목걸이 알을 애써 되살렸다. 볼우물은 깊이 패고 목걸이 알은 엄지손톱만큼 굵어졌다. 볼우물은 뿌연 뺨을 떠돌았고 목걸이 알은 오목한 쇄골 홈에 담겨 반짝이다가 주홍빛 얼룩무늬 속으로 잠겼었다.

스친 것들. 겨울날 문득 발치에 떨어지는 마른 이파리. 그 땅 끄는 소리. 이른 봄날 언뜻 풀잎에서 굴러 떨어지는 이슬방울. 그 영롱한 반짝임. 스친 것이 오래간다. 가을날 물빛에 어른거리다가 얼핏 사라지는 햇살. 스친 순간은 시간을 거스른다. 울먹이는 얼굴에 번지는 해맑은 미소. 웃음 띤 얼굴에 얼비치는 울음기. 불안스런 침묵. 무표정한 얼굴에 슬쩍 비치는, 재빨리 찌푸린 얼굴에 남겨진, 그 채 거두지 못한 웃음기. 눈꼬리와 입언저리에서 퍼지는 분홍빛 어룽. 미식미식 사그라지는 달뜬 기운……. 스친 것은 흐르는 시간의 저편에서 흉터처럼 또렷해진다.

그런데, 볼우물 여자는 어디쯤 갔을까? 면그릇에 턱을 붙였던 비닐 휘장 속의 나를 기억이나 할까? 목에 수건을 두른 추레한 남자들이 왁자지껄 지나간다. 보따리를 인 아지매들이 잰걸음으로 지나간다. 트인 비닐막 앞에 어무이가 불쑥 나타났다. 나는 재까락을 놓고 일어섰다. 어무이는 들어서자마자 내 얼굴부터 살피신다.

"지업재? 다 묵지 와?" 어무이가 아지매들을 보며 활짝 웃으신다. "하이고오, 보오한 면그륵이 오데 있던고? 아지매가 여어 담아 주시더나?" 어무이는 선 채로 보따리를 푸신다. "와 남가았노? 싹싹 비아라. 음식을 지지부리하이 남군는 기 아이다. 입맛이 없나?" "그란해도 돌가지로 쪼깨 내나밨더마는……. 그래 고그는 다 무웃네." "돌가지가 오데서 났이꼬? 세사, 아지매가 닐로 똑 귀한 손 보드끼 하신다 고마. 보따리 짜매라이?"

빨랫비누를 몇 장을 봉다리에 넣어 들고서 어무이는 또 서두르신다. "퍼뜩 묵고 가지 와?" "저어짜 참지름집 아지매도 비누 좀 보자 안 쿠예." 어무이는 밭은걸음으로 골목을 빠져 나가신다. 나는 도로 주저앉았다. 뚱뚱한 아지매가 비닐 휘장 밖을 또 물끄러미 바라보고 섰다. "하이고오, 우찌 절키나 바뿌노? 오래비가 공장 채렸다 쿠더마는 다 팔아주고 갈란가배." 얼굴이 뚱하게 부은 파마머리 아지매가 혼잣말로 거든다. "양반띠이가 발품 판다꼬 고생이다 마."

91
여장부

"차말로 마, 아아도 점잖다이?" 파마머리 아지매가 배시시 웃는다. 그예 마음이 풀렸나 보다. "물래 아이가. 내림이 오데 가나 오대." 국수는 아직 남았건만 배가 더부룩하다. 나는 끌러진 보따리를 만지작거린다. 보따리 속에는 접힌 종이 봉다리와 빨랫비누 몇 장이 더 남았다. 그 밑에 어무이의 몸빼가 수건과 함께 돌돌 말렸고, 새로 산 파란 사쓰가 포장지에 반쯤 감겼다. 또 다른 포장지에는 빨간 사쓰와 챙을 둘러 붙인 하얀 얼라아 모자가 싸였다. 맨 밑에 접저불로 싼 모시보 뭉치가 깔렸는데 속에 든 게 뭔지 모르겠다. 작년까지만 해도 이 모시보에는 네모 칸이 빼곡한 종이뭉치가 들어 있곤 했다. 지금 것은 두루뭉술하니 종이는 아닌 듯하다. 궁금하긴 하나 다 풀어 펼치기가 버겁고 자리도 좁다. 산나물 뭉치는 없다. 나는 보따리를 짜맸다.

다시 일손에 가락이 붙은 아지매들의 몸놀림이 드바쁘다. 눈만 굴리고 앉은 나 따위 아랑곳없건만 눈치가 보인다. 너무 오래 이러고 앉았다. 내미손도 잡힌 손도 아니건만 일없이 뻘쭘하다. 비닐 휘장 안이 시이실 지업다. 차양 틈새로 새라도 스치면 좋으련만. 난데없이 이쪽저쪽으로 잘도 날아가더니 똑 이러고 바랄 때는 안 보인다.

파마머리 아지매가 동그란 쪽거울을 보며 입소리를 오물거린다. 뚱뚱한 아지매가 걷어꼽았던 비닐막을 다시 내린다. 비껴들던 햇살이 여틈해지자 솔솔 자부럽다. 보따리를 베고 벌러덩 드러누웠으면 좋으련만. 뿌연 비닐막 밖으로 비치는 흐릿한 골목길이 꿈결 같다. 띄엄띄엄 오고 가는 장꾼들이 그림자 같다. 오가면서도 부딪치지 않는 그림자. 소리 없이 겹쳐지는 그림자. 서로 겹쳤다가는 윤곽을 죽 늘어뜨리며 툭 떨어지는, 얼마쯤 멀어가다가 문득 뒤돌아보는 외로운 그림자. 그러고는 그늘 속에 잠기거나 햇살에 흩어지는 슬픈 그림자.

"토지개혁인가 머신가 하는 머리 살림 들판난 집이 한둘가 오대." "글캐도……부잣집은 망해도 삼 년 무울 기 있다꼬 비미 잘살까이?" "이리저리 다 팔고 멫 마지기 없다 쿠더마는." "바깥양반이 멘에 댕긴담서?" "대학 대이고 내치 글 씨다가 드간 지 올매나 댔다꼬?" "글로 씨다이? 그기 머하는 긴고?" "와 그 상도 받고, 머시기 책 씨는 거 말다." "머시든 간에 돈이 대기 다마 하지 벌로 하까이?" "천지 돈 대는 일마 있이모 누가 몬살겄노? 돈 나는 모티이가 죽는 모티이라꼬, 쌔빠지기 해도 돈 한 푼 안 대는 일이 쌔에 비맀다." "우짜든 간에 참한 사람이 고생이다 마." "그래도 올매나 대단타꼬. 처신 잘하재에, 야물딱지재에, 사람 잘 끌재에. 촌구석에 살기는 아깝은 사람 아이가." "그 집안도 복이다." "복이기로오. 복중복이 며느리 복 아이가. 빈집에 소 들온다꼬……즈그 할매 닮아서 솔빡 일바실 끼그마는."

"할매라이?" "아, 친정 할매 말다. 하림 할매라꼬, 택구가 하림 아이가. 사봉 골짜아서 소문난 할매다." "하림이모 군북에 하림인가?" "함안 조씨 아이가. 함안 짝 하림인께네, 거어가 오데고, 그짜아 그란께네 방아산 너매. 맞다, 군북. 군북에 거시기 태실 삼거리 지내모 하림이라꼬 있니라. 해방 전에 일본 가가, 머시기 거어 탄 캐는 탄광에 함밧집을 채랐다 쿠재 아매? 그래가 육칠 년 만에 돈을 엄청시리 벌어오싰다 아이가. 나이 오십 줄에 한 골짝 논밭을 싹 다 사가 가실서 그리로 이사 안 갔나." "가실이모 저 우우 산청 가실? 거어서 이짜아로 이사 옷는가?" "산청이라이? 요오 바리 꽁치고개 너매 말다." "……동네 이름도 같은 기 와 이리 많으꼬?" "골짝 하나로 통째로 사삔 기라." "아이구마아. 우찌 글키나 벌었이꼬? 그엇도 일본서, 세사." "바깥양반이 일본에 안 갈라쿤께네, 저어가 오데고, 저짜아……거시기 양촌. 맞다, 양촌. 그 동네 소박자 하나 수소문해가 양반한테 딱 부치낳고, 아들내미캉 며느리캉 다 데불고 일본에 갔다 안 쿠나." "아이고 엄첩어라!"

"대단채? 여장부라꼬 소문난 할매 아이가." "영감한테 첩사이로 붙이낳고 가 다이? 우찌 그랬이꼬?" "그란께네 여자도 대가 차야 대는 기라. 아이모 고마 서방한테 껌뻑 죽든가." "……." "어정찌모 아무것도 안 대는 기라. 대도 없고오, 껌뻑 죽도 몬 하고오, 그리 땍땍거맀다가 또 치대쌓다가 해쌓아모 부쳇님 가운데 똥가리 겉은 서방도 멀찍하이 돌아앉는 기라." "……." "자아 오매도 거어서 태있다 아이가. 그래 용키 해방 바리 전에 딱 건네옷다 안 쿠나. 그때 안 떳이모 원자탄이 널찌가……." "넘이사! ……넘으 일로 우찌 그리 잘 아노?" "한 동네 아이가. 그라고 이 자리서 이십 년인께네 와 모리겄노? 가마이 앉아 있어도 골짝골짝 바람이 귓구녕에 솔솔 들온다 아이가." "넘이사 대가 찬지 꺼뻑 죽는 긴지 니가 우찌 아노 말다!" "으이?"

"머슨 소리고 시방?" "그기 다 내보고 하는 소리 아이가? 사람을갖다가 머어만 이이노? 내가 멍치이가? 누가 모리까이?" "하이고 이삼드라. 자다아 봉창 뚜디린다 쿠더마는 각중에 와 일쿠노오?" "각중이라이? 누가 먼첨 돋가았는데 각중이라이!" "누가 눌로 돈가아? 자겁하겄다. 처머이 지가 지물에 지랄해쌓디이 와 어만 사람 탓고." "사람 복장 까디비시는 데는 이골이 났다 마. 거엇도 재주라꼬 부리쌓나?" "하이고오, 귓구녕이 삐틀어졌는 갑다. 사람 말로 와 그리 삐딱하이 듣느노?" "빼딱하기는 누가 빼딱하노? 이기 오대 한두 분이가?" "지 발이 저린께네 그리 들리지, 그기 오대 내 잘못가?"

"속 디집어진다 마. 누가 땍땍거리고 누가 치대노? 누가 치대고 누가 돌아앉노 말다! 한분 똑바리 대 바라!" "차말로 얼척이 없다. 어가이 맥히가 내가 말로 몬하……오데서 눈깔로 땍 볼가티리가 철보노! 누가 니보고 쿠더나? 사람 말로 우찌 듣고 패악고? 조석 천신도 몬하는 거로 거다준께네 고맙은 줄도 모리고 야마리 쏙 빠지그로 멀 쿠고 자빠졌노 시방! 삼이우지 질로 막고 물어바라, 내겉이 해주는 사람 있는가!" "처! 쥉일 쎄빠지기 일하고 입에 풀칠하는 기 거다 주는 기가? 문디 콧구녕마한 국싯집에 주인이모 다가? 아이고, 더럽어라! 더럽고 애이꼽다 차말로!" "머시라아? 졸갑시런 귀신 물밥 천신 몬한다 쿠디이 근천시럽은 기 쪼래증이 또 도지는 갑다 으이? 웨라, 웨라. 동네방네 삼이우지로 웨고페라. 니가 여어 온 기 일 년이 댔나 이 년이 댔나, 으이!"

92
하늘님

"여어 꿀 볼라났나!" 흠칫 머리를 드니 날 선 목청이 또 터진다. "천날만날 와 여어 섰노 말다, 송신하그로!" 길쭉한 주개가 허공을 찌른다. 깬 듯 만 듯 얼풋한 눈앞에 나무기둥이 잦바듬히 기울었다. 짜증 섞인 목소리가 내 탓인 듯하여 덜컥 부대낀다. 꾀잠을 자다 들킨 것처럼 불안하다. 수이잠에 빠졌다가 고만 놀라 깨면 똑 이렇다.

꿈에 하릅송아지를 보았는데, 그게 쇠전 북새통에 끌려가던 그 송아지인지는 알 수 없다. 그저 아까처럼 겁먹은 게 아니라 선선한 눈빛이어서 마음이 놓인다. 눈에 장난기가 서리고 그예 넘쳐서 맨망을 떨기 시작할 때 그 송아지는 나였다. 내 눈에, 아니 송아지의 눈에 장난기가 담뿍 서린 까닭이 분명 있었는데 생각이 나질 않는다. 잡힐 듯 말 듯한 기억의 실마리는 잡으려고 애를 쓸수록 감감해져 버린다. 나는 허리를 곧추 세웠다.

보따리에 얼굴을 붙인 채 자다 깨다 하며 침을 꽤 흘렸나 보다. 입안이 끈적거리고 입수구리에다 턱밑까지 축축하다. 보따리 매디이에 짓눌린 한쪽 관자놀이가 우리하다. 어깻죽지가 저릿하고 목덜미조차 뻐근하여 온몸이 후줄근한 푸대 자루 같다. 뚱뚱한 아지매가 솥꼭따리를 쥐더니 힘껏 제친다. 걸쭉한 쇳소리가 가물거리는 머릿속을 비비며 지나간다. 나는 소매끄티이로 입가를 문때며 주위를 살폈다. "걸베이 디신한 기 꺼뜩하모 찌웃거리산께네 언자 딱 지업다 고마." 가마솥 너머로 거뭇한 윤곽이 설핏하더니 짙은 단김에 가려진다.

단김이 미식미식 흐려지자 나무기둥 옆으로 헛검 같은 사람이 나타났다. 훌쩍 큰 키의 남자다. 검정 코트를 걸쳤다. 보글보글한 머리카락이 이마에 바짝 붙어서 가죽 모자를 눌러 쓴 듯하다. 그을린 얼굴이 기름하고 작은 두 눈이 팥알처럼 검다. 입가에 엷은 미소를 머금은 채 대꾸도 없고 움직이지도 않는다. 눈빛은 빛나건만 딱히 어디를 보는지 종잡을 수가 없다. 채반에 쌓인 국수사리를 보는지, 오가는 아지매들을 보는지, 아니면 나를 쳐다보는 것인지 그저 그윽하고 가만하다.

내리뜬 눈이 부드럽게 반짝인다. 모든 것을 한꺼번에 보는 듯도 하고 아무것도 보지 않는 듯도 하다. 행색은 영판 너울 쓴 거지꼴이건만 되레 당당해 보인다. 채반을 다루던 파마머리 아지매가 국수사리 한 덩거리를 쥐고서 가마솥 쪽으로 몸을 돌린다. 뚱뚱한 아지매가 곁눈을 흘기며 소두방을 닫는다. 파마머리

아지매는 국수를 내려놓고 돌아앉는다. 뚱뚱한 아지매는 주위를 휘 한 번 꺼두르고는 비닐 휘장 바깥의 한뎃부석 앞에 쪼그렸다. 굵은 나뭇가지가 뚝뚝 부러진다. 쇠 부작대이가 노구솥전이며 땅바닥이며 닿는 대로 탁탁거리며 춤을 춘다. 아주 송화색이 아닌 바에야 저리 버티고 선 것을 애써 밧삼는 심사가 버거울 듯하다. 아이구 내라! 무식기도 내구랍다! 하며 웨대는 통에 비닐 휘장 안팎이 다 톡톡히 내다.

불꽃을 삼키던 연기가 밀려나와 그대로 붙박인 남자를 가린다. 짙푸른 연기는 내처 비닐막 입구로 몰리며 나무기둥도 하늘도 지워버린다. 남자의 모습도 연기 속에 사라졌건만 엷은 미소는 눈앞에 선선히 부풀었다. 구름 너머에 하늘님이 있다면 저런 모습일까? 저런 표정으로 하늘님은 구름 뒤에서 세상을 찌웃거리는 것이 아닐까? 그러다가 구름을 헤치고 사람들 틈으로 다짜고짜 뛰어내리거나 햇빛만 던지고 바람을 타고 훌훌 떠나는 게 아닐까?

낡은 검정 코트를 덮어쓴 남자는 막무가내로 서 있다. 어슴푸레한 윤곽이 연기 속에 얼비친다. 물씬물씬 오르던 연기가 골목에 스민 잔바람에 풀풀거린다. 뭉개진 윤곽이 흔들리더니 엷은 미소와 함께 되살아났다. 남자는 가끔 헤벌어진 입을 우물거리며 고개를 갸웃거린다. 역시 어디랄 것 없이 시선을 놓아버린 채 말이 없다. 연기가 말끔히 빠지자 주위의 윤곽들이 또렷한 날을 세운다. 비닐막 바깥의 골목에서, 차일 위로 탁 트인 하늘에서, 또 어디랄 것 없이 까마득한 곳에서 희미한 쇳소리가 울린다. 날빛 속에 무언가 깊숙이 스민 듯하다.

아지매들은 이제 검정 코트의 남자가 섰건 말건 아랑곳없이 부지런히 일손을 놀린다. 난닝구 차림에 수건을 걸친 일꾼들이 비닐막 안으로 우르르 밀려든다. 시끌거리며 바투 둘러앉는 통에 한쪽 끄트매이로 밀린 나는 궁디이를 반쯤 걸치고 어정쩡하게 앉았다. 겨울 코트의 남자는 천천히 몸을 돌린다. 푸른 차일이 바람에 퍼덕거린다. 트인 하늘은 텅 비었다.

뚱뚱한 아지매가 벌여놓은 양은그릇에 국물을 붓는다. 그늘진 얼굴빛으로 쪽을 놀리는 품이 불퉁가지와 어울리지 않게도 느른해 보인다. 파마머리 아지매가 눈그늘을 붉히며 중얼거린다. "한 덩거리 주모 대낀데 와 글쌓노 마아." "이기 오대 한두 분가? 언자 버릇이 대삔 기라." 파마머리 아지매가 국수 그륵을 나른다. "멀리도 안 갔그마는, 저짝에 또 섰네." "문디 겉은 늠이 들어서 골목이 다 우중충하그마는." 왁자지껄하던 일꾼들이 일제히 고개를 돌린다. 검정 코트의 남자는 똑같은 자세로 두어 집 건너편에 섰다. 비닐 휘장 앞에 선 뒷모습이 한쪽으로 기울어져 잦바듬하다. 멘경처럼 트인 비닐막 틈새로 단김이 연방 풍겨서 긴 겨울 코트가 구름 속에 떠 있는 듯하다. 차일 틈새로 비치는 푸른 하늘에 새들이 줄지어 날아간다.

구름이 없다면 하늘님은 어디서 세상을 내려다볼까? 구름이 없다면 그때 하늘님도 없는 것이 아닐까? 구름이 없어도 하늘님이 있다면 푸른 하늘이 하늘님일까? 저 푸르른 하늘이 하늘님이라면, 저 헝겊 쪼가리 같은 하늘의 푸른빛이 하늘님의 표정이라면, 하늘님은 지금 한데 홀로 선 저 겨울옷의 남자를 지켜볼 것이다. 차일 아래 쪽모이처럼 둘러앉아 힐끗대는 사람들도, 그늘진 얼굴빛으로 쪽을 놀리거나 눈그늘을 붉힌 채 국수 그륵을 나르는 아지매들도, 또한 도리 없이 쪽매처럼 덧붙어 궁싯거리는 나도, 하늘님은 무연히 바라볼 것이다. 그래서 겨울옷의 남자는 그윽한 미소를 띤 채 저렇듯 당당히 섰는지도 모르겠다.

갑자기, 재그랍은 쇳소리가 허공을 가르며 귓전에 날아든다. 허, 저기서도 후차내나 보다. 보란 듯이 짙은 단김에 지워지나 보다. 하늘님도 도리 없이 헝겊 쪼가리 같은 하늘 속으로 스며버렸나 보다. ……아! 그게 아니었다. 하늘님에게 뭔가를 주었나 보다. 하늘님이 천천히 움직인다. 봉다리를 손에 쥔 멀쑥한 하늘님이 걸어간다. 긴 검정 코트를 끌며 뿌우연 단김을 몰고 가물가물 멀어져 간다. 어느새 내 몸은 비닐막에 붙어 섰다. "자아는 누 아안교?" 노구솥의 단김이 끼쳐서 투명 비닐막의 바깥이 흐리다.

"미친개이 디신한데 완저이 미친 거는 아이고, 쪼깬 돌았다 쿠더마는." "아지매 손잔교?" "넘한테 해꼬지는 안한다며?" "손자가 절키나 커?" "사람이 그래도 점잖더마는." "내가 벌씨로 손자가 오데 있노. 용암에 아는 동상 아아 아이가." "우짜다가 저리 댔는고?" "용암? 야야, 니 용암서 왔나?" 나는 돌아보려다 말고 가물거리는 검정 코트를 살폈다. "핵교 댕길 때는 천재라 쿠더마는." "니, 몇 살이고?" "천재라아?" "핵교 댕기나? 안주 안 드갔나?" "하모. 공부로 엄청시리 잘했다꼬. 아, 정신 맑을 때는 영어도 줄줄 한다 쿠데." "아아가 버부리멘키로 와 말로 안하노?" "거참, 물겐이네. 아깝다 고마." "돌아보다 안하네. 자아 버부린교? 아이모 귀먹제인가?" "저그 마느래 줄라꼬 얻어가는가배." "고마 나 또라. 사람 바감시로 대답하는 갑다." "처도 있는가?" "어른이 물으모 대답을 해야 대꺼 아이라." "하모오. 얼라도 있다 아이가. 또 누가 업어가뻤는가 모리겄다마는." "이늠아아야. 니, 일로 한분 오바라, 내가 교육 좀 시키야 대겄다." 나는 코끝을 비닐막에 바짝 붙였다. 단김이 걷힌 골목 안쪽으로 걸어가는 검정 코트가 또렷하다. "업어가삐다이?"

나는 스멀거리는 뒤쪽으로 머리를 돌렸다. 멀찍이 앉은 터벅머리 남자가 내 얼굴을 빤히 본다. 툽툽한 얼굴을 든 채 두 눈을 슴뻑거린다. 성가신 말을 또 듣기 전에 응해야 할 듯한데 딱히 할 말이 없다. 뒷등으로 비껴간 말들이 헛갈려서 어느 말꼬리에 맞춰 답해야 할지도 알 수가 없다. 이럴 때는 말이 빛깔이었으면 좋겠다. 그저 공중에 반짝이며 퍼지거나, 번져가고 또 묻어오는 햇빛 같았으면 좋겠다. 터벅머리 남자는 탐탁지 않은 표정으로 눈길을 거둬버린다. 나도 달막거리는 입을 닫쳐 버렸다. 도로 머리를 돌렸을 때에는 검정 코트의 남자가 보이지 않는다. 골목 안쪽은 담벼락에 막혔는데 어디로 사라진 걸까? 차일 틈새의 푸르른 하늘로 흰 새 한 마리가 느리게 지나간다.

"그란데 느그는 넘으 아아로 가꼬 와 자꾸 글쌓노?" "용암 아아는 함부래 건

디리지 마라이? 식겁한다 고마, 허허…….” “얼라아가 엄청시리 좋아가 젖 뗄 때찜 대모 업어가삐는 기라.” “용암 아아는 와?” “누가?” “그런 기 있다 고마.” “그기사 모리재. 멫 분이나 그랬다 쿠더마는.” “그런 기 있다이, 무신 소린교?” “차말로 학을 떼겠다. 넘으 아아로 뚱치가삐모 우짠다쿠는 기고?” “양반 동네 아이가. 빙 둘러 삼십 리가 다 그 동네 손바닥이라 쿠이. 옛날 이바구다만서도…….” “인간들이 글타 쿤께네에? 욕심이 고마 목끄티이꺼정 깍 차삔 기라.” “참 내. 요새 양반 쌍늠이 오데 있는교?” “참 벨일도 다 있네.” “그 동네 가가 한 분 그리 웨대바라, 자신 있이모.” “보시 치고는 상보시네.” “니기미. 내 벌어가 내 묵는데 몬 할 꺼는 또 머꼬?” “보시라이? 소 대가리다 말 궁디이 갖다 붙인다 쿠더마는 그기 말이라꼬?” “궁금시럽으모 한분 해보든가, 허허. 아매 이짝 갈래서 살라쿠모 존나이 껄쩍지근할 꺼로?”

국수 그릇을 비운 일꾼들이 우르르 일어선다. 비닐막을 제치던 터벅머리 남자가 고개를 돌려 내 얼굴을 빤히 본다. “양반 아아야, 니…….” 뚱뚱한 아지매가 남자의 등을 떠민다. “씨사이맨키로 와 자꾸 글쌓노. 퍼뜩 나가거라 고마.” 골목으로 몰려나가는 일꾼들 사이로 연두색 치마저고리가 어른거린다.

93
비탈길

날이 꾸무리한데도 눈이 부시다. 눈꼽자구가 끼었는지 두 눈이 스멀거린다. 동백지름내와 마른 멜치내가 뒤섞여 코끝에 감긴다. 머리 위에 뜬 흰 보따리가 기우뚱하다.

어무이의 등에 얼굴을 붙인 채 선잠에 빠졌었나 보다. 설핏설핏 검푸른 물굽이를 본 듯한데 그게 물살인지 산등인지 헷갈린다. 물살에 떠가는 소떼였는지도 모르겠다. 요란하게 출렁거리며 내 쪽으로 밀리기도 하고 소리 없이 넘실거리며 내 쪽에서 쓸리기도 했다. 무섬증과 구슬픈 마음이 번갈았다. 밀려들 때 무서웠고 쓸려날 때 슬펐다. 아니다. 내가 무섬증을 느끼면 쓸려나고, 내가 구슬픈 마음에 빠지면 밀려들었었다. 물살 같은 것이 내 마음에 따라 갈마든 게 분명하다. 그러고 보니, 전때 내가 겁에 질려 집으로 뛰어들었을 때 할무이가 나를 치마폭으로 와락 감싸셨던 까닭도 알 만하다. 그때는 절뚝거리며 나를 따랐던 슬픔이 사라진 뒤였다. 할무이는 뒤쫓아 오는 두려움을 보셨고, 그래서 나를 치마폭에 꼭 감추신 것이다.

그런데 이참에는 무서움과 슬픔이 갈마든 까닭이 생각나지 않는다. 꿈에서는 뚜렷했건만 깨고 나니 감감하다. 기억을 되살리려고 헤집을수록 머릿속이 어찔하고 눈앞이 아뜩해진다. 기억은 제멋에 웅크리고 비끼는 그림자 같다. 붕 떠서 흔들거리는 두 발이 어색하다. 나는 내릴까 말까 망설였다.

잠이 들었을 때는 몰라도, 이렇게 깬 채로 업혀가는 일이 불편해진 것이 언제부터일까? 어무이가 발을 내디딜 때마다 탁, 탁, 전해오는 온몸의 울림. 느리게, 또는 빠르게 옮기는 발걸음을 따라 흐르는 상쾌함. 내려다보이는 길바닥의 아릿함. 이쪽저쪽으로 목을 틀 때마다 달리 펼쳐지는 눈앞의 풍경……. 이런 것들이 불현듯 하찮아진 것은 언제부터일까? 내가 내 몸과 함께 나무와, 산과, 들과, 또 하늘과……그 모양과 빛깔의 움직임을 마음 내키는 대로 조종하는 제멋에 취하면서부터일까? 그러나 마늘 속 거풀막 같은 잠결이 아직 말끔히 걷히지 않았나 보다. 눈앞이 얼얼한 대로 섣불리 내리고픈 마음이야 욱욱하지만 몸은 또 녹록잖아서 어무이의 등에 그대로 달라붙는다.

널따란 오르막길이다. 자갈돌 틈으로 마른 쇠똥 부스러기가 흩어졌다. 물매뜨게 바라진 길 갓쪽에는 작은 가데이들이 우물우물 늘어섰다. 쪽모이 같은 함석지붕도, 나무 판때이를 덧붙인 벽도, 거덜이 나고 녹이 슨 양철 문짝도 온통 검은빛이어서 땅 밑에서 솟아오른 커다란 개미집 같다. 비탈에 얹힌 탓인지 저마다 한쪽으로 쏠려서 짜부라져 보인다. 그 중 맨 위엣것은 힘껏 밀쳐진 듯 벨시리 잦바듬해서 바람이 쇠전에서 비탈을 타고 치불라치면 그대로 발라당 나자빠질 것만 같다.

천천히 오르시던 어무이는 비탈길 중간쯤에 섰다. 목을 빼고 갸웃거리자 가데이들은 마치 제릅 대신 비사리로 엉성하게 엮은 여치집처럼 이리저리 쏠리며 비걱거린다. 닫힌 양철 문짝에는 벽보를 뜯어낸 자국이 얼룩덜룩하다. 그 앞에 양복 차림의 남자가 굽힌 물팡에 한쪽 팔꿈치를 대고 쪼그렸다.

남자는 쇠전 쪽을 내려다보며 담배를 피운다. 왼쪽 옆구리에 종이 판때이를 낀 채 그대로 왼손으로 턱을 괴어서 몸이 한쪽으로 비틀렸다. 하관을 가린 희멀건 손가락이 가끔 까닥거린다. 눈살미 좋고 눈씨 있게 찢긴 눈꼬리가 잔뜩 일그러졌다. 판때이가 흘러내리는지 옆구리를 다붙일 때마다 몸이 앞으로 쏠린다. 쪼그린 몸이 자꾸 왼편으로 움찔거리는 것인데, 그러는 족족 널널한 오른편에 담배 연기가 무럭무럭 피어서 반드러운 얼굴이 뿌옇게 뭉싯거리는 듯하다.

남자가 엉거주춤 궁디이를 빼더니 피우던 담배를 손끄티이로 탁, 튀긴다. 문짝 앞의 풀덤불에서 가느다란 연기가 피어오르다가 사그라진다. 남자는 콧등을 찡긋거리며 옆구리에 낀 종이 판때이를 물팡에다 올린다. 뿔필 하나가 판때이 아래로 떨어져 허적댄다. 실끈에 묶인 하얀 뿔필이 깔깔하다. 아부지 머리맡에 놓였던 것과 똑같다. 남자가 뿔필을 쥔다. 그런데……그때 그 용수철은 어찌 되었을까?

위쪽의 활씬 열린 가데이 안쪽으로 난닝구 차림의 일꾼들 몇이 보인다. 그 뿔필은 아부지가 면소에 출근하신 첫날에 가져왔다. 쪼그린 남자는 뿔필을 오른손 등에 올려붙이고는 그대로 빙그르르 돌린다. "옴마. 아부지 꺼하고 똑같다." 푸대 자루를 울러멘 가대기꾼들이 위쪽 신작로에서 줄지어 내려온다. 나는 어무이의 등에서 내렸다. 자갈돌이 버석거린다. "가아로 내시라."

94
용수철

"머시 같애에?" "하얀 거. 뿔 연필……뿔필." "뿔필이라이? ……볼펜?" "어으. 맞다, 볼펜! 까무웃다." "볼펜이 오데 있더노?" 어무이는 내 어깨를 잡고 왼편으로 몸을 붙이신다. "아부지 머리맡에 있던 거어."

잔방 머리맡에는 짙은 하늘색 비닐 겉장의 공책과 크고 작은 책이 어수선하게 쌓여 있었다. 굵은 옥편 위에 작은 국어사전이 포개졌고 그 옆에 세모재비 잉크병과 또 담배꽁초가 수북한 재떨이와 백자 필통이 놓였었다. 투각장식의 필통에는 철필과 파카 만년필, 그리고 이십 센치짜리 대자와 길쭉한 머리빗과 알락달락한 꽁지깃과……볼펜은 그 틈에 낯설게 꽂혀 있었다. 그것은 희고 매끈하며 가볍고 복잡했다.

나는 그것을 데구루루 굴리거나 만지작거리며 놀았다. 쫑곰한 머리를 한 번 누지리면 딸각, 소리와 함께 잉크 심이 나타났다. 오돌토돌한 옆머리를 건드리면 탁, 소리를 내며 까만 촉 덮개 안으로 사라졌다. 잉크 심은 소리와 함께 사라지고 나타났다. 궁금한 것은 소리였다. 짧고 또렷한 그 소리는 분명 볼펜 머릿속에 숨었으리라. 딸각 탁, 밖으로 뛰쳐나왔다가 또다시 숨어들어 똬리를 틀었으리라. 나는 볼펜을 풀었다.

촉 덮개를 돌리고 잉크 심을 빼었다. 하얀 뿔 대롱에서 누름개도 뽑았다. 잉크 심에 낀 용수철도 벗겨냈다. 배배 꼬인 용수철의 양쪽을 손끄티이로 집으면 톡, 튄다. 베룩보다 몇 백 곱절 더 큰 것이 베룩처럼 튄다. 여치보다 작은 것이 새끼 여치처럼 멋대로 달아난다. 나는 징글받은 그것을 살그무이 집어서 잉크 심에 끼우고는 급히 촉 덮개 속으로 밀어 넣었다. 그런데 어찌된 셈인지 이번에는 촉 덮개가 핑비 총알처럼 날았다.

머리맡 옆문에 부딪혀 책 위로 떨어지고, 우묵의 찬장 유리문짝을 치고 방바닥에 나뒹굴었다. 재봉틀 밑으로 뛰어들고 빨간 바알당세이 속에 잠겼다. 화태보를 치고는 방바닥에 나동그라지거나 개빈 이부자리 위로 날아올랐다. 나는 촉 덮개를 날리는 재미에 빠져 소리 따위는 까맣게 잊어버렸다. 잔방이 텅 빌라치면 냉큼 들어가 신나게 촉 덮개를 날렸다.

소리가 다시 궁금해진 것은 촉 덮개를 날리는 일이 시들해진 때부터다. 튄 촉 덮개를 찾는 일이 귀찮아지면서 스으슬 짜증이 나기 시작했던 것이다. 지겨우면 궁리하게 되나 보다. 용수철이 빠지자 축머리에서는 소리가 나지 않았다. 소리는 용수철에서 났으리라. 딸각 탁, 딸각 탁……그 소리는 용수철 속에 켜켜이 쌓였으리라. 똬리를 튼 채 분분히 드나들며 붉게 달궈졌으리라. 나는 잉크심에 낀 용수철을 요리조리 살피며 만지작거렸다. 그러나 소리는 나지 않았다.

그런데 처음과는 달리 꽉 끼어 쉬 빠지지 않는 것을 너무 세게 당겼나 보다. 용수철은 좀 더 길쭉해지고 헐거워졌다. 역시 소리는 나지 않았다. 나는 용수철을 당기고, 누르고, 휘고, 또 끼고 빼기를 반복하며 소리가 울음처럼 튀어나오기를 바랐다. 그러나 소용없었다. 양 손끄티이로 잡고 죽 당기자 널브러져 버렸다. 용수철은 더는 줄지도 늘지도 않았다. 말라비틀어진 신발이처럼 두 번 다시는 꿈틀거리지 않았다.

불쌍한 용수철. 홧김에 던져버린 용수철. 소리를 잃어버린 용수철. 그 다음 날 온 방을 더터도 용수철은 보이지 않았다. 이부자리를 들시고 재봉틀 밑을 헤적거려도 없었다. 궁디이를 치키고 엎드려 신문지를 접어 받친 농짝 밑을 드다보아도 감감할 뿐이었다. 용수철은 어디로 달아났을까? 소리를 다 털린 채 바퀴벌레처럼 더 깊은 구석으로 기어들었을까? 깜깜한 곳에서, 내 눈이 미치지 않는 곳에서, 용수철은 납작 웅크린 채 다시 탱실탱실하기를 기다리는 걸까? 아니면 쭉 늘어진 슬픈 굴곡에서 옷 솔기에 슨 씨게미가 가랑니로 깨듯 스멀스멀 소리가 자라나기를 기다리는 것일까? 그도 아니면 흩어진 소리가 태엽처럼 도로 감길 때까지 무작정 기다리는 걸까?

그러던 어느 날에 잔방이 말끔해졌다. 머리맡 벽에 커다란 멘경이 걸리고, 그 밑에 빈 재떨이만 남았다. 새로 호마이카 찬장을 들이면서 낡은 찬장은 책장이 되었는데, 머리맡에 쌓였던 책들이 몽땅 그 책장 안으로 들어갔다. 그리고 다들 낯설어졌다. 하늘색 공책과 백자 필통도 창유리 안쪽에서 감감하였다. 용수철이 빠진 볼펜 또한 그대로 필통에 꽂힌 채 창유리 너머서 아득하였다. 책장 안의 것들이 낯설어진 까닭은 맞은편의 옆문 창호가 되비치는 창유리 속, 그러니까 책장 안이 아니라 창유리에 어른거리는 또 다른 공간 때문이었다. 다들 그 새롭게 펼쳐진 공간의 너머서 가물거렸던 것이다. 용수철은 그 틈에 언뜻번뜻 나타났다. 헛검처럼 사라지고 또 나타나는 용수철이 전혀 낯설지 않았다. 나타나고 사라지기가 반복될수록 나는 진짜 용수철이 탱실탱실한 몸으로 돌아오리라 믿었다. 용수철은 소리를 꽉꽉 눌러 담고서 언젠가는 내 눈앞에 번쩍 나타날 것이었다.

"짜다라 내리온다. 더 내시라." "옴마. 용수철은 가마이 나뚜모 사알나재?" "용수철이라이? 더 내시라 캐도." 신작로에서 한 줄로 내려오던 가대기꾼들이 가로퍼져서 비탈길을 다 덮었다. 나는 비탈길의 왼쪽 길섶을 탔다. 어무이는 내 뒤쪽에 붙으셨다. "아부지는 용수철로 이삐이서 볼펜 몬 씨재?" 풀포기에 뒤섞인 자갈돌에 미끌려 내 몸이 비칠거린다. 길섶 아래쪽은 꽃몽아리가 맺힌 코스모스의 덤불이다. 구불지면 온몸이 폭신하게 잠길 것만 같다. "널찔라! 앞을 안보고 머슨 생각하노?" "아까 우떤 사람이 볼펜을 손등에 올리가 뺑뺑 돌리더라." "대잖다. 미끌미끌해가 글씨가 겡망시럽다꼬 아부지는 잘 안 쓰시니라. 학교서도 아아들 몬 갖고 댕기기 한단다."

그러고 보니 볼펜이 들어서 글씨 다 베린다는 말을 들은 것 같다. "그라모 용수철은 우짜고?" "용수철이라이? 머슨 일고?" "그라모 용수철이 몬 살난다."

"몬 살나다이? 와 자꾸 용수철로 들미이노? 우짠 일고?" "내가 가아놀다가 쎄기 땡기삐서……용수철이 불쌍타, 옴마." "차말로 온갖 기 다 불쌍타. 아아가 와 이러꼬? 우짠 일이꼬? ……뭣이든가 다 때가 있는 기다. 내삐릴 때 대모 딱 내삐리고 이지삘 때 대모 싹 이지삐야 대지 자꾸 애살로 붙이쌓아모 잘아서 몬씬다. 알아듣겄나?" "……." "사람이 무심할 때도 있어야 대는 기다." "……무심? 무심한 기 머꼬?" "애달시리 안 캐쌓고 마음을 비우고 먼산 보드끼 편안하이 하는 거 아이가. 하나부터 열까지 다 정붙이모 사람이 애가 달아가 하리하리 우찌 살겄노 말다."

95
구리 삼거리

짐을 부린 가대기꾼들이 우르르 비탈길을 오른다. 몇은 가리늦가 떠메고 버겁게 내려온다. 몇 차례 뛰다시피 오르내리는 사이 뒤처졌나 보다. 그 중 한 사람은 호섭이 헤이를 닮았다. 그만한 낫세에 그만한 덩치다. 다부진 윗몸이 푸대 자루에 바짝 눌린 탓인지 치킨 머리가 꺾어 붙인 듯 당돌해 보인다. 퉁퉁한 얼굴에 콧등이 낮고 입소리가 부푼 듯 툽툽하다. 한쪽으로 흘러내린 목수건으로 이마의 땀을 훔치며 길섶에 비켜 선 나를 힐끗 본다. 두리두리한 눈이 의외로 맑아서 눈길이 절로 끌린다. 나는 엉거주춤 몸을 틀어 등짐에 눌린 뒷모양을 보고 섰다. "쯧. 안주 에린 아아가 욕본다." 어무이가 안쓰러운 얼굴로 물끄러미 바라보신다.

"에린 나이에 부모 벵수발하고 동생들 미이 살리는 아아들이 쌨다. 우떤 아아는 돈 모아가 중학교 간다꼬 넘으 집 꼴머슴도 살고……." 나는 그 두리두리한 눈에 비치던 기운에 골몰했다. 샘물……파르스름한 살얼음이 깔린 샘물? 쩡

쩡한 겨울의 하늘? 그 눈빛은 맑고도 서늘했다. 아니면 그저 먼산 보듯 쳐다보는 눈? 초점이 없는 소의 눈? 그 눈빛은 서늘하고도 헛헛했다. 어스름 안개에 가려진 듯 눈앞이 얼풋하다. 또 한 번 보려고 두리번거렸으나 울러멘 푸대 자루들이 뒤엉겨서 누가 누군지 종잡을 수가 없다.

오르내리는 발길이 번잡하건만 주위는 고요하다. 생각에 빠진 나머지 내 귀가 잠시 닫혔었나 보다. 어무이가 또 뭐라 중얼거리신 듯하다. 뒤늦게 말 기미를 채고 머리를 들자 어무이가 내 팔을 당기며 발걸음을 떼신다. 이끌리는 몸을 가누며 나는 가는귀먹은 사람처럼 눈살을 모았다. 가대기꾼들은 시끌벅적거릴 법도 하건만 조용하다. 하긴 그러기에는 너무 바삐 오르내린다. 울컥울컥 스치는 그림자 같다. 발걸음에 자갈 쓸리는 소리와 거친 숨소리뿐이다.

가데이 앞의 볼펜 남자도 말없이 버티고 섰다. 양팔을 쭉 내리 벋친 채 판때이를 아랫배에 세워 붙였다. 하얀 볼펜은 안 보인다. 나는 가까스로 발을 떼다 멎고 또 떼시는 어무이의 치맛자락에 바짝 붙었다. 잠시 뒤에는 그럴 필요가 없는 것이, 펑퍼졌던 가대기꾼들이 오른편으로 쏠려서 어무이와 내가 오르는 왼편이 널널해졌다. 그러기에는 길 폭이 만만찮은데도 한쪽을 내주고 오르내리는 가대기꾼들이 서로 맞닥쳐 주춤거린다. "일꾼들 불편타, 퍼뜩 올라가자."

구리 삼거리에 올라서자 널찍한 신작로가 펼쳐진다. 갓길에 우뚝한 트럭 하나가 부릉거린다. 뒤꽁무니에 가대기꾼들이 일개미처럼 줄지어 달붙었다. 뒷등 아래로 내려다보이는 쇠전은 여전히 넘실댄다. 왼편의 가실재 쪽으로 보따리를 인 아지매들이 느릿느릿 걸어간다. 잡기놀이를 하는지 꼬매이들이 희고 검은 치마폭 사이로 맴을 돌며 깐죽거린다. 갓길에 보따리를 내려놓은 아지매는 똥을 뉘이나 보다. 등 돌린 아아의 다리 가랑이를 벌려 안고 엉거주춤 섰다. 맨 뒤에 처져 걷는 아지매의 뒷등에는 노란 베모자를 쓴 젖미이가 깡내이 꾸리미처럼 달붙었다. 아지매들은 저렇듯 이고 업고 걸리며 긴 꽁치고갯길을 타려나 보다. 똥 싼 아아가 발간 궁디이를 드러낸 채 뒤뚱뒤뚱 걸어간다.

멀리 떡갈나무와 물푸레나무가 어우러진 수풀 속에 구불텅한 꽁치고갯길이 얼비친다. 푸른 바탕에다 연하게 찍어 넣은 속긋 같다. 신작로 갓길에 올라선 어무이의 눈길도 그쪽을 향했다. 나는 아예 손가리개를 하고 더듬었다. 산길은 수풀 위쪽의 민둥한 산허리를 타고 오르며 곱돌로 응땐 것처럼 또렷해진다. 누군가 저 산길로 얍새이를 몰고 돈사러 오거나 서툰 발씨에 아등바등 뻗대는 새앵키를 몰았을 것이다. 또 누군가는 바작대이로 길을 트며 탄탄한 장작단을 지고 오거나 몇 뎃박 쌀팔아 지겟다리에 달고 설렁거렸을 것이다. 그때 흥얼거리는 콧노래를 따라 깔깔한 삽깨이와 수군포도 번쩍였을 것이다. "아이고오. 올매나 넘어댕깄는고 똑하이 빤댓돌 닳드끼 댔다."

꽁치고갯길은 산 너머 가실로 가는 길이다. 가실을 지나 함안으로 또 더 멀리 의령까지 오가는 길이다. 어무이 말마따나, 누군가는 건달농사 따위 팽개치고 타관으로 뜨고 또 누군가는 빚두루메이로 거덜 난 도회지 살림을 접고 알음알음 동네 품에 안겼을 길이다. 누군가는 수절 끝에 팔자에 없는 후살이하러 가고 또 누군가는 고단한 드난살이나 운 좋은 담살이 연분을 잡아 안침진 두멧골에 스몄을 길이다. 누군가는 가실내이 장리쌀에 나락쭉디이나 날리고, 누군가는 노름빚에 얼렁뚱땅 떼거지 식솔들을 흩어버리고, 또 누군가는 묵은빚 땡빚에 쫓겨 들새경 날새경 다 떨고, 그렇게 홀로 허위허위 걸었을 얼치기 인생길이다. 그때, 누더기 길목버선을 말리거나 짚으로 감발을 치며 사람들은 무슨 생각을 하였을까?

저 산길은 언제 생겼을까? 저 산길은 언제까지 살아 있을까? 사람의 발길에 트였으니 사람의 발길이 끊길 때까지만 꿈틀거릴까? 사람의 발길이 끊긴 뒤에는 저 산길이 어찌될까? 가다 서서 한숨짓고 오다 앉아 눈물짓는 사람들이 다 사라지고 나면 저 산길은 휑한 바람길이 될까? 이승에서 진 생빚에 터덕거리는 삶 까짓것 내동댕이치고 나면 저 산길은 후지고 막다른 안침에 겨워 서럽게 푸르른 하늘길이나 될까?

그런데, 그 개미모티이 여자는 어찌되었을까? 때꺼리도 없는 살림에 진절미가 난 그 여자는 지금 배불리 먹고살까? 흰쌀밥에 달걀도 비벼 먹고 쇠고깃국도 풍덩풍덩 말아 먹을까? 돈을 많이 벌어서 비로도 치마저고리와 빨간 핸드백에 대절 택시를 타고 부르릉 돌아올까? 신작로에 멈춰 선 트럭 한 대가 푸대 자루를 가득 실은 채 부릉거린다. 그새 빈 트럭이 빠지고 또 다른 차가 왔나 보다. 장터와 신작로와의 사이에 걸쳐진 비탈길은 텅 비었다. 가데이 주위에 쪼그려 앉아 쉬던 일꾼들이 가팔매 진 길둑을 잡고 우르르 올라간다. 트럭 꽁무니로 내뿜긴 시커먼 연기가 눈앞을 가린다. 짐자전차들이 자갈돌에 덜커덕거리며 빠르게 지나간다.

짐을 산더미처럼 실은 트럭이 느릿느릿 지나간다. 뿌연 먼지가 훅훅하다. 푸대 자루를 실은 트럭보다 족히 갑절은 크다. 덮어씌운 파란 갑바 끝자락이 비어져 펄럭거린다. 커다란 바꾸가 줄줄이 달렸는데 뒷바꾸가 한쪽에 두 짝이다. 한 짝에 두 개씩 붙었고 또 허리께에 하나를 더 찼으니 앞바꾸 둘이랑 쳐서 딱 열한 개다. 어무이를 썩 앞질러 걷던 나는 문득 뒤돌아서서 외쳤다. "우와, 바꾸가 열한 개다!" "아이구 놀래라. 차 발통은 만다 세노, 조심시리 가자."

96
뿔레이 껌

어무이는 머리에 인 보따리를 내려서 가슴에 꼬옥 품고 걸으신다. 트럭을 앞질러 커다란 버스가 지나간다. 먼지를 덮어쓴 차창으로 빼곡한 사람들의 윤곽이 보인다. 그 뒤를 바짝 따르던 마이크로버스가 가로수 그늘을 뭉개며 우뚝 섰다.

덜커덩 문은 열렸건만 내리는 사람도 타는 사람도 없다. 버스 안이 텅 비었다. 빨간 빵모자를 쓴 여차장이 문짝에 기대서서 껌을 씹고 있다. 내가 멀뚱히 바라보자 보란 듯 코밑이 불룩해진다. 부풀다가 터진 껌 뽈레이가 입속으로 사라지고 잠깐 멎었던 턱이 다시 옴찔거린다. 작고 도톰한 입에다 빤 턱이라 입놀림이 벨시리 야단스럽다. 난닝구 바람의 운전수가 차창 턱에 팔을 올린 채 담배를 피우고 있다. 가끔씩 팔을 내밀어 담뱃재를 떨어낼 뿐 얼굴은 보이지 않는다.

여차장이 보따리를 안고 지나가는 어무이와 멈칫 선 나를 번갈아 살핀다. 문득 주걱턱을 굳히고 얼굴빛을 바로잡는다. 멀어지는 어무이와 나와의 거리를 재는 듯도 하고 무언가를 찾는 듯도 하다. 잡힐 듯 말 듯한 가리사니에 꽂힌 걸까? 웃는 듯도 하고 화가 난 듯도 하다. 껌 뽈레이가 부풀다가 톡 터지더니 다시금 입속으로 빨려든다. 턱이 멎고 또 빠르게 움직이기를 반복한다. 빵모자 아래로 작은 두 눈이 반짝인다. 가로 찢긴데다가 살짝 치켜진 눈꼬리인데 가는눈을 한 건지 원래 작은 눈인지 알 수가 없다. 눈두부리가 불룩하니 부로 가는눈을 한 것 같기도 하다. 작은 입에 오똑한 콧대가 기름하고 미간이 떠서 얼굴 전체가 묘한 느낌이다. 눈가에 띤 눈그늘이 불안스레 흔들린다. 그 눈길은 내 쪽을 향했건만 딱히 나를 살피는 것은 아니다. 물끄러미 보고 있지만 속눈빛이 그저 감감하다. 여차장은 지금 먼 곳을 바라고 있는 것이다. 아득한 속눈바라기에 길도 버스도 또한 멀뚱멀뚱 쳐다보는 나도 잠겨버렸나 보다.

먼 곳을 바라는 눈빛은 단박에 표가 나지는 않지만 빛깔이 다르다. 자세히 살펴야 보인다. 보이지 않는 먼 곳을 향하는 속눈은 불그레한 그늘이나 파르스레한 그늘을 띠운다. 불그스름한 그늘은 울음기를 머금고 파르스름한 그늘에는 웃음기가 어른거린다. 멀리 바라는 눈은 초점이 없다. 먼 곳을 향하는 눈빛은 빛나면서도 그윽하고 또 깊숙하면서도 투명하다. 아득한 곳에 닿은 시선은 가끔 불안스레 흔들린다. 사람들은 왜 먼 곳을 볼까? 거기에 무엇을 두고 왔을까? 거기서 무얼 잃어버렸을까? 아니면, 가보지도 않은 곳을 향해 달려가는 걸까? 무엇을 챙겨서 미리 그곳까지 갈까? 무엇에 이끌려 거기까지 가서 두리번거릴까?

먼 곳에는 소리가 흐르지 않는다. 야릇한 빛깔만이 눈앞에 펼쳐진 윤곽을 잇대거나 뭉개며 멋대로 나뒹군다. 바람조차도 빛 너울인 양 잠시 흔들리다가 내처 풀어지거나 굳어버린다. 그래서 먼 곳은 너무 희미하여 부드럽거나 또한 너무나 또렷하여 딱갑다. 먼 곳을 바라는 사람들도 먼산바라기에 잠긴 그 순간만큼은 먼지처럼 부픗해지거나 진흙처럼 굳어버린다.

다시 하얀 뿔레이가 얼굴을 다 가릴 듯 부풀더니 툭 터져버린다. 터뜨려진 껌 뿔레이가 얼굴에 허옇게 달라붙었다. 입 가아새와 코까지 덮였건만 여차장은 그대로 문짝에 머리를 붙인 채 가만하다. 밀가루를 덮어쓴 인형 같다. 따글따글한……슬픈……진흙 인형. 아, 진흙 인형이 깨어났나 보다. 진흙 인형의 눈길이 내 눈길과 마주쳤다.

여차장이 손끄티이로 얼굴에 붙은 껌을 걷어 잽싸게 입안에 넣는다. 초점을 되찾은 눈이 내 눈길을 피해 두어 번 먼산눈질을 하더니 주위를 뚤레거린다. 마이크로버스가 헛바퀴를 돌리듯 힘차게 부릉거린다. 여차장은 여전히 버스 문짝에 붙박이처럼 기대섰다. 띠운 눈그늘이 길쭉한 뽀뿌라 그늘에 겹쳐서 불그레한 빛인지 파르스레한 빛인지 헛갈린다. 하긴 그늘에 가려지지 않았더라도 내 눈에는 잘 보이지 않을 것이다. 입꼬리를 보면 어림잡을 수 있으련만 두툼해진 입을 하도 빠르게 놀리는 통에 내 입만 덩달아 움찔거릴 뿐이다.

비록 보이지는 않을지라도 파르스름한 빛깔이기를 나는 바랐다. 나는 또 한참을 쳐다보았으므로 퍽 가찹게 느껴져서, 몸을 곧추세우고 마주한 채 하얀 껌 뿔레이가 또 한 번 부풀기를 기다렸다. 여차장은 분명 나를 위해 하얀 껌 뿔레이를 부풀려 줄 것이다. 커다랗게 부풀린 껌 뿔레이가 툭 터지면 하얗게 덮인 얼굴로 활짝 웃어줄 것이다. 여차장은 그러나 빤히 쳐다보는 나를 알은체하기는커녕 열심히 풍선껌만 감빤다. 등을 홱 돌리며 버스 문짝을 두어 번 거세게 친다.

운전수가 피우던 담배를 탁, 튀긴다. 버스가 시커먼 연기를 내품으며 부르릉 달려간다. 파란 세발자동차 하나가 요란하게 덜컹거리며 뒤따라간다. 자갈돌이 튀고 먼지더미가 왈칵 밀려든다. 뿌연 먼지가 내 몸을 휘감더니 길 건너편의 긴 담베락 쪽으로 몰린다. 나는 뒤늦게 몸을 움츠렸다. 코를 마쿤고 섰건만 두 눈이 스멀거린다.

97
피리소리

풍긴 먼지가 사그라진 하늘 한쪽이 어느 새 씻긴 듯이 푸르르다. 길바닥에 나동그라진 담배꽁초가 파르스름한 연기를 피운다. 곧게 피던 연기가 옆쪽으로 길쭉하게 휘어지며 엷게 퍼진다. 그 앞에 쪼그려 앉으려던 나는 덩치 큰 아이들이 우르르 몰려오는 통에 도로 허리를 폈다. 떠밀리듯 길갓집의 베름박 쪽으로 붙자 옆구리에 넓적한 화판을 낀 아이들이 와자지껄 지나간다. 그 중 키가 작은 아이가 고개를 힐끗 돌려서 나를 본다. 그 순간, 함께 걷던 키 큰 아이가 뒤돌아보는 아이의 뒤통수에 알밤을 야무지게 먹이고는 재빠르게 팔을 거둔다. 움찔거리기가 무섭게, 맞은 아이는 소리를 팩 내지르며 화판을 번쩍 치킨다. 그러나 알밤을 먹인 아이도, 깔깔거리는 다른 아이들도 멀찌가니 떨어져버려서 혼자 뺄쭘하다.

키 작은 아이는 엉거주춤 화판을 내리고 궁싯거리다가 뒤따라간다. 고개를 꺾고 맥없이 걷는 걸 보니 팩했던 마음이 가라앉은 것 같지는 않다. 짧게 밀어 올린 뒷머리가 뽀얗다. 등짝에 붙은 빨간 가죽가방이 덜렁거린다. 길 건너편에 벋은 학교 담베락의 너머에서 힘찬 목청이 터져 오른다. 멀찍이 어무이가 내 쪽을 보고 서 계신다. 나는 종종걸음을 쳤다. 술렁이는 활기에 덩달아 발걸음이 뜬다. 자갈돌을 디딜 때마다 미끌리는 발바닥이 욱신욱신하다.

길을 건너는 아이들이 떼를 지었다. 부르릉 트럭이 다가오면 무더기로 섰고 부릉부릉 버스가 지나가면 먼지더미를 헤치며 건넌다. 건너편 담베락에서 이쪽으로 또 이쪽 점빵 앞에서 저편으로 우르르 몰려서 오간다. 깔깔거리며 달려오다가 뒷걸음질로 걷기도 하고 되돌아서 뛰다가는 길가에 쪼그리기도 한다. 한 아이는 허리를 잔뜩 꺾어 머리를 두 다리 사이에 끼고서 뭐라 소리치며 깐죽거린다. 둘러멘 가방이 머리 아래로 흘러내린다. 짐자전차들이 요란하게 손종을 울리며 아슬아슬 지나간다.

길갓집들이 길바닥보다 조금씩 낮아진다. 찐빵집 두엇이 텅 비었다. 먼지를 덮어쓴 창유리의 안쪽에 하얀 찐빵들이 봉긋봉긋하다. 포개어 세운 덧문이 번쩍이며 은빛 무늬를 날린다. 깔깔한 함석을 새로 입혔나 보다. 그 앞에 아이들 몇이 둘러앉았다. 점빵들 사이의 베륵박에는 뜯긴 영화 포스터와 빛바랜 벽보가 너덜거린다. 점빵 안벽에는 화려한 그림때기와 울긋불긋한 뺄레이가 주렁주렁 겹쳐 걸렸다. 나는 주우 갬치서 오 원짜리 종이돈을 꺼내려다가 그만두었다. 십 원짜리가 든 사쓰 윗갬치에도 손을 찔렀다가 빈손만 빼어버렸다.

밋밋한 손맛에 내 손이 남의 살처럼 얼얼하다. 생각이 절로 오 보태기 십은 십오라고 중얼거린다. 생각이 절로 빠득한 종이돈이 아니라 쎄돈이라면……하고 주절거린다. 생각은 또 송아지 한 마리가 만 원이라고 투덜댄다. 멋대로 울적해진 마음이 번득이는 창유리 쪽으로 미끄러진다. 만화방 문짝 앞에 게딱지처럼 붙어선 아이들이 욱시글거린다. 어디선가 구수한 풀빵 냄새가 난다. 간판을 덩그렇게 올린 기와지붕이 퍽 낮아서 납작 눌린 듯하다. 아이들 두엇이 풀빵을 먹으며 지나간다. 몇은 큼직한 국화빵을 입에 문 채 눈쌈을 하듯 마주보고 섰다. 얼굴이 뽀얗고 매끄롬한 아이가 혼자 탈래탈래 걸어온다.

베신의 여푼데이가 번쩍거린다. 희고 긴 다비목다리가 초때뻬를 다 가렸다. 한손에는 하늘색 끈주무이를 들었고 또 한손에는 빨간 깃털이 여럿 달린 뿔레이 피리를 쥐었다. 나는 걸음을 멈추었다. 키가 아까 꿀밤 먹은 아이보다 작고 나보다도 더 작다. 나를 말똥말똥 쳐다보더니 보란 듯 뿔레이 피리를 입에 물며 다가온다. 어깨를 으쓱거리며 노란 뿔레이를 불룩하게 부풀린다. 그러고 지나갔다. 뭔가 싸한 기운이 함께 스쳤다. 뒤따라 몸을 돌리자마자 삐이이이! 소리가 날아든다. 뿔레이 피리소리는 삽상한 해띠이 소리보다 가늘고 높다. 삐이이이. 삐이이……. 뿔레이 피리소리는 재그랍다. 짜증난다. 쳇, 피리마 불모 다가?

버럭 짜증이 난 것은 뿔레이 피리 때문만이 아니다. 얼굴이 뽀얀 아이는 키가 작아도 학교엘 가나 보다. 번쩍이는 베신을 신고, 목이 긴 다비를 신고, 깔삼한 갈색 가죽가방도 메고, 또 저렇게 뿔레이 피리를 불면서 학교엘 다니나 보다. 나도 내 동무들도 하나같이 얼굴이 거무튀튀한데 저 아이는 참 뽀얗다. 암만캐도 노릇노릇한 국화빵은 안 먹고 하얀 아이스크림을 먹나 보다. 아이스크림을 사먹지 않은 게 후회가 된다. 힘차게 그 유리문을 밀었어야 했다. 새꼴시럽다고 깔깔거리거나 말거나 십 원짜리 종이돈을 불쑥 내밀었어야 옳았다. 창피 당할까 싶어 꿀린 게 잘못이다. 게다가 꼬푸 따위에 겁를 먹다니. 지레 겁먹고 도망치면 똑 꿈속까지 따라온다. 저번에 현우즈그 집 바깥마당에 세워 둔 짚동을 넘어뜨렸을 때도 그랬다.

실은 넘어뜨린 게 아니라 삐뚜름히 댄 옆 지짓대가 다리에 걸려 제쳐지는 바람에 절로 넘어진 것이다. 어쨌든……내 다리에 걸렸으니 내 책임인가? 나도 짚동 지짓대에 걸려 엎어졌으니 지짓대 책임인가? 현우는 옆에 없었다. 두근이도 없었다. 화들짝 놀라 도망친 그날 밤, 벌게진 짚동이 꿈속까지 쫓아왔다. 산더미처럼 부퍼서 아가리가 채소구리보다 컸었다. 옆에 선 현우는 몽돌을 쥔 채 멀뚱멀뚱 쳐다만 보았다. 두근이가 먼발치서 심각한 표정으로, 네 책임이야! 하고 중얼거렸다. 그러자 책임과 짚동이, 짚동과 책임이 엇갈리더니……책임이……커다란 바다 뻘래이처럼 아가리를 쩌억 벌리며 한입에 삼킬 듯이 덤벼들었다. 세상에……튀어나올 듯한 툭눈을 부릅뜨고 칼날 같은 등지느러미를 꼿꼿이 세운 채 웈대기는 책임이라니!

삐이이. 삐이……. 갈색 가죽가방이 멀어져간다. 저 아이는 꿀리지 않을 듯하다. 혼자 걷는 뒷모습이 당당해 보인다. 당찬 아이가 아니라면 내카마 키도 작은 게 학교에 다닐 리가 없다. 꿈에 나타난다면……아마도 저 아이의 모습으로 바뀐 나를 볼 것만 같다. 그러면 내가 다부 번쩍거리고 저 아이가 꾀죄해져서 입을 헤벌리고 날 쳐다보게 될까? 혹시, 번쩍이는 모습을 헤벌레 쳐다보는 지금의 내 모습 그대로 일까? 그도 아니면 둘 다 꾀죄해져서 번쩍이는 다른 아이를 쳐다보거나 둘 다 번쩍거리며 서로를 마주보고 활짝 웃을까? 쳇! 이나저나 마찬가지다. 깨고 나면 찜찜할 터이니 다를 게 없다. 깨고 나면 책임과 짚동처럼 잠시 헷갈리다가 저 아이는 저 아이고 나는 나일 테니 변할 것도 없는 것이다.

삐이. 삐……. 피리소리는 그나마 들리건만 갈색 가죽가방은 보이지 않는다. ……그렇다고 해도 그게 더 나을지도 모른다. 만약 꾀죄한 내가 번쩍이는 나를 보거나 번쩍이는 내가 꾀죄한 나를 보게 된다면 끔찍하다. 아이스크림 꿈속에서처럼 내가 나를 지켜보며 속앓이를 하거나 겁먹고 질리는 일이 없었으면 좋겠다. 내가 둘이라니. 세상에, 내가 둘로 쪼개지다니! 서슬진 책임이 덤벼드는 것보다 더 험하다. 생각만 해도 서느리하다. 희미해진 피리소리에 귀를 모으고 섰으려니 여자애들이 재잘거리며 지나간다. 무리무리 깔깔거리며 연거푸 또 지나간다. 나를 부르는 어무이의 목소리가 들린다. 갓길에서 낮추 잡힌 길갓집 끝사리의 점빵 쪽이다.

98
국화빵

손짓하는 어무이의 옆쪽에 시커먼 빵틀을 돌려 뒤집는 할배가 보인다. 할배는 큰소리로 껄껄 웃고 있다. 미영 동저고리에 받쳐서 입은 검정색 조끼 탓인지 덥수룩이 자란 중머리가 유달시리 희다. 내가 갓길에서 내려설 때까지도, 열기가 홧홧 끼치는 도라무깡 화덕에 다가설 때까지도, 또 어무이한테 불룩한 봉다리를 받아들고 엉거주춤 섰을 때까지도 풀빵장사 할배의 걸쭉한 웃음소리는 그치지 않는다. 웃을 때마다 입을 크게 벌려서 입안이 다 드러난다. 안쪽 어금니의 누런 금이빨이 번쩍인다. 가끔씩 말소리가 쩝쩝거리니 금니가 아니라 틀니인지도 모르겠다.

종이 봉다리가 뜨끈뜨끈하다. 나는 국화빵 한 개를 꺼내어 후후거리며 베물었다. 흘러내리는 앙코를 핥으며 하나를 다 먹을 때까지도, 멀뚱히 섰다가 또 하나를 더 먹어치울 때까지도 어무이와 할배가 주고받는 이야기는 쉼 없이 이어진다. 끝날 기미가 없다. 갓길에서 썩 낮추 잡힌 데라 쪼그려 앉기도 머석하다. 나는 실금실금 신작로 위로 올라섰다. 아이들이 뜸해진 길이 가라앉았다. 신작로 건너편에 모로 튼 교문이 보인다. 좁은 골목 입구에서 바라진 비탈 위에 우람하게 얹혔다. 커다란 은빛 쇠문짝이 활짝 열렸다. 교문의 한쪽 기둥 위에 붙은 갓등이 썩 도드라졌다. 반성국민학교다.

한 무디이 아이들이 나정을 부리며 골목길로 들어간다. 교문에서 튀어나온 여자애가 재빠르게 옆을 트고 앞질러 뛴다. 한 발짝씩 우꿈거리는 양발 곱디뎌 뛰기로 달아나는 몸놀림이 산뜻하다. 주춤주춤 몸을 치키는 뜀박질에 꽁지머리가 좌우로 춤을 춘다. 학교 담베락과 초가집 담부랑의 사이로 난 짤따란 골목길은 곧장 들길과 이어진다. 꽁지머리는 옆 골목으로 빠지고 무리 진 아이들은 뭉친 그대로 뻥 뚫린 골목을 빠져나간다. 새끼줄처럼 휘어진 들길을 따라 채동으로 가나 보다.

우뚝한 교문 기둥의 사이로 운동장이 반쯤만 드러났다. 하얀 이층 건물의 빼곡한 창유리들이 비낀 햇살을 받아 번쩍거린다. 모로 붙은 시커먼 단층 판잣집이 키 큰 전나무에 가렸다. 가끔씩 뻥뻥 공차는 소리만 들릴 뿐 조용하다. 힘차게 솟구친 축구공이 담벡 위로 붕 떴다가는 떨어진다. 공차는 아이들은 담벡에 가려서 보이지 않는다. 신작로를 건너서 운동장 안으로 들어가 볼까 어쩔까 망설이는 사이, 노란 푸대 자루를 가득 실은 소구루마가 나타났다. 눈을 치키뜬 황소가 커다란 머리통을 수그린 채 거친 콧김을 내뿜는다. 어기대는 건지 힘이 딸리이는 건지 머리가 꺾이고 목줄때이가 뻣뻣이 당기었다. 쇠목에 꾸붓이 얹힌 멍에가 한쪽으로 쏠려서 흘러내릴 것만 같다. 캡 모자를 쓴 남자가 장틀에 걸터앉아 고삐질을 해댄다. 궁디이를 달싹거리며 데나깨나 모는 품새가 어거지로 딸려 붙인 하빠리 같다.

구루마 발통이 불거진 자갈을 타며 심하게 울컥거린다. 학교 앞에서 구리 삼거리까지의 신작로는 제법 물매가 싼데다가 깔린 자갈돌까지 꽤 굵다. 내치 저러고 가야 하다니 보기에 머어하다. 선뜻 내려서 쇠 등짝에 손이라도 얹고 나란히 걸어주면 좋으련만 남자는 푸대 자루에 등짝을 붙인 채 버티고 앉아 연신 구시렁거린다. 뒷등으로 날아드는 온갖 지청을 들으며, 또 함부로 후리는 고삐에 등짝을 맞아가며 용을 쓰는 황소가 딱하기도 하다. 어무이가 잰걸음으로 다가오신다.

"우꼼 서가 머로 그리 철보고 있노? 뜨실 때 묵지 와?" "옴마. 저 사람이 구루마서 내리다 안하고 자꾸 황소한테 욕마 한다." "소가 꾀씨까이 그라는 갑다." "꾀로 씨?" "하모. 꾀부리는 소도 있니라." "소가?" "소도 사람을 닮아가 여러 질 아이가. 주인이 깨엘받으모 소도 깨엘받고 주인이 잔머리로 씨쌓아모 소도 고마 꾀로 부리니라." "그라모 저 황소는?" "글캐. 짐도 엔가이 실었그마는 그래도 사부작사부작 잘 가네." "옴마. 황소가 불쌍타." "말 몬하는 짐승이 불쌍타만서도 그리 태이난 거로 우짜겄노. 그래도 세상에 태인 거는 다 지끼미 지대로 따릴 질수가 있고 요량이 있니라. ……소구루마 철본다꼬 빵도 묵다 안했는가배에? 따땃할 때 무우라." "아까 두 개 묵고 언자 다섯 개 남았다." "새미실이서 이사 온 할배 아이가. 부자 할배다. 논밭때이로 말큰 다 이집 저집에 부치 무라꼬 도지로 떼 주고 난께네 그리 편타 안 쿠시나. 지내갈 때마다 드다본다꼬 똑 더 언지 주고 그란다."

"옴마. 아까 본께네에, 내카마 키도 쪼깬 아아가 가더라." "세사, 할배가 일키나 마이 준다아." "다비목다리가 엄청시리 길더라. 물팡꺼정 다 덮고……." "퍼뜩 무우라, 식겄다." "가죽가방도 멨더라, 베신도 억수로 삐까삐까하고." "니도 학교 가모 옴마가 사주꺼 아이가." "내카마 쪼깬 기 학교로 우찌 대이노오?" "쪼깬해도 나가 댔인께네 댕기는 거 아이가." "내도 고마 대이끼다. 새미실이 할배가 학교 댕기도 대겄다 쿠더라." "으이? 온제?" "아까전에." "아까전이라이? 국화빵 줌시로?" "말고. 아까 구두재이 할배가." "……차말로, 그리키나 가고 접으까?" 어무이는 보따리를 머리에 이신다. "내년에 창섭이캉 항꾸네 가끼다." "하이고오. 천암서도 안 대겄네. 시이모 시이는 대로 안하고 와 돼지 발톱멘키로 어긋나꼬?"

"우째보꼬오?" 어무이가 길을 잡으시며 나직이 중얼거리신다. 속앓이하던 눈앞이 탁 트인다. 어무이가 혼잣말로, 우째보꼬? 하시면 그게 될 수도 있다는 뜻이다. 아니라면 모똑잖은 목소리로 대뜸, 니 요량대로 하라모! 하고 웨셨을 것이다. 불쑥 새미실이 할배를 들먹이길 잘했다. "머리는 한다안 우우 아아들 못잖다마는 할아부지가 멀 쿠실란고……." "새미실이가 오데고오?" 나는 좀 들떠서 별로 궁금하지도 않은 것을 급히 물었다. 기껏 트인 눈앞이 도로 깜깜해질 것만 같아 조마조마했기 때문이다. "암만캐도……." 나는 불안한 나머지 어무이의 말을 자르며 거듭 물었다. "옴마. 새미실이!" 뜬금없이 커진 내 목청에 어무이는 방긋 웃으신다. "저짜아 진성에 가모 천곡리라꼬 있다. 모장골 진성 할매 친정이 그 동네 아이가." 어무이는 보따리를 머리에 올리신다. 부풋한 보따리가 춤추듯 떠간다. 마음이 놓인 나는 내친 김에 또 물었다.

"그 할배가 우리 할아부지로 우찌 아노?" "누? 점빵 할배?" "그 할배 말고 구두재이 할배." "구두재이 할배라이?" "아까 안 쿠더나, 안길 골목에 구두재이 할배. 할아부지한테 안부 삶아라 쿠더라." "거어 구겡했더나? 눈고? 예전에 할아부지 출타 때 모시고 댕긴다꼬 집에 들락거리던 사람인가?" "할아부지로 모시던 사람? 종?" "아이가, 요새 세상에 그런 기 있는가. 할아부지는 인정이 많애시서 따리는 사람이 많니라. 할무이는 살림 뜯어묵는……살림 축낸다꼬 안좋다 쿠시고. 살림은 축이 나도 인심은 안 잃었다마는……. 온재년에 머슴들 뎃고 말미골에 도지 받으로 가싰는데, 소작인이 덕석에 붙은 나락을 씰어 담음시로 울어싼께네 고마 빈 지게로 오싰다 안 쿠더나. 하기사 흉년 들모 반타작이라 도지 받으로 댕기는 것도 몬할 짓이다마는……."

신작로는 멀찍이 왼쪽 산 밑을 끼고 굽이지다가 탁 트인 오른쪽 들판 속으로 까마득 멀어진다. 꼬푸 이야기를 자세히 안 하길 잘했다. 꿈 이야기를 기시길 잘했다. 만약 어무이가 그 이야기를 듣고서, 꼬푸를 먹을 줄 알아야 학교엘 간다고 하셨다면 나는 포기할 수밖에 없을 것 같다. 오줌은 발끄티이에 힘을 모아 누를 수 있지만, 꼬푸는……그 몸속을 찔러대는 꼬푸는 끔찍하다. 꼬푸는 비밀이다. 볼우물도 비밀이다. 국화빵은 꼬푸가 없다. 꼬푸가 딸리지 않은 둥그런 국화빵이 맛있기만 하다. 나는 따땃한 국화빵을 먹으며 뒤따랐다. 그때, 어무이의 짧은 한숨소리가 내 귀에 잡혔다.

"공은 공이고 사는 사고……예전에 대궐 겉은 집에 큰살림 할 때 말이지……다달이 제사에, 줄줄이 닥치는 경조사에, 식구는 많재, 손도 오시쌓재……." 희미한 중얼거림이 연신 겹쳤다. 이럴 때라면 어무이의 옆얼굴은 어두우시다. 불현듯 둥긋한 보따리가 묵직해 보인다. 내 발걸음이 덩달아 맥없다. 어무이의 바삭거리는 치맛자락 소리가 내 몸을 비껴간다. 불안하다.

신작로가 왼쪽으로 휘어지고 길갓집들이 논으로 바뀐다. 왼쪽으로 뚫린 골짜기는 선학골이다. 좁고 긴 논때기 너머로 초가지붕 몇이 띄엄띄엄 보인다. 깊은 안침 동네는 산자락에 가려져 한쪽 가사리만 아슴아슴하다. 동네 쪽으로 이끌리는 꾸불꾸불한 외길을 버려두고 신작로는 오른쪽으로 우긋이 휘어진다. 눈앞을 가로지른 철길의 너머로 넓은 들판이 물결처럼 펼쳐졌다. 아득한 들판 속으로 성냥통 같은 자동차가 미끄러진다. 그 뒤로 발통이 껑충한 하늘색 트럭이 껄떡거리며 달려간다. 길은 또 뽀뿌라 가로수를 이끌며 어디까지든 벋어가나 보다.

99
대장간

똥메다. 선학골 들머리의 나지막한 산봉이다. 쏟아지는 햇빛 속에 쩌렁쩌렁 쇳소리가 울린다. 잔솔에 덮인 봉긋한 똥메에 다가서자 소리가 더욱 커진다. 움푹 파여 깎아지른 산비탈 밑의 대장간에서 튀어나오는 소리다. 멀찌감치 들판 안쪽으로 나앉은 고동산에 잇따라 튕긴 메아리가 귓등을 친다. 골짝으로 또 들판으로 흩어지며 자물시인다. 눈앞은 밝고 귀가 멍멍한 탓에 머리가 어찔어찔하다.

대장간 움막의 언저리에는 담부랑도 사립문도 없는 한 칸짜리 오두막이 달랑 얹혔다. 오두막 처마에서 낮추 달아낸 가데이의 지붕 밑이 휑하다. 베륵박도 문짝도 없는 저곳이 정짓간인가 보다. 처마도리에 붙당긴 가데이 지붕은 아예 짜부라져서 뜯다 만 듯 너덜거린다. 받친 나무기둥이 가늘고 삐뚜름하여 금시라도 대장간 움막 쪽으로 쓰러질 듯하다. 오두막과 움막의 사이는 비탈진 풀덤불이다. 그러니까 산비탈의 두 곳을 쪽수까락으로 감자 긁듯 파내고는 움막과 오두막을 앉혔나 보다. 불쑥 도드라진 산비탈은 짙푸른데 그 사이에 걸쳐진 짤따란 오솔길이 구름다리처럼 떠 있다.

오두막 지붕을 두른 새끼줄이 터져서 거뭇한 이엉 한쪽이 헝클어졌다. 황토벽에 달린 지게문이 밀가루를 덮어쓴 듯 뿌옇다. 대쪽으로 얽은 문살이 헛배처럼 불룩하다. 문짝 복판에 붙인 손바닥만 한 쪽유리가 햇살에 번뜩인다. 비뚜름한 쪽유리 밑 문조오에 빼꿈빼꿈 손가락 구멍이 났다. 문턱 바로 위쪽에 뚫린 걸 보니……문득, 쇳소리가 멎었다. 오두막 오른편 모티이서 꼬매이 하나가 나타난다. 터벅머리 꼬매이는 힐끗 내 쪽을 보더니 문틀 밑의 뭉텅한 댓돌에 걸터앉는다. 꾀죄한 얼굴에 엷은 미소와 불그레한 울음기를 머금었다. 나는 끌리듯 우꿈섰다. 문턱 위로 한 뼘 높이도 안 되는 문구녕이라니 역시 꼬매이가 있었다.

저 꼬매이도 방바닥에 배를 붙이고 손끄티이를 창호에 대었을 것이다. 침을 잔뜩 묻힌 집게손가락으로 창호를 누르면 실 빨려든다. 나는 문구녕으로 바깥을 본 적은 없다. 나는 바깥을 보기 위해 문구녕을 뚫은 것이 아니다. 나는 바깥으로 빨려나가는 손끄티이의 깔밋한 느낌을 즐겼을 뿐이다. 저 꼬매이는 그러나 바깥을 보기 위해 문구녕을 뚫었을 듯하다. 혹시 저도 그 바듯하고도 깔밋한 감촉을 느꼈을까?

나는 불쑥, 니 문구녕 와 뚧었노? 하고 외치려다가 그만두었다. 꼬매이와 내가 다르다는 생각이 들었기 때문이다. 왠지 저와 나는 달라야 한다는 생각이 입을 막았다. 만약 꼬매이가 나와 같은 이유로 문구녕을 뚫었다면? 그게 당연하지 않으냐는 표정으로 빤히 쳐다본다면……울컥 짜증이 날 듯하다. 꼬매이는 머리를 수그리고는 호작질하듯 손에 쥔 꼬재이를 까닥거린다. 또 쇳소리가 터진다.

소리가 다시 멎었다. 고요 속에 환청 같은 쇳소리가 일더니 깨나른히 사그라진다. 오두막 모티이서 젖미이를 업은 여자애가 걸어 나온다. 검정 두디이에 감싸인 얼라아의 몽실한 머리가 희다. 아이를 치키며 들판 쪽을 바라보는 여자애의 옆모습이 꾸부정하다. 흘러내린 머리카락에 가려서 얼굴이 안 보인다. 쇳소리가 또 거푸 꽝꽝거리자 여자애는 뒤로 낀 깍짓손을 보이며 집 모티이로 사라진다. 나는 두어 발짝 걷다 말고 대장간 움막을 마주한 채 아예 길섶에 달붙었다.

위쪽을 트고 나직하게 돌린 황토벽에 햇살이 부서진다. 자루를 끼지 않은 낫날들이 가지런히 포개져 묶였고 고매 이파리 같은 호메이들이 잔뜩 널브러졌다. 검정 당세이에는 둥근 문고리들이 수북하게 쌓였다. 앞이 트인 움막의 복판에 둥긋한 화덕이 멧등처럼 불거졌다. 황토 화덕 아가리 속에 이글거리는 불덩이가 가끔씩 길쭉한 혓바닥을 내민다. 옆쪽에 둘러친 거적때이 틈새로 푸른 연기와 수증기가 빠져나온다. 벌겋게 달궈진 낫날이 집게 끝에 물려 물통에 잠기며 치익 칙, 소리를 낸다. 커다란 모리에 낫날을 눕히고 뭉뚱한 쎄메로 내려치는 남자의 몸짓이 느릿하면서도 다구지다. 쩌렁쩌렁한 쇳소리가 환한 햇빛 속으로 퍼져나간다.

댓돌에 앉았던 꼬매이가 보이지 않는다. 지나치려다가 기척에 고개를 돌려보니 여자애가 오두막 오른편의 산비알 밑에 섰다. 옆쪽에 작은 은사시나무 한 쌍이 나란히 다붙었다. 푸르른 잎가지가 흔들린다. 손바닥 같은 이파리들이 바람결에 뒤집히며 은빛을 뿌려댄다. 뒷머리를 짧게 깎아 올린 탓에 여자애의 단발머리가 모자를 덮어쓴 듯 우스꽝스럽다. 쇳소리가 나거나 말거나 젖미이는 잘 자나 보다. 여자애의 얼굴이 창백하고 눈빛이 쌍그렇다. 그 눈길은 멀찍한 건널목 쪽을 향하고 있다. 오두막 옆 장독 앞에 주저앉은 꼬매이가 상그란 눈으로 또 내 쪽을 쳐다본다. 내처 감싸 안은 무릎에 얼굴을 묻는다. 모은 다리를 깍짓손으로 다잡은 채 한참을 그대로더니 번쩍 고개를 든다. 나는 흠칫했다.

까치집 머리에 마른버짐이 핀 무표정한 얼굴인데 눈씨만은 아까와는 달리 문구녕에 황소바람 스미듯 맵다. 쑥쑥은 검정색 웃도리는 소매를 자르고 에리를 뜯어낸 중학생 동복 같다. 쪽매처럼 누덕누덕 덧대어 기운 데가 또렷하다. 나는 또 한 번 흠칫거리며 손에 쥔 봉다리를 내려다보았다. 꼬매이의 눈길이 꽂히는 데가 내 얼굴이 아니라 국화빵 봉다리라는 것을 알아챘기 때문이다. 그리고 한순간 기이한 느낌에 잡혔다. 그 바라는 눈매가 추접지 않았던 탓이다. 내 손에 들린 먹거리를 바라는 눈길이 추접기는커녕 당당하기조차 했다. 그 바람에 국화빵 봉다리를 쥔 손아귀에 나도 모르게 불끈 힘이 갔다.

눈빛에 배어나는 소리가 있다. 내 동무들도, 또한 나도, 눈빛을 타고 오가는 그 소리를 느끼면 그저 말이 없어진다. 뱃속을 꼬르륵 울리는 소리는 뱃심으로 막을 수 있고 목구멍에 침 넘기는 소리는 입안을 말리면 감출 수 있다. 그러나 눈빛을 타고 오가는 소리는 가려지지 않는다. 알심이 알심을 부르고 겹치며 도리 없이 미끄러지는 것이다. 그 소리는 멀리서도 들린다. 고요 속에서도 들리고 소란 속에서도 들린다. 그 소리는 하늘에서도 땅에서도 들린다. 그 난감한 소리는 빛을 타고 흐른다. 듣지 않아도 안에서 비치고 보지 않아도 밖에서 반짝인다.

배가 고프거나 말거나 먹거리를 쳐다보는 눈빛은 그윽하다. 자기가 먹고 싶은 것을 먹는 다른 아이를 바라보는 얼굴은 울적하다. 그 손에 절로 눈이 가고 그 입에 절로 군침이 돈다. 부랑한 것들은 다짜고짜 덤비고 뺏어먹지만 대개는 씨슥하이 힐끗대거나 찌웃거린다. 보다 말다 불안스레 딴전을 피우거나 생각에 빠진 듯 속눈만 껌벅거리는 아이도 있다. 아예 표정 없이 민짜 탈처럼 헛헛이 뜬 아이도 가끔 있다.

지금 나를, 아니 내 손에 들린 빵 봉다리를 바라보는 꼬매이의 눈빛은 그러나 쏘는 듯이 맵다. 더럭 짜증이 난다. 나는 도망치듯 잰걸음을 놓았다. 그러나 실은 도망칠 곳이란 없다. 도망치면 꿈속까지 따라온다. 짚동처럼, 또 까자 꼬푸처럼 아예 꿈에 먼저 가서 도사릴 것이다. 그때는 지금처럼 저리 동그맣게 앉았지만은 않을 것이다. 짚동과 까자 꼬푸가 그러했듯 한껏 부풀고 비틀린 꼴로,

너 왔구나! 하고 덤빌 것이다.

나는 그 꿈속에서 소리를 지르며 안간힘으로 버둥거렸지만 내가 내는 소리는 누구도 듣지 못했다. 소리는 꿈의 바깥으로 빠져나가지 못한다. 소리는 질긴 끄내끼처럼 내 몸을 친친 감았다. 소리는 점점 거뭇하고 묵직해지며 내 몸을 짓눌렀었다. 나는 숨이 막혔다. 나는 숨이 끊겼다. 그때 캄캄한 어둠 속으로 스미는 빛줄기를 보지 않았나? 세상 밖에서 내 꿈속으로 비치는 실낱같은 빛줄기가 그때 나를 깨우지 않았나?

나는 탁 트이는 머릿속을 느끼며 멈칫 섰다. 그러나 남자애는 빵 봉다리를 향하던 눈길을 거둔 채 꼬재이로 장독을 툭툭 치고 있을 뿐이다. 난감하다. 매운 눈빛은 그저 공연한 까탈이었나? 미리서 놓아본 퇴짜였었나? 묵묵히 꼬재이를 놀리는 걸 보니 어리숭해 보인다. 그렇다고 성미가 수더분한 것 같지는 않다. 준다고 해서 선선히 받아먹을 품새가 아니다. 장독 두엇이 햇살에 반짝인다. 뒤쪽의 나지막한 산베랑이 부드러운 햇볕 속에 부풀었다. 동그맣게 쪼그린 꼬매이가 불현듯 큼직해져서 부풀락거린다. 눈앞에서부터 저 모양이니 꿈속이라면 어찌 될까? 깜깜한 꿈은 빛줄기가 깨웠건만 햇빛 지천인 이 생시는 무엇이 깨워줄까? 쇳소리라도 꽝꽝거리면 좋으련만 어째 조용하다. 상쾌한 손종 소리라도 들렸으면 좋으련만 신작로가 휑하다. 앞만 보고 종종걸음 칠 걸 그랬다. 빵 봉다리가 버석거린다. 손끝이 저리다.

100
죄

어리숭한 아이일수록 께까드럽다. 오히려 날름 받아먹는 쪽은 여차하면 뺏어먹을 부랑하고 씨숙한 것들이다. 어리숭한 아이는 기껏 바라면서도 주는 대로 받아먹지도 않는다. 하찮은 무언가를 기시며 또 다른 무언가를 지키려 한다. 뭐랄까, 남 보기에 자잘하고 씰데없이 카랑카랑한 것에 옭혀 제 마음 안에 닫혀버린다. 그래서 딴에는 눈길을 애써 거두며 딱딱해지는 것이다. 봉다리에는 아직 국화빵이 네 개나 남았다. 국화빵을 내밀면 선뜻 받아 갈까? 녀석이 복어처럼 몸을 잔뜩 부풀리며 눈총을 쏘지나 않을까? 건네고 싶지만 도리가 없다. 휴, 주는 것도 어렵다.

어차피 빵 봉다리를 보았으니 까탈시럽기 굴지 말고 터벅터벅 내려와서 손을 쑥 내밀면 좀 좋으냐. 꼬매이는 일어서서 발끄티이로 장독을 툭툭 차며 힐끗거린다. 종이 봉다리가 아직도 땃따무리하다. 여자애가 집 앞쪽으로 걸어 나온다. 파리한 몸이 습자지처럼 바스라질 것만 같다. 나는 빵 봉다리를 내밀며 앞으로 나서려다가 멈칫했다. 지상가상 없이 다 줄 수는 없다. 두 개만 주자. 한 개는 내가 먹고 또 한 개는 어무이 주고……한 개는 꼬매이가 먹고 또 한 개는 여자애가 먹고……. 봉다리에 손을 넣는 사이에 쇳소리가 요란하게 울린다. 여자애가 집 모티이로 도로 들어가 버렸다. 내가 봉다리를 살짝 미는 것을 못 보았나? 여자애는 봉다리에 무관심한 듯하다. 건널목 쪽을 바라보며 또 붙박이처럼 섰다. 그러고 보니 이쪽으로 단 한 번도 힐끗거리지 않았다. 저 여자애는 처음부터 봉다리에는 관심이 없었던 것이다. 그런데도 내 머릿속에는 국화빵 봉다리를 겉치매에 싸서 치키올리며 활짝 웃는 여자애의 모습이 떠오른다.

어이가 없다. 생각이 또 나를 강새이처럼 끌고 다니려나 보다. 울컥 화가 치민다. 칫. 이게 뭐람? 훌훌 자리를 뜨려는데 꼬매이와 나의 눈길이 또 마주쳤다. 처음부터 빵 봉다리를 쳐다본 것은 여자애가 아니라 저 꼬매이였다. 꼬매이의 눈씨가 내 눈길을 잡고 덜컥거린다. 힐끗거리는 꼬매이가 묵구재비 같고, 내가 옥보 같다. 눈길을 거둬버리는 묵구재비나 멍하게 봉다리를 쥐고 선 옥보나 매한가지로 등신 같고 축구 같다. 병근이 헤이는 이럴 때 어찌 했을까? 아나,

무우라! 하며 봉다리를 휘익 내던졌을까? 동무들이라면 어쨌을까? 창섭이라면, 무울래? 하며 빵 하나를 불쑥 내밀었을까? 현우라면? 장난기가 동해서 아나 콩콩, 아나 콩콩아! 하고 웬다가 입안에 몽땅 따까옇고 후다닥 튀었을까? 동무 고야라면……두근이라면? 내 책임이야! 하고 성큼 다가갔을까?

먹고 싶은 것도 지 마음이고 봉다리를 쳐다보는 것도 지 마음인데 내가 뭔 상관이람? 내 동생도 아니고 동무도 아닌데 내가 왜 이러고 섰담? 쳇, 니캉 온제 봤다꼬? 꼬매이가 또 봉다리를 쳐다본다. 움켜쥔 봉다리가 미지근하다. 시들한 봉다리가 버석거린다. 버석거리는 소리가 뜨끔뜨끔하다. 우째보꼬? 쇳소리가 또 쩌렁쩌렁 겹쳐 울린다. 머릿속이 어찔하다. 내가 침을 꼴깍거리며 꼬매이를 바라보는 듯 헛갈린다. 차라리 꼬매이가 부랑해서 냅다 달려와 봉다리를 낚아챘으면 싶다. 아니면 씨슥해져서 건들건들 손갈퀴를 옴짝거리며 다가오거나……. 봉다리가 무겁다. 후유, 차라리 국화빵이……없었으면 좋겠다. 국화빵이 식고 있다. 국화빵은 죄가 없다. 국화빵은 앙코를 품고 무쇠 빵틀에 잡혀 노릇노릇 구워졌을 뿐이다. 국화빵은 국화빵일 뿐이다.

내가 골똘하게 바라본 것이 잘못이다. 국화빵 봉다리를 쥔 채 움막 앞에 우꿈 선 것부터 잘못이었다. 꼬매이의 꾀죄한 얼굴을 보지 않았다면, 그 엷은 미소에 불그레한 울음기가 떠도는 표정을 보지 않았더라면 아무 일 없이 지나쳤을 것이다. 남의 표정을 훔쳐본 것이 죄다. 훔쳐보는 주제에 골똘해진 것이 죄다. 그저 윤곽만 얼추잡았으면 좋으련만……그게 쉽지 않다. 얼굴 윤곽 속의 자디잔 굴곡이, 굴곡에 드리운 빛깔이 내 시선을 끌어당긴다. 이끌리지 않으려고 버티면 푸르스름하고 불그레한 그늘이 어룽지며 희미한 소리를 낸다. 희미한 소리는 점점 커져서 윤곽을 뭉개고 날빛 속으로 퍼져나간다. 방향도 부피도 없는 소리가 몸의 안팎에 가득 차 머릿속이 지끈거린다. 그러다가 문득 깨고 보면 어느 결에 나는 윤곽 안쪽에 갇혀 골똘해져 있는 것이다.

멀찍한 건널목에서 어무이의 목소리가 날아온다. 나는 또다시 두어 발짝 걷다가 우뚝 섰다. 번쩍 생각이 떠올랐다. 그때 국희즈그 집 대문간에서 말없이 토끼풀꽃을 건네던 동무……그렇다! 나는 급히 국화빵 두 개를 꺼냈다. 나머지 두 개가 든 봉다리를 접어 오두막 쪽의 너럭돌 위에다 올렸다. 봉긋이 소스라진 게 똑 흠흠한 시사 봉개 같다.

꼬매이와 여자애가 물끄러미 쳐다본다. 옆에 선 여자애와 멀찍한 나를 번갈아 바라보는 꼬매이의 눈빛이 반짝인다. 나는 식은 국화빵 하나를 손에 쥐고 또 하나는 뜯어먹으며 천천히 몸을 돌렸다. 그리고 아무 일 없다는 듯이 발걸음을 떼었다. 사실 아무 일도 아닌 것이다. 뒤돌아보지 말자. 아무 일 없이 그저 오두막집 앞을 뜨는 것이다. 그날, 대문간에서 태고도 내 눈을 보지 않았었다. 고야는 그때, 주저하는 국희에게 셋이 함께 놀자는 말도 하지 않았다. 그리고 나더러, 너도 풀꽃을 떼어 땅갑치에 담으라는 말 따위도 하지 않았다. 내가 앉을 자리를 트며 그저 토끼풀꽃 하나를 건네었을 뿐이다. 머릿속이 깨반하다. 그날 그 대문간을 떠나올 때에도 내 마음은 두둥실 가벼웠었다. 그날의 동무가 지금 고맙다. 어무이가 뒤돌아서서 손짓을 하신다. 나는 국화빵을 베물며 달렸다. 식은 국화빵이 참 맛있다.

101
건널목

"봉다리는 자아들 주고 오나? 한 개마 주지 와?" "아아가 둘이다." 어무이가 활짝 웃으신다. "또옥 할아부지 닮았네. 그래도 니 무울 거는 남가았는가배에?" "이거는 옴마 꺼." "다 무우라. 옴마는 아까 마이 무웃다 아이가. 가아가 니보다 에리니라. 좋다 쿠재?" "고마 돌삐이 우우 올리낳고 오뺐다." "아이가?

그라모 대는가아? 무바라 쿠고 조야재." "버부리맨키로 철보고마 있더라." "즈그 누야 안 있더나? 가아는 열 살쯤 댔일 낀데. 가아한테 글 쿠지와?" 어무이가 앞장서신다. "……만다 글싸." 나는 남은 붕어빵 꽁다리를 입에 쏙 넣었다. 뜀박질을 한 탓인지 수울차이 먹었는데도 뱃속이 허하다.

"고야도 말 안한다." "고야가 와?" "고야도 내가 옆에 가모 암 말 안하고 자리도 비키주고 땅갑치 우우 꽃도 살째기 올리준다." "그라더나아? 하이고오, 군북 할아부지 닮았는 갑다. 속이 깊어서 안 그라나." 논때이를 가로지른 철로 쪽으로 다가서자 망치질 소리가 또 울린다. 뒷등을 스치는 그 소리가 요번에는 귀에 가렵다. 보따리를 이고 든 사람들이 엉거주춤히 몰려섰다. 알록달록한 까치발 신호기가 철꺽 내려졌다. 눈앞의 빨간 신호등이 깜박거린다. 길쭉한 차단봉이 끄덕거리며 낮게 내린다. 땡글땡글 종소리가 푸른 하늘로 튀어 오른다.

머리 위쪽의 하늘은 밝고 푸르건만 들판 너머의 하늘 끝자락이 거뭇하다. 살짝 기운 해는 아직도 중천이건만 산등에 걸쳐진 구름이 불그레하다. 가사리의 구름장은 빗겨드는 햇살을 부챗살처럼 펼치며 노르스름하게 빛난다. 하늘님은 봉창처럼 트인 저 구름 속에 있을까? 저쯤에서 속눈을 뜨고서 내려다보는 걸까? 아니면 보는 듯 마는 듯 꾸벅꾸벅 졸다가 날아오른 종소리에 놀라 번쩍 눈을 뜰까? 그러나 종소리는 저 구름장까지 닿지 못할 듯하다. 두어 길쯤 솟다가 여기저기 논바닥으로 툭툭 떨어져버릴 듯하다. 저 하늘이 통째로 하늘님의 눈동자일지도 모른다. 또 하나의 눈동자는 바다일까? 저기 저 끝없이 굽이진 산등은 하늘님의 날개깃이 아닐까? 긴 날개깃 속에 다닥다닥 붙어사는 사람들의 슬픔과 두려움을 하늘님은 알기나 할까? 사람들의 슬픔과 두려움은 하늘님의 날갯죽지를 간질이는 기껏 솜털 같은 것이나 아닐까?

불그무레한 구름이 슬몃슬몃 움직인다. 가사리가 노르스름한 구름장이 펼친 햇살을 거두며 산줄기를 따라 느리게 밀린다. 날이 활짝 개는지 다시 흐려지는지 알 수가 없다. 바람결에 반짝이던 날빛이 문적문적 흩어진다. 뒷목이 뻐근하고 입소리가 바삭하다. 날갯죽지가 우리하고 달달했던 입안이 소태를 문 듯 쓰다. 하늘이 뿌예지며 구름장이 빙그르르 돈다. 가슴이 성그렇다. 갑자기 몰리는 두려움에 겨워 나는 어무이를 소리쳐 불렀다. 그러나 몸을 싸고도는 검붉은 기운에 목소리는 잠겨버린다. 하늘에서 뭉텅뭉텅 종소리가 굴러떨어진다. 종소리에 부딪히는 몸이 불에 디인 듯 절로 움찔거린다. 꺽꺽거리는 숨길이 노르스름한 하늘빛에 잠긴다. 저기 저 아스라한 불꽃……불꽃처럼 가물거리는 내 몸이 까마득 멀어진다. 그때였을까?

"숨! 숨! 숨을 크기 시이라!" 찬바람이 지나간다. 바람 한 줄기가 몸 안으로 밀려든다. 내 숨길을 빨아내던 하늘님이 긴 한숨을 내쉬었나 보다. 하늘님이 심심하여 또 장난 한번 쳤나 보다. 그래 바람 빠진 공처럼 쭈글쭈글해지는 내 몸이 불쌍해서 급히 멈추고 한숨을 불어넣나 보다. 낯선 목소리가 전신에 웅웅거린다. 낯선 얼굴이 눈앞에 어른거린다. 낯선 얼굴과 얼굴이……어무이가 다급하게 내 사쓰 목단추를 푸신다. "우짜겠노? 우짜겠노?" 숨길이 트이자 몸속에 거뭇하게 헝클어진 것들이 주욱 빠져나간다. 머릿속에 주뼛주뼛한 사금파리들이 함께 사그라진다.

낄낄낄 가위표 아래 불끈한 황소눈깔이 끔벅거린다. 투다다닥, 기차가 지나간다. 투다닥 투다다닥 신나게 달린다. 어무이가 손수건으로 내 이마와 눈가를 닦으신다. 마주 쪼그려 앉아 거드는 낯선 아지매의 숨결이 내 얼굴을 스친다. 어무이가 슬픈 눈빛으로 나직이 중얼거리신다. "개안타, 개안타. 클라꼬 그란다. 언자 개안타." 종소리가 멎고 차단봉이 번쩍 들렸다. 나도 벌떡 일어섰다. 갑자기 날아오를 것만 같다. 탁 트인 눈앞에 또르르 말렸다가 절로 풀리는 그지없이 가벼운 세상! 몸속에 맑은 샘물이 출렁거린다.

1-5

어무이는 걸음을 멈추고 치마폭을 다잡으신다. 치맛자락 아래로 하얀 고무신 코가 반짝거린다. 길이 험하면 가끔 벗겨지는 내 고무신과는 달리 어무이의 고무신은 안 벗겨진다. 나는 그것이 살짝 치들린 코 때문이라고 생각한다. 십리 산길 흙길 다 걸어도 어무이의 고무신은 늘 반짝인다. 치마폭을 살째이 감아올리면 나타나고 고스란히 놓으면 가려진다. 발걸음을 옮길 때마다 살짝살짝 드러나는 흰빛이다. 휘어지고 오르내리며 또 까마득 벋어가는 길을 가누는 하얀 고무신 코다. 어무이는 보따리를 안고 발걸음을 옮기신다. 나는 신작로 가아새로 다문다문 벋어 오른 토끼풀과 바랭이를 밟으며 뒤따른다.

☙
1–5

102
길갓집

어무이는 길바닥에 나동그라진 보따리를 머리에 이신다. 나는 어무이의 손을 잡고 건널목을 지났다. “옴마. 기차는 오데서 오노?” “진주서 오는 차 아이가.” “오데로 가노오?” “평촌 지내서 마산 간다.” “마산 지내모?” “부산에 가지이.” “부산?” “옴마하고 부산 간 거 생각나재? 젖 무울 때부터 자주 갔디이라.” 머릿속에서 총총한 불빛들이 깜박거리다가 한참에 사그라진다. 어무이는 나를 앞세우고 뒤따르신다. 통나무를 잔뜩 실은 트럭 하나가 느릿느릿 다가온다. 짙은 하늘색에 껑충한 발통이다. “아까 지내갔던 차다, 옴마.” “아까? 제무시 트럭 아이가.” “제무시?” “미제라서 힘이 좋아가 온데만데로 다 댕기니라.” “……옴마. 치약 생각난다. 공장 문 앞에 엄청시리 큰 기…….” “코 막아라, 문지 난다.” 어무이가 내 어깨를 감싸며 길 가아새로 돌아서신다. 트럭이 낑낑거리며 지나간다. 시커먼 연기와 뿌연 먼지가 뒤섞인다. 날파람이 퀴퀴한 냄새를 풍기며 훅훅 몰려든다.

“천장서 형광등이 소리로 찌르르르…….” “매다. 말 난주 하고…….” 트럭은 먼지를 몰고 건널목 쪽으로 기어간다. 나는 길가에 난 풀포기를 밟으며 걷는다. 길 가아새로 밀린 자갈돌 틈새로 빼뿌재이와 쇠비름이 먼지를 덮어쓴 채 부풋부풋하다. “거어가 연지동 럭키치약 공장 아이가. 니 데꼬 부산진서 멫 달 살았니라.” “아부지는?” “아부지는 객지로 안 나갈라 쿠신다 아이가. 고마 부산서 살라캤더마는…….”

“그라모 기섭이는 오데 있었노?” “할무이한테 업히 대있지.” “시야는?” “옴마 뱃속에 있었지.” “그라모, 길수 아재는?” “학교 댕깄지.” “석그이 아재는?” “석그이 아재도 학교 댕기고.” “용기 아재느은?” “용기 아재는 나무하로 갔지이.” “잔할무이느은?” “마산에 장사하로 갔지.” “춘그이 아재느은?” “돈벌로 갔지.” “후야 아재느은?” “후야 아재도 돈벌로 갔지.” “잔아부지느은?” “대구서 살지.” “고무느은?” “시집가가 창원서 살지.” “할무이는?” “집에 계시지이.” “할아부지는?” “할아부지도 집에 계시지이.” “옴마. 할무이도 부산에 안 갈라 쿠시나?” “으이?” “할아부지는?” “아이가. 할무이 할아부지가 집에 계시지 타지로 가시는가아?”

신작로는 둥긋이 휘어지며 길갓집을 사이에 두고 철길에서 멀어진다. 갓길에 바투 붙은 담장이 쓰러질 듯 잦바듬하다. 먼지투성이의 기와지붕에 다문다문 풀포기가 자랐다. 뿌연 기왓장 틈새로 웃자란 강새이풀이 바람에 흔들린다. 모로 앉은 잿빛 초가지붕에는 자잘한 풀잎과 호박 넌출이 어우러졌다. 반쯤 열린 양철대문 안쪽으로 좁은 마당이 보인다. 흰 강새이 한 마리가 툇마리 앞에 쪼그렸다. 돌까리로 이개서 바른 축담이라 강새이의 흰 털빛이 돋보인다. 나는 양철대문 앞에 주춤 섰다. 오요오요 소리에 강새이의 한쪽 귀가 쫑긋거린다. 기척에 짓이 나서 쪼르르 달려 나올 법도 하건만 머리만 갸웃거린다. 머리통이 기름한 것이 똥개는 아닌 듯하다.

보꾹시렁에 드리운 빨랫줄에 흰 옷가지가 널렸다. 툇마리 회벽은 쩍쩍 금이 갔고 군데군데 떨어져나간 자리에 누런 황토가 드러났다. 거뭇한 지게문 앞에 두레상이 놓였고 마리기둥에 둥근 얼기미가 걸렸다. 바깥기둥에 조 한 모숨이 달랑 매달렸다. 마당 복판의 양 작숙바리에 간대가 걸쳐졌고 깡내이 예닐곱 꼭다리가 주렁주렁 나래비로 달렸다. 툇마리 끝에는 가시 돋친 음나무 단이 동개동개 쌓였다. 깔깔한 도리깨와 까꾸리들이 죽 걸쳐진 축담 모티이에 새끼타래가 수북하다. 강새이가 주둥이를 까닥거리며 새끼타래 옆으로 가더니 또 가만하다. 가끔 바람결에 바삭거리는 담장 쪽을 힐끗거린다. 처마그늘에 주렁주렁 매달린 씨래이가 흔들거리자 아예 앞발을 세우고 머리를 꼿꼿이 든다. 그런데도, 독구독구! 하고 소리 높여 부르는 내 목청에는 반응이 없다. 끌끌끌 혓소리를 내봐도 눈만 껌벅거린다.

오불진 개는 주인만 따른다더니 내가 귀찮은가 보다. 머리통을 아예 딴 곳으로 향하고서 축담 바닥에 턱을 바짝 붙이는 품이 내가 시뿌 보이나 보다. 어무이가 멀찍한 담장 끝머리서 부르신다. 짐칸에 호루를 높게 씌운 트럭 하나가 자갈돌을 튕기며 지나간다. 누런 호루 속으로 누렁소 몇 마리가 얼핏 보이더니 물씬한 먼지에 가려져버렸다. 트럭은 먼지를 일으키며 멀리 들판 속으로 쏜살같이 달려간다. 흩어지는 먼지 너머로 손짓하는 어무이가 보인다. 코와 입으로 훗훗한 먼지가 빨려들어 텁터부리하다. 눈앞이 침침하고 입안이 스멀거린다. 나는 옷소매로 눈을 훔쳐가며 더퍽더퍽 달렸다. 발바닥에 자갈돌이 쿡쿡거리고 고무신째이가 벗겨질 듯 미끌거린다. 내딛는 발길이 꼬일 때마다 몸이 한쪽으로 쏠려 비칠거린다.

"자빠질라꼬!" 어무이가 패내끼 달려오신다. "길로 안 철보고 와 엉뚠 데로 보꼬?" 어무이가 허리를 수그리고는 내 세타와 주우에 묻은 먼지를 툴툴 털어내신다. "이 바라. 옷에 문지 바라, 쑥쑥그로!" "아푸다아." "아푼 거는 아나? 차가 오모 갓쪽으로 퍼뜩 돌아서가 코로 안 마쿤고 와 떠억하이 철보고 섰노 말다." "차 꽁다리로 문지가 풀풀 따라가는 거……아푸다쿤께네. 내가 털모 댄다 고마아.” “머리도 털어라, 뿌옇다. 참 얄궂다. 머 볼 끼 있다꼬 그라꼬?” “차 꽁다리. 문지가 꽁다리로 길쭉하이 따라가다가 없어지삐더라.” “차는 꽁다리가 아이고 꽁무이 아이가.” “꽁무이이?”

“하모. 꽁다리는 꼭따리맨키로 짤막한 기고.” “그라모 차는 꽁무이고 연필은 꽁다리가?” “하모. 연필 다 씬 거는 연필 꽁다리, 깔치 꼬리 짜린 거는 깔치 꽁다리, 김밥 짜리고 남은 거는 김밥 꽁다리…….” “그라모 까치는?” “까치가 와?” “까치도 뒤짝이 길쭉한께네 꽁무이가?” “그거는 꽁지 아이가.” “꽁지?” “꽁무이에 길쭉하이 깃이 붙었다꼬 꽁지라 안 쿠나.” “깃이 없이모 고마 꽁무이고 깃이 달렀이모 꽁지?” “하모. 참새 꽁지, 닭 꽁지, 꽁 꽁지……언자 알겄재?” “으어.”

“꽁다리, 꽁무이, 꽁지……그란데 옴마. 이상타.” “머시?” “까치는 와 꽁무이……꽁지로가 우우로 탁탁 치노?” “글캐. 와 그라꼬?” “혼채 가마이 안 앉아 있고 꽁지로 자꾸 침시로 머리로갖다가 앞짜아로 엎어질드끼 까딱거리더라.” “그라더나아? 와 그라꼬? 그라다가?” “글 쌓다가 휙 날라가삐던데?” “오데로 가까 딸막거리는 긴 갑다.” “지 동무들이 다 오데로 갔는가 싶어가 딸막거리다가 또 동무들이 불러서 날라가는 기가?” “하모. 새는 톨로 안 댕기니라.”

“옴마. 그란데에, 아까전에 강새이가 내가 불러도 안 오더라.” “강새이가 안 주 있더나?” “하얀 기 불러도 지 혼채 가마이 있더라.” “진돗개라꼬 안 그라나. 에미도 있일 낀데?” “새끼마 한 마리 뿌이던데?” “에미는 오데 갔는 갑다.” “진돗개는 불러도 안 오나?” “하모.” “에미가 있이모 오나?” “…….” “에미가 없이모? 지 동무들캉 항꾸네 있이모오?” “……아아가 와 이리 나정을 부리꼬?”

103
말씨

"옴마. 그란데 이상타." "머시 또?" "차 뒤짝이 꽁무이모 꽁무니는 그라모 머꼬?" "꽁무니가 꽁무이 아이가." "말이 와 다리노오?" "꽁무니는 서울말이고 꽁무이는 갱상도 말씨 아이가." "서울말? 그라모 나는 꽁무니라꼬 안 쿨란다." "두 개 다 씨모 대지, 와?" "서울말 하모 동무들이 어거치 씬다꼬 놀룬는다." "그라모 대는가아. 학교 가모 다 서울말 배울 낀데 서울 말씨도 알아야재." "학교 가모?" "하모. 책에는 전부 서울말마 안 노오나. 서울말로 잘 알아야 공부도 잘하재." "그라모 말로 안 하고 공책에마 살째기 씨모……. 와 말이 다리꼬? 똑 같으모 좋으낀데."

"말이라 쿠는 기 원래 각양지 각색 아이가. 고개 하나 넘어가모 다리고 강 너메 가모 또 다리니라." "우떤 기 더 좋노? 서울말이 더 좋은 기가?" "좋고 말고 옳고 그리고가 있는가아. 날라 댕기는 나비도 꼼꼼시리 드다보모 동네방네 찌리찌리 쪼깬썩 다리다. 와, 창원 고무님은 설탕을 사분가리라 안 쿠시더나. 충무나 김해로 가모 비누로 사분이라 쿠니라. 난 데 따라 사는 데 따라 다 다리고 다 중한 기다." "그라모 대구 잔어무이는 대구서 나서 자꾸자꾸 우야꼬, 우야꼬, 쿠시나?"

"대구가 아이고 지수가 고향 아이가. 처이 때부터 대구서 살다본께네 말씨가 바끼가 안 글나. 고무님도 창원서 사신께네 글코. 타지로 나가 살모 그짝 말씨로 닮니라." "지수?" "저짝에 지수멘에 가모 신산이라꼬 있다. 잔어매가 신산 허씨 아이가. 옴마 외갓집도 신산이고." "옴마 외갓집?" "하모. 외할무이가 능성 구씬데 신산이 친정 아이가. 알아나라이?" "내는 외갓집이 사봉, 옴마는 외갓집이 신산, 그라모……명섭이즈그 외갓집도 신산, 또……." "또?" "아부지 외갓집은 수실, 용기 아재 외갓집은 비실." "니가 비실로 우찌 아노?" "옴마가 캤다 아이가.” “옴마가 쿠다이? 온제?” “어지 찌짐 꾸울 때.” “하이고, 아아도…… 안 듣는 겉음시로 다 듣는가배? 매구다 매구.”

어무이는 걸음을 멈추고 치마폭을 다잡으신다. 치맛자락 아래로 하얀 고무신 코가 반짝거린다. 길이 험하면 가끔 벗겨지는 내 고무신과는 달리 어무이의 고무신은 안 벗겨진다. 나는 그것이 살짝 치들린 코 때문이라고 생각한다. 십리 산길 흙길 다 걸어도 어무이의 고무신은 늘 반짝인다. 치마폭을 살째이 감아올리면 나타나고 고스란히 놓으면 가려진다. 발걸음을 옮길 때마다 살짝살짝 드러나는 흰빛이다. 휘어지고 오르내리며 또 까마득 벋어가는 길을 가누는 하얀 고무신 코다. 어무이는 보따리를 안고 발걸음을 옮기신다. 나는 신작로 가아새로 다문다문 벋어 오른 토끼풀과 바랭이를 밟으며 뒤따른다.

“옛날에 옴마가 애릴 때 외갓집서 놀던 생각이 난다. 바리 엊그지 겉거마는…….” “옴마도 외갓집에 가고 접나?” “가고 접지마는 우찌 가쌓겄노. 나이가 들모 어른들도 세상 뜨시고 외가는 고마 서름해지니라. 그래도 안주 집안 갈래는 신산에 다 사신다. 대구 잔아부지 총각 때 선볼 처이 집안이 우떤고 알아본다꼬 안 가봤더나.” “선볼 때?” “하아. 사는 동네로 가가 소문도 살피고, 지내가는 사람맨키로 집에 살째기 찾아가가 인심도 보고 한다 아이가. 처이가 집에 있이모 물 한 대접 시키가 손매도 보고 걸음새도 살피고 해쌓니라.” “그라모 대구 잔어무이하고 잔아부지로 옴마가 소개시킨 기가?” “알음알음으로 중매하는 사람이 따로 있니라.”

“소개로, 소개시키는 거로 니가 우찌 아노?” “소개시키는 거로 와 몰라?” “그런 말로 우찌 알꼬?” “동무들도 다 안다. 아아들이 즈그 집에 친척이 오모 지 좋은 동무들 한테마 소개시키고 같이 논다 아이가.” “아이가, 얄궂다.” “소개 안 시키주모 같이 몬 놀고 뺄쭘하이 철마 본다.” “동무찌리 같이 놀모 대지 와 철마 바?” “소개도 안 시키주는데 같이 놀라쿠모 쪼골시럽다꼬 다 그란다.” “차말로 얄궂다. 한다안 어른들 겉네. 니도 그라나?" "하모. 만다 같이 놀아, 쪼골시럽그로." "그런 말 함부래 씨지 마라 캐도 또 그란다 고마. 인이 백있는 갑다."

104
인

인이 백있다는 말에 나는 더럭 겁이 났다. 인이 백이면 추접해진다. 인이 백이면 고치기가 어렵다. 인이 백이면 고만 해야지 안 해야지 하면서도 자꾸만 하게 된다. 동무 갬치서 나는 뽀시락 소리에 귀가 솔깃한 것도 인이 백이서 그렇다. 할아부지 밥상의 흰밥도 안 쳐다봐야지 하면서 자꾸만 눈이 간다. 인이 백이면 울적해진다. 머리가 무지근해서 멈추려고 애를 써 봐도……지금 꼬리를 물고 일어나는 이 생각도 인이 백인 탓일까? 인이 백이면 안 끊긴다. 생각는 동 줄도 모르고 끌리게 되어서 그때 찜찜하고 나중에 불쾌하다. 또 어떤 때에는 알고서도 무작정 덜커덕대거나 미끄러진다. 덜커덕거릴 때는 괴롭다. 미끄러질 때는 후련하지만 은근히 화가 난다. 나는 까지꺼! 싫어 돌메이를 툭툭 차며 불퉁시리 주절거렸다. "현우도 씨고 창섭이도 씬다. 고야도 쿠고 다 쿤다 고마!"

불쭉시리 높아진 내 목청에 어무이의 목소리가 오히려 부드러워졌다. "큰집에 두그이는? 두그이 아재는 안 씨재?" "가아는 더 마이 씬다. 꺼떡하모 쪼골시럽다 쿤다." "으이? 큰일 나겄다. 큰집할아부지 들으시모 멀쿠실 끼다이? 하기사 난주 공부로 높이 하모 말이 다 바낀다만서도." "공부하모 바끼?" "대학 공부하모 책을 마이 본께네 말씨가 오댄가 모리기 다리니라." "후제 대모 그라모 옛날 말은 다 까무삐나아?" "까무운 겉애도 난주 다 사알난다, 지질로." "지질로?" "하모. 감자 뿌리맨기로 줄줄이 얼기이가 솔빡 다 사알나는 기라. 애릴 때 근이 백인 말씨가 살알날 빼끼는 다 오데로 가겄노? 그라고 사람이 나이가 들모 말씨도 다 난데로 가고 본데로 가니라."

"옴마. 할무이 할아부지도 그래가 말이 다린 갑다." "와?" "할무이는 빨래로 서답이라 쿠신다 아이가. 뻥아리로 삐개이라 쿠시고, 문지로 미금이라 쿠시고, 콩나물로 콩지름이라 쿠시고, 사발로 사그륵이라 쿠시고, 옹재이로 하그륵이라 쿠시고, 바깥을 배겉이라 쿠시고, 우서내도 우시내라 쿠시고, 나이로 나라꼬 쿠시고……. 할아부지는 또 송아지로갖다가 새앵키라 쿠시고. 또, 젓가락을 저분이라 쿠시고, 짐치로 지라 쿠시고, 또……." "또?" "지삿밥을 메라 쿠시고, 지방을 지우라 쿠시고, 멧등을 뫼라 쿠시고, 소나무로 솔이라 쿠시고……." "아이구나, 또?" "저짝에 딴 동네로 민촌이라 쿠시고, 바구리 맨드는 사람을 대재이라 쿠시고, 순경을 순사라 쿠시고, 미국 사람을 양늠이라 쿠시고, 중국 사람을 뙤늠이라 쿠시고, 일본 사람을 왜늠이라 쿠시고, 또……." "고마 해라, 언자." "나무로 낭개라 쿠시고, 참외로 외라 쿠시고, 사과로 능금이라 쿠시고, 목욕탕을 목간이라 쿠시고, 뚬붕을 못이라 쿠시고, 토끼로 토깨이라 쿠시고, 고양이로 괴이라 쿠시고, 이야기로 아바구라 쿠시고, 또……." "댔다, 데다." "더 있다, 또. 우습으모 위습다 쿠시고, 말이 많으모 새실 좋다 쿠시고, 썽이 나모 부애가 난다 쿠시고, 고만두는 거로갖다가 파이한다 쿠시고……." "하이고, 재미 붙이모 니는 고마 끝이 없니라. 말도 잘 안하는 아아가 한분 했다쿠모 와 이리 끝이 없이꼬? 또 머리 아풀라. 언자 고마 가자."

"또, 우떤 때는 사랑채로 고방채라 쿠시고, 헛간을 헛간채라 쿠시고, 별채 중대문이라 쿠시고……. 옴마, 그란데 별채 중대문이 머꼬?" "예전에 살던 모장골 집에 있던 문 아이가." "모장골 집?" "지금 재각 말다. 니 나기 바리 전에 그 집에서 지금 집으로 이사 안 옷나." "그라모 재각이 옛날 우리 집이가?" "하모. 집이 너무 덩실하이 커가 할아부지가 종중 재실로 내낳고 지금 집으로 내리오싰다 아이가."

나는 할아부지가 사랑채를 가끔 고방채라고 부르시는 까닭을 물으려다가 억한 마음이 솟아 따지듯이 말했다. "집이 크모 좋은데 와?" "크다꼬 다 좋은가, 형편이 맞아야 대지. 본채다 별채다 사랑채다 고방채다 헛간채다 집채가 여럿이재, 중대문에 샛문꺼지 대문마 해도 네댓 개나 대재, 집 안팎으로 담장이 또 올매나 기노. 장마철마 대모 와그르르 무너지 쌓재, 이짝 지붕 고치모 저짝 지붕 또 내리앉재……. 할무이도 당체 귀처이 없다 쿠시디이라마는……." 말끝을 마무르지 않고 먼 들 끝을 바라보시던 어무이가 다짐하듯 중얼거리신다. "실속없이 집마 덮어씨고 있이모 머하겄노."

당연하다는 투였지만 어무이의 표정이 그리 밝지만은 않으시다. 그때 그 사정이 당시나 지금이나 모똑잖으신 것이다. 무엇이든 지키고 다듬고 불리고 키워야만 직성이 풀리는 어무이니 만큼 내심 여의찮아 말끝을 흐리고 내처 다잡으시는 것이다. 어쨌든 할아부지가 사랑채를 고방채라고 하시는 것은 지금 집은 사랑방과 고방이 붙었지만 옛집은 사랑채와 고방채가 또로또로였기 때문이다. 할아부지는 옛집에 인이 백이신 것이다. 아부지가 집이 낮아서 답답다고 하시거나 틈만 나면 모장골 재각으로 올라가시는 까닭도 알 만하다. 나는 또 울적해졌다.

105
남새밭

우뚝한 본채는 재각이 되고 인만 남았나 보다. 그래 새미를 품은 널따란 바깥마당은 딸린 밭이 되고, 대문 옆 재실지기 초가의 뒤쪽에 쪽매처럼 달붙은 남새밭만이 우리 땅으로 남았나 보다. 할무이는 나무새를 뜯으러 모징골 밭에 가실 때마다 재각 대문간을 살피시곤 한다. 빛이 바래고 쩍쩍 금이 간 커다란 나무대문을 바라는 할무이의 얼굴은 담담해 보였지만 얼핏 서늘한 기미가 비치고는 했다. 서늘함이라기보다는 슬픈 기색이었는지도 모른다. 재실지기의 황망한 인사에 잠시 안색을 펴셨지만 이내 무표정해지셨다.

대문간을 끼고 돌면 바로 그 남새밭이다. 울짱 문 삼아 걸친 마른 가시울을 제치고 그 밭머리에 들어서면 죽죽 벋은 삼대가 눈앞을 가로막는다. 그 뒤쪽에는 꼬치며, 까지며, 또 파릇한 시금치나 소풀이 찌리찌리 짤따란 이랑을 잡고 남실거린다. 더 안쪽에는 성큼성큼 벋쳐든 댓줄기의 사이로 키 낮은 배나무와 단감나무가 우두커니 마주 섰다.

우뚝한 본채를 감싸 두른 푸르른 대숲. 바람에 쓸리며 퍼지는 잔물결 소리. 멀찍이 맞바람에 후루루 흔들리는 키 큰 은행나무. 때구루루 굴러갈 것만 같은 동그란 새미 독강. 긴 담장을 따라 우쭐우쭐 춤을 추는 어린 벚나무. 덩달아 깐죽대다가 얼찜에 서서 볼라치면 이쪽저쪽 산등에 거뭇거뭇 걸쳐진 구름발. 솔숲으로 스미는 내구름. 초가실에 웬 태풍이 올란가? 하며 밭이랑을 잡으시는 할무이. 바구리에 소풀을 담다 말고 나직이 중얼거리는 그때 할무이의 표정은 샛날진 하늘만큼이나 우울하셨다.

"집 고치주는 사람이 없어가?" "가세가 기운께네 서너이썩 덱고 있던 머슴도 말큰 내보내뺐재, 집안일 거드는 사람도 없재, 당정이 안 대는 거로 대궐 겉은 집마 둘러씨고 있이모 대나 말다. 우선은 잘 하신 기다. 후제 우째보든가……." "후제?" "하기사 요새도 사람들이 도회지로 빠지나가고……세상이 이리키 바끼쌓는데 난주 누가 촌에 살라 쿠겄나마는. 노리 대모 또 모리까……."

어무이는 또 부산 생각을 하시는 듯하다. 가벼운 한숨과 함께 발걸음을 떼신다. 내 생각은 무심결에 인에 잡혀 부산으로 미끄러진다. 딱히 어디랄 것 없는 집과 길거리와 불빛들이 번듯번듯 나타난다. 얽히고설키던 가리사니들은 그러나 어무이의 잰걸음을 따르느라 콩당거리는 바람에 쉬 감감해졌다.

길갓집 두어 채를 지나자 남새밭이 보인다. 세모난 밭이라 뾰족한 밭머리에 좁다란 샛길이 걸쳐졌다. 보듬은 보따리를 머리에 이며 어무이가 샛길을 잡으신다. "그란께네 말이라 쿠는 기 글타. 한군데라 캐도 대가 바끼모 쪼깬썩 달라지는 기다. 한동네 살아도 도라지로 돌가지라 쿠는 할매도 있고 또 우떤 할매는 돌개이라 쿠고. 들어밨재?" "아까 옴마가 캤다 아이가." "옴마가 온제?" "아까 전에 둥구나밑에서." "그랬더나아? 똑디이 들었는가배?" 어무이는 활짝 웃으며 나를 앞세우신다. 꼴랑 열 발짝도 안 되는 짤따란 샛길은 자잘한 풀포기에 덮여서 담요를 밟는 듯하다. 자갈돌에 마쳐 욱실거리던 발바닥이 녹녹해졌다.

"옴마. 우리 집에는 한 개뿐인데 저 집에는 열 개도 넘더라." "으이?" "깔꾸리 깔깔한 거." "팔라꼬 맨든 거 아이가. 그 집 할배가 맨들어가 자아 내다 파니라." 어무이는 샛길에 서서 울타리 없는 남새밭을 물끄러미 바라보신다. 집터서리에 딸린 밭인데다가 고랑이 낮고 두둑이 느른하여서 마치 죽 펼쳐 놓은 이부자리 같다. 네댓 줄 푼수로 일궈놓은 이랑마다 흑갈색 흙밥이 팥고물을 뿌린 듯 폿폿하다. 두툼한 밭둑에는 뽑힌 잡초가 널브러졌다. 남새밭의 꼭짓점에 바람맞이 느티나무라도 한 그루쯤 섰으면 좋으련만. 탱자나무 울타리가 밭머리를 둘렀으면 좋으련만. "옴마. 머 심을란 갑다." "깡내이 밭 아이가. 저 집 할매는 똑 이맘때쯤 깡내이로 심니라."

"깡내이?" "늦가을에 거다아가 일 년 내두룩 쪼깬썩 삶아 판다 아이가. 새카만 할매가 또옥 올매나 야물딱진지, 대추방마이 할매라꼬 호가 났니라." "오데서 파노오?" "반성자아. 외삼촌 비누공장서 만물상 지내모 안길에 거어 할매 자리 있다. 똑 그 자리 앉아계신다 아이가." 어무이 앞에서 팔을 내저으며 활짝 웃던 그 새카만 할매다. 대추방망이 같은 할매는 도라지나 칡뿌리를 팔고 또 깡내이도 파나 보다. 손아귀처럼 뿌리내린 깡내이가 쑤욱 쑥 자라서 대궁마다 은빛 꽃이 활짝 피었으면 좋겠다. 가슬가슬 수염에 감싸인 누런 깡내이가 다붓다붓

달렸으면 좋겠다. 탱자나무 울타리에는 노란 탱자가……. "길로 널쿤는다 쌓는데 온제꺼정 전달란고?"

"길로……?" "신작로가 솔아서 더 널칸는다 안 쿠나." "그라모 집은?" "말큰 뜯어삐겄재." 머릿속에 성성하던 탱자나무 울타리가 흔들린다. 흰 꽃잎이 화들짝 날아오른다. 후르르 흔들리던 느티나무 잎가지가 헝클어진다. 활짝 핀 깡내이 꽃과 누런 깡내이들이 허공에 솟구치며 빙글빙글 맴을 돈다.

106
철둑길

남새밭을 버린 샛길은 길갓집 뒤쪽을 지나온 철둑길과 만난다. 샛길보다 낮추 잡힌 리아카 길도 신작로에서 비어져 철둑 옆길로 이어진다. 널따란 철둑 옆길에 다문다문 발통자국들이 파였다. 나란히 벋은 철둑이 차차 높아진다. 몸은 앞으로 쏠리건만 뒷덜미가 자꾸 스멀거린다. 강내이와 탱자나무가 뒤범벅이 된 물감처럼 머릿속에 휘돈다. 키 큰 느티나무는 제 자리를 못 찾고 공중을 떠다닌다. 와그르르 무너진 담장 위에 대추방마이 할매가 오도카니 앉았다. 짜부라진 지붕 위로 커다란 발통들이 쏜살같이 굴러간다. 나는 남새밭을 뒤돌아보며 멈칫 섰다.

"할매는 우짜노?" "으이?" "할매는 오데서 사노 그라모?" "할매? 할매는 이사로 가겄재. 안동네로 갈란가 저짝에 채동에 드갈란가." "깡내이는?" "깡내이라이? 와?" "이사 가삐모 오데 심노?" "벨시런 걱정도 다 한다. 할매가 비미 알아서 하까이? 고마 가자." "강새이는 우짜고?" "하이고, 차말로 아아가 와 이러꼬?" 어무이는 내 어깨를 감싸 이끌며 목소리를 낮추신다. "할매가 야물딱진께네 알아서 잘 하시끼다. 새집에 가모 마다아 깡내이도 심고 돌가지도 심고, 또 강새이도 키우고 닭도 치고 부지런이 하실 꺼 아이가." "하얀 얌새이도 키우고 토끼도 키우고?" "하모. 길갓집은 뒤짝이 기찻길이재, 앞길에는 차가 쌩쌩 댕기쌓재, 문지도 끓고 올매나 시끄럽겠노. 알겠재? 언자 퍼뜩 가자." 어무이는 나를 몰아가듯 뒤쪽에서 등짝을 미신다. 나는 옆으로 빠져 걸으며 어무이의 얼굴을 올려다보았다. 이마를 살짝 가린 흰 보따리가 머리 위에서 가벼이 흔들거린다.

어무이가 보따리를 인 채 양손을 내리고 걸을 때는 마음이 편안하실 때이다. 그런 때에는 멀리 펼쳐진 들판이나 아득한 산등성이를 바라며 가끔씩은 혼잣말을 하신다. 들판에 바람이라도 불라치면, 바람은 오데로 저리 불어가꼬오? 하고 중얼거리신다. 먼 산등에 걸쳐진 색구름이 어룽거릴라치면, 색깔도 색깔도 우찌 저리 고우꼬? 하며 눈빛을 반짝이신다. 할무이가 업힌 나를 어루며 새야 새야를 부르시듯 노랫말을 읊조리지는 않지만, 나직이 콧노래를 흥얼거리실 때도 있다. 그러나 지금은 한 손을 보따리에 붙인 채 그저 담담하시다. 버석거리는 치맛자락 소리가 왠지 불안하다. 나는 어무이의 얼굴과 또 어무이의 눈길이 향하는 들판을 번갈아 힐긋거렸다.

먼 산등은 하늘빛에 지워질 듯 얼풋하다. 어무이는 팔을 바꾸시며 나직이 중얼거리신다. "세상이 하리가 달리 바끼는데……. 와 안 나갈라 쿠시꼬?" 또 부산 생각이신가 보다. 어무이는 도시로 나가 포목점을 하고 싶으신 것이다. 어무이는 바느질도 익고 옷도 잘 끼미니 구포 시장에서 한복집을 하고 싶으시다. 촌에 살면 늘푼수가 없다는 말씀을 툭하면 되뇌셨다. 언제부턴가 아부지는 어무이가 사다 나르는 네모 칸이 빼곡한 종이에 글 쓰는 일도 접고 무등산 개간에 열중하셨지만, 어무이의 마음이야 늘 부산을 향했던 것이다. 어무이의 짧고 긴 부산 걸음은 내 기억만 해도 여러 번이다. 또 훌쩍 다니러 가고파도, 할아부지의 은근한 노염도 노염이지만 아부지가 고함을 지르셔서 못 가신다. 잔방 벽을 타고 울려오던 그때 그 고함소리가 문득 되살아난다.

나는 굴뚝다리미를 신나게 밀다 말고 호꼼해진 눈알을 굴렸었다. 텅 빈 큰방의 문설주에 기대어 안절부절못했다. 마실 나가신 할무이를 찾아 나설까, 아니면 정지모티이로 가서 웅크릴까, 하고 주섬주섬해봤지만 그저 생각뿐이었다. 아부지의 고함소리가 터지면 오금이 붙어버리는 데다가 옭죈 마음에 그런 생각조차 덜컥 죄밑 같아서 숨을 죽이게 된다. 그러다 어는 질에 웅크려 잠이 들곤 했다. 서늘한 기운에 눈을 뜨면 할무이의 등이었고 휘영청 달이 밝아 눈이 시린 새끌밖이었다.

잠 깬 내 기척에 잠아 잠아, 어루시는 할무이. 흔들거리는 몸을 따라 출렁이는 별무리. 할무이의 쪽머리 위로 잠깐 보이다가 사라지는, 또 나타나는 무리별. 별무리 밖에 띠금띠금 빛나는, 또다시 사라지는 잔별. 꺼진 별빛을 찾아 뚤레거리노라면 목덜미에 감기는 서늘한 냉기. 저기면 손에 닿을 듯이 가차운 밤하늘. 달빛에 번득이는 은비녀. 안산 등성이에 죽 늘어선 겨울나무들. 거뭇한 나뭇가지에 성큼 도드라진 까치집들. 밤빛에 탁 트인 돌닥거리가 이 세상의 바깥 같았다.

할무이는 어루다 말고 나를 치키셨다. "잠이 안 오는가배?" "깐치는 깐치집에서 다 자재?" "날 따실 때 새끼 치고 나모 말큰 다 흩어지니라." "그라모 오데서 자노?" "풀덤불서도 자고 숲에서도 자고……." "나도 크모 옴마 아부지하고 다 흩어지삐나?" "대처로 나가야재. 그래가 명절 대모 내리오꺼 아이가. 지사메사 모실 때도 오고." "난주 크모?" "그래야 대재. 후제 커서 고향 올 때는 양복 입고 넥타이 매고 단정하이 해가 오거래이?" "후우제?" "하모. 후제."

어무이는 양손을 저으며 묵묵히 걸어만 가신다. 낮은 철둑이 산자락을 자르며 곧게 걸쳐졌다. 철둑 옆길 또한 길 끝을 곧게 트며 보란 듯이 벋어간다. 희미한 기억들이 묵은 먼지를 털어내며 꿈틀거린다. 귓등으로 스쳐 들었던 말마디가 문득 떠올라 눈에 익은 장면을 들춰내고, 잇따른 낯선 장면이 툭 끊기며 또 다른 말마디를 이끌고는 사그라진다. 추레한 장면과 한숨 섞인 말마디가 어긋나거나 어우러지며 지풀에 머릿속을 넘나든다. 어무이가 젖미이 동생 기섭이만 데리고 꽤 오랫동안 부산에서 지내셨던 것이 그 이전이다. 아부지도 뒤따라 부산으로 떠나셨다. 더 자세히 떠올리려면 눈을 감아야 한다.

눈을 감으면 보이는 것들. 번듯번듯 이는 가리사니들. ……적막한 집. 울음에 울음소리만이 쌓이는 텅 빈 방. 긴 울음 끝에 몰리는 자부럼. 창호문을 노르스름하게 적시는 한낮의 빗소리. 해거름의 청마리에 퍼지는 하근내. 뒷동산에서 들려오는 싱숭생숭한 소쩍새 소리. 서늘한 한밤중의 요기. 거뭇한 안산 자락에 내리는 달빛. 고요 속에 떠도는 쏙독새 울음소리. 장죽을 쥐고 한숨짓는 할무이의 우울한 얼굴. 기억은 스쳐 들은 말과 함께 아구 잡힌 문짝처럼 소리 없이 열린다.

107
하일라 부대

하도 울어 쌓아서 안 대겄더라 안 쿠나. 잔할매가 닐로 부산꺼정 데불고 왔디이라. 가도 가도 끝이 없는 신작로. 푸석푸석 날리는 먼지. 칙칙폭폭 기차소리. 시끌벅적한 찻간. 바닥에 흩어진 노란 미깡 껍줄. 쪼그만 그물망에 든 삶은 계란. 흰조시가 달붙은 계란 껍디이. 길쭘한 실겅에 얹힌 보따리와 가방들. 거울진 차창에 비치는 내 얼굴. 얼굴에 겹치며 흐르는 산과 들. 뒤로만 달아나는 먼 불빛. 무지근히 덮쳐 오는 자부럼.

북적대는 역전. 빵빵거리는 자동차들. 퀴퀴한 골목길. 독한 연탄내가 풍기는 쪽마리. 마당이 없는 집. 담부랑도 대문도 없는 집. 서늘한 외문짝 쪽방. 눈을 찌르며 어수선산란하게 퍼지는 불빛. 밥도 안 묵고 와 그리 울어 쌓노 말다. 애비서 눈이 한 발이나 드갔네 고마. 어무이의 파리한 얼굴. 불쑥 나타난 아부지의 찌푸린 얼굴. 낮은 목소리와 노여운 눈빛. 슬픈 침묵 속에 파르르르 울리는 형광등.

연지동 하일라 부대 옆에서 장사도 안 해봤더나. 바알질이나 식당 일마가 대야재 오대. 담베락에 늘어선 좌판들. 나무 당세이에 담긴 노란 참외들. 바스락거리는 빵 봉다리들. 햇볕에 뒹구는 크고 작은 간스메 깡통들. 빈 깡통을 가꼬 만든 받침대들. 함티이 앞에 쪼그려 앉은 어무이. 다닥다닥 붙어 앉아 푸지게 주절대는 아지매들. 추리한 머리쓰개들. 나만 보면 이늠, 이늠으 자슥, 하며 반색하는 몸뻬 아지매. 꼬치 따는 시늉으로 후루룩거리는 뚱보 아지매. 허리춤에 둘린 전대와 불룩한 국방색 니꾸사꾸. 입만 열면 가설라무네, 가설라무네, 하며 중얼거리는 씨레이션 할매. 합죽거리며 붊대는 통에 도통 알아들을 수 없는 말들. 노랑물이 빠져서 파뿌리처럼 헝클어진 머리채. 그 할매가 달고 다니는 커다란 카키색 가방. 가끔은 입을 다문 채 성가신 듯 슬픈 듯 바라보는 그 떨떠름한 표정.

혼차 왔다 갔다 함시로 잘 놀디이라. 낯이 뽀얗고 머리가 노리끼리한께네 사람들이 서양 아안 줄 안 이이나. 좌판을 찌웃거리다가 나를 빤히 보는 아지매들. 무표정한 얼굴로 종종걸음 치는 행인들. 날파람을 일으키며 쌩 지나가는 자전차들. 땅바닥에 앉아 궁싯거리는 흙투성이 남자애들. 손가락을 물고 징징거리는 여자애들. 어무이 뒷등에 깡내이 꾸리미처럼 달붙은 젖미이 동생. 말똥거리는 그 새까만 눈동자. 해죽거리다가 찡그리고 또 울먹거리다가는 배시시 웃는 얼굴. 따끈한 볕살. 반짝이는 장난감. 조막손에 쥐고 흔드는 찰찰이 소리. 동그란 술 방울이 달린 빨간 고깔모자.

짬 날 때마다 아부지 모리기 나가가 멀리 장사로 안 했나. 럭키치약에도 일자리가 났는데 여직공들 몸 추는 일이라꼬 아부지가 함부래 몬 하기 안 하시나.

쑤왈거리며 걸어가는 꺽다리 군인들. 베이지색 바지와 번쩍이는 검정색 워카. 호루를 덮어쓰고 부르릉 지나가는 트럭들. 툭 떨어질 듯 큼직한 별표. 햇살을 타고 퍼지는 먼지더미. 사방 찾아도 아아가 비이야재? 부대 안에는 오데로 우찌 드갔던고 몰라.

담베락에 휘감긴 철조망. 안쪽의 널찍한 포장길. 판판한 길바닥에 찍힌 커다란 글자. 굵은 화살표를 따라 미끄러지는 찦차. 꽁무이에 매달린 네모난 쇠통. 길가에 늘어선 키 작은 사철나무. 듬성듬성 나래비 선 네모난 단층집들. 씻은 듯 깔끔한 초록 지붕. 빨랫줄에 널린 카키색 사쓰. 그 밑에 날라리 놓인 접이의자들. 작은 창문을 트고 엎드린 둥근 집들. 굴러내릴 듯 포개진 도라무깡들. 창턱에 놓인 조그마한 뼁끼통들. 뼁끼 냄새에 섞여나는 향긋한 크림빵 냄새. 탁 트여 높푸른 하늘.

달달한 카스테라처럼 부푼 구름. 두어 길 높이로 붕 떠오른 듯한 헛헛함. 발목이 탁탁 마치는 팍팍한 발걸음. 왼쪽 길과 똑 같은 오른쪽 길. 앞쪽과도 똑같은 뒤쪽 풍경. 저릿저릿 스멀거리는 어질머리. 전나무 잎가지에 가려진 흰 창문들. 넙적한 유리문 앞에 모여 선 갈색머리 남자애들. 군부대 안으로 한참이나 걸어 드갔더라 안 쿠나. 미군이 까자 하나 지이가 데불고 나오디이라.

울긋불긋 동화 속에서 걸어 나온 여자애들. 알아듣지 못할 소리로 쫑알대는 금발 요정들. 쪼르르 달려가는 하얀 털복숭이 강새이. 옴팡눈을 똥그랗게 뜨고 쳐다보는 빨강머리 여자애. 하늘거리는 갈색 원피스와 하얀 레이스. 오라는지 가라는지 알 수 없는 그 손짓. 머쓱함과 반가움이 뒤섞이는 야릇한 설렘. 호갈소리와 함께 성큼성큼 다가오는 꺽다리 군인. 헤이, 베이비 뻬비! 허리를 수그리며 내미는 손. 핏기 없는 얼굴에 번지는 웃음. 커다란 손바닥 위에서 탁탁 튀는 알사탕. 움푹 파인 눈가에 번지는 장난기. 베이비, 캔디 뻬비. 훅 풍기는 노랑내. 쌍꺼풀진 눈의 기름직한 속눈썹. 내 손에 잡힌 은빛 반짝종이. 바사삭대는 사탕 한 알…….

기억은 또한 아구가 맞지 않는 문짝처럼 비걱거린다. 시끌벅적한 기차역. 거뭇한 쇳덩이들. 커다란 용수철. 치직거리며 피어오르는 수증기. 입안이 버석거리는 목마름. 담배 건조장보다 더 높은 급수탑. 벽을 타고 흘러내리는 물. 물줄기를 받는 아부지의 밝은 손. 오그린 맨손에 담긴 물. 목 마리다꼬 쌓는데 기차표 끊고 난께네 음료수 한 베이 살 돈도 없더란다. 삼랑진역 물탱크서 깨작하이 새는 물로 손바닥에 받아 미있다 안 쿠시나. 가다서다 덜커덩거리는 기차. 성큼 닥치고 또 까마득 멀어지는 산과 들. 숨바꼭질하듯 나타났다 사라지는 초가지붕들. 가끔씩 뱃성 내듯 꽤액, 꽤에액, 터지는 기적소리.

째랑째랑 소리를 내며 멀어지는 기차. 발바닥이 화끈한 신작로. 푸석거리는 길바닥. 따끔거리는 디꼬마리. 욱신대는 허리께. 허출한 뱃속. 자꾸만 갓길로 쏠리는 몸. 다잡을수록 칠렐레팔렐레 뜨는 발걸음. 멀찍이 앞서가시는 아부지의 처진 어깨. 어릿거리는 동네 들머리.

108
전차

아부지는 그렇게 나만 데리고 부산을 떠나오셨다. 달포쯤의 짧은 걸음이었건만 성큼 다가서는 동네 들머리부터 눈에 설었다. 산등 사이로 펼친 동네 앞들조차 나시고 물선 풍경처럼 얼푸시 물러났다. 우뚝한 정지나무의 눈이 시린 초록빛을 받고서야 정신이 났다.

한여름 까치처럼 후줄근한 몸. 동네 어귀 산밭에서 호미질을 하다 말고 후차 오시는 할무이. 아이구 이늠아! 내 팔을 부여잡으시는 할무이. 아아가 와 일노? 와 일키 두디이가 댔노 말다, 으이? 끌어안고 우시는 할무이……. 할무이 등에 업혀 바라보는 정지나무 밑가지. 지지재재 날아오르는 참새들. 초록그늘을 드리운 안산 자락. 흔들거리는 둥천. 하늘빛에 도드라진 산등성이. 얼굴을 간질이는 쪽찐 머리와 햇살에 반짝이는 은비녀.

아아가 와 이리 해껍으꼬? 지때 몬 얻어 무웃는 갑다. 세사, 에미 에비가 밥도 몬 미있는가배? 돌닥거리서 껑충거리는 강새이. 날빛 속에 잠기는 자부럼……. 또 띄엄띄엄한 기억을 뚫고 전차 한 대가 지나간다. 공중의 쇠줄을 잡고 거꾸로 달려간다. 딸그랑딸그랑 전차소리가 울음 끝의 깔딱질처럼 눅진하게 가라앉는다.

전차 안에 어무이는 없고 아부지만 보인다. 휑한 골목을 빠져나올 때도, 붐비는 포장길을 걸을 때에도 아부지는 아무 말이 없으셨다. 나는 뒤돌아볼 새도 없이 아부지의 발걸음을 쫓느라 숨을 헉헉거렸다. 괴물처럼 미끄러져 오는 전차. 우르르 몰려가는 그림자들. 졸졸 잘 따라가디이마는 차가 온께네 안 갈라꼬 딱 버티더란다. 내치 그라고 있을 수가 없어가 고마 달랑 들어올렸다 안 쿠시나. 터져 나오는 울음. 서러운 울음 끝의 어질머리. 덜커덩거리는 전차. 전차 안에서도 아부지는 한 마디도 하지 않으셨다.

앞쪽 차창에 길쭉하게 가로 붙은 의자. 거뭇거뭇한 나무 바닥. 까맣게 때가 탄 껌딱지. 하얗게 닳은 민머리못. 뒤쪽으로 다닥다닥 줄지어 놓인 의자들. 몸을 오그린 채 다붙은 사람들. 바싹 마른 진흙 인형들. 슬픔을 머금은 듯 입꼬리를 처뜨린 얼굴들. 뜬 듯 만 듯 초점이 없는 눈빛들. 침묵 속에 함께 쏠리는 어리둥절한 흔들림. 거울진 차창에 비치는 헛거시들. 빠르게 스치는 건물과 간판들. 우뚝한 전봇대와 헝클어진 전깃줄들. 불안불안한 미싱거림. 묵직한 몸속에 스미는 한기. 흐느적흐느적 처지는 몸. 새어나오는 가쁜 숨소리. 딸랑딸랑 소리를 내며 지나치는 또 다른 전차. 포장길에 파여 죽죽 벋은 철로. 덜컹덜컹 철로를 써려가는 트럭. 슬그미 멈추는 전차에서 잽싸게 뛰어내리는 여차장. 간이차

부로 미끄러지는 파란 빵모자.

요란하게 깡깡거리는 한 칸짜리 전차. 한 손으로 빵모자를 누른 채 부리나케 달려오는 여차장. 엇누빈 철로에 쓸리는 쇳소리. 나는 쇳소리에 휘감기며 아부지의 옆얼굴을 훔쳐보았다. 아부지는 우울한 표정으로 차창 밖을 바라보셨다. 양복 옷깃을 덮은 흰 와이사쓰 에리가 눈에 부셨다. 그날 나는 토했다. 전차 안에서 토하지는 않았다. 흔들림 속에서는 미싱거리기만 하지만 흔들림이 멈추면 토한다. 속이 차지 않았을 때는 그렇다. 식은땀과 눈물이 뒤섞여 눈앞이 흐렸다. 빤질빤질 닳은 철로가 코밑에 닿았다. 나는 쪼그린 채 어깻숨을 쉬며 철로에다 대고 토한 것이다.

그날 기차역까지 한참을 걸었으니 아마도 내릴 전차 정거장에 못 미쳐서 급히 내린 듯하다. 길쭉한 철로에서 재그라븐 소리가 울렸다. 물밑에서 솟는 듯, 어둠 속에서 새어나오는 듯 희미한 쇳소리……. 나는 웅크린 채로 소리를 놓치지 않으려고 요독을 썼다. 그 소리는 종잇장처럼 구겨진 내 몸을 휘감고는 날빛 속에 잠겼다. 아부지는 두어 번 내 등을 쓸어주셨다. 그러고는 한참 뒤에 입을 여셨다. "이일나라, 가자."

109
푯말

텅 빈 철둑 옆길이 길 끝을 밀며 흔들린다. 산자락의 짙은 초록빛이 검은 철로 위로 눅눅하게 흘러내린다. 들리느니 발소리뿐, 철둑 위에 드문드문 솟은 푯말조차 적막하다. 뼁끼칠을 새로 했는지 짤따란 푯말은 철둑 위에 희게 도드라졌다. 어무이의 얼굴은 아득한 하늘빛에 잠겼다. 나는 불안한 마음에 밀려 불쑥 말을 꺼냈다. "옴마. 오올은 노래 안 부리나?" "으이? 노래라이?" "한 분썩 부리는 거." "갑짝시리 노래는 머슨 노래……벨쭉시럽그로." "이미자 노래 안 있나." "노래가 새로 노옷다 쌓더마는 동백꽃인가 동백 아가씬가……. 그란데 니가 옴마 노래 부리는 거로 온제 밨더노?"

어무이가 큰 소리로 웃으신다. 그러고는 머리에 인 보따리를 살짝살짝 가누며 콧노래를 흥얼거리신다. 보기만 하아여도 울렁, 생각만 하아여도 울렁……. 가끔 스삐까에서 울리는 그 노래다. 열아홉 살에 시집을 온 어무이는 열아홉 살 순정을 흥얼거리신다. 마음이 탁 놓인 나는 낮추 따르는 철둑을 신나게 오르내렸다. 철둑 너머로 개암 동네의 파란 지붕들이 보인다. 새딱한 슬레뜨 지붕이 날렵하다.

도동을 지나자 철둑은 점점 높아진다. 철둑길을 타던 나는 아예 흙길로 내려섰다. 널찍해진 축대 빗면이 눈앞에 가득하다. 돌머리들이 서너 길 높이로 시리떡을 쌓은 듯 겹쳐 박혔고, 그 틈새로 파릇한 강새이풀과 엉겅쿠가 다문다문 자랐다. 바싹 마른 바위솔도 주뼛주뼛하다. 높으나따나 물매가 떠서 뛰어오를 수 있을 듯하다. 허리를 수그리고 후다닥 오르면 높다랗게 멀어지는 철길을 잡을 수 있겠다. 나는 아랫도리에 불끈 힘을 주고 오똑한 콧말을 꼬누며 냅다 치달렸다.

몸을 날려 네댓 발짝을 디뎌 오르기가 무섭게 고무신 한 짜이가 미끈덩 벗겨져버린다. "다칠라꼬!" 뒷등으로 어무이의 목청이 날아온다. "와 그라노 말다, 갑짝시리." 축대 비탈에 엎어진 내 꼴에 맥 빠진다. 두 손바닥이 훅훅하고 한쪽 물팡이 얼얼하다.

몸과 마음은 왜 이다지 따로 노는 것일까? 마음은 날아오를 듯 가뿐했건만 몸은 늘 이렇듯 엉뚱하게 나동그라진다. 마음이 날아오를 때 몸도 날면 좋으련만. 따라 날지는 않더라도 차오르는 마음을 함부로 꺼당기지나 말았으면 좋으련만. 그저 당기더라도 연자새로 연줄 다루듯 슬슬 감고 따르르 풀어주면 좋으련만. 그러나 몸은 즐거이 사운대는 마음을 실타래처럼 헝클어뜨린다.

몸은 땅바닥에 바짝 달붙은 채 흐트러진 마음을 주섬주섬 챙긴다. 몸은 날래지 않다. 몸은 용을 쓴다. 무언가가 멀찍이 달아났다. 빛깔 같은, 소리 같은 그 무언가가 공중에 흩어졌다. 빛깔과 소리의 어룽 같은 슬픔이 하늘에 스몄다. 온몸이 욱신거린다. 이럴 때마다 하늘이 아득하고 먼 산등은 더욱 까마득하다.

언젠가 둥천을 가다가 비석집 옆의 또랑을 풀쩍 건너 뛸 때도 그랬다. 우쭐해진 마음은 또랑 너머로 짤래비처럼 떠올랐으나, 몸은 맞은편 둑에 박힌 호박돌에 코쭘배이를 찧고는 또랑 속으로 구불졌다. 그때 나는 정신을 잃었었다. 몸이 마른 또랑에 고꾸라지자 가뿐히 떠올랐던 마음조차 온데간데없이 사라져버렸다. 때마침 서촌 할매 집 앞을 지나던 태도 아재가 후차와서 끌어올렸다는데 그 부분만큼은 기억이 없다. 짚소구리를 든 점태 아재를 본 듯한데 그게 꿈인지 생시인지 헛갈린다. 눈을 떴을 때에는 업혀서 돌닥거리를 지나고 있었다. 그때 피투성이 얼굴로 바라보는 푸른 하늘과 산등성이가 너무나 멀었다. 평소에 손에 잡혀 출렁이던 하늘빛이 아득하고, 이마에 걸려 넘실거리던 초록빛이 까마득히 물러났다. 아니, 하늘도 산등도 그저 거기 있을 뿐 나와는 무연했다. 그때서야 나는 서러운 울음을 터뜨렸다.

이후로 그 호박돌을 볼 때마다 마음이 옴츠러들었다. 또랑에 걸쳐진 짤따란 돌다리조차 어찔했다. 나는 몸에 잡힌 채 까닭 없이 나부대는 머쓱한 그림자에 불과하다.

"하이고, 얄궂다. 다치모 우짤라꼬 그라노오? 신째이 끼이라 퍼뜩." 검정 고무신째이가 축대 아래쪽 대쑥 덤불 옆에 나동그라져 있다. 휴, 식겁무웃다. 발디꼬마리가 따끔하다. 다른 쪽 발바닥이 화끈거린다. 베신을 신고 왔으면 좋았으련만. 비끌린 내 몸이 저만치 멀다.

110
베랑 여울

오르막이다. 흙길은 가팔라지는 철둑을 끼고 비스듬히 이끌린다. 나는 발끝에 힘을 주며 허리를 수그렸다. 두 다리가 팍팍하다. 철둑은 이내 머리 위로 까마득하고 흙길은 힘에 부치는지 그예 마루턱을 이루며 주춤해진다. 높다랗게 솟은 철둑은 뭉텅하게 잘린 산베랑 뒤쪽으로 가려졌다. 흘러내릴 듯 불룩한 산베랑 머리에 풀덤불이 무성하다. 구불텅한 소나무 두엇이 베랑 아래쪽을 찌웃거린다. 나는 흙길 마루턱에 서서 사방을 두리번거렸다.

서쪽 하늘이 그무러지고 동쪽 하늘은 벗개었다. 눈앞에 펼친 하늘이 씻긴 듯이 푸르다. 내리막길 오른쪽으로 큰내가 내려다보인다. 어릿거리는 물줄기는 깎아지른 베랑 뿌리에 물머리를 감춘 채 푸른 들판 속으로 휘어져 간다. 먼 물줄기에 햇살이 되비치어 얼음판처럼 번뜩인다. 머리 위쪽의 풀덤불이 바스락거린다. 멧새 두엇이 포르르 난다. 소나무 밑가지에 내려앉았던 멧새들이 윗가지에 옮아 붙어 나불거리더니 금세 또 날아오른다.

쇳소리를 던지며 느릿느릿 화물열차가 굴러온다. 시커먼 고패가 쇠구름다리 같은 철둑에 척 걸쳐졌다. 커다란 강철 바꾸들이 철둑을 울린다. 흙길을 타고 흐르는 떨림이 발바닥을 간질이며 온몸으로 기어오른다. 멧새들이 내 머리 위를 스쳐 쏜살같이 베랑 여울로 달아난다. 화물열차는 꼬리를 끌며 멀리 산모티이로 사라진다. 텅 빈 철로가 지이 지이이 쇳소리를 내고 은빛 아지랑이가 불잉걸처럼 너울거린다.

고요하다. 쇳소리는 사그라지고 어디선가 또 다른 소리가 들려온다. 귀를 재며 허공을 뚤레거리자 아렴풋해지더니 그예 사라져버렸다. 눈을 감고 귀를 기울이니 다시 들린다. 귀울음 소리처럼 끊일 듯 이어지며 반짝이는 날빛에 뒤섞인다. 허공의 안쪽에서 흘러나오는 소리 같기도 하고 내 몸에서 비어지는 소리 같기도 하다. 허공에서 내 몸으로 스미고 내 몸에서 허공으로 빠져나가는 듯도 하다. 귀에 익은 그 소리가 마음을 당긴다. 화답하듯 달뜬 마음이 부풋해졌다. 나는 베랑 끝에 우뚝 섰다. 오른발을 베랑 끝에 붙이고서 고개를 슬쩍 내밀었다.

높다.

까마득 멀다.

수무나문 길 아래로 내려다보이는 물머리에 푸른 너울이 펼쳤다. 물결도 물소리도 없이 거울진 여울에 흰 구름이 떠 있다. 쫓고 쫓기며 베랑을 오르내리는 멧새들이 버들잎처럼 팔랑거린다. 가느다란 새소리가 물줄기를 타고 미끄러지더니 베랑 여울 언저리에 잠긴다. 눈이 부시고 가슴이 울렁인다.

온몸이 부풋하다. 몸 안엣것이 꿈틀거린다. 모래알처럼 사운거리며 몸 바깥으로 주욱 빠져나가는 것들. 이내 노르스름한 빛깔로 바뀌며 자디잔 물결처럼 반짝이는 것들. 주위를 휘돌며 텅 빈 몸을 번쩍 들어 올리는 것들. 아, 그 출렁거리는 것들. 안과 밖이 바뀌고 소리와 빛깔이 뒤섞이는 몽롱함. 깃털처럼 가볍고 명랑한 그 순간. 벼랑 끄티이로 내민 발끝이 불끈거린다. 그때였을까?

111
내리막길

"거어 와 때똑하이 섰노, 큰일 나그로!" 얼결에 한 발짝 뒤로 물러섰다. 머리끝이 주뼛하다. 흠칫, 낭떠러지로 쏠리는 몸이 서늘하다. 비칠거리며 뒤로 내

시자 여울 베랑이 흔들거린다. 뒤쪽으로 몸을 물리는 힘만큼 앞에서 끌어당기는 힘은 무엇일까? 버팅기는 힘만큼이나 또 쏠리는 힘은 무얼까? 그 힘에 이끌리는 상쾌함은 무얼까? 으스스한 기운에 취한 머릿속이 윙윙거린다. 베랑 아래로 떨어지면 저 푸른빛 여울 속에 스밀까? 여울에 텀벙 잠겼다가 바람결에 스쳐서 긴 물줄기를 따라 흐를까? 흐르고 흐르다가 마침내 은빛으로 부서져 반짝일까? 베랑이 물렁해지고 여울이 붕 떠오른다. 푸른 물빛이 용솟음치며 퍼져나간다. 맑은 물소리가 잘게 찢기며 후련하게 흩어진다.

어무이가 내리막길을 거슬러 후차오신다. "우짤라꼬, 세사아. 머슨 생각이꼬! 겁도 없이까!" 어무이가 내 팔을 잡고 볼구짝을 연거푸 내려치신다. 퍼뜩 정신이 든다. "놀래라, 놀래라. 간 떨지겠다 고마!" 엉디이짝이 얼얼하다. 어무이가 나동그라진 보따리를 품에 안으며 내 등을 미신다. 땀 찬 등더리가 끈적거린다. 내리받이로 쏠리는 몸이 짜증스럽다. 눈앞에 가득한 철둑을 보니 버럭 썽이 난다.

몸은 묵직한데 발걸음이 절로 빨라진다. 내리막길이 가팔라서 벋대지 않으면 굴러 내릴 지경이다. 내비두모 절로 데구루루……신나게 멧등 구불기 놀이를 하듯……그러나 무언가 뒤턱따기 식으로 내 등짝을 뒤붙이는 듯하다. 투덜거리고 싶건만 딱히 할 말은 없다. "아이구 이삼드라, 얄궂다. 길 따라 졸졸 안 오고 와 그라꼬오?" 나를 앞세우고 바짝 뒤따르시는 어무이의 중얼거림이 귓가에 맴돈다. "겁도 안 나까, 으이? 아아가 와 이러꼬오……." 가벼이 떨리는 데다가 한숨까지 섞인 목소리를 느끼고서야 더럭 무섭다.

내가 홀키있나 보다. 내가 헷갈렸나 보다. 그러나 베랑 여울은 놀라지도 두려워하지도 않았다. 베랑 여울은 아련한 소리로 몸을 끌었지만 나를 조종하지도 않았다. 베랑 여울은 베랑 여울일 뿐이다.

탁 트인 동쪽 들판이 한눈에 내려다보인다. 하늘과 들판 끝이 맞닿은 먼 산줄기가 얼푸시 흔들린다. 나는 뒤돌아보려다 말고 그저 마음을 놓아버렸다. 내리받이 길에 잡힌 몸이 잘도 굴러간다. 비탈 밑에 내려서자 흙길은 다시 평평해진다. 철둑은 여전히 높아서 넓적한 빗면을 보이며 느긋이 번어간다. 곱곱한 길바닥은 군데군데 파여서 고지랑물을 가뒀다. 이번 비에 벌물이 나서 길바닥을 꽤 할퀴었나 보다. 군데군데 팬 자리에는 삐주룩이 돌부리가 드러났다. 바람이 예까지 구름을 밀었었나 보다. 검기울던 하늘이 이쯤에서 한바탕 비를 뿌리고 나서 벗개었나 보다. 그러니까 수런거리던 먹구름이 이쯤에서 빗방울을 듣거니 맺거니 애틋이 굴다가 사그라졌나 보다.

그런데 빗방울이 몇 개나 떨어졌을까? 구름 한 장이라면 속에 든 빗방울은 몇 개나 될까? 어쩌면 구름 한 장이 빗방울 하나일지도 모른다. 구름은 소리가 없지만 빗방울은 소리를 낸다. 구름은 소리를 내고파서 잘게 부서진다. 구름은 소리를 내며 눈물방울처럼 떨어진다. 그 소리는 바람소리를 닮았다. 그 소리는 귓전에서 울린다. 그 소리는 실낱같아서 서로 겹치고 엉키며 퍼지는……그 소리는 너무나 희미하여서 눈을 감아야 들린다.

그 소리는 낙엽 지는 소리를 닮았다. 그러나 쓸쓸하지는 않다. 낙엽 중에서도 뽕잎……밤새내 언 뽕잎이 햇귀에 지는 소리와 같아서 그 소리는 귀에 시리고 눈에 부시다. 그 소리는 구름의 소리이다. 눈물방울도 소리를……그런데 나는 왜 이런 생각을 하는 걸까? 쓸데없는 생각이 또 꼬리를 문다. 한숨이 난다. 나를 앞지른 어무이는 벌써 저만치 멀다. 바람이 인다. 땀이 든 등더리가 시원하다. 생각을 떨쳐버려야겠다. 엇둘, 엇둘, 소리라도 치며 따라야겠다.

112
장난

해가 꽤나 기울었건만 날빛이 넘쳐난다. 햇빛이 쏟아지는 들판이 넘실거린다. 시린 눈을 비비며 문디촌 앞에 이르자 철둑은 다시 허리께 높이로 낮다. 흙길이 바라진 그 자리에 작은 느티나무가 햇살을 받고 섰다. 며칠 사이에 이파리가 더 자라고 새잎도 부지런히 보탰나 보다. 연초록빛 잎가지가 더욱 부풋하다. 남자들 몇이 빈 지게를 멀찍이 세워놓고서 푸라타나스 그늘에 쪼그렸다. 한 사람은 들판을 향한 채 등을 돌리고 앉았다. 그 옆 사람은 눕힌 바지게의 등태에 등짝을 붙이고 드러누웠다. 양어깨에 멜빵을 걸치고 한 손에 바작대이를 쥔 채로 낮잠에 빠졌나 보다. 보릿대모자에 덮여서 윗얼굴이 안 보인다. 튼실한 하관의 아래로 툭한 목이 드러났다.

"좀 앉았다 가자아." 어무이가 조붓한 느티나무 그늘 쪽으로 다가가자 남자들이 궁싯궁싯 몸을 일으킨다. "아이고오, 쉬이소 고마. 미안시리……." 남자들이 어무이와 나를 번갈아 보더니 널찍한 푸라타나스 그늘을 내주며 실무시 자리를 뜬다.

한 남자는 콧등이 없다. 한 남자는 손가락이 없다. 또 다른 남자는 얼굴 복판에 큼직한 구멍이 빼꼼하이 뚫렸다. 뭉텅한 조막손이 소매 끝에 덜렁하다. 등을 돌리고 앉은 사람도 일어선다. 지겟등태에 누운 남자가 뒤늦게 일어섰다. 얼굴이 흉하게 문드러진 남자의 눈빛이 그윽하다. 눈썹이 없는 얼굴에 웃음기를 머금었다. 나는 흠칫, 멈췄다.

어깨를 치키며 서투르게 바지게를 챙기는 품이 곰보 아재를 닮았다. 한쪽 멜빵만 어깨에 걸친 채 바작대이로 허공을 치며 철둑길로 오른다. 어깻짓으로 잦바듬한 바다리를 치키더니 또 한 번 내 쪽을 돌아본다. 바지게를 걸친 채 우뚝한 그 모습이 정겹다. 곰보 아재가 부르던 구성진 노랫가락이 귓가에 흐른다. 그으으 때 그 시저얼 그리이운 시저얼……. 바지게가 철둑 너머 마을 안쪽으로 건들건들 사라진다. 비운 그 자리에 쪼그리려니 어무이가 눈짓을 하신다. 딱해하는 표정이시다.

푸라타나스 아래의 묵은 짚동 자리가 비고 굵직굵직한 돌이 놓였다. 댓돌처럼 판판한 돌이 어떤 것은 커다란 시리떡 같고 어떤 건 인절미 같다. 또 하나는 대베이를 엎어 놓은 양 반듯하다. 나는 대베잇돌에 걸터앉았다. "옴마. 우리는 저짝 그늘나밑에 앉으모 대는데 와 가삐노?" "글캐 말다. 사람들이 선해서 안 글나. 똑 그라니라." "옴마. 바지게 멘 사람은 똑 곰보 아재 겉다." "낫세가 비슷하네에. 잘생긴 틀이그마는……젊은 아아가 안댔다." "몬 나숟느나아?" "항꾸네 모이 살아서 안 글나." "그라모 옮안 기가?" "아아들로 애릴 때 떼가 키아야 대낀데 모이 살아가 저리 댄 기 쌨다. 멀쩡하이 잘 클 아아들로 세사."

어무이는 쪼그린 채로 보따리부터 푸신다. 돌판에 올린 보따리 속에서 내 베개만한 푸대가 불거졌다. 접힌 아가리를 열자 비릿한 멜치내가 왈칵 풍긴다. 노르스름한 종이 푸대 속에 앵끼손가락만한 마른 멜치들이 깍찼다. "착한 사람들로 하늘님이 와 저리 맨들어났이꼬? 머슨 장난이꼬?." "옴마. 아아 자아묵는거 아이재? 안 자아묵재?" "아이가아, 그리하는가아? 흉해 비이도 사람들이 올매나 선하고 부지런타꼬." 어무이는 멜치 대가리를 똑똑 떼어내신다. 손끝으로 볼가낸 새카만 멜치 똥이 톡톡 떨어진다. "옴마. 하늘님이 모진 갑다." "글캐. 아매 머슨 뜻이 있겄재. 하늘님도 부처님도 다아 보살피 주시는데 머슨 뜻이 있기다마 그라지 배끼 그라까……. 한분은, 니 젖 무울 때다. 닐로 업고 할미재로 넘어갈라쿠는데 한밤주우 달도 업재에, 고갯길도 몬 찾겄재에, 비는 올라쿠재……또옥하이 무섭어 안 죽겄더나. 그란데 세사, 아아 업고 고생시럽다꼬 고갯길꺼정 바래다 안 주나. 우산꺼정 빌리주고, 사람들이 올매나 고맙은지……. 고시레!"

어무이는 고시레를 한 뒤 납닥하이 깐 멜치를 내 손바닥에 올려 주신다. "무우 바라, 꼬시다." 나는 손바닥을 내민 채 어무이의 옆얼굴을 한참 바라보았다. 미소 띤 얼굴이 환하시다. 갸름한 뺨에 볼그늘이 어른거리고 귀밑머리가 살랑살랑 흔들린다.

잎가지 틈새로 비치는 볕뉘에 눈이 세그랍다. 스르르 자부럽다. "잘 살피보모 세상에 어리석고 불쌍한 사람은 있어도 글키 악한 사람은 없니라." 멜치 대가리가 떨어진 자리에 곰개미들이 모여든다.

113
걸베이

마른 멜치는 맛있다. 좀 딱딱하고 비리지만 입안을 간질이며 물크러지는 고소한 맛에 비린내가 가신다. 입맛을 돋우며 짭짤하게 씹히는 맛이 그저 그만이다. 어무이가 까 주신 멜치 한 줌을 다 먹고 나자 손이 누지다. 나는 손바닥을 주우다 대고 쓰윽 쓱 문땐다.

손이 없으면 어찌 살까? 콧등도 없이 어찌 살까? 한쪽 팔다리만으로 어찌 살아갈까? 겨울날 아침 끼때가 되면 짜부라진 양재이를 들고 삽짝에 엉거주춤 섰던 남자들은 대개 한쪽 팔이나 한쪽 다리가 없었다. 그러니 팔꿉이나 물팡도 없다. 어떤 사람은 팔에 쇠갈고리가 달렸고, 또 어떤 사람은 펄렁한 소매를 윗도리 옆 갬치에 꽂고 있었다. 한쪽 주우가래이를 너풀거리는 목발이도 있었다.

동네 헤이들 말로는, 걸베이들 중에는 상이군인도 있고 문디도 있다고 했다. 상이군인은 밥을 안 주면 쌩짜를 부리고 문디이는 휘영청 보름달이 뜰 때 얼라아를 잡아먹는다고도 했다. 걸베이들이 삽짝을 찌웃거리면 나는 숨부터 죽였다. 쌩짜를 놓거나 사람을 잡아먹는다는 말보다 당장은 팔다리 한 짝이 달아난 그 몸띠이가 꺼림칙했기 때문이다. 당연히 있어야 것이 없는 그 섬뜩한 모습 앞에 나는 숨을 꺽꺽거렸다. 가끔 써금하나따나 몸이 멀쩡해 보이는 걸베이가 찌웃거릴 때에는, 사대육신 멀쩡한 늠들이……, 하며 노기를 띠시는 할아부지도 몸이 온전치 못한 걸베이라면 아무 말씀이 없으셨다.

이러나저러나 할무이는, 오죽이모 엄동에 넘으 집 문전일꼬……, 하며 어무이를 부르셨다. 걸베이들이 불쌍하다는 생각은 할무이의 말추렴 뒤 잠깐 마음에 일다가 사라지곤 했다. 어무이는 손이나 맞듯 매번 수북한 사발을 들고서 잠시 사랑마리 쪽을 살피고는 내처 삽짝으로 향하셨다. 그리고 쪼그라진 양재이에 밥과 짐치를 부어주며 꼭 말마디를 덧붙이고는 하셨다. "하이고오, 날이 이리 춥어서……. 집에 앉을 데도 없고 우짜겄노 마. 오데 가서 짐치라도 언지가 자시소이? 잘 자시소."

큰방마리에 앉은 할무이는 물끄러미 삽짝을 바라보시며 혀를 차셨다. "날라대이는 새도 집이 있고 때꺼리가 있니마는……쯧쯧." 빈 그릇을 들고 정짓간에 드시는 어무이의 얼굴은 그때 슬퍼보였다. 덩달아 나도 울적했지만, 그것은 걸베이들을 안쓰럽게 여긴 때문이 아니라 어무이의 표정 앞에 숭숭 뚫린 마음 탓이었다. 짼한 마음은 그 헛헛함에 밀려 금세 사그라졌었다. 정작 걸베이들이 불쌍하다는 생각이 깊어진 것은 그들이 보이지 않고부터이다.

거러지들의 잦은 발길은 지난겨울이 깊어질 무렵에 뚝 끊겼다. 폭설이 그친 어느 날 돌닥거리에 추레하게 웅크린 모습을 본 게 마지막이다. 하얀 눈밭에서 궁싯거리는 그 무리에는 얼라아를 업은 여자와 끄실린 반합을 든 내 또래 남자애도 섞여 있었는데, 그날 뒤로는 어찌된 영문인지 우리 동네에 아예 모습을 보이지 않았던 것이다. 너무 잦고 수가 불어서 동네 아재들이 후차냈다는 말도 있고 몽땅 어디로 끌려갔다는 소문도 있었다. 외딴섬에 모여 살게 됐다는 풍문도 돌았다. 도리 없이 얼어 죽어서 거적때이에 둘둘 말렸더라는 끔찍한 말도 나돌았다. 돌고 돌며 바뀌는 말이라 곧듣지는 않았지만, 유달시리 문고리가 쩍쩍 달라붙고 널어 둔 빨래가 장작개비처럼 꽛꽛해지는 추위라 긴가민가하다가도 사실처럼 느껴졌다. 그 즈음에 거러지들은 꿈에 자주 나타났다.

하얀 눈밭에 검은 그림자들이 서성거렸다. 길 갓쪽에는 몸통에서 떨어져 나온 팔다리들이 타다 만 숯덩이처럼 나뒹굴었다. 잠덧에 윗목으로 내밀린 베개. 더듬어 도로 괼 때 시려오는 뒷머리. 오그린 몸을 덮치는 싸한 냉기. 따사로운 요때이 온기. 이부자락을 머리까지 덮어쓰고 잠에 도로 빨려드는 꼭두새벽. 얼어붙은 그림자. 붕붕 날아오르는 팔다리들. 그렇게 자다 깨다 잠을 설치는 사이에 검은 그림자는 내 그림자로 바뀌었다. 나뒹구는 팔다리는 내 팔다리로 바뀌었다. 밀린 베개가 저만치 떨어져나간 내 몸의 한쪽 같아서 기를 쓰고 더터 받치고 또 더듬었다. 그 사이에 뿌연 새벽빛이 창호에 스몄다.

서늘해진 요때이. 물먹은 솜뭉치처럼 무지근한 머리. 장지문 밖에서 울려오는 성가신 기척. 정지 앞 도가지에 쏴아, 물 붓는 소리. 소두방 끄시는 소리. 살강 그륵 달그락거리는 소리. 짤깍거리는 재통 소리. 요때이 밑으로 파고드는 동생의 팔다리. 껍디이 이파리가 볼끈 묶인 깡내이처럼 함께 밀리고 쓸리는 몸. 미지근한 방바닥. 온기를 그러모으는 꼽친 팔다리……내 팔다리. 안도감에 번쩍 눈을 뜨면 또 다른 꿈속이었다.

북적대는 햇살지기 사랑마리. 커다란 두레상에 둘러앉은 낯선 사람들. 푸짐한 밥상과 화사한 얼굴들. 담부랑 위로 목을 빼고 드다보는 동네 아지매들. 삽짝에서 찌웃거리는 동무들. 신이 나서 우쭐거리는 강새이. 덩달아 깍죽거리는 까치들. 날아갈 듯 말 듯 쉴 새 없이 포르락거리는 참새들. 터지는 웃음소리. 큰방마리에 앉아 흐뭇하게 내려다보시는 할무이. 활활 타는 한뎃부석. 단김을 풍기며 잘잘 끓는 노구솥. 부지런히 국과 찬을 나르시는 잔할무이. 정짓간에서 사랑마리로 바삐 오가시는 어무이. 그 활기찬 걸음새. 낭랑한 목소리……. 잠 깬 방 안으로 비쳐 드는 아침 햇살이 따사하고 눈부셨다.

114
천벌

날빛이 숙지고 그늘은 누지다. 짚동을 들어낸 눅눅한 땅바닥에 벌레들이 긴다. 흩어진 멜치 대가리 주위에는 개미장이 한창이다. 나는 줄지어 밀고 끄는 곰개미들을 따랐다. 눈을 좁혔다 벌렸다 하며 살피는 사이에 마음이 골똘하여 눈앞이 되려 얼풋하다. 남쪽 잎가지가 그러모은 햇살이 윗가지로 튄다. 일부는 그늘 속에 퍼지고 또 일부는 땅바닥에 둥긋이 나부라져 어른거린다.

춥춥한 그늘자리에 헛것들이 떠오른다. 얼어붙은 쥐의 오그라진 발. 얼어붙은 까마귀의 쭈뼛한 날개. 얼어붙은 고양이의 부릅뜬 눈깔. 얼어붙은 개의 앙다문 이빨. 얼어붙은 참새의 따글따글한 몸통……. 그 위로 그윽한 표정들이 얼비친다. 바지게를 걸치고 철둑을 넘던 남자나, 국숫집 비닐 휘장 옆에 하염없이 섰던 검정 코트의 남자나 그 표정이 똑같았다. 눈 내린 돌닥거리에 모여 선 거러지들이나, 오막살이집 댓돌에 앉은 터벅머리 꼬매이나 다들 눈빛이 한결같다.

그들은 깐죽대지 않고 화내지도 않는다. 소리치지 않고 껄껄 웃지도 않는다. 그저 가무살 탄 한여름 까치처럼 추레한 몰골로 엷은 미소를 던질 뿐이다. 잎진 겨울나무처럼 버석거리며 불그레한 울음기를 머금을 뿐이다.

땀기가 말짱 걷힌 등더리가 어실어실하다. 몸도 기분도 찌뿌둥하다. 뭔가 투덜거리고 싶은데 딱히 할 말은 없다. 이런 때는 입을 꾹 닫고 지나치면 되련만 이참에는 뒷머리가 서늘한 터라 우둘우둘한 마음에 겨워 맥없이 투덜거리고 말았다.

"문디겉이 베개가 자꾸 떨지 나간다." "으이?" "자다 보모 베개가 없고 또 자다 보모 없고……." "니가 몸부림 침시로 자꾸 우무우로 치키 오린께네 안 글나. 키 클라꼬 그라는 갑다." 어무이가 손수건으로 내 손을 닦으신다. "옴마, 문디뱅은 몬 나순느나? 천벌 받은 기라 쿠던데……에나가아?" "글캐." "걸베이도 벌 받은 기가? 아이재?" "글캐 말다. 선한 사람들이 와 벌로 받겄노? 다아 복 받을 끼다." 어무이가 손수건으로 부채질을 하신다. 하얀 손수건이 눈앞에 팔랑거린다. 하얀 눈이 가득 담겼던 끄실린 반합이 떠오른다. "옴마, 그란데에……너무 착하모 벌 받는 갑다, 그자?"

"니가 허한가배에?" 내 얼굴을 빤히 보는 어무이의 얼굴에 안쓰러운 빛이 가득하다. "선한 사람들인께네 난주 다 좋은 데로 가끼다." 철둑 너머에서 교회당 종소리가 울린다. 산들바람이 지나간다. 느티나무 잎가지가 가벼이 휘청거리고 푸라타나스 이파리들이 후르르 떨린다. 맑은 종소리와 잘강거리는 나뭇잎 소리가 초록그늘을 흔들며 널리 퍼진다.

할무이도 세상에는 악한 사람이 없다고 하셨다. 악해 보이는 사람도 원래 선한 사람일 뿐이라고 하셨다. 선한 사람이 나빠지지 않도록 나무와 바위가, 또 천지신명이 늘 감싸준다고 하셨다. 치성을 드리면 길도 밝히고 악귀도 막고 또 병도 나순다고 하셨다. 손이 귀한 집에는 아들도 점지하고 먼 길 떠나는 사람의 밤길도 장명등처럼 밝혀준다고 하셨다.

그래서 할무이는 정지나무를 나무님이라 부르고 바위를 바위님이라고 부르시나 보다. 그래서 하늘을 우러러 두 손을 비비며, 하늘님 하늘님……하시나 보다. 그래서 새벽 상에 볏짚 한 모슴 추려 얹고 정화수도 한 대접 떠 올리고, 우짜든 간에 칠년대한에 단비 오드끼……우쨌든 간에 구년지수에 해 돋드끼…… 하고 들릴 듯 말 듯 중얼거리며 그렇듯 지극정성으로 비손하시나 보다.

115
슬픈 나라

뉘엿한 햇살에 바람줄기가 길쭉해졌다. 종소리가 퍼지는 푸른 하늘에 어느

덧 불그레한 빛이 어른거린다. 남쪽으로 벋은 얄캉한 나뭇가지가 흔들린다. 그늘자리로 새어드는 빛줄기가 부드럽다. 하늘님은 어디 있을까? 착한 사람이 왜 벌을 받을까? 착한 사람은 왜 지금 벌 받고 후제 좋은 데로 간다는 걸까? 넘대도록 비손하지 않아서……너무 늦게 비손하는 바람에 그리된 걸까? 그렇다손 잡더라도 흉측한 얼굴이라니. 하늘님이 헷갈린 걸까? 그렇기로 흉측한 팔다리라니……무슨 꿍심일까? 용심일까, 심청일까? 교회당 종소리가 뚝 그쳤다.

마음이 가난한 사람이 행복하다는 말은 대체 무슨 뜻일까? 마음이 가난한 자는 복이 있나니……. 공일날이면 덕이 할매 집에서 사람들은 그렇게 중얼거렸었다. 방 안에 둘러앉아 머리를 조아린 채 십자가를 두 손에 꼭 모으고 요단강 노래를 불렀다. 그리고 나직이 흐느꼈다. 며칠 후 요단강 건너가 만나리……. 축담에 쪼그려 코고무신들을 만지작거리던 다근이가 울먹거리고, 마루턱에 걸터앉은 나도 장지문 안쪽을 바라며 숨을 죽였다. 덕이 할매의 가느다란 목소리와 수정 아지매의 여린 목소리에 귀를 쫑긋거렸다.

마음이 가난한 자는 복이 있나니 천국이 저희 것이라……. 어둑한 방에서 울려 나오는 구슬픈 가락이 뒤번져서 마음도, 가난도, 또한 천국도 한없이 낮고 한없이 슬펐다. 고요보다 더 고요하고 슬픔보다 더 슬픈 나라의 말처럼 느껴졌다.

며칠 후 며칠 후 요단강 건너가 만나리……. 눈물방울이 모여 출렁이고, 출렁이는 요단강은 그렇게 울음소리를 내며 흘렀다. 손에 잡힐 듯 가차운 안산 자락의 푸른빛이, 또한 살랑바람에 흔들리는 감나무 잎가지의 연초록빛이 울음 빛처럼 눈을 적셨다. 천국은 슬픈 나라일까? 슬픈 나라에는 슬픈 사람들만 모여서 행복한 걸까? 산들바람이 쓸어가는 하늘이 물비늘을 일으키며 출렁거린다.

사람들은 벌을 받아서 착해진 것일까? 호되게 벌 받으면 뽀사진 종이 당새이처럼 널브러진다. 뻣뻣한 윤곽이 흐물흐물해지며 그림자로 눕거나 물처럼 말갛게 흘러간다. 그래서 사람들은 미소에 울음기를 머금었을까? 혹시, 하늘님이 심심해서 장난질을 하는 것은 아닐까? 어쩌나 보려고 장난을 쳤다가 그게 미안해서 천당에 데려가는 게 아닐까? 천당은 하늘나라이다. 천당에 하늘님이 있기나 할까?

하늘에는 구름이 흐르고 바람이 불고 햇빛이 부서진다. 밤이면 어둠 속에 달이 뜨고 별이 빛나고 부드럽고 은은한 소릿결이 널리 퍼진다. 착한 사람들은 빛줄기에 섞여 반짝인다. 가난한 사람들은 소릿결을 타고 사운거린다. 착한 사람들은 바람을 타고 하얀 눈송이로 내린다. 가난한 사람들은 참았던 울음처럼 주르르 빗방울로 쏟아진다. 어무이가 보따리를 짜매고 논두렁길 쪽을 내려다보신다. 논두렁길은 도톰하게 느릿매 진 축대 비탈을 끼고 멀찍이서 철둑 옆길과 잇닿는다.

"……너무 착하모 벌 받다가 천당 가는 갑다." 종소리가 또 터지더니 다시 그쳤다. 뭉텅뭉텅 날아오른 종소리들은 어디로 갈까? 두르르 쏟아진 염소 똥이 땅에 스미듯 하늘에 잠기는 걸까? 저 푸른 하늘에 보이지도 않는 구멍이 있어서 그쪽으로 빨려드는 걸까? 아니면 눈부신 날빛 속의 얇부리한 꺼풀막 안쪽으로 스미는 걸까? 어무이는 중얼거리는 내 목소리를 못 들으셨나 보다. 치마폭을 다잡으시며 축대 비탈 밑의 논두렁길로 내려가신다.

116
도꾸마리

아지매들이 도란거리며 지나간다. 희고 푸른 보따리들이 봉긋봉긋하고 손에 든 장바구리들이 불룩불룩하다. 흰 치마저고리에 양산을 쓴 할매들이 타박타박 걸어간다. 송아지 한 마리가 요랑소리를 흩뿌리며 다가온다. 한 할매가 내 쪽을 보며 뭐라 중얼거렸는데 요랑소리에 귀가 팔려 못 들었다. 간늦가 고개를 돌렸으나 멀찌가니 흰빛 뒤태만 부실 뿐이다. 송아지가 쫄레쫄레 지나간다. 뒤따르는 할배가 고삐를 당기건만 송아지는 누가 후차오기라도 하는 듯 제물에 종종걸음이다. 새 동네로 팔려가나 보다.

송아지는 발씨가 설수록 무턱대고 서두른다. 그러다가 질래 못가고 비칠거리거나 갑짝시리 흰 눈을 치뜨고 뻗댄다. 가까운 철둑길 옆 동네라면 몰라도 멀리 정수나 장안리까지라면 한바탕 법석을 피우겠다. 그러나 할배는 고삐가 팽팽해질 때마다 걸음을 더 늦추며 단도리를 한다. 고삐를 바투 잡고 등짝에다 한 손을 올리고서, 어허 이놈! 하며 슬쩍 어루만져 주는 것이다.

저 송아지도 어두커니 눈을 떠 불안스레 뚤레거리겠지. 몇 날 며칠을 그렇게 선자리에서 안절부절못하겠지. 그러다가 할배의 기척과 손길에 익어지겠지. 그래 척하면 착으로 알아서 붚대는 몸짓도 구슬픈 울음소리도 언제 그랬나 싶게 가라앉겠지. 할배의 느긋한 팔자걸음이 흐뭇하다. 흰 바지저고리와 도드라진 탕건조차 푼푼하다. 한결 뜸해진 요랑소리는 철둑 옆길을 따라 딸그랑딸그랑 멀어져 간다. 멀리 산자락을 끼고 휘어지는 철둑길이 꿈틀거린다.

철둑 옆길이 다시 텅 비었다. 눈에 보이느니 길과 산과 들판뿐이다. 높푸른 하늘이 커다란 더깨 같다. 해가 꽤 뉘엿해졌건만 철둑 언저리의 날빛은 미어터질 듯 반짝인다. 고요 속에 귀 익은 소리가 웅웅거린다. 아까 몸에 잡혔던 요랑소리가 귀울음으로 풀리나 보다. 바짝 주의를 기울이자 실오리처럼 가녀린 소리가 솜에 물기 스미듯 허공 속으로 사그라져버린다. 나는 궁디이를 들썩 쳐들다 말고 도로 앉았다.

송아지가 사라진 철둑 옆길에 검정 보따리를 인 아지매가 나타났다. 달구어까리보다도 큰 보따리는 밑이 축 쳐져서 위쪽 얼굴을 다 가렸다. 느지막이 봄꼬치를 내러 가나 보다. 부풋한 보따리가 발걸음을 따라 일렁인다. 치맛자락에는 남자애가 도꾸마리 열매처럼 달붙었다. 업힌 얼라아는 자나 보다. 아지매가 왼팔로 남자애를 내치며 찌부둥한 보따리를 재빨리 잡아 치킨다. 쏠린 몸을 가누고서 연신 오른팔을 앞뒤로 내두른다. 남자애는 떨어졌다 붙고 두어 발짝 떨어졌다가는 또 달라붙는다. 푸라타나스 앞을 지날 때에는 아예 처뜨려진 두디이 끝자락에 대롱대롱 매달렸다. 한쪽 팔을 뻗댄 채 수그린 머리를 바깥쪽으로 꺾은 품이 잠질에 걷는 듯하다.

또다시 내쳐진 남자애가 엉거주춤 섰다. 멀거니 내 쪽을 보더니 뒤뚱뒤뚱 다가온다. 눈이 흠씬 젖은 걸 보니 내치 징징거렸나 보다. 볼록한 이마에 옴팡진 두 눈이 별나게 검다. 밑동생뻘은 돼 보인다. 기름직한 얼굴에 밤시이 같은 오시랑머리가 얹혔다. 조그맣고 애비촐촐한 몸인데 오똑하고 긴 콧날 탓인지, 아니면 조금 위로 쳐든 고개 탓인지 썩 오불져 보인다. 그윽이 잠긴 눈빛으로 보아 허투루 뗑깡을 부릴 것 같지는 않지만 가던 길을 삭둑 자르고 엉뚱한 쪽으로 내쏟는 걸 보니 똥고집이 만만찮겠다.

무턱대고 다가오는 게 뭐해서 나는 잔허리를 고쳐 앉았다. 뭐냔 듯 빤히 바라보는 내 눈길이 딴에 덜컥거렸나 보다. 서너 발짝 앞에 주춤 서서 내 얼굴만 말똥말똥 쳐다본다. 검정 보따리는 점점 멀어지건만 손가락을 입에 문 채 마냥 서 있다. 풍덩한 세타가 무릎까지 닿아서 병아리 우장 쓴 듯 우스꽝스럽다. 세타에 박힌 것이 촘촘한 무늰가 했더니 웬걸 도둑놈까시다. 도꾸마리 열매에다 끄시래이까지 빠꼼한 데가 없이 덕지덕지 붙었다. 산자락을 써려도 저 지경까지 붙을 택이 없으니 어디 길가 풀덤불에서 냅다 넉장거리라도 한 듯하다. 간간이 눈살을 모으며 쏘는 눈빛이 발랑 드러누워 목청을 돋우는 모습과 어불린다. 파란 다오다 주우가 강동해서 발목이 드러났다. 검정고무신 위로 새카만 발등이 도톰하다. 검정 보따리가 꽤 멀어졌다.

"니, 와 이짜아로 오노?" "……." "안 가고 머 하노?" 내 말을 듣는지 마는지 남자애는 그대로 섰다. 고양이 세수하듯 주먹손으로 얼굴만 거푸 문땐다. 갈 때가 되면 비미 알아서 가랴마는 슬슬 불안해진다. “안 가끼가? 느그 옴마 간다이?” 크게 소리를 질러도 여전히 그렇게 손가락을 물고 섰다. 코밑에 누런 코따까리가 앉았고 콧물이 한쪽 뺨으로 허옇게 말라붙었다. 짜증이 난다. “느그 옴마 니 나 뚜고 가삔다 안 쿠나. 퍼뜩 띠이가라.”

이쯤 했으면 즈그 옴마 쪽을 한 번쯤 쳐다보기라도 하련만 멀어지는 뒷모양을 힐끗거리는 것은 나뿐이다. 남자애는 머리를 꼿꼿이 세운 채 버티고 섰다. 보통이 세다. 한참 숨을 몰아쉬더니 얼굴을 일그러뜨리며 애살 잡힌 표정까지 내보인다. 왜 내 앞에서 요독이람? “와?” “…….” “와 안 가고 여어서 찡글티리노? 니, 지끔 내인데…….” “우리 옴마 아이다!” 쩔레쩔레 도래질 치며 애달시리 외치는 통에, 나한테 빌리준 게 있냐고 꼬려던 말이 잘려버렸다. 지천을 놓은 듯하여 속이 뜨끔하다. 그나마 말이 뎅강 잘려서 다행이다. 니가 내인데 머채애준 거 있나, 내한테 매끼난 거 있나, 보태준 거 있나?……이런 말들은 몹시도 되알진 말이라 들어서 담박 서럽고 내뱉고 나면 내치 찜찜하다. 그나저나 처머이부터 못 본 척할 걸 그랬나?

남자애는 그대로 길바닥에 쪼그린 채 입꼬리를 실룩거린다. 지 혼채 애닯다. 배슬배슬 밉상시럽다. “느그 옴마 아이라아?” 남자애는 아슴아슴해진 보따리 쪽을 힐끗 보더니 도로 내 쪽으로 몸을 고친다. 조금 위로 쳐들려 보이는 고개는 유달시리 튀어나온 디꼭디 탓이었다. “그라모 느그 옴마는 오데 있노?” 남자애는 옴팡진 눈만 깜박거린다. “얼라아는 머꼬? 니 동생 아이가?” “…….” “넘으 아안가배?” “내 동생 맞다!” “그라모 옴마는 와 느그 옴마 아인데?” “까자도 안 사준다.” “까자? ……까자 안 사 주모 느그 옴마 아이가?” “하모!” “까자마 사 주모 느그 옴마고?”

“우리 할매는 까자 사 준다.” “그라모 느그 할매한테 사도라 쿠라모?” “우리 할매는 산에 갔다.” “산에? 밭에?” “산에 갔다.” “산?” “우리 할배하고 산에 가서 언자 안 온다." "안 온다꼬? 와?" "산에 가삐서." "산에 갔는데 와 안 와?" "우리 할배가 산에 있인께네 우리 할매도 언자 안 오고……후제 온다." 울음기를 머금은 눈빛이 흐트러지기는커녕 다부 초롱초롱 빛난다. 울음 끝에 치어다보는 하늘의 그 별빛처럼 눈에 익다. 왕할무이 생각이 문득 떠오른다. 우리 왕할무이도 꽃새이를 타고 산으로 가셨다. 화창한 봄날에 종이꽃에 감싸여 가셨다. 어이 어어이, 서러운 울음소리를 따라 홀로 떠나셨다. 후제? 후……제……. 후제라는 말이 막막하다. 후제라는 말은 먹먹한 말이다.

부풋한 검정 보따리가 가물거린다. 곧게 벋은 철둑 옆길 위로 검은빛과 흰빛이 흔들거린다. "니, 멜치 주께 갈래? 대기 꼬시다." "멜치는 까자 아이다!" 딴에 또 입이 갖은가 보다. 불뚝성 부리듯 소리치는 남자애의 목청에 머리가 아프다. 그러니까 저게 즈그 할매가 우닫고 키워서 아무 데서나 넉삼이다. 어무이는 왜 안 오신담?

나는 철둑 옆길 아래로 펼친 들판을 내려다보았다. 어무이는 멀찌감치 논두렁 가운데 서 계신다. 갓 팬 오나락 이삭을 씨시시나 보다. 남자애는 여전히 궁디이를 물쿠고 앉았다. 나도 데배잇돌이 배기이서 몸을 내시어 흙바닥에 쪼그렸다. "여어 점빵도 없는데 까자가 오데 있노?" "우리 동네 가모 점빵 있다." "느그 동네가 오댄데?" "자내실." "자내실? 그라모 느그 옴마는 저리 가는데 니는 다부 집에 갈래?" "……." "저짜아 고개 너매로 따라가모 학교 앞에 거어 국화빵 판다." "……." "니, 국화빵 모리나?" "빵?"

남자애가 내 손끝을 따라 멀리 베랑 쪽 오르막길을 쳐다본다. 아지매가 철둑 밑에 보따리를 내려놓고 이쪽을 향해 섰다. "하모. 니 국화빵이 올매나 맛있는고 아나? 입에 드가모 살살 녹는다 고마." "……." "퍼뜩 느그 옴마한테 띠이가라. 사 줄란가 모린다 아이가." "안 사 주모오?" "니 옷에 도꾸마리 뗌시로 졸졸 잘 따라가모 아매 사 줄 꺼로? 묵구 접재?"

남자애가 또 주먹손으로 마른세수하듯 얼굴을 문댄다. 그만치 말했으면 저그나 궁디이라도 딸막거릴 만하건만 줄창 퍼대고 앉았다. ……외통수다. 후유! 언자 가든가 말든가 니 요량대로 해라, 내사 모리겄다. 도두앉았던 나는 데배잇돌에 다시 걸터앉았다. 보따리를 물팡에 올리고 불안스레 몸을 오그렸다. 팔다리가 노곤하다. 사운거리는 바람소리가 나른한 몸속으로 흘러든다. 가느다래진 잎가지들이 때깔을 잃고 흐리마리 나붓거린다.

117
낮꿈

철둑을 덮은 풀잎이 산들바람에 흔들린다. 멀리 베랑 비탈 위로 커다란 보따리가 둥실 떠간다. 매달린 남자애를 이끌며 휘휘 내두르는 팔짓이 날파람 소리를 낸다. 남자애의 얼굴이 밝다. 업힌 얼라아가 새근거린다. 보따리가 까마득한데도 남자애와 얼라아의 얼굴이 뚜렷이 보이는 게 묘하다. 꿈인지 생시인지 헛갈린다. 얼라아의 뽀얀 이마와 콧등에 눈길을 쏟는 사이에 보따리가 허공으로 부웅 떠오른다. 흰 보따리다. 보따리가 바뀌었다. 내가 안은 보따리가 검다. 그런데도 이상하다는 생각이 들지 않는다. 그게 이상하다. 보따리들은 그대로고 색깔만 바뀌었나? 보따리는 원래 색깔이 없고 내가 검게 보면 검정색이고 희게 보면 흰색인가? 크기는? 크기도 그리 여기는 대로 바뀌나? 안은 보따리를 툴툴 털자 얼라아의 얼굴로 바뀐다. 얼라아의 얼굴이 남자애의 얼굴로, 다시 내 얼굴로 바뀐다. 내 얼굴과 다르게 보려고 눈살을 모으며 안간힘을 쓸수록 초점이 흐리다. 희미해진 얼굴 위로 불그스름한 하늘이 여울물처럼 빙그르르 돈다. 얼라아도 남자애도 눈앞에서 사라져버렸다. 나도 보따리도 없다. 나는 어디 갔담?

남자애가 나타났다. 농짝을 걸쳐 올린 시렁 밑이다. 봉창을 가린 채 웅크려 앉아서 북적대는 밥상머리를 보고 있다. 울상이다. 니, 와 그라고 있노? 귀에 익은 목소리다. 풀석대는 봉창으로 스미는 냉기에 뒷등이 시리다. 내 뒷등이 시린 것이다. 홀로 웅크린 게 그 남자애가 아니라 수까락을 쥔 채 나앉은 나다. 할아부지가 남은 밥에 숭냥을 붓자마자 울컥 서러워진 것이다. 할무이가, 아아들 밥을 한오쿰 재지 볼 꺼 아이가? 하며 내 쪽으로 다가오신다. 수북한 쌀밥 한 수깔이 희게 빛난다.

느닷없이 방 안이 텅 빈다. 대청에서 웃음소리가 터져 난다. 할무이의 목소리가 도두들린다. 내또라. 자아가 또 재작이 나는가배? 빈 방이 휑뎅그렁하다. 홀로 앉은 남자애가 다시 보인다. 웃목에 잡힌 고매 모판이 보인다. 웃자란 줄기에 달린 이파리들이 파릇파릇하다. 층층이 얹힌 누에채반에서 빗소리가 쏟아진다. 울먹거리던 남자애의 얼굴이 환해졌다. 도두보이는 얼굴이 내 얼굴이다. 내가 내 표정을 보다니 신기하다. 봉창으로 스미는 날빛이 눈에 부시다.

키 작은 아아가 화판을 번쩍 들고 나를 째려본다. 존만한 새끼야! 앞서가던 키 큰 아아들이 우르르 후차온다. 나는 도망친다. 얼결에 화판 속으로 뛰어들었다. 파스텔로 죽죽 그어 놓은 산자락에 내가 서 있다. 노란 꽃무리 속에서 얼굴이 뽀얀 아아가 번쩍 나타났다. 산자락이 흔들거린다. 알록달록한 베신이 반짝인다. 나뭇가지에서 하얀 파스텔 가루가 함박눈처럼 쏟아진다. 남자애의 입가에 아이스크림이 잔뜩 묻었다. 남자애가 환하게 웃으며 손수건으로 입가를 닦아낸다. 손수건을 떼자 남자애가 아닌 여자애다. 뜬금없이 내 고무신을 야리며 이죽거린다. 치, 꼬푸도 몬 묵는 기……. 고무신과 꼬푸가 무슨 상관이람? 골똘해진 사이에 여자애는 줄행랑친다. 발자국 소리를 울리며 산모롱이로 사라져버렸다.

대장간 남자애가 너럭돌 앞으로 걸어온다. 떱떠름한 표정이다. 지 눈에는 내가 안 보이나 보다. 나는 어디 있담? 나는 두리번거린다. 화판 속이 아닌 듯하다. 나는 나를 찾아서 두리번거린다. 눈앞에 똥메 언저리만 가득하다. 은사시나무 잎가지가 흔들린다. 너럭돌 위에 놓인 봉다리가 꿈틀거린다. 봉다리 속에서 뭔가 섬뜩한 것이 튀어나올 것만 같다. 불안하다. 남자애가 봉다리를 노려보더니 뻥 차버린다. 빵 봉다리가 하늘 높이 날아오른다. 국화빵들이 빙그르르 돌며 똥메 너머로 날아간다. 내 몸이 국화빵과 섞여서 함께 난다. 으아아아아…….

118
초록 이빨

"이짝 논은 똑 올나락을 심니라." 어무이 목소리다. 번쩍 눈을 뜬 나는 허리를 폈다. 스르르 잠에 빠졌었나 보다. 잇따른 꿈이 뒤죽박죽 흐트러져 머릿속이 멍하다. 눈앞이 기우뚱하다. "하이고 무시라. 이고 업고 걸리고 고마." 어무이의 눈길은 멀리 베랑 여울 쪽 오르막길을 향했다. 검정 보따리가 느릿느릿 떠간다. 척 걸쳐진 비탈에 보따리와 몸이 찍혀서 아지매가 보따리를 쇠똥구리처럼 위쪽으로 밀어 올리는 듯하다. 남자애는 두어 발짝 떨어져서 고무줄에 당기듯 이끌린다. "아아로 오데 맽기든가 안하고. 디숭시럽그로 잣아서 고생이다. ……쪼깬 더 자지 와?" 어무이가 치맛자락을 감아쥐신다. 반질한 돌판에 손수건을 깔고 걸터앉으신다. "여어다 펭상을 하나 갖다낳이모 좋을 낀데." "옴마……." "니가 덴 갑다, 눈 좀 더 붙이라. 꼬치로 아침질에 안 내고 와 가리늦가 가꼬? 아아꺼지 달고 저래가 마산꺼정 우찌 갈란고?"

"옴마, 그란데에……가죽가방 멘 아아가 꼬푸로……." "가방 멘 아아가 와?" "그……지내가던 아아가 내보고 막 욕을 하더라." "으이? 욕을 하다이? 배끼 닐로 와?" "지 머리 때릾다꼬." "때리다이?" "키 큰 아아가 꿀밤 때맀는데 내보고 때렸다꼬." "온제?" "꿈에." "꿈?……개안타 고마, 꿈에는 벨 기 다 비이 쌓니라." "대장간 아아가아, 빵 봉다리로 차삐더라." "아이가, 그리하는가아? 가아들은 착하니라." "돌뻬이 우에 있는 거로 축구공맨키로 차삔께네……." "안 그란다. 길갓집 아아들이 난하고 부랑니마는 가아들은 얌전니라. 꿈은 반대라 안 쿠나. 마싰기 잘 무웃시끼다." "빵 차삔께네 내도 붕 날라가던데?" "니가 허해서 안 그란하나." 어무이는 물끄러미 내 얼굴을 보고는 내 앞머리를 쓸어 올리신다.

"허하모 벨시린 꿈이 다 꾸인다. 밥을 마이 무우야 대낀데 날이 풀리모 고마 입이 짜리이……." "옴마. 시금치 묵구 접다, 전애하고." "날이 좀 선선해지야 안 나나. 아아가 와 똑 시금치하고 전애마 찾으꼬? 가을에 태이서 그라까? 마음이 야물어야 몸도 야물지마는 우선에 몸이 야물어야 마음도 야물재. 몸이라 쿠는 기 그륵 아이가. 그륵이 야물어야 마음도 온전채. ……백일기침 할 때 퍼뜩 나술 낀데 고마 때로 늦차가 그란다. 무시라 무시라, 그때는 우찌 그리 때꺼리도 없던고. 또옥하이 쌀두지 바가치 긁는 소리가 다 나고, 죽으나 사나 머얼건 풀때죽 겉은 씨락국밥에……. 면소땀 약바아 원기소로 갖다났다 쌓더마는……."

어무이는 문득 생각난 듯 또 논두렁길 쪽 비탈로 다가가신다. "하이고오, 이 바라아. 새 이파리가 빨쭘하이 핀다. 볼그무리하이 빛깔도 참 곱다. 옴마가 안 글 쿠더나. 옴마 말이 맞재?" 나도 자리를 털고 길둑의 대추나무 앞으로 다가섰다. 성성한 덤부레이 위로 홀로 선 그 대추나무다. 거뭇한 가지에 손톱반달 같은 새잎이 돋았다. 새잎 언저리에 연초록 잎눈이 촘촘하다. 주뼛주뼛한 나뭇가지에 생기가 돈다. 초록 이빨이 반짝인다. 대추나무는 긴 생각을 언자사 끝냈나 보다. 그래 주저주저 웅크렸던 마음을 좍 펼쳤나 보다. 올해도 직심껏 열매를 달고 잘강잘강 맑은 소리를 내려나 보다.

119
원기소

"여름에 좋다쿠는데 무우보까? 보자오내!" "……머하그로." "원기소 안 묵구 접나?" 어무이는 도로 돌판에 앉아 내 얼굴을 빤히 보신다. 의아하다는 표정이시다. 원기소라면 본 적이 있다. 먹어본……얻어먹어 본 적도 있다.

어느 날 저녁답인가 바로 해 질 녘인가 병근이 헤이가 불쑥 내밀었다가 입에 탁 털어 넣었던 그 알갱이다. 내처 손바닥에 뱉어서 눈앞에 내보였던 희끄무리한 알갱이다. 병근이 헤이는 그때 내 얼굴을 힐끗 보고는 씨슥씨슥 웃으며 제 입으로 빨아 넣었었다. 나는 말로만 듣던 원기소를 처음 본 데다가 그 동작이 재발라서 얼떨떨했다. 양 볼을 불룩거리며 으적으적 씹는 꼴을 보고서야 족히 한 줌은 되는 것을 혼자 먹나 싶어 섭섭했지만, 내밀었다가 입에 넣고 또 지르르 침 발린 것을 내보이고는 도로 입에 넣는 그 짓이 우선은 잔뜩 불쾌했다.

헛간에서 짜구로 핑비를 깎다가 짜증이 났던 나였다. 이쪽을 깎으면 저쪽으로, 저쪽을 다듬으면 이쪽으로 자꾸만 삐뚜름해져서 화닥질이 났던 나였다. 고오매처럼 뭉툭해진 핑비를 내팽개치고 터덕터덕 사립문을 나선 터였다. 청솔가지 때는 연기가 풍겨 허기를 부추기는데도 집에 갈 마음이 내시잖고, 또 달리 갈 곳이 없어 돌닥거리서 그렇게 궁싯거리고 있던 참이었다. 먼발치에 병근이 헤이가 나타나자 활짝 반가웠던 나로서는 그 지자구가 단순한 장난이 아니었다. 뭔가 뭉개지는 느낌? 뭔가 미진하여 웅크렸던 것이 좋이 부풀다가 툭 터지는 느낌? 아무튼 불쾌감에 실망이 겹쳐 울컥거릴 지경이었다. 주기 싫으모 지 혼채 곱기 무울 예기지……. 아무리 성가신 일이 안칠 때 거들어주는 헤이지만 좀 심했다. 가끔씩 말기주거나 또 심심찮게 놀아주는 헤이지만 너무한 거 아이가. 붉재? 붉재? 하는 쪼로 눌로 야룬는 기가 머꼬, 추접그로!

그렇다고 내가 데기 이날 정도로 삐낀 것은 아니다. 낙담에 겨웠던 마음은 연에 가라앉았다. 왜냐하면 상천이 헤이 꽁무이를 따라다니는 병근이 헤이의 안쓰러운 모습이 비쳤기 때문이다. 병근이 헤이는 그 머리, 평소와는 달리 표가 나게 씨쓱해졌고 발걸음조차 허둥거렸다. 홍골 상천이 헤이 앞에서는 더욱 그랬었다. 상천이 헤이의 불룩한 갬치에 든 것이 원기소일 터였다. 상천이 헤이 집은 부잣집이다. 라듸오가 딸린 전축이 있고 커다란 오오토바이도 있고 처음 보는 신기한 것들이 쌨다. 아, 그 무지개. 그 깔깔한 물조리.

은빛으로 반짝이는 물조리개. 상천이 헤이가 양손에 잡고 휘휘 내두르면 무지개가 번쳤었다. 낮추 떠서 맴돌던 짤래비들이 날쌔게 흩어졌다. 왼쪽으로 내둘러도 오른쪽으로 내둘러도 무지개는 터진 박에서 색종이 쏟아지듯 새어 나왔다. 무지개는 물방울과 함께 텃밭에 스몄다. 그래서 상천이 헤이즈그 텃밭에는 초여름이면 빨간 목당화가 피고, 목당화가 지고 나면 또 작약 대궁 끝에 커다란 함박꽃이 불쑥불쑥 번다. 눈 내리는 겨울이면 앙상한 목단 줄기가 눈꽃을 달고 총총하게 솟아오른다. 무지개가 스미지 않았다면 그럴 리 없다. 나는 그렇게 생각했다. 그리고 아무한테도 말하지 않았다.

생각을 다 말할 수는 없는 노릇이다. 말로 할 수 없는 생각도 있고 말로 나타내면 그 순간 시들어버리는 생각도 있다. 무지개는 그런 것이다. 남에게 말하고 나면 금세 문적문적 스러진다. 그러면 헛헛해서 슬퍼지고야 만다. 옆에서 좋아라 뒤뚱거리던 상일이도 그걸 알았을까? 그래서 환한 얼굴로 텃밭을 바라는 나를 흐뭇이 쳐다만 보았을까? 그날부터 그 널찍한 텃밭은 전혀 다른 때깔로 비쳤다. 꽃이 여느 꽃과 다르고 눈밭이 여느 눈밭과는 달랐다.

아무튼 상천이 헤이는 도회지 아이들처럼 원기소를 먹는다. 병근이 헤이 집에는 라듸오가 없고 자전차도 없고 신기한 것이라곤 하나도 없다. 곱돌이 있긴

한데 그건 나만 없지 어지간한 헤이들은 다 가진 것이라 별것 아니다. 병근이 헤이는 그래서 원기소를 졸졸 따라다닌다. 인이 백이면 끊기 어려운 것이다. 없는 것에 어쩌다 인이 백이면 꼴이 말이 아니다. 병근이 헤이의 당찬 모습이 되살아난 것은 내가 원기소 일을 잊어버렸을 때이니 그로부터 날짜가 꽤 꺾인 뒤이다. 동무들과 찬물에 사카린을 타서 마시거나 미숫가리에 설탕을 섞어 먹는 재미에 빠진 탓도 있지만, 원기소를 먹어본 동무도 없는 데다가 아예 원기소를 듣도 보도 못한 동무들이 태반인지라 지질로 잊혔던 것이다. 사실은 그저 잊힌 게 아니라 그러구러 잊어버린 척했던 건지도 모르겠다.

동무들 앞에서 원기소를 보았다고 말하고파 입이 근질거릴 때가 있었다. 본 게 뭐가 그리 대수냐 싶어서 아예 원기소를 먹어보았노라고, 또 한술 더 떠서 우리 집에는 원기소가 한 푸대나 있노라고 자랑하고픈 생각이 불쑥거릴 때도 있었다. 차마 뱉지는 못하였지만 그게 거짓말인 탓에 말 누름을 한 것은 아니다. 입이 딸막거릴 때마다 손바닥에 뱉어 낸 원기소가 떠올랐다. 그 기억은 나를 초라하게 했다. 그런 불쾌감을 제치고 원기소를 먹었다느니 집에 있다느니 하는 거짓이 꼬리를 물고 혀끝에 맴돌 때마다 울적하고 곤혹했다. 그 참담함이 원기소 생각을 억지로 눌렀는지는 모르지만, 원기소를 먹어보았고 집에 원기소가 있다는 착각을 나는 어느새 당연한 사실처럼 여겼다.

그러던 중에, 병근이 헤이의 예전처럼 당당한 모습과 함께 원기소는 다시 실지로 다가왔다. 동무들과 돌닥거리의 구루마를 오르내리며 신나게 놀던 때다. 병근이 헤이는 엉뚱하게도 모장골에서 어깨를 지딱거리며 내려왔었다. 평소의 모습 그대로 발걸음이 힘차고 그 표정이 환했다. 한동안 얼굴 보기가 어려웠던 터라 반가웠지만 병근이 헤이가 갬치서 꺼낸 손을, 아나! 하고 쑥 내밀 때에는 뜨끔했다. 눈앞에 생생히 꼬물거리는 알갱이들이 마음속의 삼삼한 착각을 뭉개버렸다. 나는 원기소를 먹어본 적이 없고 집에 원기소가 있지도 않은 것이다. 여럿 가운데 거짓에 잡힌 나를 찍는 듯하여 당황스러웠다. 불쾌한 기억이 되살아났다.

“무우바라.” 나는 잔뜩 얼굴을 찌푸렸다. “니나 무우라!” “뱉안 거 아이다.” “…….” “저분 때는 에나 니 줄라꼬 캤는데……우짜다 글 대삤다.” 내 손바닥엔 현미딩기처럼 노리끼리한 원기소 한 주묵디이가 얹혔다. “오데서 났노? 또 얻은 기가?” “아이다. 다마캉 바깠다.” “몇 개?” “싹 다.” “싹 다? 그라모 언자 다마치기 우찌 할라꼬?” “오야다마 하나모 댄다. 붙었다쿠모 바리 따삔다 아이가.” 병근이 헤이는 굵직한 오야다마를 내보였다. 그러고는 자신만만하게 웃으며 불룩한 한쪽 주우갬치를 툭툭 쳤다. 유리다마 소리가 절걱거렸다. 암만캐도 모장골 성도 헤이의 다마를 싸그리 따버렸나 보다.

잠깐 머무적대던 나는 원기소를 한입에 털어 넣고 빠득빠득 씹었다. 달짝지근한 맛이 입속에 퍼졌다. 흐뭇흐뭇 웃는 병근이 헤이의 표정에 머쓱해진 나는 한참 씹다 말고 중얼거렸다. “그라모……니이? 니는?” “무우라. 또 다마캉 바꾸모 댄다.” 달짝지근한 맛이 가시고 새금하고 쿰쿰한 맛이 입에 찼다. 처음 맛보는 원기소건만 마치 물리도록 먹은 뒤끝처럼 떠름했다. 나는 먹어보기도 전에 이미 원기소에 질렸었던 것이다.

120
마음자리

어무이는 그런 원기소를 사주려고 하신다. 어무이가, 보자오내! 하시면 이미 마음을 단다이 굳히신 것이다. 그게 아니라면, 우째보꼬? 우짜모 좋겄노? 라거나 썩 드물기는 하지만, 가마있자……가마있거라 보자, 하며 잠깐 기색을 거두셨을 것이다. 그런데도 내가 떨떠름하게 대답한 것은 불쾌한 기억 탓이 아니라 예기치 않은 원기소가 덜컥 잡히자마자 머릿속이 꽤 복잡해졌기 때문이다.

원기소가 없을 때에는 원기소가 있노라고 자랑하고픈 마음이 일었지만 정말로 원기소가 있다면 자랑할 마음이 사그라질 것만 같다. 나는 원기소를 생쥐처럼 숨어서 먹어야 할까? 마구 입에 틀어넣고 으지적거려야 할까? 아니면 갬치에 넣고 다니며 여기저기 뿌려야 할까?

원기소를 따라다니던 병근이 헤이의 추레한 모습이 떠오른다. 씨슥거리며 허둥대는 그 모습이 서글펐었다. 병근이 헤이는 그래도 다마를 잘 치므로 다마와 원기소를 바꿔서 다시 당당해졌지만……다마가 없는 동무들은 어찌할까? 다마를 몽창시리 꼴은 성도 헤이는 또 어디서 다마를 챙길까? 밝은 햇살이 쏟아지면 모두 다 반짝거린다. 흰 눈이 내리면 너도나도 신난다. 강새이조차 좋아라하며 깡충거리고 까치들도 날개 끄티이를 치키며 즐거이 깍죽거린다. 그러나 원기소는 하늘에서 쏟아지는 게 아니다. 원기소는 비싸다. 원기소는 귀하다. 원기소는 돌고 또 돌며 누군가를 허둥대게 하고 불쾌하게 한다. 원기소는 모두를 슬프게 만든다.

원기소를 먹고 싶지 않다. 그런데 갖고는 싶다. 까맣게 잊었던 원기소가 마음 한구석에 가래토시처럼 멍울졌다. 뭣에 씨인 듯이 달뜬 기분에 눈앞이 희끄무리하다. 원기소가 없으면서 있는 것으로 착각했던 헛헛한 마음자리가 되살아난다. 착각이 사실처럼 굳어지면서 나는 원기소로부터 자유로웠다, 잠시……. 그래 원기소가 실지로 눈에 잡히는 순간 곤혹했었다. 이제는 머릿속에서 빤질빤질한 알갱이가 멋대로 조잘거린다. 느그 옴마가 사 준다 쿠는데 무우라모 와. 나는 원기소를 갖고 싶다. 원기소가 갑짝시리 따글거린다. 니, 와 그라노? 묵구접으모 고마 무우모 댈 꺼 아이가. 나는 먹고 싶은 게 아니라 갖고 싶을 뿐이다. 니, 애나로 쿠나 부로 쿠나? 나는 먹고 싶을값에 그냥 갖고 싶을 뿐이라고 웨고 싶다. 원기소 알갱이들이 일제히 빙글거린다. 묵구 접어서 갖고 시푼 긴께네 그기 그거 아이가? 와 잦아서 굴심이고? 꽉 찬 머릿속이 지끈거린다. 울컥 썽이 난다.

"와? 벨로가?" "……." "와 이리 새 기 안 땡기이꼬? 궁금해서라도 끌리니마는 똑 묵던 거마 무울라쿠고 와 이러꼬?" "미숫가리로 맨든 거 아이가?" "귀한 약을 우찌 미숫가리로 맨드는고? 큰 기 있고 작은 기 있다쿤께네 우서내 쪼깬은 거 한 베이 사가 무우 보자. 기섭이도 미이고." "기섭이도?" "비타민 영양제라 안 쿠나. 니 어질머리에도 좋고 키도 잘 큰단다." "키도 커?" "하리 몇 알썩 내치 무우모 빨리 큰다 안 쿠나." "얼라아도 묵나?" "하모." "우리 시야는 안주이도 안 났는데 우찌 묵노?" "싹싹 갈아가 물에 타가 미인다 아이가." 갑자기 눈앞이 탁 트인다. "옴마. 그라모 큰 거 한 베이 사자. 시야 빨리 크그로"

121
뿌리

어무이는 보따리를 무릎에 올리고는 활짝 웃으신다. "기섭이도 아아 크라꼬 옆에 가가 부채질로 해쌓더마는 니도 동생이 빨리 컸이모 시픈가배?" "서이서 졸졸하이 놀로 대이그로." "글캐. 우짜든 간에 난주 커서도 우애롭기 지내야재. 할무이가 늘 말씀하시는 기 형제간 우애 아이가. 형제지간에 몬 지내모 넘도 시푸기 이이니라. 그래도 느그는 집안 물래로 보나따나 후제 어른이 대도 잘 지낼 끼다. 아재들로 바라. 우아래로 총총하모 싸와쌓니마는 배다린 형제찌리도 서리 올매나 우닫는다꼬."

텅 비었던 베랑 비탈길에 한 무리의 사람들이 또 몰려 내려온다. 일어설 듯 보따리를 다잡던 어무이는 도로 몸을 가누며 내 얼굴을 빤히 보신다. 눈빛이 그윽해지셨다. 마음 뿌리가 몸에 닿고 몸의 뿌리가 마음자리에 닿는다는 그 말을 하시려나 보다. "뿌리가 중한 기다. 다 죽은드끼 비이도 뿌리가 실하모 온젠가는 사알난다 아이가. 싹도 나고 잎도 나고 꽃도 곱기 피고. 때가 대모 열매도 달리고 세사 올매나 좋노. 사람도 다릴 끼 없다. 사람도 뿌리가 야물모 풍파로 만내도 꿋꿋하고 눈이 오나 비가 오나 생기가 도는 기라." 어무이의 그윽한 눈빛이 단호해지셨다. 또 굳은 심지를 가다듬으시나 보다. 나는 먼 비탈 쪽을 힐끗거리던 눈길을 거두었다.

"옴마. 나도 뿌리가 있재?" "하모. 사람도 다 지 뿌리가 있다. 한 가문에 태있이모 그 집안이 지 뿌리 아이가. 성이 다린 여자도 시집가모 그 집안사람이 대는데 성을 받았시이 말할 끼 머있노 말다. 사람이 지 뿌리로 모리모 짐승하고 다릴 끼 없다. 조상님들이 다 내리다보신다 아이가. 그란께네 지 몸띠이라꼬 지 맘대로 하는 기 아이라. 그랄 빼끼사 본이 와 있고 성이 와 있겼노? 알재, 본? 지사 지우 씨실 때 할아부지가 다 글차 주시재?"

"어으. 저분때 지우로 내가……." 나는 불쑥 튀어나오는 말을 눌렀다. 어무이가 이렇듯 그윽한 눈으로 내 얼굴을 보실 때에는 나도 모르게 숨을 가누게 된다. 그리고 튀어나오는 말을 멈추고 생각을 가다듬게 된다. 더구나 어무이의 목소리에 단호함마저 풍긴다면 뭔가 대견하고 자랑스러운 것이 내 안에서 솟아나야만 하는 것이다. 아니면 어무이의 얼굴에 그늘이 지고, 그러면 또 슬픔이 차올라 내 눈앞이 제사 끝에 소지한 지우 재처럼 까막까막해질 터이다. 나는 숨을 깊이 들이키며 허리를 곧추세웠다. 몸의 자세가 마음 자세다. 마음이 바람에 땡기이는 연줄처럼 팽팽해진다. "하모, 안다. 본, 본관!"

"니 성이 머어꼬?" "정가예." "이름이 머어꼬?" "상섭입니더." "니 본이 오데고?" "해주예. 수양이라꼬도 쿱니더. 그라고……." "그라고?" "내 동무들도 다 똑같십니더. 홍골에 고야도 해주고, 뒷집에 창섭이도 해주고, 큰집에 두그이도 해주고, 그 이우지 현우도 해주고, 정지나밑에 태정이도 해주고, 덕이 할매 집

다그이도 해주고, 황골 아지매 집 웅그이도……또…….” “아이구나, 또?” “외서이하고 국희도 해주고, 또…….” “댔다.” “절골에 겡섭이도 해주고, 옆집에 병그이 헤이도 해주고, 또…….” “고마 댔다. 만다 그리 다 들미이 쌓노.” “……싹다 해주라예.” “그라모 부친 성함은 머시고?” “종자 근자 씨십니더.” “조부님 함자가 우찌 대노?” “태자 식자 씨십니더.” “증조부님 함자는?” “중자 석자 씨십니더.” “고조부님 함자는?” “준자 교자 씨십니더. 그라고 호가 만산이십니더.” “하이구나, 잘한다. 학교 가모 공부도 저리 잘해야 대낀데.” “그라고 또, …….” “또?” “우리 외할아부지는 원자 병자 씨십니더. 외증조할아부지는 승자 완자 씨시고예.” “하이고 안다이다. 댔다 고마. 외갓집 어른들꺼지는 안 묻니라.” “와?”

“외갓집은 옴마 집안인께네 본마 알아도 댄다. 알고마 있어라이?” “와 안 물어보는데?” “법이 글타.” “법?” “옛날부터 법도가 글타 말다. 외가 쪽이 안 중해서 그라는 기 아이고 친가가 더 중해서 그런 거 아이가. 매사 그리 알아라이?” “옴마하고 할무이 이름은?” “옴마하고 할무이 이름꺼정 누가 물어보는가, 본하고 택구마 묻지.” “택구?” “택호 말다.” “택호?” “택호로갖다가 택구라 안 쿠나. 그란께네 여자가 동네로 시집오모 택구로 안 정하나. 즈그 친정 어른들이 미리 지이 주시모 그거로 씨고, 안 그라모 동네 아지매들찌리 서리 의논해가 지이준다 아이가. 친정 본관도 씨고 본이 겹치모 다리기 친정 동네 이름도 붙이고 하니라.” “옴마는?” “옴마는 사봉이나 모곡으로 할라 캤는데 용암에 하매 사봉 아지매도 있고 모곡 아지매도 있디이라. 그래가 본을 따가 밀양으로 붙있다 아이가.”

“할무이는?” “할무이는 수실로 안 씨시나. 알재? 고성 수실 말다. 서원 동네 알재?” “안다, 수림서원. 할무이가 후제 크모 가보라 쿠시더라.” “글캐. 택구로 안 불러 주모 고마 사람이 기가 죽니라. 그래가 택후로 불러 도라꼬 떡도 찌가 돌리고 난리 아이가. 글캐도 타성받이는 택후로 안 지이 주고 택후가 있어도 잘 안 불러주니라.” “옴마. 언자 택구도 해보께.” “……고마 가보자.” 어무이가 보따리를 안으신다. "옴마. 저분때 지우로 내가 태았다. 버르르 탐시로 재가 대가 날라가더라." "니가?" "길수 아재가 내보고 태아보라 캐가." "아이가, 불낼라꼬……. 두 손으로 받치가 정성시리 태아 올리야 댄다이?"

무리 진 사람들이 푸라타나스 앞을 지나간다. 희고 검은 보따리들이 둥실둥실 떠간다. 불룩한 검정 장바구리가 얄랑거린다. 네댓 발 떨어져 걷는 지게꾼들의 걸음새도 할랑하다. 빈 지게에 얹힌 망태이가 당실하고 지겟가지에 걸쳐진 바작대이가 삐죽하다. 그 틈에 새딱한 지게 하나가 번쩍인다. 나뭇짐을 내다 팔아 새로 장만했나 보다. 지겟가지에 깔깔한 나이롱 밧줄 한 타래가 걸렸다. 발걸음을 따라 얄랑거리며 연붉은빛을 내뿌린다.

122 하늘 궁전

"용암 사람들이 안 비이네?" 어무이는 보따리를 머리에 이며 앞장서신다. "저분 장날은 집집이 자아 간다꼬 난리더마는 오올은 한 집도 안 옷는 갑다." 나는 머릿속에 딸각거리는 말들을 모깃소리로 풀어내며 뒤따른다. ……우리 어무이는 밀양 박씨입니더. 우리 외갓집은 사봉리 모곡인데 어무이 택구는 밀양입니더. 우리 할무이는 달성 배씨고 택구는 수실입니더. 고성 수실에 가모 우리 진외갓집이 있십니더. 거게 수림서원도 있고예. 우리 잔할무이는 진양 정씨고 비실이 친정입니더. 택구는 진주고예. 그라고 우리 왕할무이는 또……. 빤히 내 얼굴을 내려다보시던 왕할무이의 촉촉한 눈빛이 어른거린다. 왕할무이의 택구가 떠오르지 않는다.

"옴마. 왕할무이는?" "또 송림 할무이 생각나나?" "강밥 냄새 난다. 홍시하고 유과 냄새도 나고……. 신문지에 돌돌 말린 거." "좋은 데 가시가 잘 지내실 끼다." 어무이가 먼 하늘을 바라보신다. "하늘 궁전에 사시는가 바다 용궁에 계시는가. 송림 할무이, 송림 할무이. 우짜든 간에 부처님 가피 받아서 편키 잘 계시이소오." 나직이 중얼거리시는 어무이의 얼굴에 연한 볼그늘이 드리웠다. 덩달아 하늘을 우러르는 내 몸이 바람에 불릴 듯 낭창하다. 연초록 들판과 짙푸른 산등 위로 퍼지는 부드러운 날빛에 발걸음이 한결 가볍다. 가뿐한 마음이 흰 구름처럼 둥실거린다.

철둑과 흙길이 왼편으로 우긋한 산자락을 끼고 휘어진다. 산비탈에 부픗한 아카시아 덤부레이가 물방울을 떨구며 가벼이 흔들린다. 이쯤에서 여우비가 졸금거렸나 보다. 뉘엿한 햇살을 받은 풀숲에 불그레한 기운이 돈다. 부픈 벳바람이 풀숲을 헤치고 철둑을 쓸며 푸른 들판으로 달려간다. 낮아진 철둑의 너머로 자내실 골짝이 보인다. 작은 앞들이 남실남실 바람결에 분답다. 어무이를 뒤따르던 나는 훌쩍 철둑 위로 올라섰다.

곧게 벋은 철로에 햇살이 가득하다. 눈을 게슴츠레 뜨고 멀리 또 가까이 두루 살펴도 아지랑이가 보이지 않는다. 바람이 온종일 달뜬 아지랑이를 다 걷어갔나 보다. 멀리 철둑길 위로 트인 하늘이 물비늘처럼 반짝인다. 저 높은 하늘 궁전에 못 미쳐서 바람은 또 몰아가던 은빛 아지랑이를 허투루 놓아버렸나 보다. 여기저기서 새소리가 들린다. 뒤쪽 풀숲인가 하면 철둑 쪽이고 옆쪽 풀덤불인가 하면 앞들 안쪽이다. 어디랄 것 없이 튕기듯 요란하더니 금세 고요하다. 불그레한 날빛이 스미는 초록그늘에서 새들은 일찌감치 깃을 쉬려나 보다.

단 숨을 식히는 철둑길이 딱갑다. 고무신에 밟히는 잔돌이 곤지랍다. 자갈 위에 나란히 얹힌 검은 침목 사이로 파릇한 풀포기가 자랐고 굵은 자갈돌이 튕겨난 갓쪽에는 민들레꽃이 피었다. 하얀 꽃씨를 얼마쯤 놓아버린 대궁이 하늘거린다. 반쯤은 날파람에 불려가고 반쯤은 다음 바람줄기를 기다리나 보다. 더 길쭉한 바람을 타고 더 멀리 가고픈가 보다. 대궁 아래 납작 엎드린 노란 꽃송이들이 풀덤불의 좀그늘에 젖어 함초롬하다.

나는 철로를 타고 기우뚱 걸어간다. 서너 발짝 붙이다가 미끄러지고 네댓 발 딛다가 또 미끄러진다. 땀이 찬 고무신짝이가 미끈덩 벗겨진다. 칡덩쿨이라도 있으면 볼끈 묶으면 좋으련만. 왼발 오른발을 번갈아 깨금발로 서서 발바닥을 주우끄티에다 대고 쓱쓱 문땐다. 내처 오른쪽 발바닥을 철로에 대고 꾹 누지린다. 발바닥이 후련한 맛에 몇 번 더 눌렀다. 맨발이 넓적해지며 철로에 찰싹 달붙는다. 몸을 구부렁거리면 절로 굴러갈 듯도 하다. 고무신짝이를 끼고서 곧게 뻗은 철로를 바라다본다.

내 몸이 둥그레져서 데구루루 구른다면 어디까지 갈까? 저 무쇠 철길을 따라 어디든 갈 수 있을까? 구불텅 휘어지는 산모롱이께서 튕겨나 들판에 고만 동그라질까? 길쭉한 바람줄기에 부서져 푸른빛에 스밀까? 아니면, 은빛 아지랑이를 헤치고 저 높디높은 하늘 궁전까지도 다다를까? 나는 깊은숨을 들이키고 내쉬며 왼발을 철로에다 척 올렸다.

철로를 탈 때 바로 발밑에 잡히면 몇 발짝도 못 간다. 눈을 두어 발 앞에 두고 걸어야 멀리 간다. 예닐곱 발짝은 호시뺑빼이다. 몸을 잘만 가누면 열 발짝도 썩 넘길 수 있다. 아슬아슬한 맛에 억수로 신나지만 신명에 꺼둘리면 미끄러지고 만다. 신명을 느끼면서 신명을 가다듬어야 멀리 간다. 더 멀리 가려면 두어 발 앞쪽에 닿은 눈길을 계속 밀어가야 한다. 그런데 그게 쉽지 않다. 신이 나서 들썽거리는 순간, 눈길은 닿은 그곳에 붙어버린다. 그러고는 에구붓이 기우뚱거리다가 철로 옆으로 툭, 떨어지는 것이다. 딴에는 떨어지는 짐에 몇 발짝 더 채우느라 깝죽대지만 자칫 비끌려 나동그라지기 십상이다. ……요시! 나는 가슴을 펴고 한 번 더 심호흡을 하고는 먼발치까지 철로를 재었다.

"다칠라아, 고마 내리오이라." 철둑 옆길로 뒤따르는 어무이의 목소리가 들린다. 멀리 휘어진 산모퉁이의 솔숲 비탈에서 한 무리의 남자애들이 우르르 내려온다. 교복 차림의 중학생도 보인다. 나는 발을 철로에서 내렸다. 남자애들이 철둑 위에 내려선 그대로 궁싯거린다. 네댓 명의 아이들 틈에 낀 중학생은 주위를 거느린 양 우뚝하다. 모자를 벗고 도두앉더니 빡빡머리를 모로 제쳐 철로에 바짝 붙였다. 둘러섰던 아이들이 뭔가를 주섬주섬 꺼내며 쪼그린다. 나는 철둑 옆길로 내려갈까 망설이다가 그대로 철길을 따랐다.

123
물푸레나무

우긋이 팬 자내실 골짝은 온통 짙푸른 빛이다. 바람에 쓸리는 작은 앞들의 왼쪽으로 가데이 지붕 몇이 희끗거릴 뿐 동네는 안침져서 아예 보이지 않는다. 그래선지 나지막한 산등에 에둘린 앞들은 호젓하면서도 차롬하다. 동네 안쪽으로 들어가는 오솔길도 산자락 풀숲에 가려서 꼬랑태이만 삐쭘 내밀었다.

동네 어귀에 여자애가 혼자 서 있다. 푸른빛 위에 도두라진 물푸레나무 밑이다. 발치에 놓인 바구리가 동그맣다. 검정치마가 바람에 나풀거린다. 흰 저고리는 푸른빛에 떴다. 흰빛 위에 볽짝한 기미가 비치는데 그게 저뭇해지는 날빛 때문인지 온통 짙푸른 산과 들 탓인지 모르겠다. 눈살을 모으고 고개를 내밀자 물방울무늬 같은 게 어른거리더니 이내 사그라진다. 치마저고리도, 윤곽만 겨우 보이는 얼굴도 초록 판에 덧붙인 색종이 같다.

철둑길의 푯말이 땟똑하다. 갓 칠한 빛깔이 깔끔하여 마꽈지를 접어 만든 듯하다. 흰 페인트가 얼룩덜룩 묻은 자갈돌이 널브러졌다. 기름내를 풍기는 시커먼 침목에는 굵은 자갈돌이 가지런히들 놓였다. 빡빡머리가 눌러 쓴 모자챙을 올리며 내 쪽을 본다. 노란 모표가 반짝인다. 책가방을 옆구리에 낀 채 빤히 쳐다보는 품이 그저 가만할 것 같지는 않다. 시부지기 말을 걸거나 뜬금없이 설레발이라도 칠 기세다. 눈을 동그랗게 뜨고 쳐다보면 벙싯거리며 다가와서…… 머리를 쓰다듬을지 모른다. 게다가 한술 더 떠서 사람 무안키시리, 귀엽다느니 눈이 등잔만 하다느니 하며 볼테이까지 만질는지도 모른다. 심지어 아주 진지한 낯빛으로 허리춤에 양손을 찌른 채 짝다리를 짚고서는, 야아한테 이이겠나, 니? 한분 붙어볼래? 몬 이이겠재? 하고 성가시게 쏘시락거릴 수도 있다. 나는 이참에는 대차게 지나칠 요량으로 앙당그레 졸아든 몸을 복어처럼 잔뜩 부풀렸다.

풍덩한 교복이 우장 같다. 가끔씩 바람결에 펄렁인다. 파란 쑥베주우가 깔깔하다. 흰 윗도리에 붙은 네모재비 이름표 역시 희다. 틀질로 박은 초록색 한자가 날렵하다. 앞섶에 번진 잉크자국이 또렷하다. 나는 아서라 투로 내치듯 눈살을 잔뜩 모았다. 뭐라 말을 걸 듯 고개를 내밀던 중학생은 곧장 허리를 돌려 동네 어귀 쪽을 본다. 여자애는 양팔로 작은 대소구리를 감싼 채 물푸레나무 아래 내나 그대로 섰다. 단발머리의 머리핀은 반짝이건만 그 얼굴은 여전히 윤곽뿐이다. 그런데도 안타까운 표정이 읽히는 것이, 워낙 그 자리에 붙박인 듯 꼿꼿이 서 있는 자세 때문인지 문득 꽃씨를 반쯤 놓아버린 민들레가 떠오른 탓인지 알 수 없다. 물푸레나무와 함께 맞은바람에 쓸리는 품이 철둑 쪽으로 오려고 딸막거리는 듯도 하다.

나래비로 쪼그린 아아들이 까불랑거린다. 한 아아는 철로에 귀를 바싹 붙인 채 뭐라 구시렁거린다. 여러 목소리가 낮게 뒤엉켜서 무슨 말인지 알아들을 수가 없다. 허리를 꺾고 고개를 맞댄 채 지들끼리 쳐다볼 뿐 내 쪽은 아예 거들떠보지도 않는다. 철로 위에 날날하이 얹힌 것이 굵은 대못이다. 나는 멈칫, 섰다.

이참에는 바지춤이 헐렁해진 듯하여 철로에 한쪽 발을 올리고 섰다. 어제 청기와집 가는 길에 어무이가 다잡아 묶었는데, 그다아내 또 헐렁해졌나? 묶은 데가 풀렸을 리 없으니 안쪽 어딘가에 마들가지가 있어서 쭉 늘어졌나? 내 배가 부풀락거려서 그런가? 아니면 내 주우가 원캉 때가 많아서 빨랫방망이로 세게 두들겨서 그런가? 아까 반성장에서 고무줄 장사를 봤을 때 담박 갈아달라고 할 걸 그랬다. 고무줄도 갈고 새 사쓰도 입고 그랬으면 좋았을 걸 그랬나? 갬치 속에 죄밑처럼 웅크린 오 원짜리와 십 원짜리 종이돈도 선뜻 어무이한테 드렸으면 좋았나? ……넌 좀 엉큼하긴 해. 어디선가 샛날같은 목소리가 울린다. 니네 엄마한테 일러 줘? ……칫! 문디 혹딱걸은 가수나.

나는 얼결에 철로에 붙인 발을 떼었다. 슬쩍 몸을 발랄고 서보니 그런대로 괜찮다. 배에다 힘을 주니 더 좋아졌다. 갬치에 종이때기나 다마를 가득 넣었다면 몰라도 뜀박질만 아니라면 이냥 이대로 걸을 만하다. 중학생은 아예 등을 돌리고 동네 어귀 쪽을 바라고 섰다. 아이들은 다들 철로에 귀를 붙인 채 조용하다. 여자애는 여전히 물푸레나무와 함께 맞은바람에 쓸리고 있다. 머리핀이 더 밝게 반짝거리는데 그게 여자애가 이쪽으로 몇 발짝 옮긴 때문인지 눈에 익은 탓인지는 알 수가 없다. 갸름한 윤곽은 또렷하건만 얼굴은 여전히 얼풋하다. 나는 또 고개를 썩 내밀며 눈살을 모았다. 윤곽이 더 뚜렷해지더니 그나마 필락말락 가물거리던 얼굴이 훅 꺼져버린다. 뿌유스레한 그 자리에 대장간 여자애의 얼굴이 설핏설핏 달붙는다.

124
날파람

"기차 올란 갑다, 퍼뜩 내리오이라아!" 어무이의 다급한 목청에 놀라 철둑 옆길로 급히 내려섰다. 다가서기가 무섭게 어무이는 내 머리를 치맛자락에 붙이신다. "무시라, 퍼뜩 가자!" 철로 위의 중학생과 아이들은 아직 느긋하건만 어무이는 내 어깨를 감싼 채 무언가에 뒤쫓기듯 총총걸음이시다. 나는 어리둥절한 통에 뒤쪽으로 고개를 꺾었다. 철둑 옆길의 갓쪽에 누런 가마때이가 보인다.

통나무를 덮어놓은 듯 불룩한 가마때이가 길섶 풀덤불을 짓눌렀다. 그 옆쪽의 타다 만 왕겨 더미에는 거뭇한 대작대이가 각개로 걸쳐졌다. 성한 덤부레이에 잡힌 반물치마가 바람에 나부낀다. 늘어뜨려진 치마끈이 키 큰 대쑥에 걸려 팽팽하다. 짧게 끊기며 잇따르는 바람줄기를 따라 치맛자락은 날아오를 듯 말 듯 춤을 추건만 가마때이는 묵직하게 가라앉았다. 캄캄히 굳어버린 양 꿈쩍도 하지 않는다. 더 자세히 보려고 걸음을 멈추자 어무이는 다급스레 내 눈을 가리신다. "무섭다아!"

왈칵 이끌리는 발걸음이 엇갈린다. 당실하게 들린 내 몸이 어무이의 동동걸음을 따라 부웅 떠간다. 보따리가 툭 떨어진다. 힐끗 뒤돌아보는 순간, 불룩한 가마때이가 부풀락거렸다. 짚오리가 풀어진 가아새로 거뭇한 것이 불거졌다. 흙밥 붙은 깨잇날처럼 비죽하다.

"옴마. 발이 한 개뿌이 없다." "으이? 멀쿠노? 퍼뜩 가자 고마아." 어무이가 보따리를 안으며 재촉이시다. "하리이틀은 댄 거 겉그마는 속히 안 거다주고 와 저리 나뚯이꼬?" 가마때이는 금세 가만하다. "세사아, 겉치매로 말짱하이 걸치낳고……지발로 죽었는 갑다. 무시라, 무시라." 먼 기적소리가 바람에 쓸리는 산자락을 후려친다. 빈 철로를 따라 지이 지이이 쇳소리가 밀려온다. 스멀스멀 일던 무서움이 그예 사그라져버렸다.

중학생이 안 보인다. 철길을 잡고 깐죽거리던 아이들이 철둑 너머로 사라진다. 산모티이를 휘감으며 기차가 달려온다. 기차는 검은빛을 뿌린다. 기차는 썽난 듯 씩씩거린다. 기차는 게걸이 든 짐승처럼 주위의 초록빛을 닥치는 대로 빨아들인다. 커다란 머리통 위로 길쭉한 연기를 뿜으며 하늘로 차고 오를 기세다. 강철 바퀴들이 요란하다. 드센 날파람 속에 무수한 창유리가 지나간다. 하얀 의자들도, 나란히 앉은 사람들의 얼굴도 순식간에 스친다. 너무나 많은 것을 본 듯한데 딱히 지대로 본 게 없다. 번쩍이는 윤곽들이 한참에 뭉개지며 연기처럼 사그라진다.

텅 빈 철둑이 딸꾹질하듯 움찔거린다. 산자락 풀숲이 뉘엿한 햇살을 되비추며 숨을 죽였다. 잠시 멎었던 바람줄기가 길섶 풀덤불을 따라 우르르 몰려간다. 가마때이 옆의 대쑥이 두어 번 크게 휘청거린다. 치맛자락이 잡아채이듯 공중으로 날아오른다.

들판 위로 솟은 치맛말기가 희끗거린다. 늘어뜨린 치마끈이 연 꼬리처럼 파닥거린다. 푸른빛에 자지러진 반물치마는 두어 번 빙그르르 돌더니 허공에 잠겨버렸다. 아무 일 없다는 듯이 어방진 허공에는 날빛만 가득하다. 철둑 위로 뛰어오른 아이들이 헝겊 너울처럼 나부낀다. 왁자한 웃음소리가 물수제비 뜬 빤댓돌처럼 미끄러진다. 어찔한 머릿속이 출렁거린다. 바람에 쓸리는 몸이 흩어질 듯 나른하다. 뭔가 놓친 듯 헛헛한데 딱히 잡히는 게 없다. 울음빛처럼 불그스름한 햇살이 나른해진 몸을 휘감는다.

바람에 흔들리는 것들. 날파람에 나부끼는 것들. 못내 뒤척이다가 기어이 불리고 쓸려 날아오르는 것들. 하마 까마득 사라지는 것들. 그리고 텅 빈 하늘에 붉게 얼룩진 흔적들……. 갑자기 소리치고 싶다. 까닭 없이 고개를 잦히고서 웨고 싶다. 무작정 허공에다 대고 우우우우 소리를 내지르고 싶다. 그때였을까?

125
은빛 기둥

철둑 너머서 뭐라 웨는 소리가 들린다. 나는 다시 철둑길로 뛰어올랐다. 아이들이 이쪽저쪽 논두렁을 타고 달려간다. 오솔길을 잡고 동네 어귀 쪽으로 걸어가는 중학생이 보인다. 가는 듯 마는 듯 타박거리는 걸음인데 어째 절룩거리는 듯도 하다. 대바구리를 인 여자애가 등을 돌린다. 나는 가물거리는 두 사람의 뒷모양을 바라보며 우두커니 섰다. 중학생이 동네 안쪽으로 사라진다. 여자애가 몸을 돌려 이쪽을 한번 힐끗 향하고는 잇따라 사라진다.

머리핀의 반짝임이 남겨진 들판이 더욱 차롬하다. 불어오는 긴 바람줄기조차 휑하다. "머 철보노. 퍼뜩 가자, 내리오이라." 새골 쪽 철둑 옆길로 자전차가 굴러온다. "지서서 언자사 나오는가배. 쯧쯧……." 느릿느릿 리아까 하나도 뒤따랐다. 리아까를 밀고 오는 남자는 거나하게 취했나 보다. 사쓰 앞자락이 활짝 제쳐졌다. 걸음걸이가 멋대로 지딱거린다. 논두렁 쪽으로 쏠리더니 아니나 다를까 길섶에 애댕긴다. 남자는 리아카를 씨루며 한참을 궁싯거린다. 순경이 자전차를 세우고 고개를 꺾은 채 리아까 쪽을 멀뚱멀뚱 쳐다본다. 한쪽 발은 땅에 붙이고 다른 쪽 발로는 페달을 거꾸로 돌린다. 체인 갈리는 소리가 차르르 흩어진다. 게으르게 움직이던 리아까가 이참에는 철둑 밑과 부대끼며 덜컹거린다.

나는 철둑 옆길로 내려섰다. 천천히 미끄러지던 순경이 또 멈췄다. 자전차가 커다란 덤부리에 눌려 찌게질 것만 같다. 순경은 무표정한 얼굴이다. 모자챙 아래 두 눈이 씀벅거린다. 지난봄에 우리 동네에 왔던 평촌 지서 순경인 듯하다. 손잡이 핸들에 오뚝 솟은 거울대가 잦바듬하다. 은빛 바큇살이 숨을 고르듯 잠잠하다. 뒷발통 꽁무이에 붙은 빨간 흙받기가 여전히 너덜하다. 단속반과 함께 술 치러 와서는 정지나밑에 혼자 앉았던 그 순경이 분명하다.

그날 동네 헤이들은 부리나케 뒷동산으로 올라갔었다. 인상이 헤이와 강아 아재의 목청이 안산 자락을 치며 온 동네로 울려 퍼졌다. 타작마당에 모인 아아들은 물색도 모르고 동네 해치하는 날처럼 달떠서 붚대었다. 그때도 저 순경은 정지나밑 축대에 걸터앉아 무표정한 얼굴로 연신 눈만 씀벅거렸다. 태정이와 나는 저 자전차 옆에 쪼그려 앉아 신나게 페달을 돌렸었다. 꼬재이로 바큇살을 건드리면 타다다다 소리가 났다. 바르르르……잘고 빠른 떨림이 내 팔을 타고 온몸 깊숙이 스몄다.

자전차 바큇살이 자르르 돌아간다. 차르르 차르르르 체인 소리가 바큇살에 튕기어 공중에 흩어진다. 덜커덕 덜컹 리아까가 지나간다. 네모난 짐받이 안쪽에 깔린 은빛 모래가 반짝인다. 쇳소리가 갈앉은 철둑 위로 은빛 기둥이 솟아오른다. 바람이 은빛 기둥을 타고 공중으로 미끄러진다. 하늘이 빙그르르 돈다. "……퍼뜩 가자쿠이 자꾸 오데 보노?" 어무이의 목소리가 아련하다. 은빛 기둥이 기우뚱기우뚱 흔들린다. 나는 느닷없이 들판에다 대고 목청껏 웨댔다. "술치로 온다아! 술치로 온다아아!"

속이 다 후련하다. 나락포기들이 파르르 떨린다. 머쓱하다. 어무이가 활짝 웃으신다. 그러나 나는 힘겹게 쿨럭거리며 길바닥에 털썩, 주저앉았다. "또 그라나? 우짜꼬오!" 드센 바람이 얼굴에 스친다. "옴마, 기둥이……." "숨을 자꾸 시이라아." "저 우우……번쩍번쩍 기둥이……." "멀 쿠노? 숨을 크기 시이라!" 어무이의 목소리가 귀울림 같다. 아련한 날빛이 스러지고 은빛 너울이 몰려온다. 너울이 너울끼리 부딪쳐 파도처럼 출렁인다. 나는 쪼그린 채 다리에 온 힘을 모으며 숨을 깔딱거렸다.

몰리는 두려움의 너머로 슬픈 물방울이 보인다. 물방울 속에 담긴 정겨운 얼굴이 흔들거린다. "달도 안 차서 난 아아맨키로……." 어무이의 목소리가 빗살치듯 흩어진다. "백일 지내도 고개로 몬 들더마는……." 이마에 닿은 옷깃이 서늘하다. 연두색 저고리 너머로 펼쳐진 하늘이 어방지다. 어느새 하늘을 떠받치는 산등이 또렷해졌다. 내 고갯짓을 따라 오르내리고 굽이치는 먼 산등성이가 눈에 시리다.

126
다시, 정지나무

환해진 눈앞에 하늘은 너무 멀고 또 너무나 가깝다. 푸른 들판을 쓸어가는 바람결에 부드러운 날빛이 반짝인다. 나는 벌떡 일어섰다. 아무것도 아니다. 나는 성큼성큼 발을 내디뎠다. 지나가면 아무것도 아닌 것이다. 텅 빈 몸속에 치맛자락 스치는 소리가 흘러든다.

자내실을 지나자 길은 또 철둑을 따라 구불텅 휘어진다. 탁 트인 건넌들 너머로 면소담의 지붕들이 가물거린다. 철둑 옆길은 새골 앞에서 풀덤불에 지워졌다. 철둑을 버린 흙길은 한껏 휘어져 곧게 벋은 건넌들 길로 이어진다. "하이고오, 비가 오난께네 더 파랗네에." 어무이는 나락 이파리들이 기웃거리는 들길을 잡으신다. 철둑은 철둑대로 줄곧 따르던 옆길을 버린 채 평촌 쪽으로 우긋이 휘어져 달아난다. 저 철길은 먼 산자락을 헤치며 마산을 지나고 부산을 지나 또 어디로 갈까? 산을 뚫고 강을 건너서 어디까지든지 갈까? 나는 철길의 끝간 데를 한참 바라보다가 어무이의 치맛자락에 따라붙었다.

"옴마. 부산 지내모 오데 가노오?" "부산이 끝머린께네 돌아 나오지." "도로 나오모 오데로 가노?" "삼랑진 지내서 대구 잔아부지 사는 데로 가지이." "대구 지내모오?" "그라모 대전 지내가 서울 가지이." "서울 지내모?" "서울꺼정 갔이모 다부 내리와야재." "그라모 대구 지내가 또 부산 지내서 이리 오나?" "대구 지내가 삼랑진서 갈아타모 부산 안 가고 막바리 마산 안 오나." "마산 지내가 또 이짜아로 오나?" "평촌서 내리야 대지이." "몬 내리모오?" "아이가, 야아도 참. 퍼뜩 가자, 보오쌀 안치기 전에 대이그로."

멀리 들판 너머로 가로놓인 신작로의 가로수들이 띠금띠금 검푸르다. 들길가에 웃자란 풀포기가 발등에 스친다. "몬 내리모, 그라모 오데 가삐노?" "……니이 다리 아푸재? 앉거라 보자." 어무이는 길가에 쪼그리며 내 얼굴을 살피신다. 풀잎에 덮인 논두렁이 짚자리처럼 폭신하다. 어무이의 연두색 저고리가 나풀거린다. 한결 부드러워진 날빛이 몸을 감싼다. 가벼운 바람에 쓸리는 들판이 꿈결처럼 고즈넉하다. "옴마. 몬 내리모오?" "으이? 몬 내리다이?" "그라모 내가 오데로 가노?" "그라모 대는가아. 탈 때 타고 내릴 때 대모 지 내릴 데서 야무치 딱 내리야 대지."

나는 그러나 아무래도 내릴 곳에 내리지 못할 듯하다. 돌고 돌면서 차창에 스치는 정겨운 들과 산을 바라며 눈물만 흘릴 듯하다. 돌고 도는 사이에 밤이 되고 해가 뜨고, 다시 빙글빙글 도는 사이에 봄이 가고 또 겨울이 올 듯하다. 그러다 어두커니 낯선 곳에 내려 홀로 섰을 듯하다. 그리운 얼굴들이 모두 사라진 곳에서 뚤레거릴 듯도 하다. 어무이의 안쓰러운 눈빛이 눈앞에 가물거린다.

어무이가 손수건을 꺼내 내 코밑을 감싼다. "쎄기 풀어라." 나는 코를 푼다. 어찔한 들판에 자디잔 물비늘이 날린다. 어무이는 보따리를 머리에 이신다. "쪼깨마 업고 가자이?" 냉큼 업힌 나는 옆얼굴을 어무이의 등에 바짝 붙였다. 귀밑머리 몇 올이 하늘거린다. 묶어 올린 뒷머리에 낀 하늘색 핀이 아른거린다. 넓적한 머리핀에 잇닿은 산봉우리가 잦바듬하다. "옴마. 저어짜 용봉산 비인다." "영봉산 아이가. 저 산은 멀찌감치서 바야 잘 비이니라. 산도 우찌 저리 위엄시럽고 점잖으꼬? 먼다아 올로가모 바로 뒤짝에 널널한 새빗대 밭이 있니라. 또옥 벧이 올매나 좋은지……. 후제 크모 올라가 바라이?"

우두두 달려오는 산등의 너머로 금빛 하늘길이 반짝인다. 푸른 들판이 불그레한 물비늘을 쏘아 올리며 화답하듯 출렁인다. 치맛자락 스치는 소리가 널리 퍼져나간다. 들판에서 인 바람은 하늘에 잠기고 하늘에서 인 바람은 들판에 스민다. 내 몸이 바람을 타고 둥실 두둥실 떠간다. 잠기고 스미는 바람길 아래로, 저 멀리 타오르는 노을빛 속으로 푸르른 산자락과 초가지붕들이 끝없이 흐른다. 그 틈에 정지나무가 우뚝하다.

정지나밑에 정겨운 두루마기와 치마저고리의 흰빛이 눈부시다. 둥긋한 초가지붕 아래서 동무들이 청솔개비를 흔들며 환하게 웃고 있다. 여기서, 내려야……한다. 여기서, 나는, 이곳에……내려야만 한다. 자맥질하듯 잠에 빠지며 그렇게 웅얼거릴 때, 바로 그때였을까?

에필로그

통화

“어무이, 전화했십니꺼?” “으이? 내가 했더나아?” “번호가 찍힜네예.” “저짝에 아지매한테 한다쿠는 기 날로 누지랐는 갑다.” “집입니꺼?” “촌에 왔다.” “용암에예?” “어지 정때 안 왔더나.” “아부지는예?” “고마 내 혼채 기차 타고 왔다.” “촌에는 벨일 없십니꺼?” “하이고 무시라, 빈집에 웬 문지도 문지도……세사, 온 집이 문지 구디이 아이가. 여름에는 마다아 풀이 질어서 난리더마는. 언자 싹 다 치아낳고 아지매들하고 모이 안 있나. 오랜만이라꼬 동네 아지매들이 말큰 다 왔다. 밥 무웃나?” “예.” “요새 쌀은 깨끗시럽어가 칼키이 안 씪어도 대니라. 손 시린께네 주개로 멫 분 젓어가 안치라 고마.” “그리합니더.” “전기밥솥도 방정시럽다. 더 큰 거로 살 꺼로.” “혼채 해묵기 딱 좋십니더. 마이 해낳아모 눌어서예.” “글캐. 머 하고 묵겄노, 반찬도 다 댔이낀데.” “저분때 부치이 온 거 있십니더.” “대구 올로가모 또 부치꺼마.” “나뚜이소. 마이 남았십니더.” “돼지개기 찌지 보낸 거 묵지 와?” “예, 묵고 있십니더.” “물로 쪼깬 부우라. 불에 올리가 사아살 대작거리모 댄다. 고등애 찌진 것도 무우보지 와?” “그거는 다 무웃십니더.” “애릴 때 고등애하고 전애로 그리키 좋아하디이마는……시금치나

물도 해가 부치보꺼마." "좀 있다 내리가께예." "가마이 있거라 고마, 돈 든다." "대구로 가든지 촌으로 가든지 한분 가께예." "차비다 머시다 왔다 갔다 꼼짝거리모 돈이다. 애끼라, 애끼라. 우짜든 간에 애끼야……."

"안 듣기나?" "물 끼린다꼬예." "밥 안 무웃는가배에? 입맛이 없어도 밥을 무우야 댄다. 안 그라모 자꾸 까라지니라." "걱정 마이소. 그란데, 어무이." "와?" "태도 아재 집이 모장골에 있었다 캤지예?" "하모. 재각 드가는 길 모티이 안 있었나. 네댓 살 무울 때 가쌓아서 생각이 날 낀데에? 끄떡하모 그 집에 올라가디이라. 한날은 진성 할매가 들에 갔다온께네 빈방에 배가 볼록하이 해가 자고 있더라 안 쿠나. 태도 아재가 닐로 올매나 업어 날랐다꼬." "감자 묵고 바아 드간 생각은 나는데 집채는 통 기억이 없네예." "그래도 송림 할무이 집은 생각이 나낀데?" "송림 할무이 집예?" "그 이우지 아이더나. 초가집이 옆으로 날날하이 붙었디이라. 지끔 겡섭이 부치 묵는 밭때이 말다." "송림 할무이 집은 이짝에 국실 할아부지 집 옆에 아입니꺼?" "거어는 난주 이사 온 집이고." "온제 이사 옷는데예?" "니 학교 댕길 때끼다." "아인데예? 네댓 살 때 송림 할무이 돌아가신 날 이짝 집에 간 기 생각나는데예?" "네댓 살 때라이?" "아입니꺼?" "이짝에 이사 오고 나서 돌아가싰다 아이가. 아부지가 멘에 한참 댕길 땐께네 니가 삼사 학년쭘 댔는 갑다." "그래예? 그라모……." "와?" "내 네댓 살 때 돌아가신 줄 알았다 아입니꺼." "사람 생각은 짓는 기라 안 쿠나. 세월이 가모 묵은 생각이 절로 짓고 지질로 고치지고 해쌓니라 마. 이발은 했나?" "……." "안주꺼정 지라가 있나?" "좀 있다가 하지예 머." "으이? 웅충하이 그래가 안 댄다 고마. 보는 사람 답답다." "날 좀 풀리모예." "와 그래가 있노 말다. 퍼뜩 깎아라, 까마이 염색도 하고. 요새는 글 씨는 사람들도 머리 안 지랍니라." "예." "깎아라. 우짜든지 깔끔하이 해가 댕기라이?"

이 도서의 국립중앙도서관 출판예정도서목록(CIP)은 서지정보유통지원 시스템 홈페이지
(http://seoji.nl.go.kr)와 국가자료종합목록 구축시스템 (http://kolis-net.nl.go.kr)에서
이용하실 수 있습니다.
(CIP제어번호 : CIP2019027943)

솔개그늘

2019년 8월 7일 초판 1쇄 인쇄
2019년 8월 16일 초판 1쇄 발행

지은이 | 정용암
펴낸이 | 孫貞順

펴낸곳 | 도서출판 작가
(03756) 서울 서대문구 북아현로6길 50
전화 | 02)365-8111~2 팩스 | 02)365-8110
이메일 | morebook@naver.com
홈페이지 | www.morebook.co.kr
등록번호 | 제13-630호(2000. 2. 9.)

편집 | 손희 최서영
디자인 | 오경은 박근영
영업 | 손원대
관리 | 이용승

ISBN 978-89-94815-99-2 03810

값 14,000원